王明　著

南宋前期
君主・宰相與政局

出版心語

近年來，全球數位出版蓄勢待發，美國從事數位出版的業者超過百家，亞洲數位出版的新勢力也正在起飛，諸如日本、中國大陸都方興未艾，而臺灣卻被視為數位出版的處女地，有極大的開發拓展空間。植基於此，本組自二〇〇四年九月起，即醞釀規劃以數位出版模式，協助本校專任教師致力於學術出版，以激勵本校研究風氣，提昇教學品質及學術水準。

在規劃初期，調查得知秀威資訊科技股份有限公司是採行數位印刷模式並做數位少量隨需出版（POD=Print On Demand）（含編印銷售發行）的科技公司，亦為中華民國政府出版品正式授權的POD數位處理中心，尤其該公司可提供「免費學術出版」形式，相當符合本組推展數位出版的立意。隨即與秀威公司密集接洽，雙方就數位出版服務要點、數位出版申請作業流程、出版發行合約書以及出版合作備忘錄等相關事宜逐一審慎研擬，歷時九個月，至二〇〇五年六月始告順利簽核公布。

執行迄今，承蒙本校謝董事長孟雄、陳校長振貴、歐陽教務長慧剛、藍教授秀璋以及秀威公司宋總經理政坤等多位長官給予本組全力的支持與指導，本校諸多教師亦身體力行，主動提供學術專著委由本組協助數位出版，數量達八十本，在此一併致上最誠摯的謝意。諸般溫馨滿溢，將是挹注本組持續推展數位出版的最大動力。

本出版團隊由葉立誠組長、王雯珊老師以及秀威公司出版部編輯群為組合，以極其有限的人力，充分發揮高效能的團隊精神，合作無間，各司統籌策劃、協商研擬、視覺設計等職掌，在精益求精的前提下，至望弘揚本校實踐大學的辦學精神，具體落實出版機能。

實踐大學教務處出版組　謹識

二〇一八年六月

序論

筆者從高中開始便與歷史結下緣分，起初愛上歷史演義小說，《三國演義》、《大唐演義》、《東周列國志》等等。對於小說中的各色人物極為著迷，因此投考大學時便以各校歷史系為首選。其實那只是對歷史的憧憬與無知，入學之後接觸真正的歷史，方知歷史與歷史小說截然不同，開始時相當不能適應，調整心態後，逐漸體會歷史當中諸多樂趣，從此便栽進「史學」這個領域中。回首前塵，一晃便是四十年的歲月，從歷史系的學生蛻變而成教授歷史的大學教師。

回顧大三便對中國歷代宰相制度產生興趣，也逐漸了解相權與君權有互為消長的關係，而隨著時代發展，君權日強相權日弱。降至宋代卻出現不同於大趨勢的異常現象。北宋前期相權遭到分割，而北宋晚期分割的相權反而有回流的趨勢。南宋朝權相更是層出不窮，因此引發極大興趣。當時曾經請教系上教授，得到的答覆卻相當含糊，無法滿足好奇心。於是碩士論文便以南宋高宗宰相為主題。

經過多年浸淫，大致得到解答，而對南宋朝的宰相仍抱持高度興趣。其後博士論文便是《南宋宰相群體之研究》，對於相權的問題雖亦有所著墨，而相權問題只是整部著作的一小部分，轉而對於擔任宰相的「人」產生更大興趣。因此這些年來研究重點便是以「人」的本身為主體。這本專書便是筆者多年來以南宋前期君主與宰相為主題的研究成果。本書共計十章，分成兩個部分。第一部分為個案研究篇，共六章，分別是：杜充與沈該、陳康伯、葉顒與魏杞、陳俊卿、王淮、周必大。第二部分計四章，宋孝宗的繼立與皇子教育、宋高宗與宰相、宋孝宗與宰相、南宋宰相軍事。

個案研究篇的部分：

第一章〈杜充與沈該〉，此二人分別為高宗初期及晚期的宰相。杜充，任期自建炎三年閏八月至四年二月降金為止，不過半年，且幾乎都在前線督導將領對抗金人。沈該，紹興二十六年五月至二十九年六月擔任宰相，任期三年一月，二相一前一後看似毫無關聯，兩人都是反面人物，前者為叛相，後者是奸相。從史料看來，兩人皆無甚才具，卻都位極人臣。以此二人突顯高宗的用人問題。高宗是南宋朝的開創者，照理用人施政均應有一番作為，然而所用十五位宰相卻有一半屬於奸佞者流，賢與不肖參半，名為中興，實無中興氣象，其用人不當應係重要因素之一。

第二章〈陳康伯〉，是高宗晚期至孝宗初年的宰相。首任自高宗紹興二十九年九月至孝宗隆興元年十二月。隆興二年八月，因情勢危急，臨危受命再任宰相，至乾道元年正月薨。陳康伯係中流砥柱的佐國重臣，尤其在紹興三十一年金朝大軍壓境之時，若非陳康伯堅持抗金，恐怕南宋人民已成為亡國奴了，因此他有大功於南宋政權。孝宗繼立仍加以重用。而他於病篤之際，仍奉命入朝，盡心國事，化解危機，直到油盡燈枯，死而後已。

第三章〈葉顒與魏杞〉，是南宋孝宗前期的兩位宰相，兩人的任期均為乾道二年十二月至乾道三年十一月（一一六六～一一六七），同日拜相與罷相，任期雖短，而能同心輔國，有為有守，各自有一定的貢獻。

第四章〈陳俊卿〉，任期自孝宗乾道四年十月至乾道六年五月，拜相不過一年七月。他也是孝宗在皇子時期的教授，其拜相「正色危論」，以「用人為己任」，極為留心時政。為人剛正不阿，正色立言，嫉惡如仇，有人才必薦而用之，遇奸邪務去而快之。惜與另一位宰相虞允文意見不同而去位。

第五章〈王淮〉，自孝宗淳熙八年（一一八一）八月至淳熙十五年（一一八八）五月罷左丞相，任期六年，比起孝宗朝宰相多不久任，可謂異數。據余英時先生《朱熹的歷史世界》裡的解釋，王淮受到重用係出於高宗的提拔，他的拜相又因為孝宗的國家政策從積極轉趨保守。關乎此，文中有許多討論。他的作為也有許多值得研究之處。

第六章〈周必大〉，自孝宗淳熙十四年二月至十六年五月，任期二年三月。為一傑出的學者兼政治家，有《文忠集》二百卷傳世。他在政治、用人等方面都有優異的表現，在社會經濟與軍事方面也多有建議，頗有可觀。

專題討論篇的部分：

第七章〈宋孝宗的繼立與皇子教育〉，孝宗原名伯琮，本為太祖七世孫，因高宗的唯一子嗣死亡，才有機會入宮，而與伯玖先後成為高宗養子。他身處宮中，小心翼翼，憑藉長期對高宗的順從，對教授的尊敬，自己的勤奮向學，高度的自制能力，以及成年之後的優異表現，終於在紹興三十二年六月登基，而成就其一代英主的事業。於皇子期間自紹興五年起，接受長達二十餘年的教育，歷經多位教授潛移默化，終於成為南宋最賢明的君主。本文探討主題即為皇子教育的內容、師資、教授名稱，以及孝宗接受教育的過程。即位後對教授們的重用。

第八章〈宋高宗與宰相〉，本書對於任用宰相的君主也加以研究。高宗於北宋滅亡之際自立為帝，建立南宋政權，延續宋代香火，而與金朝對峙。雖然建國之初基礎脆弱，外有強鄰虎視，內則盜賊蠡起、變亂頻仍，隨時都有傾覆的可能，當此風雨飄搖之際，政局逐漸穩定而坐擁半壁江山。高宗一生，在用人行政上犯下許多嚴重錯誤，但仍有其長處。本文就其用人性格等面向加以探討。

第九章〈宋孝宗與宰相〉，孝宗是南宋第二代君主，也是南宋朝最有積極作為、最為賢能的皇帝。雖然北伐失利，其恢復故土的雄心壯志仍舊熾烈，從其言行紀錄隨處可見。孝宗在治國、處事、用人、任相各方面，都比高宗強得多。尤其用人部分遠較高宗理性。唯就整體觀察，仍有缺失與侷限。本文主軸即在探討孝宗的性格作風，及其統治期間如何用人任相。

第十章〈南宋宰相與軍事〉，南宋宰相之中不乏於軍事方面表現極為傑出者，或於拜相前，或於任相後。亦有雖掌兵符卻怠忽職守，甚至背叛降敵者。而本文所謂軍事才略包含三種類型：一、實際在戰場上指揮軍隊與敵軍作戰，績效卓著者。二、雖未上過戰場仍嫻熟軍務，其思想或實際推展軍事建設方面頗有見地與建樹者，或推動軍事變革，影響軍政，無論好壞功過者。三、提出軍事戰略，指導戰場指揮官使能克敵制勝；或節制諸將而領導無方致潰敗者。本文就此三種類型加以探討。

這十章不論是個案或是專題研究，大都是以南宋前期宰相為核心。前六篇係依照宰相任期的時間順序編排，專題篇則否。

筆者打算將南宋六十五位宰相，逐一作個案研究，未來或者寫一本以宰相為主軸的南宋政治發展史。這個宿願希望有朝一日能夠達成。

感謝秀威資訊科技股份有限公司，讓本書得以出版，在此表示最誠摯的謝意。

實踐大學博雅學部專任副教授　王明　謹識

一〇七年一月四日於教師研究室

目次

第二部分　專題討論篇

第一部分

個案研究篇——個案與政局

第一章　杜充與沈該

第一節　前言

杜充與沈該都是宋高宗時代的宰相。杜充任期從建炎三年（一一二九AD，以下標示西元年代，不再註明「AD」二字）閏八月十三日至四年（一一三〇）二月二十二日（六個月）（按：充降金雖然在建炎四年二月之前，但正式免職仍在二月二十六日），是高宗初年的宰相；沈該任期自紹興二十六年（一一五六）五月二日至二十九年（一一五九）六月二十六日（三年一個月），是高宗晚期宰相。兩人任相時間先後、長短、政局、影響力均差異甚大。表面上看來兩者似乎毫無關聯，但若深入了解，可知兩人有相類之處。本文旨在研究這兩位反面人物的生平事蹟，從而了解高宗之用人及相關作為。由此主題切入，相當值得玩味，或者有些另類的思考。

杜充是叛相[1]，沈該亦屬於奸佞者流[2]，從史家對二人評價可知，二人皆無甚才具，卻都位極人臣。高宗身為中興

---

[1] 杜充自真州而北，完顏宗弼遣人說充許以中原地封之如張邦昌故事，充遂降敵。參閱宋・李心傳編：《建炎以來繫年要錄》（以下簡稱《要錄》）（台北，中文出版社，民國七二年），卷三一，頁一七；元・脫脫：《宋史・杜充傳》（台北，鼎文書局，民國六七年），卷四七五頁，一三八〇九〜一三八一一。

[2] 沈該為奸佞之輩的諸多證明容後再敘。沈該或者不類秦檜之大奸巨蠹，至少是奸邪之徒。

之君，於北宋遭亡之際，創造中興事業。不論用人施政，均應有過人之處。然在位三十六年之間，所任用之十五位宰相，竟有七位屬於奸佞之輩，將近一半，令人對高宗的識人與任相，不免產生懷疑。

前述七位奸相分別是：黃潛善（任期：一年七月）、汪伯彥（任期：二月）、杜充（任期：六月）、秦檜（任期：十八年七月）、沈該（任期：三年一月）、万俟卨（任期：七月）、湯思退（任期：三年六月）[3]。七人任期合計二十七年，亦即在高宗當政期間，其身邊有奸相者達二十七年，占高宗朝三十六年中四分之三的時間，即使將所有宰相任期合計四十四年九月計算之，也占百分之六十二，仍然超過一半，而秦檜獨相更長達十七年。在受到「奸臣」影響時間如此之長，恐怕難有清明的政治。

文中所謂七位奸相，何以言之？十五位宰相列入《宋史》姦臣傳的有四人：黃潛善、汪伯彥、秦檜、万俟卨。又據王應麟《困學紀聞》卷十五「考史」載：

> 建炎李綱去而潛善、伯彥相，紹興趙鼎、張浚去而檜相，檜死其黨万俟卨、湯思退迭為相。……然奸臣弄權之日多，陽淑消而陰慝長，危亡之証，所由來漸矣！

王氏將湯思退與其餘四位奸相並列，而成為五奸相。

《宋史・奸臣傳》卷四七一稱：「……小人得志，逞其狡謀，壅閼上聽，變易國是，賊虐忠直，屏棄善良，君子在野，無救禍亂。……」若以此為標準，觀察杜充之作為，列入奸臣傳亦「當之無愧」了。只因在建炎四年（一一三〇）叛降金朝，而被列入「叛臣傳」，故筆者亦將杜充視為奸相之一。至於湯思退則「挾巧詐之心，濟傾邪之術，觀其所為，多效秦檜，蓋思退致身皆檜父子恩也[4]。」最後「太學生張觀等七十二人上書論思退、王之望、尹穡等姦邪誤國，

---

3 湯思退的三年六月任期只算高宗朝任內，不含孝宗朝。

4 《宋史・湯思退傳》，卷三七一，頁一一五三〇。

招致敵人，請斬之[5]。」而使得思退「憂悸死」。由前所述，湯思退也是一個不折不扣的奸相，將之列入「七姦」之一，應屬妥當。

沈該任相時間三年一月，不能算短，卻是十五位宰相中，唯一未在《宋史》立傳者。根據《建炎以來繫年要錄》（以下簡稱《要錄》）、《宋宰輔編年錄》（以下簡稱《編年錄》）、《三朝北盟會編》（以下簡稱《會編》）、《宋會要輯稿》（以下簡稱《宋會要》）等基本史料顯示，沈該之作為亦當列為姦邪之輩。

高宗之受擁立實拜金人之賜。靖康二年（一一二七）春開封城破，北宋政權滅亡。高宗在群臣擁戴下，即位於南京應天府（河南商邱）。政權初立，基礎脆弱，名為中興，實無中興氣象。在紹興十二年（一一四二）宋金和議以前，面臨內憂外患，隨時有傾覆的可能。外則金朝虎視眈眈，隨時入侵，欲一舉消滅趙氏政權。完顏兀朮自建炎三年（一一二九）起大舉追擊趙構，一度至浙江海面[6]。內則變亂頻仍，盜寇蠭起[7]，在如此紛亂的環境下，竟能化險為夷，轉危為安。尤其宋金和議之後，外則以和平收場，內則將韓世忠、張俊、岳飛三大將的兵權，不費吹灰之力收歸中央。盜賊、兵變漸次平息，政權日漸穩固，朝廷日益富庶，並奠定一百五十年國祚基礎。高宗畢竟有過人之處，而非泛泛之輩。但是檢視其用人任相竟如此令人迷惑。因此作者試圖探討杜充、沈該二人生平事蹟，及與高宗之互動關係，從而了解高宗的用人與施政。

---

5 《宋史・湯思退傳》，卷三七一，頁一一五三一。

6 建炎三年至四年金兵在完顏兀朮率領下，自安徽和縣渡過長江追擊高宗至明州（浙江寧波），破定海，以舟師襲高宗所乘御舟。幸賴張公裕擊退之。參閱《宋史・高宗本紀一》，卷二五，頁四七五。

7 南宋高宗時期的兵變與大小變亂動（可考者多至三百餘起），為患均遍歷建炎紹興三十餘年。當然對於趙構政權造成莫大威脅。（參閱王世宗著《南宋高宗朝變亂之研究》（台灣大學歷史研究所碩士論文，民國七六年），頁三、一四。在各種變亂之中對高宗政權構成直接而深遠影響的要算苗劉兵變，迫使高宗退位，由太子即位，年號「明受」，史稱「明受之變」，參閱《要錄》，卷二一，頁四下～十一下，建炎三年三月壬午、癸未條。從此高宗成了驚弓之鳥。

第二節　杜充的生平

一、杜充宦途的幾個階段

（一）自紹聖朝至靖康年間（一〇九四～一一二七）：此階段長達三十餘年，其間史料極為有限。大體是登進士、任考功郎、光祿少卿、知滄州、加集賢殿修撰等，宦途大致平順。如以中進士時大約二十幾歲推測，至靖康年間，應已接近花甲之年。從《宋史》中看來，在歷任地方、中央各官職中口碑不佳，手段殘酷。時值金人南侵，對於在知滄州任內前來歸附的難民，一律屠殺，此固然是為顧忌有內應之人。但其寧可錯殺一百不願放過一人的心態，則暴露無遺[8]。

（二）建炎元年五月至建炎四年二月以前（一一二七～一一三〇）：這個階段僅兩年八個月，從杜充所任職務看來，仕途相當順利，短短兩年多一路攀升至宰相。歷任知滄州、天章閣待制、東京留守、樞密直學士、開封尹、戶部尚書兼侍讀、資政殿學士・節制淮南、京東西路、宣武軍節度使、同知樞密院事、尚書右僕射等官[9]。所歷官職中央、地方各半，執政僅月餘，而宰相不過半年，而於拜相之後，大部分時間仍在前線抗金。提刑郭永曾替杜充規劃三策（三策內容如何，無從查考。不外乎如何防淮抗金之事），他連看都沒看，令郭永極感失望。因此批評他只有虛名而無實才[10]。從杜充的作為觀察，郭永的批評相當中肯[11]。此期間，

8 《宋史・杜充傳》，卷四七五，頁一三八〇九。
9 同前註。
10 參閱《宋史・郭永傳》，卷四四八，頁一三二〇五～一三二〇八。
11 郭永，《宋史》列入忠義傳（參見《宋史・忠義三》卷四四八），歷任各地方官職，所到之處不畏豪強，皆因善政而博得令名。大名城為劉豫所破，全城唯一拒降者便是郭永，粘罕「欲以富貴啗永」，不為所動，乃殺之，一家皆遇害。郭永一生光明磊落，

北宋被滅，高宗新立，百廢待舉，但遭金朝數次南犯，而顛沛流離。杜充受命留守於東京抗金，接手宗澤死後所留之遺缺，然其措置卻令地方軍民感到失望。宗澤生前苦心經營的事業，霎時成為泡影，兩河豪傑盡去。但杜充似乎並不知道自己錯在哪裡，唯有「誅殺」一途[12]。從建炎元年六月，受命為北京留守兼河北東路制置使開始，直到四年二月降金，杜充一直都在宋金前線擔任指揮官，長達兩年，也是他生平最重要，對時局影響最大的時期，但多處置失當，致使開封、建康相繼失陷，影響所及，朝廷動盪，高宗南奔，充退保真州，最後以降金收場。

（三）建炎四年二月至紹興十年（一一三〇～一一四〇）：亦即杜充降金後，直至去世為止十年。充降金後，金朝仍派任官職：知相州、燕京三司使、同簽書燕京行臺尚書省、行臺右丞相，期間雖也歷任金之要職，但以降臣的身分難免受到猜疑。因此曾遭下獄刑求，也曾受金臣輕視，甚至以與其同列而不齒。杜充反應如何，史料雖未明言，其心中之難堪則可想見。但為生存，權衡之下只能向現實低頭，也或者他有悔不當初的感慨。士大夫講求「氣節」、「品格」，但在杜充眼中根本微不足道。

二、杜充的作為與政局

在《宋史・杜充傳》中，通篇所載幾乎都是杜充種種處置失當及惡劣的行跡[13]。充自登進士後，直至北宋滅亡三十餘年間，歷任中央及地方各類官職，表現乏善可陳。惟知滄州期間，以屠殺對付避居滄州的燕人，只是唯恐難民中有內

絕不會隨意批評任何人，更何況是職位高出他甚多的大名守杜充。

12 「自宗澤薨，數日間將士去者十五，都人憂之，相與請於朝，言（宗）澤子宣教郎穎嘗居戎幕，得士卒心，請以繼其父任。會充以除留守，詔以穎直祕閣起復，充留守判官。充無意恢復，盡反澤所為。由是澤所結兩河豪傑皆不為所用。」《要錄》，卷十六，頁十三；「杜充不善撫馭，專務誅殺。」《要錄》，卷十七，頁十二。

13 《宋史・杜充傳》，卷四七五頁，一三八〇九～一三八一一。

奸，這種殘酷的行逕，令人髮指。

北宋滅亡，高宗受擁立為皇帝後，也就是杜充的出頭天。自顯謨閣待制・知滄州（建炎元年五月），爬升迅速，位至執政僅兩年一個月，又經一月而至宰輔。高宗對其青睞有加，不次拔擢，應出自對杜充主觀、獨特的喜好，以及臣僚的推薦（張浚、呂頤浩），而非對杜充實際政績的考察。雖說高宗即位後，時局動盪，對官吏的任用、拔擢，很難建立一套完整的原則與制度，但對杜充這樣一個人大加重用，實難理解。

建炎二年正月至四年二月（一一二八～一一三〇）降金前後，杜充重要事蹟如下：

（一）**建炎二年（一一二八）七月至十月**：杜充復樞密直學士・開封尹・東京留守。朝廷命之鎮撫軍民，盡瘁國事。適值宗澤去世，當地人士均屬意由澤子宣教郎宗穎繼承父業，厥為最適當的人選。朝廷並不採納。仍命充代澤，不僅未能克盡職守，反背道而馳，史稱「充不善撫馭，專務誅殺」，「酷而無謀，士心不附，諸將多不安之[14]。」原來宗澤所傾心結納之兩河豪傑都不為所用，如王善、楊進之徒再度叛去。使其多年辛苦經營基業化為烏有[15]。楊進且以數萬之眾攻殘汝、洛間，知河南府翟進為除大患，率軍與楊進相遇於鳴皋山下，隔著伊水對陣，翟進率先渡河，卻為流矢所中，因而被害。杜充「無遠圖，由是河北諸屯皆散。而城下兵復去為盜，掠西南州縣，數歲不能止[16]。」雖然「議者咎之」，卻不見朝廷有任何處分。

（二）**建炎二年（一一二八）十一月**：杜充聞有金兵，乃決黃河入清河以沮寇，自是河流不復矣[17]。以決堤方式阻絕敵軍是戰場上萬不得已的手段，往往造成鄰近百姓生命財產重大傷害，故歷來戰場指揮官非到最後關頭決不輕易使用。杜充此舉再度顯示其缺乏人性，草菅人命之本性。

（三）**建炎三年（一一二九）正月**：張用與王善皆曾受宗澤生前招安，澤死，一度散去。杜充為留守又受招安。然

14 《要錄》，卷十八，頁五，建炎二年十月癸酉條。
15 參閱：《要錄》，卷十六，頁十三；《要錄》，卷十七，頁十二。
16 參閱《要錄》，卷十九，頁六。
17 《要錄》卷十八，頁十二，建炎十一月乙未條。

充以張用軍最盛，乃乘其不備出兵偷襲，官軍竟然大敗，李寶被執[18]。未幾張用、王善既遭杜充所忌，乃引兵去。並進犯懷寧，充遣馬皋追擊，官軍大敗，尸填蔡河，存者無幾。王善執意攻淮寧，張用以為不可，領軍離去，王善則圍城久之，杜充遣陳淬來援，善方退[19]。張用、王善原已接受招安，願效命於宋。只因杜充猜忌成性，無故兵襲張用，令張用、王善復叛，助力反成阻力，製造動亂。觀其所為，誠所謂「成事不足，敗事有餘」。用與善曾起爭執，用說：「吾徒所以來，為乏糧耳。安可攻國家之郡縣。」（同前註）故張用並未與王善聯手擊淮寧，若非張用尚存忠義，此亂恐怕更難收拾。

杜充措置如此嚴重失當，導致類似官逼民反的結果，這樣重大的事情，高宗卻無所悉，實難理解。《要錄》引呂中大事記如此評論：

（宗）澤在，則盜可以為兵矣；充守，則兵皆為盜。澤在，則粘罕逃遁；充用，則金至維揚矣[20]！

高宗偏重用一個不該用的人。宗澤、杜充前後兩任恰成強烈對比。

（四）建炎三年（一一二九）七月：杜充任東京留守，以絕糧為由，欲棄東京赴行在，將還建康，岳飛曾勸阻「中原地尺寸不可棄，今一舉足，此地非我有，他日欲復取之，非數十萬眾不可。」充不聽，遂與俱歸[21]。充抵建康，立刻拜為同知樞密院事。不僅未聞高宗對杜充棄守東京之舉，有任何責難與追究，反予升官。高宗如此處置何能使人心服？充前腳走，副留守郭仲荀也因敵軍近逼京畿，糧儲告竭，率餘兵赴行在[22]，開封局面便難以收拾了。杜充執政僅月餘，

18 參閱《要錄》，卷十九，頁三。
19 同註十五。
20 《要錄》，卷二一，頁五〇。
21 《宋史‧岳飛傳》，卷三六五，頁一一三七七。
22 《要錄》，卷二五，頁十。

即拜為尚書右僕射•同中書門下平章事兼御營使，高宗用意是要杜充兼江淮宣撫使，授以兵權[23]，領行營之軍隊十餘萬人，高宗本人則已作了吳越之行的決定，高宗至平江府後，又以充為建康行宮留守，付以重責。江淮地區將領不論大小一律由杜充節制。包括：王民、顏孝恭、孟淯、劉經、曾鈺、郭仲荀、王瓊、韓世忠、辛企宗、陳思恭等。杜充承擔防江任務之重由此可見。

當時軍事布署如下：劉光世（時任江東宣撫使）守太平州兼保護池州，韓世忠守鎮江，辛企宗守吳江縣，陳思恭鎮守福山口，王瓊在常州。如此防守江淮的計畫不可謂不嚴密，但充平日口碑極差，將領之間便議論紛紛，連韓世忠、劉光世等，最具地位與實力的大將都畏懼充的嚴峻。劉光世甚至上疏皇帝以「六不可」為由不願接受杜充之領導，高宗大怒，撂下重話「豈容如此跋扈，便降指揮言杜充除將出自朕意，令盡護諸將，光世輙敢首拒。」於是下詔：

恐紊朝綱，候指揮到，卻令過江，如尚敢違拒，當寘典刑，仍令閤門不得接收朝見文字[24]。

光世見已不容抗命，只得接受。但稍後高宗又「賜以銀合湯藥」，藉以安撫光世。高宗剛柔並濟收放自如的馭臣手腕相當高明。光世不願受杜充節制，亦反映充之撫馭無方。所以《要錄》載：

時江浙人皆倚充為重，而充日事誅殺，殊無制禦之方，識者為之寒心焉[25]。

23 《要錄》，卷二七，頁四。
24 清•徐松：《宋會要輯稿》（台北，新文豐出版公司，民國五六年）（以下簡稱《宋會要》），第七冊，刑法七，頁六七三五。
25 參閱宋•徐自明：《宋宰輔編年錄》（台北，文海出版社，民國五八年，《宋史資料萃編第二輯》）（以下簡稱《編年錄》），第三冊，卷一四，頁九四一、卷一四，頁九四二；《要錄》，卷二七，頁四、卷二七，頁二三、卷二七，頁二五；《宋會要》，第七冊，刑法七，頁六七三五。

劉光世所謂「六不可」史無明言，但建炎四年五月劉光世曾上奏：

> 臣獨立寡與，不善奉人。杜充當權，求一節制，即能殺人。遂因申明軍事頻觸其怒，幸陛下優容，而大臣切齒恨臣，未嘗一日忘念。含沙射影尚能殺人，況當路大權生死在手，臣不容無懼，病軀晚景，何以堪任。伏望斷自睿志，令臣守本官致仕[26]。

此言或可解釋光世所說的「六不可」為何了。我們雖無法從史料看出究竟杜充如何「日事誅殺」，又如何「無制禦之方」。但若前後史料互相參照，應可印證杜充之殘暴作風，令屬下難以接受。

（五）建炎三年（一一二九）十一月：杜充先後任執政、宰相，朝廷又以江北諸將都由其節制，聽其指揮，幾乎把國家安危託付杜充，倚為長城。此刻充正應抱著必死決心，以報朝廷。其手下將領眾多，只要妥為擘劃，可令金人不能逾越雷池。然而當十一月中旬金將兀朮協同叛將李成自馬家渡過江「合寇烏江」，杜充正在建康，誤信諜報之言，未加查證便輕易派兵，而金大軍已到，充方以六萬部隊列陣長江南岸，本人卻躲在城內不敢出戰，其時「（岳）飛泣諫請視師，充竟不出[27]。」適值張超陣前失守，倉促中指派陳淬、劉綱、岳飛等三將率三萬人應戰，又命王瓊入援，王瓊先遁，和其部將輔逵引軍自信州進入福建，所到之處擾民尤甚，令陳淬陷入孤軍奮戰的局面。

十一月二十二日，金人又數路並進，從采石渡江，朝廷尚未得到戰場軍情，驚恐不已，局勢頗為危急，群臣洶洶。給事中汪藻、中書舍人李正民主張移蹕平江，親臨督戰，萬一不測則避敵海上，高宗未決，眾說紛云。此時周望上奏：杜充在采石防守，朝廷稍安。實際上，此時杜充已兵敗且韓世忠棄守鎮江，朝廷猶未得知。

當杜充兵敗欲自建康乘舟出奔，方開水門，士民爭相奔逃，而充不得出，乃欺騙民眾出城是為迎敵，但民眾不為所

26 《要錄》，卷三三，頁十一。
27 《宋史・岳飛傳》，卷三六五，頁一一三七八。

動，市井傳言甚囂塵上「杜相公枉殺幾許人，及其警急乃欲先遁。」其口碑如此，亦可想見其作為了。陳淬卻在抗金戰役中壯烈犧牲[28]。

杜充率兵渡江而北後，猶不忘為自己脫罪，其在向高宗附奏中提及：

初乞御營諸將聽其節制，實無妄自尊大之意，但欲人情相安，緩急可使。今者劉光世遠在九江不得使，韓世忠近在鎮江不能使，儻王瓊有心報國，當陳淬等接戰之際乘勢向前，敵兵必敗，豈有今日，瓊之不忠萬死有餘，臣今在儀真，檄召徐泗二州趙立、劉位等集兵，卻回鎮江以護王室，此區區困獸之志也[29]。

高宗予以重兵，倚為長城，未料臨敵之時，竟徒擁大軍於建康城內閉門不出，俟退保儀真，又將兵敗責任完全歸咎於劉光世「遠在九江不得使」，韓世忠「近在鎮江不能使」，以及王瓊「不忠，萬死有餘」，他本人則無絲毫責任，還大言不慚說自己是「此區區困獸之志也」，真可說是厚顏無恥之極。就其所言，是否真有決心奮戰到底，稍後觀其行即可知。

兩天後，高宗離開越州至錢清堰，論及杜充防江失敗，僅言：

（杜）充守江失利，陳淬戰沒，王瓊擁兵南遁，金國人馬必臨浙江追襲，事迫矣！卿等意如何[30]？

檢視史料，高宗竟無一語怪罪杜充，高宗對其厚愛寬容可謂至矣！

當此危急之時，呂頤浩只得建議「乘海舟以避敵」，並對這種方式利弊得失作一番分析，高宗考慮良久後方才認

28 參閱《要錄》，卷二九，頁六，頁二九四。
29 《要錄》，卷二九，頁九。
30 《要錄》，卷二九，頁十。

同，但為謹慎起見仍須經過「熟議」[31]，最後才決定「泛海」。亦可見杜充失守影響至鉅。

（六）建炎四年正月：杜充防守長江雖然失利，手上仍握有相當兵力。四年（一一三〇）正月朝廷曾催促其帶兵應戰[32]。而此時杜充已退保真州（今江蘇儀徵），宗弼遣人前往說降，答應將中原之地作為其封地，如張邦昌模式，杜充身為宋朝宰相，不思殺身報國，在金人以利相誘下竟變節降金。據《要錄》引趙甡《遺史》說法：知真州向子忞約杜充一同赴行在。充不從，自天長軍向北走。然並非道路不通（熊克：《中興小曆》云：充將還行在而道不通。），向子忞報告皇帝，高宗聞此消息竟日無法進食[33]。四年（一一三〇）二月二十二日尚書右僕射杜充觀文殿大學士提舉江州太平觀。「詔以充總諸將萬夫之屯，當長江一面之寄，乃因奔北，惟事退藏止罷要權，猶從優數。故有是命[34]。」數月後，高宗仍對此事耿耿於懷：

31 同前註。

32 《要錄》，卷三一，頁二：（建炎四年春正月己酉）……「是日，遣御營統制辛企宗，以千人赴明州策應。又降手詔趣杜充、趙立進兵既而辛企宗卒，不行。」又《要錄》，卷三一，頁八：「（建炎四年春正月辛未）御史中丞趙鼎請遣使督王瓊進軍宣州，周望分出廣德，與之和邀敵歸路。……及詔劉光世渡江駐軍蘄黃，牽制湖南賊兵，與杜充聲援，並趣劉光世為邀敵之計，或與杜充會於楚泗，使敵知江左軍眾，歸路稍艱，必有退軍之漸。……時或傳金人在建康築城，為度夏計，故鼎有是言。」趙鼎恐怕金人打算在建康城長駐下來，於是建議把長江南岸將領所屬軍隊匯集起來，好讓金人知道南宋兵力不少，這將帶給金人相當大的壓力，也可令金重新省思是否長駐的問題。

33 《要錄》，卷三一，頁十七。

34 《宋會要》，職官七八，頁四一八〇，亦參閱《要錄》，卷三一，頁十七；《編年錄》第三冊，卷十四，頁九四五。杜充降金之確切日期各書說法不一，眾說紛云。《要錄》、《皇宋兩朝中興聖政》、《編年錄》均繫於建炎四年二月二十二日罷相下。此說雖不盡正確，但若照近著如日本學者《南宋初期政治史研究》及《宋代政教史》皆置於建炎三年十一月，則距實際降金日又遠矣！而前揭書且言「充遂還建康與守臣陳邦光、戶部尚書李梲率官屬及步騎六萬降金。」恐與事實不符。若然，為何史書記載陳、李降金之事皆不言及身為一國宰相的杜充，反記載官職地位較低的陳、李二人，有違常理。但杜充降金之日不可能與其相位被罷同一天，應早於四年二月二十二日。降金之舉何等大事，其傳播速度應不致太慢，當高宗聞知此事，也必然以最迅速的方式處理，故因此推測降金日當在一月底二月初之際。

（四年）五月，上謂宰執曰：聞杜充在南京受劉豫命，令人誘陷東京。朕待充自庶官拜相，可謂厚矣！何故至是[35]？高宗對杜充降金既無奈又迷惘，始終不明白自己為何對充不斷提拔，位至宰相，而於此節骨眼上充竟不顧一切降金。悔恨之情溢於言表。

（七）降金後的際遇：杜充降金後，宗弼當初的承諾並未兌現（許以中原之地，封之如張邦昌故事）。曾經一度在南京受劉豫節制[36]。建炎四年六月，朝廷將充子杜嵩送廣州居住[37]，算是對杜充的處分。金將宗維對杜充變節的行徑極不以為然，對他相當不禮貌。金朝曾命他知相州[38]。此期間充之孫兒自南方逃歸，充擅自接納，被胡景山誣告陰通江南，被逮捕下獄，飽受「掠治」。紹興七年（一一三七）任燕京三司使，次年任燕京簽書樞密院事[39]。九年升任燕京行臺右丞相[40]，十年充死[41]。杜充降金後爬升至右丞相，地位不為不高，而金史竟未立傳，顯示他職位雖高，卻無政治影響力。

35 宋・熊克：《中興小紀》（上海，商務印書館，民國二五年，《叢書集成初編》），卷八。
36 《要錄》卷三三，頁三。
37 《要錄》，卷三四，頁十四。身為宰鄉竟叛降金朝，在專制時代即使處以滿門抄斬亦不為過，而高宗只將其子送廣州居住，處分也太過寬厚了。
38 《要錄》，卷三八，頁十四。
39 《要錄》卷五八，頁十四、卷一〇九，頁十七、卷一一八，頁七；《宋史・杜充傳》，卷四七五，頁一三八一一。
40 《要錄》，卷一三〇，頁一。
41 《金史》，卷四：「天眷三年十一月，杜充薨。」

第三節　沈該的生平

沈該，《宋史》沒有立傳，要探討其生平事蹟，拼出完整圖像，得廣蒐相關史料，實非易事。據《嘉興吳興志》載：沈該字守約，歸安人。其父沈時升、兄沈調皆有進士頭銜。沈該本人則進入太學上舍，因此得以任官。同書有「處鄉里以和謙退稱。每出，人喜見之。」及「紹興八年金人在淮泗遣使請和，上疏論之。[42]」之語。而與其他史書所載差異甚大。可以想見是吳興地方人士對「鄉先賢」歌功頌德的結果。《南宋初期政治史研究》說沈該是「吳興有力人士在權力中樞的言人[43]」，也是吳興地方的利益代言人。《嘉泰吳興志》提及他本是歸安縣的著姓，於參知政事任上，因「舊吳興丁身，歲輸三十有奇，公奏減五分之四，鄉人德之。」他既代表吳興地方人士的利益，為當地人說話，且為鄉里帶來實質利益，地方父老為感恩圖報，在地方志裡，為他擦脂抹粉，可以理解。

一、早期經歷

《嘉泰吳興志》載：「紹興八年，金人在淮泗遣使請和，（沈該）上疏論之。」前已言之。這是關於沈該生平事蹟最早的記載。查諸相關史料，沈該於紹興八年（一一三八）確有上疏之事。如《會編》、《要錄》均有記載，惟與《嘉泰吳興志》所記相去甚遠。

《要錄》載：

42 宋・談鑰：《嘉興吳興志》（台北，中國地志研究會，民國六七年，宋元地方志叢書），卷十七，頁六。
43 日・寺地遵著，劉貞靜、李今芸譯：《南宋初期政治史研究》（台北，稻禾出版社，民國八四年），頁四二二。

金國詔諭使尚書右司侍郎張通古，明威將軍・簽書宣徽院事蕭哲至行在。言先歸河南地，徐議餘事。以左僕射府館之。（同日）詔：左朝奉大夫沈該、選人陳懋上書可採，懋改合入官，該令閤門引見上殿，以該獻書言和議也[44]。

又《宋史・勾龍如淵傳》載：

金國遣二使來議和，許歸河南地。使者踞甚，議受書之禮不決，外議洶洶。如淵建議取其書納禁中[45]。

文中提到金使來宋議和，態度甚為踞傲，非如《嘉泰吳興志》所說遣使請和。

又《宋史・高宗本紀》卷二六亦載：

（紹興八年十二月）戊辰，王倫言金使稱「詔諭江南」，其名不正。秦檜以未見國書，疑為冊封。帝曰：「朕嗣守祖宗基業，豈受金人冊封[46]。」

則金使非來求和更為明顯。

又《嘉泰吳興志》所言「上疏論之。」未明究是論贊成抑或反對，書中含糊帶過。但《要錄》記載便非常清楚：

（紹興八年十二月）二十七日乙卯上召（王）倫入對，責以取書事。是晚，倫見使人商議，以一二策動之，使人惶恐，遂許。明日，上詔宰執就館見使人受國書，納入，人情始安。或曰：時欲行此禮。宰臣秦檜未有以處，因

44 《要錄》，卷一二四，頁十六，紹興八年十二月丙子條。
45 《宋史・勾龍如淵傳》，卷三八〇，頁一一七一九。
46 《宋史・高宗本紀》，卷二六，頁五三八。

問給事中樓炤，炤舉書高宗諒陰三年不言之句以對，檜悟。於是上不出，而檜攝冢宰，即館中受書以歸。敵使知朝廷有此聞之於王師愈。」（句龍）如淵又言講和之事，繫國利害，禮文之間，所當商榷，其如大議，蓋已素定，初不待道塗之言而決也。沈該輕獧俗子，素無循行。近因上書，亦蒙召對。深慮希進之人，迎合聖意，自此妄有陳獻，乘時獵取官職，有紊紀綱，為害不細，望賜寢罷。先是，張燾、晏敦復因論施庭臣、莫將除命，亦言該贓吏，不當由冗散召對，至是遂寢[47]。

由上述所記載，可推測數事：

（一）金朝遣使前來議和，高宗為促使和議順利達成，不惜多方遷就，並命秦檜以宰相身分儘速處理此事。

（二）沈該於此時上書表示支持和議，其心態動機明顯。故而句龍如淵認為沈該主和只為迎合皇帝心意，分享政治利益，故批評該「輕獧俗子，素無循行」似乎如淵對該平日作為有相當程度的了解。其素行不良口碑極劣由此可見。

（三）沈該應有「貪贓枉法」的前科紀錄，否則張燾、晏敦復不會提到沈該是「贓吏」，經此攪擾，高宗才決定不再召見沈該。

沈該善於觀望經營，他見句龍如淵因贊成和議而獲「御史中丞」，莫將也因此由寺丞而「起居舍人」，故該也想由此獲利。但因大臣阻撓而未得逞[48]，沈該是何種類型的人物，不言可喻。

但紹興八年該已任「左朝奉大夫」[49]，屬文散官，秩從六品。然紹興十二年該又轉任軍器監主簿，為從八品，何以四年後反較四年前之官階為低？又按宋制國子監上舍釋褐後，初授階官大抵為承事郎或承務郎（即八品官）與軍器監主

---

47 《要錄》，卷一二四，頁二〇，總頁一〇二四。

48 參閱宋・徐夢莘：《三朝北盟會編》（台北，大化書局，民國六七年）（以下簡稱《會編》）炎興下帖丙，頁五九八～五九九。

49 《要錄》，卷一二四，頁十六，總頁一〇二二。

簿官階相將。亦即沈該於紹興十二年釋褐後應為初授之官，這種現象與常理不合，應是《要錄》記載之誤。

二、任職地方官時期

（一）紹興十二年措置榷場（邊界之雙邊貿易）——於知盱眙軍時期

紹興十二年（一一四二），盱眙軍置榷場[50]。在宋金雙方簽定紹興和議後，設置榷場讓宋金之間的商人有交易商品的場所和機會，促進南北經濟交流，這是南北達成協議後必然之舉。與其兩國走私交易，不如開放由政府管理。宋金議和甫成，長於經營的沈該發揮所長，掌握時機，率先在盱眙設置榷場，提供南北商人交換貨物，課以商稅，既可順應民情，又可汲取厚利，何樂不為。

紹興十二年五月四日，戶部上奏：

> 近承指揮於盱眙建榷場博易，買南北物貨。為和議已定，恐南北客人私自交易，引惹生事。今條具下項：一、淮西、京西令逐路總領錢糧官司本路漕司、陝西令川陝宣撫司都轉運司，同共相度議定，置場去處合用折博物貨，從本部量度申朝廷給降。二、南客難與北客私相博易，南客物貨並於逐路榷場，令監官臨時酌度價直，每貫搭息不得過二分，盡數充賣入官，監官別行搭息，與北官博易施行。三、每場置主管官二員，乞從朝廷選差[51]。……

紹興十二年五月十三日朝廷便發表沈該為直祕閣・知盱眙軍，由該設置「榷場」。辦法是：商人資本額在十萬元以下者，十人互保先留下一半貨物，才准許到懷泗榷場交易，待買得北方貨物後，再讓其換另一半貨物前往。大商人全部拘

---

50 《宋史・食貨下八》，卷一八六，頁四五六五載：「紹興十二年（一一四二），盱眙軍置榷場官監，與北商博易，淮西、京西、陝西榷場亦如之。」

51 《宋會要》，食貨三八，頁五四六九。

留，以待北方商人前來。南北商人各占一邊，將貨物交給主管官員勘驗，由經紀人來往議價，商人不能相見。每作成一千元的交易，收取五釐利息歸繳官府。繼又在光州的棗陽、安豐軍的花黶鎮設置榷場。金人也在蔡州、泗州、唐州、鄧州、秦州、鞏州、洮州、鳳祥府設置榷場。上述各榷場都是以盱眙為依據設置的。

沈該不僅在宋金通好之後，率先於盱眙創設互市的榷場，也為後來陸續設置的榷場立下典範。為確保榷場能夠順利推動執行交易及政府課以稅收，同月十七日沈該又上奏：

竊惟朝廷創置榷場，以通南北之貨，嚴津渡之禁，不許私相貿易。然沿淮上下，東自揚楚，西際光壽，無慮千餘里，其間窮僻無人之處，則私得以渡，水落石出之時，則淺可以涉。不惟有害榷場課利，亦恐寖起弊端，欲望嚴賜戒飭沿淮一帶州縣，重立罪賞，覺察禁止。庶幾內足以專課息之源，外足以固鄰國之好。」詔令：陳兗、吳序賓、胡紡嚴切禁止覺察[52]。

榷場讓南北貨物流通促進經濟發展有利國計民生，亦兼有文化交流的功能與意義，應算是件好事。不過按沈該平時處事的一貫作風推測，他設置榷場應可撈到不少好處，試看「每作成一千元的交易，收取五釐利息歸繳官府」。南北交易商品價值何止成千上萬，可以想見沈該享受「油水之樂」，不亦樂乎！故積極推動榷場之設置。

（二）轉任淮南路轉運判官及提點刑獄公事[53]（紹興十五年八月己亥二十六日，一一四五）

沈該於紹興十五年八月同時兼兩要職，即轉運判官及提點刑獄公事，在淮南路掌握相當權力。

該官職主要是掌一路財賦而兼及舉刺官吏之事，南宋以後更可「察其稽違，督其欠負」，而「財用之豐欠，民情之

52 同前註。
53 《要錄》，卷一五四，頁七。

休戚，官吏之勤惰」皆可「訪問而奏陳之[54]。」故以職掌而論似乎南宋更為擴大。

提點刑獄公事「掌察所部之刑獄而平其曲直，所至審問囚徒詳覆案牘，凡禁繫淹延而不決，盜竊逋竄而不獲，皆劾以聞，及舉刺官吏之事[55]。」沈該此時掌握淮南路財賦及刑獄司法之權，地位不為不重。故《歷代職官表》云：「宋監司以轉運及提刑為最重……。其始由轉運使兼管，後遂專遣朝臣充之。……蓋所職以刑獄為主，而地方重務，例得兼掌……，二司實相為聯係也[56]。」

（三）知臨安府

沈該於紹興十六年（一一四六）十月初五任臨安知府，次年八月調任權禮部侍郎，任期只有八個月。臨安府於建炎三年由杭州升格而成。行政長官為「知府」。據《乾道臨安志》卷三牧守引何溥《紹興題名記》：

警蹕所在，呼吸四方，根柢方寓，其事勢增，實視古之京兆。

臨安知府[57]管轄浙西七州之兵、民二政。並帶有「浙西同安撫使之職銜」[58]，其地位非同一般州郡長官，而相當一路首腦，其權高責重由此可見。南宋諸帝常派親信官僚或宗室擔任此職。沈該任期僅八個月，之後便升官調任中央。他受命擔任知府，可見頗受高宗信任，或因係秦檜一黨，而膺此重任。沈該於紹興十六年（一一四六）十月初五到職，甫上任便為淮南之民請命，申請兩淮之地寬展稅限：

54 《宋史・職官志七》，卷一六七，頁三九六五。
55 《宋史・職官志七》，卷一六七，頁三九六七。
56 清・永瑢等撰：《歷代職官表》（台北，商務印書館，民國五五年），卷五二，〈司道〉。
57 參考林正秋著：《南宋都城臨安》（浙江，西泠出版社，一九八五年），頁一九八。
58 《宋史・職官志六》，卷一六六，頁三九四四。

（紹興十六年）十月十四日知臨安府沈該言：兩淮之地，昨緣蹂躪，荒棄田疇，近年以來，雖歸復寖眾，墾植滋廣，望詔有司更令寬展起稅之限，以示安輯之意[59]。

皇帝訓他一番，並說「所請宜令看詳以聞」。雖未正面拒絕，亦未同意，請命便無疾而終。

（四）權禮部侍郎

沈該權禮部侍郎，任期紹興十七年八月至十八年（一一四七～一一四八）八月，一年整。禮部：掌國之禮樂、祭祀、朝令、宴饗、學校、貢舉之政令[60]。侍郎為長貳之官，依宋所列官品為「從三品」，此時沈該已任高官了。紹興十八年五月該（此時已兼直學士院）曾建言：

竊惟國家乘火德之建以王天下，崇奉熒惑，猶所當先，先期建陽德觀，專奉火德，配以閼伯，而祀以夏至，舊章具存，可舉而行。欲望特詔有司，於宮觀內別建一殿，專奉火德，配以閼伯，以時修祀，庶幾仰答靈貺，益固炎圖。詔令禮部、太常寺討論。其後建於太一宮道院，揭名曰「明離」[61]。

強調宋以火德建國，當別立一殿以奉火德。紹興十八年八月八日沈該復建議一事：四川省類試合格沒有參加殿試之人，第一等一律賜進士出身。其餘則賜同進士出身。朝廷同意他的建言[62]。這項建議頗嘉惠於四川士子。

59 《宋會要》食貨六三，頁五九七七。
60 《宋史・職官志三》，卷一一六，頁三八五一。
61 見《宋會要》，禮十九，頁七四六；《要錄》，卷一五七，頁七。
62 《要錄》，卷一五八，頁二。

（五）知潼川府、知夔州

沈該任潼川知府，自紹興十八年八月十二日至紹興二十五年十二月二十一日（一一四八～一一五五）回到朝廷任參知政事止，前後在四川長達七年四個月。沈該於十八年八月從中央外放四川，即因遭受秦檜排擠。《要錄》云：

> 該初為秦檜薦引，及登侍從，上頗知之，檜忌，故出於外[63]。

任潼川知府為期四年，至二十二年八月又調任夔州知府三年四個月，才重返中央。當沈該於紹興二十五年十二月召回臨安時，高宗當面詢問：「秦檜何忌卿之深[64]？」該遭外放達七年，高宗知道因受秦檜猜忌，但個中因素高宗也許不甚清楚，方有此問。緣此，因禍得福，在秦檜死後得以鹹魚翻身位列宰執。

沈該在四川地方官任內七年有餘表現如何呢？試看《宋宰輔編年錄》便知：

> 該初在潼川府，專以商販取利，及知夔州，營利尤甚。既除參知政事，傳至夔州，人皆大驚[65]。

沈該貪財好貨，不論在潼川府或夔州皆有類似舉動，其口碑極差可以想見，是故當地百姓聞知沈該將有異動，且是高升參知政事都驚訝不已。沈該「買賤賣貴，舟車絡繹不舍晝夜」，「蜀人不以官名之，但曰：沈本。蓋方言以商賈為本也[66]。」其利用職務之優勢與民爭利，已到了惡名昭彰，蜀民皆知的地步。

63 《要錄》，卷一六三，頁十六。
64 《要錄》，卷一七〇，頁二〇。
65 《編年錄》，卷十六，頁一一一七。
66 《要錄》，卷一八二，頁十三。

（六）參知政事

沈該拜參知政事半年（紹興二十五年十二月至二十六年五月，一一五五～一一五六）紹興二十五年十月秦檜致仕，不久死。檜兩居相位凡十九年[67]。檜死後其黨被逐，凡過去曾因忤逆檜而落職者，均得到平反。沈該因緣際會，拜為參知政事。其原因除曾遭忌，而被外放至四川。故此時得到重用，另有一因：沈該曾於宋金和議期間表達主和立場，使高宗印象深刻。《編年錄》載：「講和之初，該嘗上書附會其議，上記之，故有執政之除[68]。」說明該升官的主要原因之一。亦可推知該善於投「主」所好，只要有能獲得政治利益的機會，他是不會隨意錯過的。

更進一步說，秦檜是主和最力之人，現在檜既死，主和派恐會後繼無人，因此高宗起用的最理想人選，既是主和派又是曾遭秦檜貶逐者，沈該剛好符合要件，用沈該可以繼續執行主和政策。故該於十二月二十一日到職，次日高宗便迫不及待地告訴魏良臣、沈該、湯思退三人：「兩國和議，秦檜中間主之甚堅。卿等皆預有力，今日尤協心一意休兵息民，確守勿變，以為宗社無窮之慶[69]。」高宗此語堅定主和立場，秦檜生前政治路線不容改變，亦顯見高宗對宋金之和特別重視。由此可知高宗重用沈該，純粹是政治考量，而非對沈該實際表現的考察。

沈該甫上任便奏了一本：

> 朝廷機務至繁，所賴以同力協濟者，惟二三執政。比歲大臣祐權，參樞皆取充位，政事例不關決。宜特詔三省，務各盡誠，以贊國事[70]。

---

67 《編年錄》第三冊，卷十六，頁一一〇五。
68 《編年錄》，卷十六，頁一一一六～一一一七。
69 《要錄》，卷一七〇，頁二〇。
70 《編年錄》，卷十六，頁一一一六。

沈該善於掌握時機，於此「後秦檜時期」尤為顯著。秦檜長期任相，把持朝政，不僅執政有名無實，連皇帝權力也遭侵奪，現在秦檜已死，正是高宗重秉朝綱之際，該之奏疏表面上是呼籲執政大臣應「同力協濟」，「宜詔三省務各盡誠，以贊國事」，說詞極為冠冕堂皇。骨子裡實為長時間只是「備員而已」[71]的執政爭取較大的實權。秦檜死後宰相始終懸缺，直到沈該及万俟卨拜相為止，而期間就是沈該任執政之時。在缺正相的情況下，副相應擁有較大的權力。

高宗親攬政務伊始，便先後召還沈該與万俟卨二人（按：沈該於紹興二十五年十二月二十一日任命為參知政事，而万俟卨在紹興二十六年三月十八日拜除[72]，中間相差三個月。），《要錄》載：「時上復親庶政躬攬權綱，首詔該及万俟卨還朝[73]。」容易讓人產生兩人是同日受命的錯覺。實際上沈該已先任執政三個月了。「已而，二人共政，無所建明，益不厭天下望矣！」（同上註）顯然兩人政績令天下感到失望，但高宗不以為意，兩個月後，分別以左、右僕射同日拜相[74]。

參政半年，值得一提的大概只有兩件事：

1. 推薦蜀中人才：虞允文即為一例[75]。允文於日後嶄露頭角，且於孝宗時期拜相。
2. 向高宗建言「宜特降詔書，具宣此意，遠人聞之，自當安矣。」所謂「此意」，係指「向者講和息民，悉出宸衷，遠方未必究知[76]」，沈該的建議獲得万俟卨、湯思退的認同。

高宗因此下詔：

---

71 同前註。
72 《編年錄》，卷十六，頁一一一九：「（紹興二十六年）三月乙未，万俟卨參知政事。首奏五事：大略以為樞臣執國命威福之柄下移，人不知有君上。……士風不競，畏避譏議，襲常蹈故，隨波浮沉，無致身許國之忠。所陳如此，遂以為參知政事。」一篇陳詞慷慨的奏章，便為他贏得副相之職。
73 《要錄》，卷一七〇，頁二〇。
74 《編年錄》，卷十六，頁一一二一。
75 《要錄》，卷一七一，頁七。
76 《要錄》，卷一七二，頁五～六。

朕惟掩兵息民，帝王之盛德，講信修睦，古今之大利。是以斷自朕志，決講和之策。故相秦檜但能贊朕而已。豈以其存亡而有渝定議耶！近者無知之輩，遂以為盡出於檜，不知悉由朕衷，乃鼓唱浮言，以惑眾聽，至有偽造詔命，召用舊臣，獻章公車，妄議邊事，朕甚駭之。仰惟章聖皇帝，子育黎元，兼愛南北，肇修鄰好，二百餘年，戴白之老，不識兵革。朕奉祖宗之明謨，守信睦之長策。自講好以來，聘使往來，邊陲綏靜與宇內，共底和寧內外小大之臣，其崴體朕意，恪遵成績以永治安，如敢妄議，當重寘典刑[77]。

在此詔令中有兩個重點：

1. 澄清在秦檜專政期間，實際上高宗仍籠罩一切。避免他人疑慮高宗大權受到侵奪，有損高宗顏面。
2. 宣示堅定維持對金之和平關係與立場。

在頒布詔令的前一天發生一件事：東平府進士梁勛因「伏闕上書北事甚詳，且言金人必舉兵，宜為之備」，而遭到「特送千里外州軍編管」的處分。理由是朝廷曾下令凡有獻言應「自合詣院投進，不許伏闕」，現在梁勛「不遵約束，敢有違犯。其所獻書既無可採，輒妄議邊事，理當懲戒[78]」，妄議邊事，便有可能對於耗盡心血方才建立的宋金和平關係帶來威脅，故須處分，收殺一儆百之效。

此外，秦檜死後，金國頗疑前盟不堅，適值荊、鄂間有召張浚之傳聞，使金朝更加猜疑[79]。沈該乃有此舉。

（七）尚書左僕射

沈該自紹興二十六年五月至二十九年六月（一一五六～一一五九），拜相三年一個月，

77 同前註。
78 同前註。
79 同前註。

1.兼職：沈該自紹興二十六年五月拜相並監修國史，提領編類玉牒所，右僕射万俟卨則提領實錄院[80]。有一事與國史相關：秦檜專政以來，記錄的所謂「聖語」，實則多出於秦檜自己之意，而非高宗之言。沈該上奏刪除，將國史所記者，亦即自高宗即位以降三十年間事纂為「中興聖語六十卷」呈給皇帝[81]。

2.對金政策只知順從高宗之意，嚴守秦檜路線，而昧於時勢：沈該上任，始終嚴守秦檜主和路線，對於金朝政局之變化不以為意。

金主完顏亮弒金熙宗自立後，企圖南侵。國子司業黃中任賀金主生辰使。返國後向朝廷報告，金國主再次整修汴梁，徵發數萬民伕，此舉必然是遷都汴梁的準備動作，下一步便是進攻南宋，應該早作防備。彼時距宋金雙方結盟的時間已久，朝廷內外早已鬆懈，毫無迎戰守禦的準備。高宗聞知此事非常吃驚，仍道：「但恐為離宮也。」黃中答稱：

臣見其所悉備，此不止為離宮，若南徙居汴，則壯士健馬不數日可至淮上。惟陛下深圖之。

宰相沈該、湯思退聞之詰中曰：

沈監之歸屬耳不聞此言，公安得此為此也？」居數日，（黃中）復往曰：「請以妄言即罪。」思退怒，至以語侵中（此事在紹興二十九年四月）。時中書舍人洪邁亦請密為備，該等不聽[82]。

湯思退與沈該兩人是一丘之貉，容不下實情與諍言。對於政局之變化不聞不問，只知粉飾太平，欺上瞞下，為典型的奸相行徑，較之南宋晚期的賈似道不遑多讓。對於說實話卻忤逆了沈該的黃中，立予處分。《要錄》載：

80 《要錄》，卷一七二，頁十七。
81 《編年錄》，卷一六，頁十七。
82 《要錄》，卷一八一，頁十三。

（紹興二十九年四月，一一五九）壬寅，國子司業黃中守祕書少監。近例使北還者，率得從官。宰相以中書舍人金有南牧意，惡之。故沈介遷吏部侍郎，而以中補其處[83]。

沈介隱瞞真相獲得升職，黃中道出實情，反而不能升官，只能接替沈介升職後所留遺缺。處分雖不算嚴厲，卻有高度警示作用。二相掩飾欺瞞的心態和作為由此可見。

第四節　杜、沈與宋高宗的關係

一、杜充與高宗間的互動

如前所述，杜充自建炎元年後所任官職雖以中央居多，而實際差遣多在地方，故與高宗接觸機會有限，彼此直接互動關係不多。

高宗用人「兼收並蓄」[84]賢與不肖並用，因此所任宰相忠奸各半。《宋史・杜充傳》中對杜充之描述、批評簡直一無是處，而高宗仍加重用，仔細推敲，其原因是：充「有威望，可屬大事」；張浚、呂頤浩亦推薦之[85]。這是一條重要線索。此時江淮一代盜寇多如牛毛，宋政權原本猜忌武人，需要一位文官出身、又富威望、作風強勢的人在前線坐鎮指揮，否則容易出亂子。杜充雖然殘暴，只要能鎮懾軍人武將，便可收箝制之效。未料杜充竟於建康失守退保真州之際，

83 《要錄》，卷一八一，頁十四。
84 劉子健：〈背海立國與半壁山河的長期穩定〉收入《兩宋史研究彙編》（台北，聯經出版事業公司，民國七六年），頁三二。
85 《宋史・杜充傳》，卷四七五，頁一三八一〇。

在完顏宗弼蠱惑之下變節降金。對高宗而言，猶如晴天霹靂[86]。高宗雖重用杜充，然杜充自欽宗靖康元年起至建炎三年七月（一一二六～一一二九）拜執政之前均擔任地方官，兩人鮮少有直接相處的時間。《要錄》載：

環慶經略使王似言：方今用兵之際，關陝六路帥乞皆用武臣。呂頤浩曰：臣少識种諤，眇小而為西夏信服。金之武臣類皆鬥將非智將，罕見如諤之比。杜充曰：方金艱難，帥臣不得坐運帷幄，當以冒矢石為事。上曰：王似未知武臣少能知義理，若文臣中有智勇兼資，練達邊事如范仲淹者，豈必以親臨矢石為多，何藉武帥[87]。

這是極少數高宗與杜充對話的史料，從資料中顯示：

（一）高宗雅不欲用武將，除非萬不得已。

（二）杜充此言之後不久拜相，高宗對杜充慷慨之言頗為欣賞，進而觸動高宗加以拔擢的念頭。（按：君臣相談事在建炎三年八月二日[戊申]，充拜相在建炎三年閏八月十三日，兩者時差不過四十天，如此推測應為合理。）

（三）杜充在皇帝面前大言不慚的說「帥臣當以冒矢石為事」，但事到臨頭，卻龜縮於城內不敢應戰。《岳珂行實編年》載：

（建炎三年）冬十一月，金人大舉兵與李成合寇烏江縣，充閉門不出，諸將屢請不答，武穆叩寢閤諫之曰：「勍虜大敵，近在淮南，睥睨長江，包藏不淺。臥薪之勢，莫甚於此時，而相公乃終日宴居不出，不省兵事，萬一敵

86 《編年錄》，卷十四，頁九四五。
87 《要錄》，卷二六，頁一。

人窺吾人之怠，而舉兵乘之，相公既不躬其事，能保諸將之用命乎，諸將既不用命，金陵失守，相公能復高枕於此乎，雖某以孤軍效命，亦無補於國家矣！」因流涕被面，固請出視師，充漫應曰：來日當至江滸，竟不出[88]。

充言行不一，可見一斑。國家將江北防金重任完全交給杜充，而充竟置一國之安危於不顧，匪夷所思，同時反映高宗用人之不當，不僅無法適才適所，且清濁不分。其中所任者固然不乏忠臣良將，然而所用奸臣小人往往在內部抵消了抗金與建國的力量，最後只能落個偏安之局。高宗聞杜充降金，震驚不已[89]。高宗待充仁至義盡，而充卻以降金回報。

二、沈該與高宗

紹興八年（一一三八）十二月，時值宋金第一次和議前夕，沈該已看準了高宗求和的決心，於是他「獻書言和議」[90]。此舉果然引起高宗注意，並召見沈該。因句龍如淵從中作梗，結果召對「遂寢」[91]。這是沈該與高宗之間的第一次接觸，兩人雖未謀面，卻令高宗留下不淺的印象，所以沈該此次仍有收穫。此後沈該一直主和，俾迎合高宗口味，最後終於榮登「相位」寶座。

沈該與秦檜結識，大約是在紹興八年至十二年（一一三八～一一四二）該任職中央期間。《揮麈錄》後錄七：

秦（檜）得志之後，有名望士大夫悉屏之遠方。凡齷齪委靡不振之徒，一言契合，自小官一二年即登政府。仍止

88 亦見於《宋史・岳飛傳》，卷三六五，頁一一三七七～一一三七八。
89 《編年錄》，卷十四，頁九四五。
90 《要錄》，卷一二四，頁十六。
91 《要錄》，卷一二四，頁二〇。

除一廳，循故事伴拜之制，伴職充位而已[92]。

該概因「主和」，而成檜黨，並受到不次拔擢，其過程大致依循上述模式。由軍器監主簿，而知盱眙軍，而知臨安府，而權禮部侍郎。同時於此期間受知於高宗，卻得罪秦檜，遭到外放。《要錄》載：

該初為檜薦引，及登侍從，上頗知之，檜忌，故出於外[93]。

該任職於四川地方官達七年四月之久，直到紹興二十五年（一一五五）十二月方才召回臨安，並立即拜為參知政事，半年後出任宰相三年一個月，亦即返回中央後的三年七個月是沈該與高宗關係最密切的時期。此時秦檜已死，高宗重新親政，籠罩一切，宰相只是「贊朕」而已。

沈該身為宰臣，卻難見宰相風骨，亦少有建樹。「自居政地，首尾數年，曾無建明以裨國論[94]。」但是沈該以阿諛逢迎見長前已言之，故而高宗待如心腹，信任不疑。有關史料罄竹難書，茲再舉例說明。

（一）高宗論及僧道之事，謂「不禁度牒者，正恐僧徒多責不耕者眾耳。」沈該等奏曰：「陛下宵旰圖治，尤以農事為先，天下幸甚[95]。」

（二）高宗與戶部論墾田。上曰：「如此甚善。但窮民下戶乍來請佃荒田如何便得牛具并種糧。若不從官中借貸，恐未免為虛文，終是開墾稀少。今後並令官中假貸可行下諸處相度於合支錢內支破。」沈該曰：「陛下恤民

92 宋・王明清：《揮麈錄》（台北，藝文印書館，民國五四年），後錄七。
93 《要錄》，卷一六三，頁十六，總頁一三四五。
94 《要錄》，卷一八二，頁十，總頁一五二八。
95 《宋會要》，道釋一，頁七八七一～七八七二。

無所不用其至。臣等敢不遵依行下[96]。」

（三）上曰：「如米麥之屬，民所食用者，既與免放若不量減年額責必巧作名目，重斂以求數數反為民害，可依所乞。今戶部立法施行。」沈該曰：「陛下至誠恤民察見利害，如此天下幸甚[97]。」

（四）上宣諭輔臣曰：「訪聞臨安府受納稅絹，多是乞覓阻節。近有一百姓送納本戶絹一疋被退回。詢之云：官中不經攬納人不肯收給。朕令人以錢五貫五佰文買到，卻是堪好衣絹，已令韓仲通根治。近在輦轂尚乃敢爾，外方輸納想見受弊。」沈該等曰：「陛下勤恤民隱，灼見弊源，如此天下幸甚[98]。」

（五）上謂大臣曰：「朕當諭以束吏姦即還商買物貨及不植價錢，勿留民訟，如見得曲直即當面裁決，其他如御膳之屬，近來未嘗取辦，雖用片紙亦不責其供應。」沈該曰：「今日天府之弊莫大於此三者。陛下洞照曲折又不以供應責之。愛民如此，天下幸甚[99]。」

高宗在長於諂媚逢迎的沈該口中，已成了上比堯舜的聖德君王。諸如：「陛下宵旰圖治」、「恤民無所不用其至」、「至誠恤民察見利害」、「勤恤民隱，灼見弊源」、「洞照曲折又不以供應責之，愛民如此」。又如：「恭儉出於天性，豈前代帝王所可跂及」[100]、「卹民之念可謂切至」[101]、「臣等仰見陛下不貴異物，推仁民愛物之德及於遐遠，其所用心與堯舜異世而同符也[102]。」例證繁多不勝枚舉。沈該奉承高宗之諸多評論，正如屈原〈卜居〉所說的「哫訾慄斯，喔咿儒兒」。任何人主遇到這樣精於歌功頌德的大臣，很難不被頻繁的諛詞所迷惑。

前列高宗正面之例證雖多，但都集中於紹興二十六、七年沈該任相之時，即使高宗當時政治上的表現確如史料所顯

96　《宋會要》，食貨一，頁四八〇六；食貨六八，頁六二七〇。
97　《宋會要》，食貨十七，頁五〇九一。
98　《宋會要》，食貨九，頁四九五一；食貨六八，頁六二四三。
99　《要錄》，卷一七四，頁十二。
100　《要錄》，卷一八〇，頁十九。
101　《宋會要》，食貨五三，頁五七一九。
102　《宋會要》，崇儒七，頁二三〇六。

示如此之優秀，也只能說明這兩年來的施政，僅為局部的事蹟，並不足以說明他三十六年的作為皆是如此。

紹興二十九年（一一五九）六月下旬出現一連串針對沈該加以彈劾的奏章。首先由朱倬、任古登場，他們上奏：

尚書左僕射沈該天資疏庸，人品凡下。自居政地，首尾數年，曾無建明，以裨國論。惟知冒寵，黷貨無厭，請託公行，賄賂坌至。……上孤陛下之恩，下失四海之望，乞賜罷黜，別寘典憲[103]。

緊接著何溥、都民望發動第二波攻勢：

左僕射沈該……自為小官，已無廉聲，徒以在州縣諛諂秦檜，遂蒙提契。……連帥梓夔，略無善狀。以子弟為商賈，以親信為爪牙。……舉措乖方，積失人望，凡是差除，莫先親舊，引所厚善，置在要津，請託公行，幾成市道。……而該乃謂：軍旅錢穀之事，各有司存，凡百文書，謾不加省。……伏望宸斷，亟賜罷黜[104]。

朱倬、任古的彈劾鍥而不捨：

（沈該）頃在蜀部，買賤賣貴，舟車絡繹，不舍晝夜。……其在相位，又暗大體，如以二子改合入官為請，嘗被繳駁，其兄調，身為帥臣捕獲小寇，而該張大其事，遽除，次對又進階官，此類繁不敢悉數。大抵輕爵祿以市私恩，布親故以責酬賂。……將該罷黜，以為大臣簠簋不飭背公營私者之戒[105]。

103 《要錄》，卷一八二，頁十。
104 《要錄》，卷一八二，頁十一。
105 《要錄》，卷一八二，頁十二。

朱倬、任古、何溥、都民望等人輪番上陣攻擊沈該不已。歸納彈劾沈該的罪狀有：

（一）諛諂秦檜，遂蒙提契。

（二）任職四川時期，以子弟為商賈，親信為爪牙，買賤賣貴，背公營私。

（三）賄賂請託成風。

（四）任用親舊，位居要津。

（五）任相三年，無所建明，舉措乖方。

高宗起初仍替沈該迴護：「朝廷進退大臣誠非細事，祖宗自有恩數，於是（何）溥等皆退而俟命。」沈該雖乞罷政，「詔不許」[106]。最後禁不住大臣交章論列，遂於六月二十六日罷職，「充觀文殿大學士・提舉臨安府洞霄宮」[107]不久致仕。紹興三十年（一一六〇）五月復觀文殿大學士・判明州[108]。孝宗隆興元年（一一六三）六月以右諫議大夫王大寶論列，依舊致仕[109]。隆興二年（一一六四）六月降授觀文殿學士，依舊致仕[110]。寺地遵在主張沈該、湯思退是以江南為其社會基礎，沈、湯等人見用有一定歷史意義，就任宰執將為南宋政權在江南建立根據，且得到江南輿論支持[111]。這種說法僅能部分說明高宗何以重用沈該，卻難作全面性的解釋。

106 同註九八。
107 《要錄》，卷一八二，頁十三；卷一八二，頁十七；亦見《宋會要》，職官七八，頁四一八四。
108 《要錄》，卷一八五，頁十一。
109 《宋會要》，職官七七，頁四一五五。
110 《宋會要》，職官七一，頁三九五九。
111 《南宋初期政治史研究》，頁四二六～四二七。

第五節　結語

宋高宗在北宋被滅之際，群臣擁戴下即位於南京應天府。政權建立之初歷經大風大浪，最後立足於淮水以南，落得半壁江山。雖然史稱高宗是「南宋中興君主」，卻缺乏歷朝開國皇帝的大氣魄、大胸襟。尤其在知人善任方面更是無法相比。換言之，格局不夠開闊，氣象不夠雄偉。在高宗時代所任用十五位宰相中，竟然接近一半屬於奸佞之流。當賢臣在位，政治清明，綱舉目張；若奸臣當道，則朝政紊亂，政治晦暗，國力已從內部自我抵消，無法全力抗金、建國，大好江山，僅得其半。

杜充、沈該分別是高宗前期與晚期的兩位宰相，也是其用人清濁並進的兩個奸佞之輩受到重用的例子。

杜充在北宋晚期紹聖年間登進士起至靖康年間（約一〇九四～一一二七），歷任各官職，宦海浮沉長達三十餘年，相當平淡。直至高宗即位後，在短短兩年多之間，躍登宰相，速度之快令人驚訝。考其作為並無任何過人才幹。其評價不是「日事誅殺措置無方」，就是「酷而無謀人心不附」，如此「人才」高宗竟然任之不疑。杜充雖曾在中央任官，而絕大多數時間都在宋金前線，君臣之間接觸機會極少，卻令高宗對杜充建立良好的印象，即使言官彈劾，也絲毫不能動搖高宗心意，令人費解。奇怪的是連呂頤浩、張浚之類的能臣都曾推薦杜充，高宗用他是因充「有威望可屬大事」。所謂威望就是「殘暴不仁日事誅殺」所建立起來的。當高宗向南避敵之際，便想到杜充是可以託附重任的不二人選，乃命他扛起坐鎮指揮十幾萬大軍的防淮抗金重擔，遺憾的是杜充根本無制敵之方，致使軍機一誤再誤，結果建康失守，退保真州，最後索性變節降金。高宗猶被矇在鼓裡，仍將希望寄託在杜充身上，等降金消息傳來，方才大夢初醒，搥胸頓足之不暇。但高宗對杜充及其家人並未趕盡殺絕，只將充本人罷職並「削充爵，徙其子嵩、巖、崑、婿韓汝惟於廣州[112]」，高宗之舉措算是過於仁厚了。

杜充降金後，金並未如先前所承諾的「封以中原」。曾一度隸屬於劉豫，「久之，命知相州」，仍「猜阻肆威（同前註）」不改其一貫作風。紹興九年（一一三九），累遷至燕京尚書行臺右丞相，而死於紹興十年（一一四〇）宋金和議成立之前。

至於沈該於紹興八年（一一三八）宋金第一次和談正在展開之際，還是個中低階的官員，便乘機上章論和議，因而受到高宗注意，原打算召見，因句龍如淵阻撓而作罷，卻留下深刻印象。紹興十二年（一一四二）沈該任知盱眙軍時率先設置榷場，提供宋金雙方邊界貿易的公共場所，已展露其精於通商的天分。主和使他成為秦檜一黨，從此一帆風順，先後出任臨安知府、權禮部侍郎等要職，此期間受知於高宗，而遭致秦檜猜忌，外放四川知潼川府、知夔州歷時七年餘，再度將四川當作他發揮長才的商場，利用職務「在潼川府，以商販取利，知夔州，營利尤甚[113]」遠近馳名。秦檜死後，高宗徵調他至中央出任參知政事，消息傳來「人皆大驚」。任宰執三年七月，對外延續秦檜主和路線，對高宗則極盡阿諛諂媚逢迎順從之能事，贏得人主長期信賴。直到紹興二十九年（一一五九）群臣猛烈攻擊下，才不得已去職，言官仍論列不已。

綜觀高宗立國後種種作為，其褊小格局，偏安心態，處處流露，且用人欠缺知人之明，或者是被私心矇蔽，從其所用大臣、宰執便可略知梗概。

高宗性格陰柔多變，缺少開國君主應有的陽剛之氣，但他也不是一個昏君，有時頗懂得為君之道（仁民愛物，體察下情，節用愛民的治國之理），善用權術，深知馭下的技巧，收放得宜。有時也能適度展現廣開言路直言納諫的氣度（只要不涉及敏感的事，諸如：主戰反和、迎還欽宗、立儲等）。當面臨強敵威脅時，就展現趨吉避凶、卑躬屈膝的特性，一味向金求和，甚至稱臣事金在所不惜。

---

112 《宋史・杜充傳》，卷四七五，頁一三八一一。
113 《編年錄》，卷十六，頁一一一七。

高宗長於內鬥而怯於抗金。一、首先他利用杜充赴東京，擔任宗澤副手，處處掣肘，反其道而行，令宗澤抑鬱憂憤以終。澤死後，其子宗穎雖為最佳繼任人選，高宗卻棄置不用，反以殘報無能的杜充擔任東京留守，短短數月，將宗擇苦心經營多年的抗金基業摧毀無餘，兩河豪傑盡復為盜賊。不久東京便淪為金所有。二、以借刀殺人之計，利用金除掉對他頗有威脅的信王榛，卻喪失北方抗金的一大屏障。三、命抗金力量先行轉向國內消弭各處民變勢力（如命岳飛攻擊楊么），極有成效，卻延緩主戰派北伐中原的時日，同時也削弱抗金力量。四、設計解除三大將軍權，而以次將取代，以勵行宋重文輕武、強幹弱枝之傳統國策，再次自壞位於江淮的北方長城。

強烈的權力慾望使得金掌握欽宗這張王牌，也是高宗最大弱點，令金對高宗予取予求，若非如此，岳飛應不致慘遭毒手，成為宋金和談的犧牲品。

紹興晚期高宗企圖擺脫秦檜陰影，重秉朝綱，頗思振作，塑造後秦檜時代的新氣象，凡是原為秦黨者悉遭罷黜。惜復重用原為檜黨、聲名狼藉的沈該，使得新氣象大打折扣，沈該擅長逢迎之術，因而掌握人主的心，直至遭到群臣圍攻罷相為止。

本文提出杜充、沈該兩位俱為高宗所重用卻惡名昭彰的相臣，雖非如秦檜般大奸巨蠹，然而對於時局亦帶來相當負面的影響。建炎年間，高宗大部分的精力放在避敵求和的議題上，在內政方面不甚講求，重用杜充原本想藉杜充既是文官又素有威望，坐鎮江北壓制武將，還能形成一堵北方屏障。未料杜充降金，使得建康失守，高宗揚帆海上。沈該雖說代表一部分的江南勢力，該之見用，使高宗政權立足江南較為穩固，然其當政「無所建明，益不厭天下望」，最後落得言官群起攻擊，只得將該罷職，否則對臣僚難以交代，對於高宗努力重建的新氣象而言，足以造成相當程度的傷害。高宗由於難以搬上檯面的私人因素，重用兩人，卻以一人降金、一人去職收場，今日為政者不可不以此為戒。

第二章　陳康伯與南宋初期政局

第一節　前言

中國自秦漢以降，宰相便是官僚集團之首，職掌是「輔佐君王，調理陰陽」，位高權重，地位特殊。截至朱元璋廢相（一三八〇）為止，在這一千五百年之間，所出現的宰相數量何止千百，但並非每位宰相都能充分發揮功能。在專制體制、以人為治的政治結構下，宰相能否充分行使權力，要看此人有否政治智慧，手腕運用是否高明，人際網絡是否通暢，凡此種種均為重要因素。而往往在君主政治立場搖擺不定、晦暗不明之時，或新舊君王政權輪替交接之際，就更需要一個識大體、有定見、講原則的宰相來輔佐君王，行使其職權，佐理皇帝，掌握朝政，度過難關，挽救國運，南宋初期的陳康伯就是這樣一位宰相。

陳康伯自紹興二十七年（一一五七）九月擔任參知政事，二十九年（一一五九）六月兼權樞密院事，同年九月升任尚書右僕射，三十一年（一一六一）拜左僕射，隆興元年（一一六三）十二月一度卸任，二年（一一六四）八月因情勢危急而奉命復出，至乾道元年（一一六五）正月薨，前後擔任正、副宰相達六年八個月[114]。此階段便是陳康伯政治生

[114] 參閱《宋史・陳康伯傳》，卷三八四；《要錄》、《編年錄》等史料。

涯中最重要，尤其在高、孝二帝政權交替之際，更是前後兩任君主最為倚重的大臣。《宋史》稱其「經濟自任、臨事明斷[115]」，高宗稱讚他「靜重明敏，一語不妄發，真宰相也[116]。」高宗在秦檜死後，便對他不斷提拔重用。當完顏亮揮軍南侵之時，他堅持抗金，也堅定了高宗抗金的決心，而前方有虞允文采石磯擊退金兵之舉，進而阻止了金人南侵的野心。隨後又參贊高宗內禪孝宗之大計，對政局作出巨大的貢獻，成為一位中流砥柱的佐國重臣，孝宗繼立仍加以重用。而他於乾道元年（一一六五）病篤之際，臨危受命入朝，盡心國事，化解危機，直到油盡燈枯，死而後已。因此筆者認為有必要對其仕途與政績深入探討研究，以彰顯他在南宋初年政局的地位及其影響力。

本文旨在闡述陳康伯一生宦途的重要政績；與高宗晚期至孝宗初年政局的關係及所占地位；康伯與前後兩任君主的互動關係等相關事情，加以深入研究，陳述表彰，並讓世人了解如此一位佐國良相。

第二節　陳康伯的仕途概述

一、早年經歷

陳康伯，字長卿，信之弋陽人（今江西省弋陽縣）。生於宋哲宗紹聖四年（一〇九七），「自幼穎悟，讀書一過輒不忘，下筆成文，見者心服」。成年之前即「入郡縣學，貢京師[117]」。二十五歲進士及第，中上舍內科[118]。調平江府長

115 《宋史・陳康伯傳》，頁一一八二五。
116 同前書，頁一一八〇八。
117 宋・陳康伯：《陳文正公文集》（江西省圖書館藏清康熙二十九年刻本，收入《四庫全書存目叢書》，第十五冊，台北：莊嚴文化事業公司），卷七，〈鉛山縣誌・神道碑銘〉，頁五五。
118 同註二。

洲主簿。同年十一月，授迪功郎[119]。不久，改任京畿轉運司主管帳司。其後職務數經調整遷轉如下：孟州濟源縣丞簽書、從政郎、開封府雍丘縣尉、河北宣撫司總領（主餉大軍）、權祕書省正字、國子太學正[120]。

在太學正任內因父母先後過世，丁憂回籍，適逢鄰邑妖人誘使民眾作亂。康伯諭鄉黨曰：「賊蟻聚，當出不意擊之，不然且受禍[121]。」群眾用康伯計策，將賊首擒殺，他的家鄉得以保全，免遭寇害。可見康伯臨事明斷，長於計謀。

宣和六年（一一二四），康伯服除[122]，時年二十八歲。先後任左從政郎、江東路提舉鹽茶司幹辦公事、監太軍倉，召對，改宣教郎[123]。建炎四年（一一三〇），特遷校書郎，奉敕旨修《石室聖政實錄》、《經世大要》，復兼史館校勘書籍官。

紹興元年（一一三一），康伯三十五歲，任敕令所刪定官，預修《紹興敕令》[124]。同年九月，轉奉承郎，十一月，通判衢州[125]。在通判任內曾代理衢州事。彼時盜匪自白馬原起事，康伯督導轄區內民兵，傾力協助官軍進勦，將盜賊消滅。康伯雖是一介文人，卻能夠一再展現其高度應變能力，摧毀盜賊[126]。

紹興二年至五年（一一三二～一一三五），康伯三十六至三十九歲，歷官如下：奉議郎、提舉江南東路鹽茶公事、

119 《陳文正公文集》，卷四，〈尚書吏部擬授迪功郎劄〉，頁二四。
120 參閱同前書，〈敕轉奉議郎劄〉，頁二五～二六。
121 同註117。所謂「鄰邑」，《宋史・陳康伯傳》，頁一一八〇七，提及應為「貴溪」，位於弋陽縣西南方，今江西省貴溪縣。《陳文正公文集》卷七，頁五六對此事記載較詳：「（康伯）為太學正，丁秦國夫人憂，又丁秦國公憂。服既除，會鄰邑有妖人誘愚民作亂。公諭鄉黨曰：賊蟻聚，當出不意擊之。不然且受禍。眾用公計，擒其首領戮之。一邑遂全。」
122 參閱羅國威：〈陳康伯年譜〉，《宋代文化研究》，第三輯（四川大學宋代文化研究資料中心編），頁二五七。
123 同註117。
124 同註122。
125 同註117；衢州在今浙江衢州市，下轄：西安、開化、常山、江山、龍游等五縣，隸屬於兩浙西路。
126 參閱《宋史・陳康伯傳》，頁一一八〇七。

太常博士[127]。其時高宗駐蹕建康，康伯利用覲見皇帝之時，當面陳情，「因請擇將，上開納[128]。」宋史雖言高宗採納，其實並無具體作為，僅得到「為誦馬援傳至數十百言」的回應，康伯對於時局是極為關切的。

紹興八年至十三年（一一三八～一一四三）之間，前後五年，擔任官職有：任樞密院大計議官、充編修官（八年七月）、屯田員外郎（同年十一月）、戶部員外郎（十年五月）、左朝散郎（十一年三月）、吏部司勳員外郎（十二年）、尋徙司勳郎中、承奉郎（同年九月）、軍器監（十三年十月）[129]。

陳康伯與秦檜在太學有同窗之誼，此時檜已任宰相，而康伯「在郎省五年，淡然無求，不媮合」，檜則「嘗稱其靖重焉[130]」。陳與秦二人雖為舊識，康伯並不與秦檜打交道，因此檜表面讚美，實際非但不曾提拔他，甚至加以打壓，致使康伯在這五年之間，於樞密院、戶部、吏部等衙門展轉遷調，始終未獲升遷機會。

一則訊息可以解釋何以康伯無法順利升遷。據《文集》云：

陳康伯居司勳郎中時，上疏力陳更化之說，欲以救時弊、強國勢。又云：「欲求苑（筆者按：「死」字為宜）節之臣于倉卒之時，不若進剛直之士於閒暇之日。去歲，兩淮望風奔潰，曾無一城能拒守者。此秦檜壅塞言路，摧折士氣之餘毒也。能反其道則士氣日振，而見危授命者有人矣[131]！」

這封關心國事的奏疏，直接指控秦檜壅塞言路，影響所及，無人能見危授命固守城池，使兩淮之地望風奔潰。因此康伯

127 據載，任太常博士在先，提舉江南東路鹽茶公事在後。〈陳康伯年譜〉，頁二五八，則參照各文獻將「提舉江南東路鹽茶公事」繫於紹興五年五月，轉「太常博士」繫於「紹興五年七月」。

128 同前註。

129 《要錄》，卷一二一，頁一；卷一二三，頁五；卷一三三，頁二；卷一三五，頁九；卷一五〇，頁五。《宋會要》，食貨三一之十。《陳文正公文集》，卷四，頁二六、二七；卷七，頁五六。

130 《宋史・陳康伯傳》，頁一一八〇七；亦參閱《要錄》，卷一五〇，頁五。

131 《陳文正公文集》，卷一，〈奏疏略〉一，頁一。

無法順利升遷並不意外。

二、接伴與出使

陳康伯於紹興十四年（一一四四）四月至十五年（一一四五）五月的一年多期間，曾數次奉命出使金國與接待金使的工作，這項任務要圓滿達成頗為不易。十二年（一一四二）南宋與金簽訂「紹興和議」，高宗為求生存，不惜向金國主稱臣，其中的屈辱與難堪，可以想像。「時結好之初，使事尤重[132]。」此時期使節往來頻繁，任務吃重。前往南宋的金國使節，經常展現強勢姿態，南宋既為弱勢的一方，接伴人員只能戰戰兢兢，小心應付。

陳康伯前後擔任三次任務：

第一次：紹興十四年（一一四四）四月戊戌，任報大金賀生辰接伴使。容州觀察使、知閤門事曹勛擔任副使[133]。

第二次：紹興十四年五月戊辰，康伯假吏部尚書充大金報謝使，以金派使者來賀生辰之故。左武大夫、嘉州防禦使錢愷為副使[134]。

這次康伯遠赴汴京卻遇見對方無禮的事情。《文集》載：

> （康伯）至汴館，欲嘗公，將晡，而餉不至，從者色變，公一不問。入夜，館人謝不敏，公亦不對。虜遂加敬[135]。

132 同前書，卷七，頁五七。
133 《要錄》，卷一五一，頁十一。
134 同前書，頁十四。
135 《陳文正公文集》，卷七，頁五六；亦載於《宋史・陳康伯傳》，卷三八四，頁一一八〇七；其內容大同小異。

康伯在汴京使館遭到對方如此冷落，即使出於無心，仍為嚴重失禮，連隨行人員都無法忍受無禮的待遇而臉色為變，康伯卻能保持風度，不予計較，事後也沒有追究。一者顯示康伯個人修養；再者，他為大局著想，委曲求全，將此事視為小節。因此贏得對方的敬重。

第三次：紹興十五年（一一四五）四月，再次擔任大金接伴使。卻因堅持國體遭到金使抗議而罷職，付出了重大代價。

（紹興十五年五月丁卯）初，（完顏）宗永將至。……於是遣吏部侍郎陳康伯接伴，而和州防禦使閤門知事錢愷副之。宗永甫入疆，上（高宗）以端午遣中使賜扇帕於洪澤。宗永言：「上國是日例賀，當北面再拜，且接伴使副同之，乃敢受。」康伯以舊制卻之。或謂康伯此細事，朝廷必不惜，康伯曰：「今曲從之，後為例，不復可改，且辱命自我始，況所求或無厭，寧能盡從之乎？」宗永卒受賜。因自辨，數曰：「接伴慢我。」朝廷聞之懼生事，言者論康伯罷之[136]。

「賜扇」似是小事，宗永卻大作文章，不但先要「北面再拜」，且要求副使也應同受，而康伯為維護國家尊嚴加以拒絕，有人以為這是小事退讓無妨。但康伯絕不妥協，認為一旦稍有讓步，對方便會得寸進尺，索求無厭，為防微杜漸，不得不如此做，雖然維護了國家尊嚴，卻非但無功，反遭言官彈劾，出知泉州。他的強硬和朝廷的怯懦，恰成對比。就朝廷立場言之，紹興和議高宗都已向金主稱臣，對於兩國之間接觸的儀節，朝廷自是不敢計較。而康伯不顧國家受辱，堅持到底。顯示他臨大節而不屈的處事風格與風骨。

136 〈陳康伯傳〉《永樂大典》（明・姚廣孝等，世界書局），第二六冊，卷三一四八，頁十四；《文集》，卷七，頁五六；《要錄》，卷一五三，頁十二；宋・李幼武：《宋名臣言行錄別集》（台北，商務印書館，民國七二年），上卷二，頁四，都有類似記載。《宋史・陳康伯傳》，頁一一八〇八載：「言者以生事論，罷知泉州。」

三、出任地方官

陳康伯於紹興十五年（一一四五）、二十五年（一一五五），前後兩次擔任地方官，十五年知泉州，二十五年知漢州。知泉州大約不到一年便因秩滿而卸任，提舉江州太平興國宮；知漢州則尚未赴任，便調他職[137]。十五年既罷為知泉州，為期一年的地方官任內，施政務為寬簡。「海盜間作，朝廷遣劉寶、成閔逐捕，康伯以上意招懷，盜多出降，籍為兵。海盜欲謀為亂，康伯訊得實，論殺之，州以無事[138]。」

在前後兩任之間，相隔十年，期間提舉江州太平興國宮達三任、十年。而奉祠十年的原因，應與「不黨秦檜」有關。《文集》云：「考宋史陳公之初仕也，以不黨秦檜，而十年奉祠之意何堅[139]。」《本傳》亦載：「檜死，起知漢州，將出峽，召對，除吏部侍郎。」可見康伯在紹興二十五年以前遭到秦檜壓抑，檜死，方再度受到起用。在此十年期間，「優游數年，泰然自得，名士多從之遊[140]。」顯示出康伯個性恬澹，而不汲汲於功名。

四、擔任京朝要職（紹興二十六年二月至二十七年九月）

紹興二十五年（一一五五），康伯再被起用，且受重用，至二十七年（一一五七）拜參知政事之前，康伯已身兼數要職。茲簡述如後：

（一）任吏部侍郎：二十六年（一一五六）二月「試尚書吏部侍郎[141]。」這是第二次擔任吏部侍郎，距第一次已十

137 《宋史・陳康伯傳》，頁一一八〇八；《要錄》，卷一六八，頁十二。
138 參閱《宋史・陳康伯傳》，頁一一八〇八；《陳文正公文集》，卷七，頁五七。
139 《陳文正公文集》，卷一二，〈弋通庠合祀頌〉，頁一〇〇。
140 同前書，卷七，頁五七。
141 《要錄》，卷一七七，頁二一。按：《宋史・陳康伯傳》，頁一一八〇八，所載：「檜死，起知漢州，將出峽，召對，除吏部侍

一年了。

（二）身兼四部侍郎：康伯以吏部侍郎兼禮部、戶部，稍後又兼刑部侍郎[142]。囊括中央六部之中的四部，足見高宗之倚重。

（三）兼侍讀：時為二十七年二月庚申[143]。

（四）遷吏部尚書：二十七年四月除吏部尚書[144]。

據《文集》載，說明康伯真除吏部尚書的原因：

（紹興）二十七年兼權尚書，除侍讀。公在講筵，數論事。太上（高宗）以為「知大體」。有旨遷尚書，宰執擬以「權」字，太上曰：「陳康伯從班之舊，朕將大用，何以『權』為？」遂為真[145]。

康伯於講筵所論之事，令高宗大為欣賞，認為他「知大體」，因此而真除尚書。所謂「知大體」，可解釋為「看事情從大處著眼」，或「眼光遠大」。此時高宗從講筵已看出康伯是個可造之材，而欲予以大用。

茲略述在這一年半中康伯的事蹟：

（一）建請節省不必要的經費以寬減民力，凡州縣向人民違法苛徵均予禁止，並許監司互察。

---

142 郎。」朝廷才剛任命康伯為知漢州，尚未出發，或才剛出發便又調任吏部侍郎。但據《要錄》，卷一六八，頁十二，載：紹興二十五年六月戊子，已發表康伯為知漢州，距轉調吏部侍郎已八個月之久，兩書所載時間落差甚大。又據《陳文正公文集》，卷七，頁五七載：（康伯）知漢州。值太上更用大臣，收拾耆德，中道召還，復為吏部侍郎。由此看來，《文集》記載與《宋史》比較接近。

143 同註140。

144 《要錄》，卷一七六，頁五。

145 同前書，頁十五；亦見《宋史・陳康伯傳》，頁一一八〇八。《陳文正公文集》，卷七，頁五七。

（二）兼任刑部侍郎之時，平反多椿冤獄，士大夫多賴以存活[146]。

（三）推薦左朝奉大夫趙不溢可備郡守。後任命為軍器少監[147]。

五、出任宰執期間

陳康伯於紹興二十七年（一一五七）九月拜參知政事[148]，至二十九年（一一五九）六月由於陳誠之罷知樞密院事[149]，致「西府全缺」，康伯因而兼樞密院事[150]。所以此時獨自一人掌握樞府，應擁有相當大的軍事權。

二十九年（一一五九）九月，康伯拜右僕射[151]。原來的頂頭上司左僕射沈該、右僕射湯思退先後於二十九年六月、三十年（一一六〇）十二月，均因言官彈劾而罷相[152]。至此，康伯得以在朝政上發揮更大的影響力。

三十一年（一一六一）三月晉任左僕射，至隆興元年（一一六三）十二月「以疾辭」罷相，出判信州[153]。不久再自

---

146 參閱《宋史・陳康伯傳》，頁一一八〇八。

147 參閱《要錄》，卷一七六，頁七；卷一七六，頁十三。

148 宋・周麟之：《海陵集》（《文淵閣四庫全書》，台北，商務印書館，民國七二年），卷十四，〈陳康伯除參知政事制〉，頁一〇五；制曰：「惟國人皆曰賢，斯見真材之可用。……（具官某）負博達之材，蘊深湛之量。早陪鴛鷺之武，已識棟梁之姿。去國十年，以復來而望重；效官六列，以素宦而識明，洊升喉舌之司，益懋經綸之業。……噫！朕欲之更化善治，正猶琴瑟之張；……」該文簡要貼切的敘述了康伯的才識；過去數年的經歷；以及高宗目前之作為。

149 《編年錄校補》，卷十六，頁一一二九。

150 《要錄》，卷一八二，頁八。

151 同前書，卷一八三，頁十五。

152 參閱《編年錄》，卷十六，頁一一三六：紹興二十九年六月朱倬、任古、何溥與右正言都民望等言：「左僕射沈該在政路數年，無所建明」，沈該因而罷相。湯思退於紹興三十年因殿中侍御史陳俊卿劾罷。陳俊卿言：「思退始由秦檜父子以致身，及掌文衡，而取其孫，緣此遂至政府。自居相位，唯務招延親黨，佐其羽翼」。

153 《宋會要》，職官七八，頁四八，總頁四一八五，載：「（隆興元年）十二月三日詔：特進、尚書左僕射同中書下平章事兼樞密院使陳康伯，除少保、觀文殿大學士判信州。制書以康伯當國家多事之時，專廊廟萬幾之寄，心如金石，勳在旂常，朕方委任而

陳，遂為醴泉觀使。二年（一一六四）元月判紹興府。九月，詔康伯依舊醴泉觀使，任便居住[154]。同年（一一六四）十一月宋金進行和談，海、泗、唐、鄧四州成為雙方爭執焦點，宰相湯思退急欲修好，竟然「自壞邊備」，且使「虜人知之」[155]，結果造成宋、金兩國再度兵戎相見，「時北兵再犯淮甸，人情驚駭，皆望康伯復相[156]。」朝廷只好再詔拜康伯為尚書左僕射，此時康伯已身染重病。而「太學生數百人伏闕下，上書乞召用[157]。」康伯雖然不樂，說道：「國家艱危，主上英武，當得非常之佐。顧老且病，何用乎？」康伯家屬也認為應辭，但考慮國家安危，卻又說：「不然，吾大臣也，今國家危，當輿疾就道[158]。」因此見危受命，復起為相，「而北師已退」，至乾道元年（一一六五）二月薨於位。拜相僅三個月。

康伯參政兩年，其後又兩任為相四年十月，總計任期六年十個月，這是他一生當中最重要的階段。兩任中又以第一任（紹興二十九年九月至隆興元年十二月）期間，對於政局影響最大。

康伯逝世於乾道元年（一一六五）正月，「一日出殿門，喘劇，輿至第薨，年六十九[159]。」據《續宋編年資治通鑑》載：

> 康伯之初相也，上皇宣諭曰：「自卿陳校，中外翕然，無有異論，卿靜重明敏，一語不妄發，真宰相也。諡文

責成，爾亦勤勞而匪懈，久煩機務，屢抗封章，諭旨莫回，陳辭益固，故有是命。」

154 《編年錄》，卷十七，頁一一六四。

155 同前書，頁一一七五載：「（隆興二年）十一月辛卯，湯思退罷左僕射條。……湯思退急欲和好之成，自壞邊備，罷築壽春城，散萬弩營兵，輟修海舡，毀拆水櫃，不推軍功賞典，及撤海泗唐鄧之戍，又於制詞中明言我守邊如兒戲，使虜人知之。既報敵兵渡淮，思退領都督之職，專為全軀寶妻子之計，巧求自便，其奸狡大率效法秦檜。」

156 《宋史・陳康伯傳》，頁一一八一〇。

157 《編年錄》，卷十七，頁一一七六。

158 同註154。

159 《宋史・陳康伯傳》，頁一一八一一。

恭，改諡文正[160]。」

宋室宗廟以史浩、陳康伯二人配享孝宗[161]。生榮死哀。

第三節　陳康伯的事功與政局的關係

一、堅持抗金立場

（一）金國敗盟的初期跡象與南宋的反應

金海陵王完顏亮本性好大喜功，伐宋是上任以後的素志[162]。而決定伐宋則是在紹興二十八年（正隆三年，一一五八），而於紹興二十九年（一一五九）詔諭宰臣伐宋之事。南宋方面最早報告金人將舉兵的是東平進士梁勛，他在紹興二十六年（一一五六）呈報高宗，卻遭到送至千里外州軍編管的下場[163]。紹興二十八年「金將渝盟，邊報沓至，宰相沈

---

160 宋・劉時舉：《續宋編年資治通鑑》（《文淵閣四庫全書》，台北：商務印書館，民國七二年），卷八，頁八一。

161 《宋會要・禮十一》，頁五五五。

162 《金史・張仲軻傳》，卷一二九，頁二七八一，載：「宋史余唐弼賀登寶位。且還，海陵以玉帶附賜宋帝，使謂宋帝曰：『此帶卿父所常服，今以為賜使卿如見而父，當不忘朕意也。』使退，仲軻曰：『此希世之寶，可惜輕賜！』上曰：『江南之地，他日當為我有；此置之外府耳。』由是知海陵有南伐之意。」

163 參閱陶晉生：《金海陵帝的伐宋與采石戰役的考實》（國立台灣大學文史叢刊五，民國五四年再版），頁三三，文中認為：「海陵決定伐宋，約在正隆三年（一一五八）。」又頁三五：「次年（正隆四年，一一五九）二月，遂詔諭宰臣以伐宋事。」頁六一，言：「東平府進士梁勛從北方逃回，並引《要錄》，卷一七二，『伏闕上書，論北事甚詳。且言金人必舉兵，宜為之備。』但梁勛卻被加上違犯伏闕上書之禁和妄議邊事兩項罪名，特送千里外州軍編管。又宋・宇文懋昭：《大金國志》（《文淵閣四庫全書》，台北，商務印書館，民國七二年），卷十四，頁四，載：正隆三年夏五月，帝御薰風殿。……帝曰：「朕夜夢至上帝所

該未敢以聞。（王）綸率參知政事陳康伯、同知樞密院事陳誠之共白其事，乞備禦[164]。」宰相沈該明知北方即將大舉南侵的消息，卻不敢向高宗反映，執政大臣王綸、陳誠之、陳康伯等人只好向皇帝稟報，並建請備禦。

又據《本傳》云：

> 自孫道夫北還，已聞金以買馬非約為言，朝廷特恃和，康伯與同知樞密院事王綸白發其端。綸使還，乃言和好無他，康伯持初論不變[165]。

孫道夫使金歸來，傳遞金廷購買馬匹違反和約規定，這是渝盟的明顯徵兆。但朝廷仍依賴紹興和約，而不予採信。王綸、陳康伯將此事呈報朝廷。俟王綸使金還朝後，言論卻有非常大的轉變，主要是受完顏亮愚弄所致，康伯仍一本初衷堅持原先立場。

關於孫道夫出使回國之情形，《宋史・孫道夫傳》記載較詳：

> 假禮部侍郎充賀金正旦使。金將敗盟，詰秦檜存亡，及關陝買馬非約，道夫隨事折之。使還，擢權禮部侍

殿，中人語如嬰兒。少頃，有青衣持宣授天策，上將令征宋國。朕受命出，上馬見鬼兵無數。朕發一矢射之，眾接諾而應。既覺，聲猶在耳。即遣人至廄中，視其乘馬，其汗如水，取箭數之亦亡其一。閉夢也。豈非天假手於朕，令取江南乎？」通等接賀，帝戒勿洩於外。秋八月，帝御正隆殿，召吏部尚書李通、宣徽使敬嗣暉、翰林承旨翟永固、直學士韓汝嘉四人，謀欲遷都汴京，為南侵之地。

164 《宋史》，卷三七二，〈王綸傳〉，頁一一五三六。按：陳誠之係於紹興二十八年二月丙申拜知樞密院事，王綸於同月乙巳除同知樞密院事，層級在誠之之下。陳康伯於紹興二十七年九月拜參知政事（參閱《編年錄》，卷十六，頁一一二六、一一二七、一一二八），層級亦在同知樞密院事之上，何以官階在下者反而率官階較高者「共白其事」？豈非違反官場倫理？可能該文字在順序上有誤。

165 《宋史・陳康伯傳》，頁一一八〇八。

郎。……兼侍講，奏敵有窺江淮之意。上曰：『朝廷待之甚厚，彼以何名為兵端？』道夫曰：『彼金人身弒其父兄而奪其位，興兵豈問有名，臣願預為之圖。』宰相沈該不以為慮，道夫每進對，輒言武事，該疑其引用張浚，忌之。道夫不自安，請出，除知綿州，致仕[166]。

孫道夫使金，在金廷的表現可圈可點，回國後奏報敵國的舉動有窺伺江南之意圖。高宗以「朝廷待之甚厚」質疑道夫之言。道夫答以完顏亮弒君奪位，行為乖張，出師南侵又何須名義。希請朝廷早作準備。但是宰相沈該毫無政治眼光與智慧，對於時局變化沒有警覺，麻木遲鈍，完全不以為意。非但聽不進諍言，反而以「陰謀論」，猜疑道夫要以此造勢引進張浚，他的「小人之心」竟使道夫「知綿州」，使道夫不自安，自動致仕。

至於另一位宰相湯思退的表現，在《宋史‧湯思退傳》論其：「挾巧詐之心，濟傾邪之術，觀其所為，多效秦檜[167]。」這段話是言官對思退的批評。看紹興二十九年四月的一個例子，即知思退是一位毫無作為的宰相。國子司業黃中為賀金主生辰使，返國後向朝廷報告實情，卻難以見容於相臣：

彼國治汴京，役夫萬計，此必欲徙居以見逼，不可不早自為計。時約和久，中外解弛，無戰守備。」上聞，矍然曰：「但恐為離宮也？」（黃）中曰：「臣見其所營悉備，此不止為離宮。若南徙居汴，則壯士健馬，不數日可至淮上，惟陛下深圖之！」宰相沈該、湯思退聞之，詰曰：「沈監之歸屬耳不聞以言，公安得為此也？」居數日，復往曰：「請以妄言即罪。」思退怒，至以語侵中。時中書舍人洪遵亦請密為備，該等不聽[168]。

黃中向高宗報告金修汴京的具體事實，高宗仍自欺欺人的說是「恐為離宮」，湯思退和沈該則根本質疑黃中所言的可靠

166 《宋史‧孫道夫傳》，卷三八二，頁一一七六六。
167 《宋史‧湯思退傳》，卷三七一，頁一一五三〇。
168 《要錄》，卷一八一，頁一三。

性，這兩人俱為一丘之貉，同樣容不下實話，只知粉飾太平，欺上瞞下。且高宗在後秦檜時期用沈、湯二人為相，主要也是為了繼續執行秦檜所堅持主和路線與政策[169]，而不容許任何人隨意變更現狀。因而對頻頻來自北方的警訊裝聾作啞，充耳不聞。

（二）高宗對於金人南侵的態度

從紹興二十八年（一一五八）到三十一年（一一六一）之間高宗的態度變化極大。他從最初堅持信賴紹興和議，對金人敗盟的訊息完全排斥，到後來信念開始動搖，抗金卻又游移不定，在部分大臣建議之下，一度企圖遷都避敵，乃至於在金國南侵行動已然展開之際，方改變態度被迫抗金。總體而言，南宋自首至尾皆處於被動。而宰相陳康伯這種環境下，始終堅持抗金，使原本心存怯懦、和戰不定的高宗逐漸傾向抗金，也使惶惶不安的軍心士氣穩定下來，可以說居功厥偉。

初期梁勛據實報告，卻遭嚴厲處置，前已言之。稍後許多大臣陸續提出金將敗盟的警訊。而高宗始終如鴕鳥般，不願面對事實，雅不欲籌備戰守開罪金人，予以啟釁的口實[170]。

究竟要動員軍隊抗金，還是避敵求和，端看高宗態度，大臣再急也只能敲邊鼓，康伯就是這個敲邊鼓的人。紹興三十一年五月，汪澈請高宗「赫然睿斷，置師江上而專付以閫外之任。……幾會之來，間不容髮，在陛下斷之而已[171]。」適足以說明南宋是戰是和，完全取決於高宗。

169 參閱同前書，卷一七〇，頁二〇。
170 參閱陶晉生：《金海陵帝的伐宋與采石戰役的考實》（國立台灣大學文史叢刊五，民國五四年再版），頁六一～六五：宋大臣中如張浚、孫道夫、杜莘老、黃中、洪遵、李宗閔、賀允中、葉義問等人都先後提醒朝廷注意金人將敗盟的警訊。
171 《會編》，卷二二八，頁丁，三四七。

（三）陳康伯的作為

完顏亮的南侵行動，從紹興二十八年積極開始籌備，到紹興三十一年底采石之役失敗，前後將近四年，陳康伯始終採取堅定的抗金立場，言行舉止完全一致，絲毫不因客觀環境的變化而有所動搖。

1.與楊椿共同籌劃防金四策，並呈報高宗。

兵部尚書兼權翰林學士楊椿於紹興三十年（一一六〇）五月辛卯便告知康伯：

> 北朝敗盟其兆已不見，今不先事為備，悔將何及？」因與康伯共同策所以防慮之術：其一，兩淮諸將各畫界分，使自為守；其二，措置民社，密為寓兵之計；其三，淮東劉寶將驕卒少，不可專用；其四，沿江州郡，增壁積糧，以為歸宿之地[172]。

康伯稟告高宗：「敵謂我和好滋久而兵備弛，其南牧無疑。」特別強調金侵宋的行動千真萬確，須早作準備。因而條陳兩淮守禦的計畫，高宗雖表面接納其建言，卻無實際作為。

2.因應北使挑釁，調兵戍守江淮，集議舉兵之事。

紹興三十一年（一一六一）五月，北使高景山、王全前來，一則發布欽宗已死的訊息，二則傳達完顏亮索求漢淮故地的旨意，第三要求南宋方面派遣將相大臣，前往金廷重議新界。其意在挑釁至為明顯。

王全所奏內容，如《要錄》所載：

> 自朕（金主亮）即位後，一二年間，帝（高宗）曾差祈請使巫伋等來，言及宗屬及增加帝號等事。朕以即位之

---

172 《要錄》，卷一八五，頁九。

初，未暇及此，當時不曾允許其所言。親屬中今惟天水郡公（即欽宗），昨以風疾身故外，所祈請事，後因熟慮，似亦可從。……兼為淮水為界，私渡甚多，其間往來越境者，雖嚴為械禁，亦難杜絕。及江以北，漢水以東，雖有界至，而南北叛亡之人，互相扇誘，適足引惹邊事。不知故梁王當日何由如此分畫來？……南京宮闕，初秋畢工。朕以河南府龍門以南，地氣稍涼，兼放牧水草，亦甚寬廣，於此坐夏。擬於八月初旬內到南京。帝當於左僕射湯思退、右僕射陳康伯，及或聞王綸知樞密院此三人內可差一人。兼殿前太尉楊存中，最是舊任，諳練事務，江以北山川地理，備曾經歷，可以言事，亦當遣來。又如鄭藻輩及內臣中，選擇帝所委信者一人，共四人，同使前來。不過八月二十五日以前到南京，朕當宣諭此事。……緣淮南地理，朕昔在軍，頗曾行歷，土田往往荒瘠，民人不多。應有戶口，盡與江南。朕所言者，惟土田而已。務欲兩國界至分明，不生邊事。如帝意稍有所難，……（朕）十一月或十二月卻到南京，帝於差來正旦使處，當備細道來，朕要知端的[173]。

針對完顏亮派遣使者前來挑釁，陳康伯採黃中之論，先發哀成服，持斬衰三年之禮，再調兵遣將戍守江淮[174]。並於五月二十二日召集三衙帥趙密、成閔、李捧及楊存中至都堂商議舉兵之事。既又請侍從、台諫凌景夏、汪應辰、錢端禮、金安節、張運、黃祖舜、楊邦弼、虞允文、汪澈、劉度、陳俊卿等人集議。陳康伯傳達高宗旨意：「今日更不論和與守，直問戰當如何[175]？」將因應措施按部就班逐一進行。

3. 激勵士氣，以身繫時局之安危。

（1）周麟之受命使金，竟而憚不欲行，康伯勉以國事。

知樞密院事周麟之受命為充金國起居稱賀使，此時聞知完顏亮已起兵欲大舉南侵，極感恐懼，因而上疏言：

173 同前書，頁四。
174 《宋史・陳康伯傳》，頁一一八〇九。
175 《要錄》，卷一九〇，頁六～七。

「遣使無益，虜必殺臣以動兵。」高宗震怒。康伯獨以為己任，上奏曰：「敵國敗盟，天人共憤。今日之事有進無退，若聖意決，則將士之意自倍。願分三衙禁旅助襄、漢，待其先發應之。」康伯此言主要說給周麟之聽，更是給高宗聽。他以國事勉勵周麟之，麟之竟還語侵康伯。康伯豪氣干雲的說道：「使某不為宰相，當自行，大臣與國存亡，雖死安避！」可惜周麟之此時已失魂喪膽，此番激勵之語對他已起不了作用，最後還是「以辭行罷，尋貶責[176]。」康伯身為左相，為百官之首，一言九鼎，動見觀瞻，當此危急存亡的時刻，身繫國家安危的重任，他的言語舉止必然有一定的示範作用連帶對皇帝、對大臣都會造成影響。

（2）面對大臣主張退避之策，康伯極力勸阻，為堅定高宗抗金決心，甚至甘冒高宗大忌，火焚詔令。大敵當前，朝論洶洶。宋朝內部出現各種避敵的聲音。宦官張去為便主張退避閩、蜀。據《要錄》載：「時朝論洶洶。內侍省都知張去為陰沮用兵之議，且陳退避之策，或妄傳有幸閩、蜀之計[177]。」高宗避敵閩、蜀的想法就是來自張去為的主張。侍醫王繼先亦反對戰爭，堅持主和。甚至為堅定主和立場，建議「斬一、二人，則和議可以復固。」張去為不僅作如此建議，且「自聞邊警，日輦重寶之吳興，為避賊之計[178]。」來自各方的意見與主張，使原本態度游疑不定的高宗，更加徬徨不知所措。康伯上奏：「聞有勸陛下幸越及閩者，誠用其言，大事去矣。」又：「一日，中使持御批來甚遽，公讀之，乃有旨如『更一日虜騎未退，且令放散百

176　《要錄》，卷一八一，頁十三。；另據王德毅師研究，在其所撰〈補宋史周麟之傳——兼論宋史中的缺傳〉（《宋史研究集》第十四輯，國立編譯館中華叢書編審委員會，民國七二年）一文中的描述，周麟之曾使金，且表現優秀。周麟之早已於紹興二十九年十二月，還在「侍讀」任內，因韋太后去世，以「告哀使」的身分出使金國，極受到金主的賞賚，頗不辱命，甚且還有「隆恩」，可謂破例了。由此觀之，周麟之非但有出使經驗，且是一次極為成功的經驗。紹興三十一年四月，周麟之已經升任同知樞密院事，此時完顏亮侵宋之舉，已蓄勢待發，高宗希望能化解危機，詔麟之為「大金奉表起居稱賀使」，賀金主遷都。而這是麟之慷慨請行的結果，但當北使高景山、王全來到臨安，語出傲慢，無端尋釁，立使麟之感到情勢丕變，此去八成凶多吉少，因此宛轉建議不必遣使，高宗聞之大怒，認為他畏難苟安，貪生怕死，麟之雖然即時上奏極言奉使有「七不可」以自辯，但在他人眼中，不過是推諉之辭。

177　《要錄》，卷一九〇，頁七。

178　同前書，卷一九二，頁三。

官。』公取焚之。」焚詔之後，康伯立即上奏說明：「審如聖訓，百官既散，主勢孤矣。」高宗詢問為何焚詔？康伯答稱：「既不可付外施行，又不可輒留私家，故焚之。」高宗深以為然[179]。康伯敢火焚詔令，這是有擔當的舉動，他膽識過人，將高宗瀕臨瓦解的抗金意志，重新拾回。解救了南宋自紹興十二年以來最嚴重的危機，此即是君主本人信心都已經動搖，甚至允許百官「放散」，整個國家崩潰在即的危機。

（3）康伯此時進攻守之計，命成閔出戍，以汪澈宣諭荊襄、節制軍馬，葉義問督視江淮軍馬，使禦敵政策變成具體措施。其定計是攻討，不再示弱：

康伯復進攻討之計。即命侍衛馬軍司成閔出戍，以御史中丞汪澈等宣諭荊襄、節制軍馬，知樞密院葉義問督視江淮軍馬，而禦敵之計始決矣[180]！

又《宋名臣言行錄別集》云：

皆公指授方略，分據要害之地。虜臨江，朝論洶洶，雖同列間，有遣家屬先去，公屹然不動，氣貌自如，遽書警奏，緣手裁決。一時言兵事者，皆得盡展底蘊，擇其長而用之，人恃以安[181]。

康伯於此時展現臨陣不亂，指揮若定的長才，使「遽書警奏，緣手裁決」，使各大臣均能發揮所長。朝廷在他主持之下，戰守方略得以執行，局勢方能穩定下來。

（4）當強敵大舉南下人心浮動之際，康伯為了安定人心，甚至舉家遷至浙境，以示無所畏懼，對安定大局、民心

179 宋・李幼武：《宋名臣言行錄別集》（《文淵閣四庫全書》，台北：商務印書館，民國七二年）上，卷二，頁三。
180 《編年錄》，卷十六，頁一一三九～一一四〇。
181 《宋名臣言行錄別集》上，卷二，頁三。

具有高度的示範作用：

（紹興三十一年，一一六一）九月，金犯廬州，王權敗歸，中外震駭，朝臣有遣家豫避者。康伯獨具舟迎家入浙，且下令臨安諸城門扃鐍率遲時常，人恃以安[182]。

紹興三十二年（一一六二）二月，高宗回臨安，先前金兵一度南下至長江北岸，朝臣驚恐，紛紛它遷。「上懲維揚之禍，百官搬家者皆不問，比虜退，家在城中者，惟康伯與禮部侍郎黃中而已[183]。」康伯能身體力行，坐鎮於京城，若砥柱磐石，以其勇氣、膽識，穩定了人心。

（5）當完顏亮敗死之際，康伯甚至建議高宗親征，以圖進取。

紹興三十一年十一月八日，虞允文大敗金人於采石，當月二十八日完顏亮被弒於揚州[184]。對於南宋而言，危機宣告解除，朝野相賀。高宗突發豪語道：「此人（指完顏亮）篡君弒母，背盟興戎，自采石與海道敗後，知本國已為人所據乃欲力決一戰。今遽滅亡是天賜朕也。朕當擇日進臨大江灑埽陵寢，肅清京都，但戒諸將無殺掠，此朕志也[185]。」其語氣一反過去的畏縮怯懦，康伯認為機不可失，進一步建言：「乘此機會，決策親征，連圖進取。」紹興三十一年十二月十日起高宗巡幸視師，經常州、無錫到鎮江觀看戰船，再到建康[186]。康伯就在高宗車駕幸臨建康之時，再次上疏：「金陵自古英雄以為帝王之宅，矧今北土之人謳歌

182 《宋史・陳康伯傳》，頁一一八〇九。

183 《永樂大典》，卷三一四八，〈陳康伯傳〉，頁十五；又《要錄》，卷一九五，頁三，載：「初，敵騎闖江，朝臣震怖，爭遣家逃匿，權禮部侍郎黃中獨謂其家人曰：『天子六宮在，是吾為侍臣，若等欲安適耶？』比敵退，獨中與左僕射陳康伯家屬在城中，眾皆慚服。」

184 參閱《會編》，炎興下帙一三八，頁四四〇；炎興下帙一四一，頁四六二。

185 《要錄》，卷一九五，頁三。

186 參閱《會編》，炎興下帙一四八，頁五二二、五二六；炎興下帙一四九，頁五三六；《南宋初期政治史研究》頁四五九～四六〇。

未改，既聞大駕臨江，此必延頸舉踵以望振拔，宜遂駐蹕，以係其心。」甚至曾建議建王任統帥為大軍前驅[187]。康伯以為建康係自古以來帝王之都，宜駐蹕於此，以維繫人心。高宗正準備採納康伯建議，卻有人密啟東還，事下侍從、台諫集議。這無疑是高宗表面嘉納，實則反對的權術運用。但康伯堅持建康較臨安為適合。他以為在戰略形勢上，不論是「控帶襄漢，接引湖廣」，或者「經理淮甸，應接梁宋」，臨安皆不如建康有利。遺憾的是，主張還都之人，皆以一己之私利著眼，而非從國家立場考量。康伯苦心孤詣，一片赤誠，卻未受到重視。即使身為宰相，對時局具有舉足輕重的影響力，但在緊要關頭，高宗仍以苟安為先，進取其次。康伯憂慮的是恐怕回鑾之後，「兩師之聲援不接，北士之謳吟絕望」，然而環顧群臣，咸「懷家室之安，士無天下之志」。縱使康伯一人有志天下，卻也獨力難以回天。因此康伯「雖有縷縷之忠，竟不獲妻敬一言之用[188]。」

康伯建議遷都建康的耿耿忠言，竟不能打動高宗的心，雖康伯有力挽狂瀾之心，卻敵不過舉世滔滔偏安江南之議，更無法抵擋高宗懼金怕事，苟安於東南的決心，枉費他一腔熱血！

（6）金遣使者定授書之儀，賴康伯臨場機智應變得宜，始得用相互對等之國禮。

《永樂大典》云：

（紹興三十二年）三月，金國遣元帥府左堅軍高忠建報登位。先是閤門定授書之儀，略於汴京故事。詔館伴徐嚞

---

187 《陳文正公文集》，卷一，〈奏疏略〉二，頁一；又據柳立言：〈南宋政治初探——高宗陰影下的孝宗〉（《宋史研究集》十九輯，國立編譯館中華叢書編審委員會，民國七八年），頁二一四；該文引《朝野雜記》〈壬午內禪記〉，孝宗當時尚未被立為太子，激於義憤而請率領大軍為先鋒，經其師史浩多加迴護解釋，並把「率師為前驅之議一變而為扈從高宗，服侍湯藥，以盡子職」，高宗方釋懷。前者是康伯建議，高宗可能不以為意，但請求「率師為前驅」出自建王自己之口，聽在高宗耳中，意義就完全不同了。

188 同註180。

以示忠建，忠建固執。上特許殿上見書及升階，猶執舊禮。康伯以誼折之，忠建語塞，乃請宰受。康伯奏曰：「臣為宰相難以下行閤門之職。」忠建奉書，跪不肯起，廷臣相顧愕眙。康伯呼（徐）嚞至榻前厲聲曰：「館伴在館，所議何事？」徑前掣其書以進，虜氣沮，及面授報書始用敵國禮[189]。

此事在金兵南侵失敗之後，完顏亮的背盟伐宋，已將紹興和議全然破壞。論理，兩國已不受紹興和議約束，應重新釐訂和約內容，來確定兩國的關係，以往南宋的屈辱，正可藉此洗刷，並重新調整兩國關係。而金使仍企圖沿用過去的模式，對宋廷擺出頤指氣使的上國姿態。宋朝能否維持國家尊嚴，不受對方折辱，對於主事者而言，卻是嚴厲的考驗，考驗智慧，更考驗勇氣與膽識。康伯再次辦到了，他先是「以誼折之」，令金使高忠建啞口無言，高忠建卻要求由宰相接受，再度遭到康伯峻拒，高忠建卻要起無賴奉書長跪不起，在此極為棘手，眾臣相顧愕然之際，卻被康伯運用智慧輕易化解，康伯暗示徐嚞，這是館伴該做的事，徐嚞立即會意，步行上前毫不客氣，動手「掣其書以進」，令金使氣沮。康伯面對如此窮凶極惡的金使，先是說理不成，只好施之以威，讓宋朝尊嚴得以維持，不受金國羞辱，最後兩國在平等的禮節下完成儀式。端賴陳康伯的堅持，與機智的充分運用。更是一件值得大書特書的事。筆者以為可上與戰國時代「完璧歸趙」的藺相如，在秦王面前保存趙王顏面，使不受辱的事蹟，等量齊觀。而藺相如的事蹟，家喻戶曉，人人皆知，但陳康伯對宋朝的貢獻，卻鮮少人知。

（四）符離戰役後康伯的對金政策

孝宗於紹興三十二年（一一六二）六月即位，不久即起用素來主戰的張浚，隆興元年五月宋金發生符離之戰，宋師大敗。其戰況極為慘烈，據《金史》稱：「殺（宋兵）騎士萬五千人，步卒三萬餘人。……斬首四千餘，赴水死者不可

[189] 《永樂大典》，卷三一四八，〈陳康伯傳〉，頁十五；又見於《四朝名臣言行別錄》，卷二，頁五～六，惟記載較為簡略。

勝計，獲甲三萬[190]。」使孝宗積極進取的決心大受影響，主戰派受挫，主和派抬頭，於是再度醞釀宋、金兩國和議。據《陳文正公文集》云：

> 癸未隆興元年（一一六三）十一月，詔廷臣集議和金得失，召張浚還。陳康伯等言：「金人來通和，朝廷遣盧仲賢報之。其所持論最大者三事：我所欲者削去舊禮，彼已肯從；彼所欲者，歲幣如數，我不深較；其未決者，彼欲得四州。而我以祖宗陵寢、欽宗梓宮為言，未之與也。乞召張浚歸國，特垂諮訪，命侍從、台諫集議。」帝從之。群臣多欲從金人所請。張浚、陳康伯、虞允文、胡銓、閻安中力爭，以為不可與和[191]。

宋金雙方和談的焦點有三：一、名分。二、疆界。三、歲幣。金最在意的是要拿回唐、鄧、海、泗四州，宋在乎的是變更兩國君臣關係。張浚、陳康伯等堅持不可與和，是針對群臣要完全答應金人所要求，這是他們無法苟同的。張、陳二人雖然都不主和，但兩人和戰基本立場不同，康伯較為溫和，《宋史全文續資治通鑑》評道：「向者（紹興三十一年之和議交涉）康伯猶不主和議，今則康伯亦附會而言和矣[192]。」身為宰相在盱衡時勢之後，不得不轉變原持立場，而附會主和。但他有所堅持，就是金國所求的四州絕不輕易割讓。但是康伯於隆興元年十二月罷相[193]。隆興和議完成於第二年（隆興元年十二月），距離康伯辭相已經一年，在這一年之中又發生許多變化，導致隆興和議的內容，與當初康伯等人的堅持有相當差距，這就不是康伯所能掌控的了！

190 《金史・紇石烈志寧傳》，卷八七，頁一九三三。
191 《南宋初期政治史研究》，頁四五九～四六〇：認為康伯在主戰（張浚）與主和（湯思退）之間扮演調停者的角色。
192 不著撰人：《宋史全文續資治通鑑》（以下簡稱《宋史全文》）（台北，文海出版社，民國五八年），卷二四上，頁五二。
193 參閱《編年錄》，卷十七，頁一一六三；《宋名臣言行錄別集》上，卷二，頁五～六。

（五）康伯的再相與時局的穩定

陳康伯的再度拜相與湯思退有密切關係。隆興二年（一一六四）十一月宋金雙方和談進行頗為曲折，海、泗、唐、鄧四州成為爭奪焦點。張浚反對割讓四州，而後因此而罷政。孝宗「命思退作書，許金四郡。既而金專事殺戮，上意中悔，思退密令孫造諭敵以重兵脅和。上聞有敵兵，命建康都統王彥等禦之，仍命思退督江淮軍，辭不行。僕散忠義自清河口渡淮，言者極論思退急和撤備之罪，遂罷相[194]。」

又據《編年錄》載：

（隆興二年）十一月辛卯，湯思退罷左僕射條。……湯思退急欲和好之成，自壞邊備，罷築壽春城，散萬弩營兵，輟修海舡，毀拆水櫃，不推軍功賞典，及撤海泗唐鄧之戍，又於制詞中明言我守邊如兒戲，使虜知之。既報敵兵渡淮，思退領都督之職，專為全軀保妻子之計，巧求自便，其奸狡大率效法秦檜[195]。

湯思退的行徑，不僅自壞邊備，自撤海、泗、唐、鄧四州之戍，更造成宋、金再度兵戎相見，簡直就是賣國求榮。「時北兵再犯淮甸，人情驚駭，皆望康伯復相[196]。」朝廷只好再召拜尚書左僕射，康伯已罹患重病。「太學生百人，數伏闕下，上書乞召用。康伯聞之不樂曰：『國家艱危，主上英武，當得非常之佐。顧老且病，何用乎？』康伯既至，而北師退[197]。」康伯雖染重病，但多年來的資望與威信，已成為南宋穩定時局、民心的一塊磐石，在當時無人能及，一旦國家發生危難，太學生便不作第二人想，唯有康伯具有如此巨大的穩定力量。

194 《宋史・湯思退傳》，頁一一五三一。
195 《編年錄》，卷十七，頁一一七五；《續宋編年資治通鑑》卷八，頁十八，亦有記載，惟較簡略。
196 《宋史・陳康伯傳》，頁一一八一〇。
197 《編年錄》，卷十七，頁一一七六。

第二度拜相至乾道元年二月便薨於任上，任期僅三個月。卒後，宋室宗廟以史浩、陳康伯二人配享孝宗[198]。真可謂生榮死哀。

二、參贊內禪大計

高宗於紹興三十二年（一一六二）禪位給孝宗，自己升格成為太上皇，此時年方五十六歲，正值壯年，就產生倦勤的念頭，此後高宗又活了二十五年，是中國有史以來當太上皇最長的君主。他為何提前將權力交棒退休，原因複雜，關乎此，學者已有撰文討論，茲不贅述[199]。本文僅探討與陳康伯相關的問題。

建炎三年（一一二九）五月，高宗唯一的子嗣元懿太子薨，未幾，進士李時雨即上書「乞擇宗室之賢者，使視皇太子事，俟皇嗣之生」，此疏犯了高宗大忌。結果是「詔前降級還恩澤指揮，更不施行，日下押出國門。」隨著歲月日久，高宗絕嗣已成不爭的事實，他也逐漸認清現實是無法逃避的。於是接受臣屬建議，從藝祖（太祖）七世孫伯字輩中，挑出兩位適當人選，伯琮與伯玖，鞠於宮裡。早在紹興二十三年（一一五三），亦即退位前九年，高宗已經有此打算。紹興二十七年（一一五七）策進士，閻安中對曰：「願斷自宸衷，早正儲位，以係天下之望。」此言剛好符合高宗心裡的想法，因此「高宗覽其對而異之，遂擢為第二」。這個舉動反映出高宗內心的巨大轉變[200]。

陳康伯真正參與內禪之事，是自紹興二十九年（一一五九）九月康伯除右僕射開始。據《朝野雜記》載：

198 《宋會要・禮十一》，頁五五五。

199 如《南宋初期政治史研究》，頁四四六，分析高宗禪位的原因：「從大局方面來看，高宗退位的原因應是：一、在確立南宋政權過程中，採取共同政治行動的秦檜已死，其集團成員也在此時全遭逐放；二、金之毀盟敗約，重啟戰端，亦破壞了高宗政策的根本部分。」

200 參閱《朝野雜記・壬午內禪記》，頁二、三、四、五、十九。

（紹興）二十八年（一一五八）冬，新除利州路提點刑獄范如圭引疾乞奉祠，因秦漢胎養令，遂纂至和嘉祐名臣乞選建宗室章疏三十六篇，囊封以進。且言曰：「願陛下深考群言，仰師成憲，斷以公道，無貳無疑，則天下幸甚。」時宗藩並建，道路竊竊有異言，人或以越職言事，乃為如圭危之。如圭不顧也。疏入，高宗感其言。……（紹興二十九年）九月甲午，陳康伯除右僕射，面謝。因及范如圭所進嘉祐至和章疏。高宗問如圭之意如何？康伯曰：「如圭愛君之至，言之不盡，故類聚以進呈。」高宗曰：「朕久有此意。」康伯曰：「宸斷堅決乃可。」高宗首肯之[201]。

范如圭的建議，高宗心中已然認同，於康伯拜相之時，以旁敲側擊的方式，詢問康伯對立嗣的看法，康伯此時已備受高宗賞識與重用，康伯的意見對高宗必然有很大的影響力。而康伯的回應極為技巧，雖然含蓄而婉轉，卻間接的肯定了高宗的想法，最後附帶提醒高宗要「宸斷堅決乃可」，既然下決心就要堅持到底。這是臨門一腳，卻相當關鍵。

高宗退位的念頭醞釀已久，但在時機尚未成熟之際，需要別人的肯定，尤其是最受他器重的臣僚，意義自是不同。康伯便適時的滿足高宗內心需求，強化他的意念。

紹興三十年（一一六〇）二月壬子，高宗當著重臣之面，宣布「普安郡王甚賢」，可議除「少保、使相，仍封真王」，暗示普安就是未來的繼承人。高宗特別強調「此事出於朕意，非因臣下建明[202]。」又說「朕久有此意，深為載籍之傳並后匹嫡兩政耦國亂之本也。朕豈不知此，第恐顯仁皇后意所未欲，故遲遲至今。」並對康伯說：「去年卿留身，朕亦嘗及此事，甚無難者。卿等宜檢點故事進呈[203]。」

高宗的意思是要群臣了解他的決定不是一時衝動，而是醞釀已久，完全出自於他本人的心意。他要求康伯等「檢點故事」，無非是從往例中尋求可行的內禪儀式，提供給高宗參考。高宗曾經批評唐宣宗不願立儲，「群臣有議及儲嗣

201 同前書，頁十四、十五。
202 同前書，頁十六；亦見於《宋史·陳康伯傳》，頁一一八〇八；及《四朝名臣言行別錄》，卷二，頁五。
203 《要錄》，卷一八四，頁十一。

者，輒怒斥去」是「不達理」的行為，自己當然要表現出通情達理，不戀棧權位。所以康伯稱讚道：「陛下聖學高明，洞炤古今，易其所難，臣敢為天下賀[204]。」

自從將普安郡王接進宮中，經過三十年的長期觀察，高宗認為他已具備足夠條件繼承大位，高宗對他的批評是：

天資英明，豁達大度，左右未嘗見有喜慍之色。趨朝就列，進止皆有常度。騎乘未嘗妄視，平居服御儉約，每以經史自適，嘗與府僚曰聲色之事未嘗略以經意，至于珠寶瑰異之物，心所不好，亦未嘗蓄之，騎射翰墨皆絕人[205]。

高宗對普安郡王的觀察極為深入。此外，他還常與近臣提起：「卿亦見普安乎？近來骨相一變，非常人比也！」此言可視為普安成為高宗接班人，並說服所有人認同的一種手法，同時也是高宗決定遜位的先期動作。

紹興三十二年（一一六二）高宗還臨安，傳位之意已決。左僕射陳康伯請辭，高宗要康伯再多留幾個月。康伯與高宗有極好的默契，當即會意，不再提請辭之事。高宗倦勤益發迫切，《朝野雜記》載：

康伯密贊大議，且曰：「今不正名，恐臣下有疑似之心，且諸將分屯江上，必使之曉然，咸知聖意。」遂草立皇太子手詔以進[206]。

高宗雖然做最後決定，但相關細節仍是由左相康伯協助打點。首先要正名，讓普安接替大位時能順利完成；其次要曉諭諸將，令文武大臣所有人知道，摒除一切潛在的危險；第三是幫高宗草擬手詔。這些看似小事，實則極為重要，尤其權

204 《宋名臣言行錄別集》上，卷二，頁五。
205 《編年錄》，卷十七，頁一一七六。
206 《朝野雜記》〈壬午內禪記〉，頁二〇。

力轉移之際，最容易旁生枝節，因此絲毫大意不得。如何順利進行圓滿達成，是宰相輔佐君王最重要的任務。五月甲子，內降詔曰：

> 朕以不德，躬履艱難，荷天地祖宗垂祐之休，獲安大位三十有六年，憂勞萬機，宵旰靡殫。屬時多故，未能雍容釋負，退養壽康，今邊鄙粗寧，可遂初志。而皇子瑋毓德允成，神器有託，朕心庶幾焉，可立為皇太子[207]。

在高宗行內禪禮之時，孝宗流涕堅辭，高宗再三勉諭，方勉強接受。康伯率群臣揮淚表達依依不捨之情，高宗要求臣子傾力輔佐新君。康伯等奏：「皇太子賢聖仁孝，天下所知。昨聞謙遜太過，未肯即御正殿。」這番言語表面看來似乎只是例行公事，沒什麼特別，但此當而，聽在高宗耳裡，極為受用，對孝宗更加放心。孝宗方面幾番推辭謙讓，就是不願坐上大位，以示絕無覬覦皇位之心，同時讓高宗更無擔憂的理由，證明沒有看錯人選。康伯率百僚向孝宗稱賀，孝宗已微微就座，此刻再次站立。康伯等上殿奏：「願陛下即御座正南面，以副太上皇付託之意。」以康伯為首的大臣適時扮演不可或缺的潤滑角色，孝宗雖又再三退讓，高宗「麾謝再三，且令左右扶掖以還，顧曰：『吾付託得人，斯無憾矣！』左右皆呼萬歲[208]。」讓此事方告圓滿落幕，更讓高宗感覺到「禪讓」一事，讓得饒有價值、有意義，對孝宗的用心沒有白費。而康伯周旋其間，頗有功勞。《宋名臣言行錄別集》云：

> 上皇倦勤，初有與子之意。公朝夕協贊以決大議，挺然有古社稷臣風。上即位，公為首相，奉冊如禮，以公舊臣，每對，但呼丞相而不名。公悚懼乞正名分。上曰：「尊禮元老，此非過也[209]。」

---

207 同前註。
208 同前註。
209 《宋名臣言行錄別集》上，卷二，頁六。

從此段文字反推回去，亦可證明康伯居中參贊，功勞不小，故於孝宗即位後，對康伯敬重有加，對之「呼丞相而不名」。

第四節　陳康伯與高、孝二宗的關係

一、高宗的重用與信任

秦檜當政時，康伯雖與之有同窗之誼，但並不刻意交結，致使康伯受到壓抑長達五年。紹興二十五年（一一五五）十月秦檜死後，康伯便受到高宗的提拔重用。同年五月便起知漢州[210]，二十七年（一一五七）四月辛酉，康伯擔任尚書吏部侍郎兼侍讀遷吏部尚書[211]。可見高宗極為欣賞康伯。

其後短短兩年餘便榮登副相（參知政事）[212]。兩年後，便拜右僕射。四年之間位極人臣。

高宗曾對他說：「卿靜重明敏，一語不妄發，真宰相也。」康伯亦向高宗表明為臣之道：「大臣論國事，進退人材，自當用心，若媕婀取容，植黨以自固，臣不敢也[213]。」又《編年錄校補》載：「康伯既以至誠為高宗所信，所奏常事，或時上意難奪，復理前語，未嘗不聽[214]。」康伯對高宗以一片赤誠贏得信賴之外，更懂得運用智慧與技巧，讓君主接納他的意見，一回不成，再接再厲，絕不氣餒、不放棄，結果是高宗對他的意見「未嘗不聽」。

當紹興二十九年九月陳康伯拜右僕射，高宗便對康伯說：「自卿除用，朝野翕然無間言[215]。」高宗讚嘆他為「長

210 《要錄》，卷一六八，頁十二。
211 同前書，卷一七六，頁十五；高宗真除康伯為吏部尚書，原因已於〈序論〉中說明。
212 同前書，卷一七七，頁十八。
213 同前書，卷一八三，頁十五。
214 《編年錄》，卷十六，頁一一三二。
215 同前註。

者」，君臣相處無間。高宗雖然在對金問題上顯得怯懦，在面對權位或利害的關鍵時刻，有時表現出薄情寡恩的一面。但對於康伯這樣的良臣，能寄予高度信任與重用。可見高宗確有知人善任的一面。

當金大軍壓境，中外人情洶洶之際，康伯敢於將高宗所下御批「如更一日虜騎未退，且令放散百官」，竟以火焚之，即為一例。事後高宗非但沒有怪罪康伯，反而「深以為然」。這是康伯充分掌握高宗的心理，以及對高宗個性、作風充分了解，才會在極其倉促的情況下「冒然處置」，因為伴君如伴虎，何況這個舉動很可能對高宗威信造成傷害，甚至為康伯帶來殺身之禍。

二、孝宗即位初期的倚重

高宗禪位給孝宗，康伯參與大計，孝宗對其信任是可想而知的。且新主上任多會倚賴舊臣輔佐。故當紹興三十二年（一一六二）十月康伯以左僕射之職欲乞解機政。孝宗便下御筆：「太上皇帝除卿以佐朕，卿遽力請，豈朕涼菲不足與為治。況今邊陲未為無事，卿縱欲捨朕而去，寧忍違太上皇帝之意耶！」短短數語已透露出，孝宗一方面以退為進，另方面動之以情，此外，語氣還略帶威脅。孝宗猶恐自己無法說服康伯，特別抬出高宗。高宗也親自出馬，加入說服的行列，下御筆曰：「皇帝來奏卿上章力乞解罷，欲吾親筆諭卿，皇帝以卿元老耆舊方委任機務，留卿之意甚堅，卿可體至意，不得再有陳請[216]。」兩位皇帝均語氣誠懇、言詞愷切，要求康伯勿再請辭的立場堅定，絕非一般性的政治語言或者場面話所可比擬，從二位君主所言，顯見對康伯倚重之深。

孝宗任用宰執為防秦檜之禍重演，不讓宰相久任專權。利用台諫攻擊宰執使不安其位，故宰相任期最長不到七年，最短只有三個月，平均兩年又半個月[217]。而陳康伯兩度拜相，共四年又八個月，跨越兩任君主，單從任期長短不易看出

---

216 《要錄》，卷二〇〇，頁十九。
217 參閱王德毅：〈宋孝宗及其時代〉（《宋史研究集》，第十集，國立編譯館中華叢書編審委員會，民國六七年），頁二七六。

孝宗是否重用康伯。然其去職，第一次是以疾辭，第二度則薨於任上而非罷職。設若康伯身強體健，則其任期應當不只如此。

劉珙撰康伯之〈神道碑銘〉道：

> 用能運動樞極，再安天下，顯有丕績，卒為宗臣。兩宮知公既深，眷禮亦異，保其功名，全其終始。自中興以來，輔弼大臣生榮死哀，未有若公者也[218]！

劉珙之讚譽固然為墓誌銘，然考其生平，多為實情。高宗、孝宗二位帝王，對於康伯均知之甚深，寵眷亦隆，其生也榮其死也哀，評價之高，可謂兩代君主以來，輔弼大臣之中的第一人。

第五節　陳康伯的行事風格

綜觀康伯一生行事，不論任職地方基層，各級衙門，接伴金使，中央郎官，部會要津，執政宰相等，均有可圈可點之處。今歸納成若干特色，俾以彰顯其為人處事的特點，有為有守而不失圓融，剛正不阿又有高度應變才能，緣此，當南宋政權面臨危急存亡之際，方能匯集成強韌的安定力量。使政局得以穩定，乾坤賴以扭轉，逢凶化吉，轉危為安。

茲歸納其為若干特色，諸如：一、淡泊名利，優游自得；二、識大體，不計小節；涉榮辱，堅持到底；三、行寬厚之政，保全生靈；四、臨大事如磐石，中流砥柱，力挽狂瀾。茲分述於後：

---

218 《陳文正公文集》，卷七，頁六一。

一、淡泊名利，優游自得

（一）秦檜當政時，不願攀附

康伯與秦檜雖是太學同學，並不因秦檜顯貴而汲汲營營，攀龍附鳳，故康伯「在郎省五年，泊然無求，不婾合」是一個「無欲則剛」的君子。

又據《陳文正公文集》云：

> 自太師秦檜用事，凡所附麗，遷擢無虛日。公（康伯）量雅素，乃澹然其中，檜雖稱公靜重，常越用他人，公不以為意。[219]

秦檜獨相長達十八年，凡是攀附鑽營者便能獲得迅速遷擢；反之，就受壓抑。康伯個性恬澹，不願附麗，在秦檜生前無法升遷，卻不以為意。

（二）十年宮觀怡然自得

康伯知泉州期間，為政寬簡。秩滿，提舉江州太平興國宮，前後三任，長達十年，優游其間，泰然自得，名士多從之遊[220]。他之所以提舉宮觀長達十年，即因得罪秦檜所致，前已言之。若是一般熱衷名利之輩，早已按捺不住，或懷憂喪志，或想盡辦法回到官場。而康伯坦蕩君子，可以怡然自得，不受困擾。

[219] 同前書，頁五六～五七。
[220] 同前註。

二、識大體，不計小節；涉榮辱，堅持到底

（一）不計個人小節不好生事

紹興十四年，以假吏部尚書的名義出使金國，「至汴館，將晡而餉不至，從者變色，公一不問；館人謝不敏，公亦不對，敵遂加敬。」前已言之。其不擺官架，不好生事，小事不計較的處事風格，寬闊的胸襟，連敵國之人都敬重有加。

（二）攸關國家榮辱則堅守原則

其一：

紹興十五年（一一四五）四月，金使來賀生辰，康伯充接伴使。發生端午高宗賜扇帕之事，宗永堅持正、副使應當同受。康伯則以舊制卻之。有人勸康伯這是小事一樁，朝廷必然不會在意，康伯則答以：「今曲從之，後為例不復可改，且辱命自我始，況所求或無厭，寧能盡從之乎！」宗永不得已讓步。事後卻多次抱怨：「接伴使對我傲慢無禮。」朝廷聞之恐怕滋生事端，言者論康伯罷之[221]。

康伯雖於末節小事不喜計較，一旦遭遇攸關國家榮辱的大事時，則堅守原則，甚至因此丟官，此舉正與當政者之怯懦形成對比。

其二：

紹興三十一年（一一六一），金使高忠建來告嗣位，仍欲用舊禮授國書，所謂舊禮者，君臣之禮也。此時君臣之禮，已經不合時宜。康伯「以誼折之」。忠建請宰相受書，康伯堅持不可，廷臣相顧愕然，康伯喚館伴徐嘉至榻前強行取書進呈，金使因而遭到挫折，沮喪極甚，高宗嘉嘆不已。這是又一樁康伯個人在國體上的堅持原則，絕不對金國讓步，進而維持了國家尊嚴的例子。

221 同註136。

三、行寬厚之政，保全生靈

（一）籍盜為兵減少殺戮

康伯任知泉州時，政尚寬簡，沿海一帶有海盜出沒。朝廷遣將逐捕，康伯「自以上命，招還之，多出降，著籍為兵，州乃無警[222]。」以「招懷」的方式，撫平海盜，化解一樁可能發生的血腥殺戮，且將盜寇「籍為兵」，成為己用，一舉兩得，亦見康伯寬厚的作風。

（二）平讞直冤保全性命

秦檜當國，有司迎合檜意興大獄，康伯此時身兼刑部侍郎，得以為同僚平讞直冤，士大夫存歿多賴之[223]。康伯再一次發揮淳厚、善良的本性，雖然奸臣當道，士大夫的性命多賴以保全。

四、臨大事穩如磐石，中流砥柱，力挽狂瀾

（一）堅定高宗抗金意志

金主完顏亮大舉南侵，人情洶洶，舉國倉惶之際。康伯獨以天下安危為己任，堅定人主意志，奏請高宗「今日之事，有進無退，聖意堅決，則將士之意自倍[224]。」因這番話與其實際作為，終能穩定政局與人心。

---

222 《陳文正公文集》，卷七，頁五七。
223 《宋史・陳康伯傳》，頁一一八〇八；按：秦檜死於紹興二十五年十月，康伯試吏部侍郎。《要錄》，卷一七一，頁二二，繫於紹興二十六年二月，兼刑部侍郎又晚於紹興二十六年，故此事應發生在秦檜死後。
224 同前書，頁一一八〇九。

（二）迎接家人入浙安定人心

金犯廬州，王權敗歸，中外震駭，朝臣有遣家豫避者，康伯則獨自將全家接入京城，且下令臨安諸城門照平常時間開放關閉，人心賴以安定。

（三）解衣置酒以寬慰高宗

敵兵迫江北，召楊存中至內殿商議，因命照康伯之議。康伯延請存中入殿，解衣置酒，高宗聞之，恐金心理已自行寬慰不少。次日，康伯入奏：「聞有勸陛下幸越趨閩者，審爾，大事去矣，盍靜以待之。」此言無異再次給高宗注入強心針。

（四）帶病復相再安天下

隆興二年十一月，「北兵再犯淮甸，人情驚駭，皆望康伯復相。」有太學生百人，數伏闕下，上書乞召用。高宗出手札，遣使召之。親故謂康伯實病，宜辭，康伯說：「不然。吾大臣也，今國家危，當輿疾就道，幸上哀而歸之爾。」[225] 此時康伯雖已罹患重病，其慨然以天下為己任，捨我其誰的胸懷，再度浮現。即使拖著病體，仍應皇帝召喚，不辭辛勞，不畏長途跋涉之苦，起身赴任。不久，金兵退師局勢再告安定。康伯身繫天下，早已成為安定人心的磐石，國家發生危難，他便是太學生心目中穩定大局的首選，即使身染重疾，仍然臨危授命，毫不退避。

又《要錄》載：

（紹興三十一年十一月）庚戌：進呈方滋論沙田疏。上問沙田事，或以為可取，或以為可捐。陳康伯等奏：「君

---

225 以上第二、三、四引文均引自《陳文正公文集》，卷七，頁五六～五七。

子、小人各從其類，小人樂於生事，不惜為國斂怨；君子務存大體，惟恐有傷仁政，此所以不同[226]。」這是康伯與高宗的一段對話，敘述他對君子與小人間差異的看法，隱然以君子自況。「君子務存大體，惟恐有傷仁政」，正是康伯處事風格的寫照。

史浩是孝宗時代的重要相臣，紹興三十二年（一一六二）七月拜參知政事（孝宗即位後），隆興元年元月拜右僕射[227]，於此時期與康伯共事，同為孝宗即位初期的輔政大臣。同年五月因不贊成北伐與對歸正人政策，因和張浚、康伯的意見相左，堅辭而罷相。但在辭相之時，仍推崇康伯，謂之「道德元老無如陳康伯[228]」。當康伯於隆興元年十二月以疾辭罷相，出判信州。孝宗曾言：「康伯極有德量，有佐命之功。」右僕射湯思退也應和道：「陳康伯德量能鎮壓事，誠如聖諭[229]。」湯思退雖是附和皇帝，但所言卻是實情。史浩、孝宗、湯思退對於康伯的批評皆為正面，且都特別稱讚他的品格道德，所謂「君子以德服人」，康伯應該當之無愧。

據《宋名臣言行錄別集》記載有關孝宗對康伯的讚賞：「上（孝宗）謂宰臣曰：『陳康伯有器量，朕亹從太上在金陵，其從容不迫，可比晉謝安，臨終奏事無一語差繆，出至殿廬而疾作，輿至第，薨[230]。』」這段話係孝宗對康伯的讚嘆之語，不但稱讚其可上比謝安，且對於康伯臨終前腦筋仍非常清楚極為推崇。

226 《要錄》，卷二〇〇，頁二三。
227 《編年錄校補》，卷一七，頁一一四七、一一五〇。
228 同前書，卷十七，頁一一五八。關於「歸正人」，可參閱黃寬重：〈略論南宋時代的歸正人〉（《南宋史研究集》，台北：新文豐出版公司，民國七四年），頁二〇四；朝廷是否接納「歸正人」，呈現兩極化意見。陳康伯與張浚主張應予接納，而史浩則表示反對，亦因此而罷相。
229 《宋史・陳康伯傳》，頁一一八一一。
230 《宋名臣言行錄別集》上，卷二，頁八。

第六節　結語

陳康伯無顯赫的家世背景，出身科舉，進入仕途後按步升轉。雖有同窗秦檜當國，並不趨炎附勢，致使在郎省展轉五年未得升遷，卻澹然無求，不計名利。紹興十四、五年間，擔任使金重任，為維護國家尊嚴不計個人利害，卻因此遭到外調「知泉州」的下場。而在地方官任內，又展現高度應變與決斷能力。任滿後提舉宮觀，十年之間優游歲月，對於秦檜刻意打壓不以為意。秦檜死後，立刻受到高宗的賞識與重用。自紹興二十六年二月至二十七年九月，一年半之間從吏部侍郎而身兼四（吏、禮、戶、刑）部侍郎，而吏部尚書，而執政大臣（參知政事），其升遷迅速平步青雲，而與其先前在官場蝸牛漫步形成對比。兩年之後拜相，前後兩任共四年八個月，適值金國大舉南侵，全國震恐，康伯及時發揮安定作用，鎮定了極受驚懼的高宗，也撫定了全國民心，化解一場重大危機。所以當金主為帳下所殺，康伯入賀，高宗稱讚康伯：「皆卿輔佐之力」。因而贏得高宗充分的信賴，也博得同列高度的推崇。進而參贊高宗主導的內禪大計，使孝宗順利登基，成為南宋第二代傳人，也成就其南宋皇朝最有作為的賢君。方其卸任在籍，身染重病，忽然臨危授命，託以重責，他再度「以國家安危為己任」，拖著病軀不辭辛勞慷慨赴任，也再一次穩定大局，惜其以耄耋之年油盡燈枯薨於任上。

所有關於陳康伯的生平史料中，皆未有負面批評者。其中，最值得稱道的是，當金主完顏亮南侵之際，康伯坐鎮「指授方略，分據要害之地」，穩定大局，而後才有虞允文采石之役順利擊退金兵之舉，完顏亮適時被其部下所殺，解除了一場危機。雖然宋金之戰的關鍵在采石之役，虞允文功不可沒，但若非康伯一連串堅定人主信念的舉動，恐怕兩國在采石戰役之前，南宋政權本身已經先行瓦解，根本等不到采石之役的發生了！由此觀之，康伯才是穩定國本的磐石重臣，宋金戰爭的首功。孝宗論其面臨大敵從容不迫的神態，可上比東晉宰相謝安，極為中肯。然而後世均知有虞允文，卻鮮少有人知道陳康伯的事蹟，實在有失公允。

朱熹在《陳文正公文集》序中評道：

先生中興之首勳也，先生之相業行實繫籍聖賢，其後必傳諸史冊，泐諸金石，昭然可紀。故凡性情、道德、學問、文章發之於紀綱，政事顯之於號令，聲名顒卬，問望金錫圭璧，實在不見為可法而可傳者也。

朱熹譽之為「中興之首勳」，稱讚康伯「性情、道德、學問、文章發之於紀綱，政事顯之於號令」，短短數言，描述康伯的一生為官行事之道，極為貼切。

再引一段汪應辰所寫〈祭陳相國魯國公文恭公文〉，作為結尾：

惟公稟氣之和，體道之全，渾厚純粹，得于自然，端委廟堂，如山如淵，以公宰物，以誠格天，仁者之勇，德人之言，有發必中，有待必堅，密啟建儲，見幾之先。決策安邊，達事之權，四方既寧，聖主初，公拜稽首，丐歸秋園，歸未暖席，詔書促還，勤勞王家，病不復痊，當宁震悼，塗人涕漣[231]。……

雖然一般祭文對死者生前作為，都有溢美之處，但此文推崇康伯一生的政績作為，所勾勒的整體輪廓，證諸相關史料，大體而言堪稱允當。

康伯為官，立功立德，更為後世樹立忠臣良相的典範。實不愧為高宗口中的「真宰相也！」

231 宋・汪應辰：《文定集》（《文淵閣四庫全書》，台北：商務印書館，民國七二年），卷二〇，頁七八二上。

第三章　葉顒與魏杞

第一節　前言

葉顒與魏杞是孝宗朝前期的兩位宰相，二人同時拜相，亦同日罷相（乾道二年十二月十五日至三年十一月九日），任期均為十一個月，不足一年。兩人在相業方面頗有相似之處。兩宋三百餘年，二相同日拜罷的情形並不多見。兩人拜相原因不一，罷相則同。任相期間同心輔國，有為有守。卻因葉顒「冬至，上親郊而雷，顒引漢故事上印綬，提舉太平興國宮[232]。」魏杞「上（孝宗）銳意恢復，杞左右其論。會郊祀冬雷，用漢制災異策免[233]。」而遭撤免，看兩人罷相原因，只是字面略有不同，實則一也。且均為表面原因，真正因素待文中再行詳述。

葉、魏任期短暫的原因，可從整體與個別兩類因素來看。整體而言，政局的發展脈絡及孝宗的用人策略均有影響。雖然葉顒、魏杞受到重用的原因不同，然與政局變化仍有一定的關連性。

本章除探討二人的政治才幹，以及在仕宦過程中所展現之品格、氣度與事功，和對政局的影響外，亦由整體角度觀

232 《宋史・葉顒傳》，卷三八四，頁一一八二二；《宋會要》，職官七八之五一。
233 《宋史・魏杞傳》，卷三八五，頁一一八三三。

察兩人拜相與罷相的原因，並將葉、魏二人在政治上的貢獻與政局作密切的啣接，並就二人宦途之異同加以對照與比較。

第二節　葉顒・魏杞的早年事蹟

一、葉顒的品格與事功

葉顒字子昂，興化軍仙遊人（屬福建路，今福建省仙遊縣）。生於宋哲宗祥符元年（一〇九八），與其兄葉頵同入京師試太學，通過秋賦考試，均得提名。適金兵來犯，事態緊急，朝廷設立武藝、謀略等科招考軍事人才，葉頵參試中選，授承節郎，從大將劉延慶守京城東北隅，力戰遇害。葉顒則徒步南歸。紹興元年（一一三一）進士，授廣州南海縣主簿，兼攝縣尉[234]。歷任信州貴溪縣、紹興府上虞縣等知縣、將作監主簿、知常州。召為尚書郎、右司、吏部侍郎、權尚書。拜端明殿學士、參知政事兼同知樞密院事、知樞密院事，乾道二年十二月（一一六六）入主中書為左僕射兼樞密使[235]。距其考中進士已三十五年，拜相時已是六十八歲垂暮之年。不及一年罷相，尋卒於家（同前註）。從其一生行事、經歷。大致歸納出葉顒的幾點特性：

（一）品格高尚，行事磊落，豁達大度

於南海縣主簿任內有二事，可為例證。

其一，監河官捕獲二私鹽船，交由縣尉葉顒報功領賞。葉顒以為不可。

234 參閱：宋・楊萬里《誠齋集》卷一一九〈宋故尚書左僕射贈少保葉公行狀〉（台北，台灣商務印書館，民國六四年，台三版，《四部叢刊》），頁一〇四五。以下簡稱〈葉公行狀〉。

235 《宋史・葉顒傳》，卷三八四，頁一一八一九～一一八二一。

其二，州縣盜賊嘯聚，府令縣尉葉顒和巡檢抓捕盜賊十餘人，巡檢欲將功歸葉顒，葉顒謂：「掠美、欺君、倖賞三件大罪，吾不為也！」府帥曾開大喜，表揚葉顒「仕不求速，勞而能遜。」並向朝廷推薦，升循從事郎[236]。

此二事均顯示葉顒具有深厚的品德修養，不願奪人之功，掠人之美，其人格之光明磊落可見一斑。

（二）心存大是大非，不計個人利害得失。有二事可以為證

其一，漳浦（今屬福建）人高登，為宣和間太學生，曾與陳東伏闕上書，紹興二年（一一三二）與葉顒登同科進士。秦檜和議，高登激烈反對，秦檜怒其激切，捕之甚急。葉顒急令其獨身逸走。高登曰：「君不為他人牽累乎？」葉顒曰：「縱然以此獲罪，何所憾！」即出城為其備舟，直至舟移乃去[237]。葉顒與高登並非有特殊交情，只是為了正義而不惜代價保護正人君子，不被奸人陷害。

其二，秦檜當國，屢興大獄迫害異己，參政李光遭放逐海外，秦檜仍欲趕盡殺絕，州縣迎合其意，極力蒐尋相關證據，企圖進一步傷害李家。李光把妻兒留置家鄉上虞縣。府帥曹泳為檜黨，下書上虞縣尉龔滂陰求李家事，葉顒與李光素無交情，但勸龔滂莫做此事。當曹泳派人索取李光與他人往來尺牘，葉顒事先以勸農為由路過李家，密諭李家防備，次日李家就被檢查，一無所獲[238]。

上述二例出於同一動機，說明葉顒為天地存正氣，盡其所能保護正人君子，甚至因此可能賠上自身性命而在所不惜。在奸臣當道、濁流橫行之時，此舉益見珍貴。

（三）為官廉潔，絕不接受賄賂

建州民向州府繳納夏秋兩稅，常僱市人代理送官，往往低估送交物品的價值，葉顒針對此一大弊病，立法革除，代

---

236 〈葉公行狀〉，頁一〇四五、一〇四六。
237 《宋史・葉顒傳》，卷三八四，頁一一八二二。
238 《葉公行狀》，頁一〇四六。

送市人欲賄賂葉顒，均遭葉顒拒絕[239]。

（四）幹練的政治家，能力強，效率高

葉顒於建州（今南平市和建甌市）任上，當地民俗「狠而喜訟」，歷年官府積案甚多不能了結。部使者賀允中交由葉顒處理，葉顒根據案情迅速結辦，附近民眾紛紛將原案件請求轉移到建州府。說明葉顒辦事效率極佳，他人所不能處理的，他能瞬間辦妥結案。（同前註）

（五）一介書生，卻頗知兵

紹興二十年（一一五〇）三月，信州發生動亂，據載：「三月，民有以魔惑眾者，因聚為盜，一日至千餘人。公（即葉顒）先遣兩巡檢將兵拒之，贏糧備器，自將射士七十人繼之。二砦兵見賊眾，不戰而遁，公引兵登山望之，賊疑未敢進。公駐營山趾（山腳）而植幟山顛，日已晚，賊且至與公對壘。公夜潛遣人於賊營某所縱火，約其眾曰：火舉則亂射賊壘。適五鼓，火起，箭發如雨，賊驚亂，偶一渠魁，箭貫其目。及天未明，悉發兵急擊之，賊死傷甚眾，餘皆遁入弋陽。公引兵歸，七十人無一人傷者[240]。」葉顒雖係一介書生，卻頗具軍事謀略，然而抗賊立功的結果，非但無賞，反受牽連而遭免職，坐削兩官[241]，實在毫無道理。兩年後（紹興二十二年，一一五二）方起知越州（今浙江紹興市）上虞縣。

239 《葉公行狀》，頁一〇四五。
240 《葉公行狀》，頁一〇四六。
241 據《要錄》，卷一六一，頁十二、十三所載：「帥臣王昫劾椌（信州守臣）及知縣事左奉議郎葉顒、右朝散大夫提舉常平茶鹽公事權提刑張昌不能覺察，致賊嘯聚，並免官，仍削二秩。」

（六）愛民如子，且有先見之明，當機立斷。下列數事足以為證

其一，葉顒任官越州，適逢越州大饑，葉顒開倉賑濟災民，於時尚未批准，由於事態緊急，先斬後奏，立即發放常平米賑民。待情況更加惡化時，該府裡其他縣方開會討論給食，已經嫌遲。只有上虞縣因提前救濟，沒有發生人口流徙凋散的情形。葉顒愛民如子，有先見之明，復具高度行動力，方能做出提早濟民之事。這是其他縣官所萬萬不及的[242]。

其二，葉顒在上虞知縣任內，凡有繇役，令百姓自行上報家中貨力等級，不以付吏（減少奸吏乘機剝削的機會），百姓欣然相應據實以報。向百姓催租，先書應繳納數量期限，讓百姓自持戶租至縣衙，葉顒親自監督入庫，民皆稱便。（同前註）

孔子曾言：「道之以政，齊之以刑，民免而無恥；道之以德，齊之以禮，有恥且格。」（《論語・為政篇》）以政令來管理，用刑法來約束，百姓只是規避犯罪，但不以犯罪為恥；以道德來引導人民，用禮法來約束民眾，百姓不僅遵守法紀，且以有品德為榮，以犯法為恥。葉顒此舉具體實現了孔子的理想。

府帥曹泳責令夏租先期完成全年什之八。葉顒提請稍稍寬限時日，曹泳怒。及麥大熟，上虞縣民輸租反為各縣之冠，曹泳大喜，許諾要向朝廷推薦，而葉顒固辭。他將孔子為政之道的理論，真正落實在施政上，不僅讓百姓受惠，更可以為地方官吏的表率。而上虞縣民用實際的行動來反映葉顒所施諸百姓的德政。（同前註）

二、魏杞的品格與事功

魏杞字南夫，壽春人。以祖蔭入官，紹興十二年（一一四二）進士。歷任知宣州涇縣、太府寺主簿、太府寺丞、考功員外郎、宗正少卿。假禮部尚書為金通問使，不辱使命，卒簽定隆興和議，貢獻極大，守起居舍人、給事中、同知樞

242 《宋史・葉顒傳》，卷三八四，頁一一八二二。

密院事、參知政事，和葉顒同時拜相，右僕射兼樞密使。時年四十七歲。罷相後，提舉江州太平興國宮、觀文殿學士、知平江府，諫官王希呂論其貪墨，奪職。後以端明殿學士奉祠、資政殿大學士，淳熙十一年（一一八四）薨，年六十四[243]。觀察魏杞平日的行事作為，亦可歸納以下幾點特性：

（一）不附和權貴

朱熹所撰〈魏杞行狀〉載：魏杞「安然於命，義志不苟求。時秦師垣（檜）專政，其子熺以同年諷公來見，意不諾[244]。」其時秦檜當政，權勢顯赫，魏杞卻不願與之攀附。

（二）性極寬厚，有不忍人之心。下開數事可為說明：

其一：魏杞在餘姚尉任內時，境內「有劇盜，為邑人害。公設方略捕之。當改秩。公曰：『盜為民害，不得不除，不願以人之罪為己利也。』不復問賞。」他認為捕盜是不得已之事，不願拿別人的錯誤，當作自己的進階敲門磚。顯示他心懷慈悲，且不熱衷於名利。（同前註）

其二：知晉陵時，「舍民有以妖黨告，株連數百人。力請即掩捕，少緩且變，人方駭。公不為動，乃先繫其人，累日不問，徐逮其所指使者，使覘視之。曰是也。指其人之女為魁，欲得對獄，公益疑其姦。訊之，乃嘗求婚不遂，餘有皆仇家也。以誣告反坐之。」（同前註）

由上述之事可見，魏杞不僅個性寬厚，心似菩薩般的仁慈，且處事明敏，洞燭機微，能見到他人所不能見者，方能摘奸發伏而還無辜者清白。

其三：繁昌縣匪盜猖獗，宰尉以高額賞金追捕盜賊，宣稱涇縣住民多有協助窩藏贓物者，已有數家因此家破人亡。魏杞不以為然，一日宰尉又逮捕五十三家，杞悉數釋放。未幾，真盜與贓物俱獲於他縣。先前已遭捕囚者，雖被釋放，卻已體無完膚。那些遭到刑求，甚至不良於行者，和五十三家民眾，踴至庭下對魏杞之舉表示感激涕零。魏杞因此名聲

---

243 《宋史・魏杞傳》卷三八五，頁一一八三一～一一八三三。
244 宋・朱熹：〈魏杞行狀〉（收在魏頌唐編：《魏文節公事略》，北京市，線裝書局，二〇〇三年，《中華歷史人物別傳集》），頁六二三。

益著。（同前註）凡此皆說明魏杞心地善良仁厚，而與宰尉的濫捕行為相較，更形成一寬容、一嚴酷的強烈對比。

其四：魏杞知晉陵，有郡守貪殘失眾，見魏杞守正不阿，刻意蒐集魏杞之過失來打擊他，及郡守之罪行遭到揭發而去職，其僚屬與家人徒步出城，狀極潦倒。杞曰：「我可乘其危哉？」非但沒有乘此佳機報復，且為其籌措舟楫道路之費，獨自前往送行。郡守極其羞愧，全家感泣。（同前註）魏杞宅心仁厚若此，實非常人所能及。

（三）任職地方官時，奸民受其人格感召，於其去任時，「有泣拜於途，悔過自訟者」，「卒為良民。」（同前註）魏杞極其高尚磊落之品格，竟能發揮潛移默化的作用，讓奸人變良民。

（四）廉潔自持，一介不取：據載：「公雖素貧，視財物不以介意。出疆，賞黃金五百星，及龍腦、香蘭、銀絹、雜物等公用之餘，例歸使者。公既竣事，并虜中所贈遺之物，分毫不取。後執政入謝德壽宮，太上皇勞出使之勤，問所用幾何，公以比舊什一為對。太上皇嘆曰：向吾遣使泛常密贈黃金千星，了如許大事而費止此，今卿至是，殆天所以報也[245]。」魏杞出使金國，黃金及雜物等，照例可歸使者，魏杞卻全無貪念，分毫不收。連太上皇高宗都感嘆魏杞之廉潔。鄭清之撰〈魏杞神道碑〉亦云：「東宮講讀徹章及政府進書，例賜金繒，公以滿盈自懼，必引義牢辭，得請而後已。當牽官亦累辭。上曰：『卿亦太廉矣！』歸家因以『太廉』名堂，御筆題匾[246]。」孝宗且賜予名曰「太廉堂」的匾額，以示表揚。對後代子孫都具有高度的示範作用。

（五）為官守正不阿，有所論駁直言不諱：魏杞任職給舍之時，守正不阿，「多所論駁，人推其公。雖被駁者不敢怨也。」（同前註）孝宗亦深知其為人。曾對魏杞說：「近日無他事否？有亦卿不肯放過。」杞對曰：「蒙陛下容納正直，是以有犯無隱。」（同前註）

（六）精明幹練，吏不敢欺：魏杞在吏部時，此單位素號劇煩，杞遍歷郎省，及其位於長貳，「通練章程，吏不得欺，據法持平，不容私謁。」（同前註）

245 宋・朱熹：〈魏杞行狀〉，頁六二五。

246 宋・鄭清之：〈神道碑〉（收在魏頌唐編：《魏文節公事略》，北京市，線裝書局，二〇〇三年，《中華歷史人物別傳集》），頁六二七。

第三節　葉顒・魏杞拜相原因

一、葉顒

（一）孝宗最厭惡大臣結黨營私，曾因湯思退多次力薦葉顒為戶部侍郎，懷疑二人朋黨，召諫官詢問原委，諫官答以「臣不識葉顒，聞之公論不然，因具陳思退移公常州之由，及諷林安宅、王趯中傷事，及思退再至，公不自安，屢求補外意[247]。」帝默然良久曰：「非卿則朕無以知此人。」諫官的回覆使孝宗了解葉顒與湯思退並非朋黨，因此次日即除戶部侍郎。

（二）孝宗曾問葉顒：「當官以何為先？」葉顒對奏：「臣之當官，每以公忠為先，既盡公忠則不為朋黨，不畏彊禦，以之為臺諫，則持正論，以之坐廟堂，則行正道，處富貴而不以為榮，當鼎鑊而不以為恩，公忠二字其用甚大，未有一日捨之而安者[248]。」這番「以公忠為先」之論，完全切中孝宗心意。從葉顒平日為人推測，此言應非刻意迎合孝宗心意所發，孝宗聽後，還特別強調：「卿宜無忘此二字。」（同前註）葉顒以「公忠」當作為官之正道，孝宗尤其重視此言論。

（三）葉顒任職權戶部尚書期間，七司弊事未去，於是上疏言選部所以為弊，乃與郎官編吏部《七司條例》為一書[249]，將事同例異者，存其一，削其一。孝宗嘉之，令刻板頒示。並於閱覽後，以御筆褒表令刻板頒下[250]。

247 參閱〈葉公行狀〉，頁一〇四八。
248 參閱〈葉公行狀〉，頁一〇四九。
249 《宋史・葉顒傳》，卷三八四，頁一一八二〇。
250 參閱〈葉公行狀〉，頁一〇四八。葉顒編《七司條例》旨在革除吏部長年累積之弊端：一曰隱占闕員之弊，二曰引例異同之弊，三曰捃摘小節之弊。他認為此三者革，則弊除矣。亦參閱宋・林光朝：《艾軒集・葉公行狀》（北京市，線裝書局，二〇〇四

（四）孝宗特別重視吏治，葉顒能革除積弊，自當讓孝宗另眼相待。葉顒又上疏論吏治：

> 法者天下之所共也，合人情則公，否則私。今吏部之弊，莫重於行賂，蓋立法有失其意者，不可不改也。如令甲受賕，有取予同罪之法，今請勿罪與者，而止罪取者，如任子有用堂除，賞典而升，名壓銓試人之法，今請勿陞以優中銓之士，有未銓試者，今請中書不許除官，有免試出官者，今請雖宰相亦不許移貼[251]。

葉顒再度上疏強調法令既已頒布，所有官員應一視同仁，一律遵守，不得有貴賤之分。孝宗遂立為定制。適有皇兄居廣請以初除開府儀同三司，應得親屬占射差遣，例畀王若純。葉顒爭之曰：「若啟一若純，則百若純至矣。」至此，「於是始有大用公之意」。（同前註）

（五）葉顒拜參知政事兼同知樞密院事，顒入謝，孝宗問道：「朕欲用魏杞何如？」顒答曰：「古人有曰知子莫如父，知臣莫若君。」（同前註）葉顒之言說明他是一個懂得分際、拿捏得宜之人，絕不會逾越職務的界限，可令孝宗放心。

（六）乾道二年（一一六六）十二月，直接晉升左僕射。除了其歷來官聲卓著、口碑極佳，和上述諸因素外。其直接原因應與被御史林安宅、王伯庠誣告有關。顒原為參知政事，遭到誣陷後立即罷職，後經臨安知府王炎親鞫證實無辜，為此林、王兩御史遭免官。孝宗安慰道：「卿之清德自是愈光矣[252]。」

年），卷八，頁三、四，所載類似。

251 參閱〈葉公行狀〉，頁一〇四八。

252 參閱〈葉公行狀〉，頁一〇五一，所載葉顒遭誣陷之紀錄極為詳細；另《宋史·葉顒傳》，卷三八四，頁一一八二一較略；宋·張端義：《貴耳集》（台北，藝文出版公司，民國五六年）《百部叢書集成》，卷上，頁十，載：「葉丞相顒與林安宅最厚，嘗有簡往來，丞相之子用林簡粘于壁，林後謁丞相，見之不樂而去。林後除察院，首章論丞相，由是去國。疏上，事以風聞，彼時君臣得以自通，葉抗章自辨，壽皇付棘寺窮究，林之所言乃是葉衡丞相之事。林以誣罔得謫，葉再相。」此文與其他記載略有不同。

從《宋史・葉顒傳》中顯示葉顒是位素來正直不畏權勢的清官，即使湯思退之兄犯法照懲不誤，對高、孝二帝皆直言不諱，從孝宗之言可為證明。無論在地方、在中央，所到之處均有善政[253]。凡此均為拜相之因。

二、魏杞：第一次出使金廷成立隆興和議，有大功於南宋

回顧隆興和議的背景，簡述如下：

（一）紹興三十一年（一一六一），金主亮大舉南下，於采石一役鎩羽而歸，旋遭部下所殺，身死異鄉。自此改變由紹興和議所訂下長達二十年的宋金關係，並再度進入宋金和戰不定的動盪時期。

（二）當完顏亮被手下所殺，主謀完顏元宜率軍北歸，宋軍乘勢收復兩淮失陷州縣，進取唐、鄧、海、泗等州。金世宗遣使罷兵告宋，要求歸還河南故地，雙方爭邊界、爭國書格式，往來折衝，劍拔弩張，霎時戰雲密布。

（三）孝宗即位，矢志恢復，起用張浚都督江淮軍馬，以李顯忠、邵宏淵為將，大舉北伐，卻因陣前二將不和，導致符離之敗。宋、金兩國再度陷入焦灼，雙方關係形成拉鋸戰。

（四）符離戰後，宋、金雙方均無心亦無力再戰。隆興元年七月（一一六三），起用湯思退為相，主持與金議和之事。由洪遵、盧仲賢、王之望與金進行交涉。而盧仲賢卻在金廷恐嚇威脅下答應割讓四州，歲幣如舊，雙方關係改為叔侄，孝宗大怒將其革職下獄，械送郴州編管。其後關係再度緊張。南宋內部主戰、主和兩派，你來我往，相持不下。湯思退為促成和議，命虞允文棄唐、鄧，撤消江淮守備，撤戍海、泗防備，又祕密派人赴金營，「諭敵以重兵脅和」[254]，金人乃以武力犯邊。

至隆興二年（一一六四），魏杞時任宗正少卿，在宰相湯思退的建議下出使金廷議和，命杞為通問使前往金廷交

253 參閱《宋史・葉顒傳》，卷三八四，頁一一八二〇～一一八二一。
254 《宋史・湯思退傳》，卷三七一，頁一一五三一。

涉。前此，南宋赴金使者先後有三十人，而僅有洪皓、張邵、朱弁三人生還，大臣均視北行為畏途。湯思退推薦魏杞為出使之人才。此番出使，孝宗面諭杞四大任務：「一正名，二退師，三減歲幣，四不發歸附人。」此四者均極艱難，但是魏杞毫無畏懼，「條上十七事擬問對，上（孝宗）隨事畫可。」陛辭，奏曰：「臣若將指出疆，其敢不勉，萬一無厭，願速加兵[255]。」這番話完全是以國家利害至上，不計個人生死的使命感，大有「壯士一去不復還」的慷慨氣概，極令孝宗動容。此次出使果真未讓金得逞。《宋史・魏杞傳》中將出使過程作以下的敘述：

行次盱眙，金所遣大將僕散忠義、紇石烈志寧等方擁兵闖淮，遣權泗州趙房長問所以來意，求觀國書。杞曰：「書御封也，見主當廷授。」房長馳白僕散忠義，疑國書不如式，又求割商、秦地及歸正人，且欲歲幣二十萬。杞以聞，上命盡依初式，再易國書，歲幣亦如其數。忠義以未如所欲，遂與志寧分兵犯山陽。戰不利，驍將魏勝死之。上怒金反覆，詔以禮物犒督府師。杞奏：「金若從約，而金繒不具，豈不瘠國體，格事機乎？」乃以禮物行。（同前註）

金國的態度強硬如此，不惜再次開戰，驍將魏勝不幸殉國，可知任務之困難。

第二次出使，再度維護南宋尊嚴，但歷經艱難險阻，曾面臨生死一線，「累日行宿旃園中，絕飲食，瀕死數矣[256]。」而魏杞不屈不撓，其視死如歸的凜然正氣，終使「女真君臣逆憚之，不敢以他使視公。」「卒正敵國禮，損歲幣五萬，不發歸正人。」其結果令孝宗滿意，「慰藉甚渥」。乾道元年奉使還，「沿邊奏虜師空壁去」。不僅孝宗獎勞再四，太上皇亦「望而喜，撫問甚至，曰：『虜姦詐百出，卿能一一力爭，訖事來歸，想太夫人甚喜也。』」（同前註）故由起居舍人、給事中、同知樞密院事、參知政事、右僕射兼樞密使。一路挺進中樞，位極宰相[257]。

255 《宋史・魏杞傳》，卷三八五，頁一一八三二。
256 鄭清之：〈魏杞神道碑〉，頁六二九。
257 《宋史・魏杞傳》言：「以使金不辱命，繇庶官一歲至相位。」關於此說，陳樂素在其論文〈讀宋史・魏杞傳〉（廣州，廣東人

比較紹興和議與魏杞交涉後之隆興條款即可知魏杞的貢獻彌足珍貴。其成功之處為：

（一）正敵國體：將以往紹興和議君臣關係轉變成為叔侄關係，提升南宋的國家地位，維持南宋國格與國家尊嚴，從此不再是金國的附庸。

（二）在國號前面冠上「大宋」二字，兩國地位雖仍非全然平等，至少可以等量齊觀。此後不必在金國面前矮半截。

（三）較以往減少歲幣五萬疋兩，此項為實質利益，降低支出，減輕國家財政負擔。

魏杞能夠達成使命，尤其在金國態度如此強硬的情勢下，更是難能可貴。

（一）憑藉其昂然不屈的概然正氣，桀驁不馴的氣勢，正是使金人不得不懾服的重要原因。

（二）魏杞當面對金世宗言道：「天子神聖，才傑奮起，人人有敵愾意，北朝用兵能保必勝乎？和則兩國享其福，戰則將士蒙其利，昔人論之甚悉。」（同前註）此番言論具有關鍵性的影響，而使金朝君臣環聽拱竦。魏杞雖然始終處在金國威迫之下，卒能簽定和議。

（三）魏杞有過人的膽識勇氣及聰明才智，非常人所能及，明知此去九死一生，仍勇往直前，毫不畏懼，視死如歸。完全以國家民族為念，置個人死生於度外。非但能全身而還，且功績卓著。面對如此艱鉅的任務，能夠誓死達成，不辱使命，對南宋貢獻極大。誠如樓鑰：〈祭魏丞相〉文中所言：「張擅出使，所謂飛矢在上，行人在下，而公神色不動，講解而歸，和議至今，南北之人受公之賜者，又不知其幾也[258]。」

茲將紹興和議與隆興和議兩相比較。樓鑰於〈書魏丞相奉使事實〉一文中，進一步說道：「公握節抗議，動中事機，氣勁詞直，要約遂定，迄今三十年，邊境晏然，厥功茂矣[259]。」由此可知魏杞對南宋的貢獻之大，無論面子、裡子都掙到了。

---

258 宋・樓鑰：〈祭魏丞相〉，《攻媿集》（台北，台灣商務印書館，民國六四年，台三版，《四部叢刊》），卷八四，頁七七五。

259 樓鑰：〈書魏丞相奉使事實〉，《攻媿集》，卷七〇，頁六四四。

民出版社，二〇一二年《陳樂素史學文存》，原載浙江學報二卷一期，民國三七年三月）看法不同，他認為此說「意欲美之，不知實已侮之矣。」

紹興和議與隆興和議對照表

條款項目	紹興和議	隆興和議
畫界	重劃宋、金兩國的邊界，東以淮水中流、西以大散關為界。	南宋交還先前攻占的海州、泗洲、鄧州、秦州、商州等地，宋金疆界恢復戰爭前的狀態。
割地	宋割唐州、鄧州（在今河南省），又重定陝西地界，宋失去商州（在今陝西省）、秦州（在今甘肅省）兩州約一半土地予金。	
兩國關係	宋奉表稱臣於金，金冊宋主為皇帝。	宋金為叔姪之國，金為叔、宋為姪，宋不再向金稱臣。宋稱為「大宋」。
兩國關係之執行	每逢金主生日及元旦，宋均須遣使稱賀。	
納貢	宋每年向金國繳納貢銀二十五萬兩、絹二十五萬匹。從紹興十二年（一一四二年）開始，每年春季送至泗州交納。	宋朝每年給金的「歲貢」改稱「歲幣」。歲幣為每年銀絹各二十萬兩匹，比紹興和議時每年少五萬兩匹。

《宋史・魏杞傳》言：「以使金不辱命，繇庶官一歲至相位。」（同前註）即指此[260]。陳樂素主張魏杞出使與日後拜相，並無直接關連。話說回來，不僅《宋史・魏杞傳》如是說，連當時人也持類似看法，如〈書魏丞相奉使事實〉便提到：「方來歸時，（樓）鑰適在都下，士大夫皆謂必有醲賞，殊渥迓勞境上，以寵其至[261]。」朝臣咸以為魏杞出使立功必有重賞。據朱熹：〈魏杞行狀〉云：「（魏杞）每謂中原淪胥，戴天大義，不可不復，時有未可，姑俟遵養，和非本意，不欲以使事受賞，每遷必再三遜[262]。」魏杞出使金國實非得已，亦非其本意，即使完成和議，立下大功，他也不以為意。由此亦可知魏杞對名利極為澹泊。

260 陳樂素撰文指出：「其至燕，以乾道元年正月，歸國當不出二月，距離揆路，幾將兩年，而謂一歲至相位，實歪曲事實。設果有是，魏氏必引避無疑。」氏著：〈讀宋史・魏杞傳〉，頁四八九～四九〇。
261 〈書魏丞相奉使事實〉，頁六四四。
262 〈魏杞行狀〉，頁六二六。

第四節　葉顒．魏杞的相業

所謂「相業」，從廣義的角度而言，進入中樞後，包括執政、宰相任內，參知政事或樞府長、貳時期的政績均屬之。

一、葉顒

葉顒於參知政事期間，有武臣梁俊彥建議沙田蘆場要加以課稅，孝宗詢葉顒的意見，顒表示反對：「沙田者，乃江濱乍出沒之地，水激於東則沙漲於西，水激於西則沙復漲於東，百姓隨沙漲之東西而田焉，是未可以為常也。而蘆場則臣未之詳也，且辛巳軍興，陛下矜兩淮之民連年苦於鋒鏑，田租並復至今未征，今稅沙田乃不勝其擾[263]。」因此而作罷。孝宗欲用林安宅，以之諮詢葉顒，顒極力推薦。未料，安宅上任後竟然恩將仇報，上章彈劾葉顒，言顒之子「受宣明富人周良臣錢百萬，得監鎮江府大軍倉。」（同前註）御史王伯庠也加入陣營。顒得此消息，請求下吏辯明，孝宗命臨安知府王炎徹查，結果是「無秋毫跡」[264]，安宅、伯庠以風聞失實免官。孝宗為此安撫慰問葉顒「卿之清德自是愈光矣。」（同前註）葉顒因禍得福，反而不久晉升左僕射。

上任後首件事便是提拔人才。推薦汪應辰、王十朋、陳良翰、周操、陳之茂、芮曄、林光朝等，可備執政、侍從、臺諫、給舍之選，孝宗均予以採用[265]。

孝宗重用龍大淵、曾覿二位近習，分別任知閤門事和江東總管，怙寵弄權。孝宗召鄭聞，欲除右史。命未下，外已

263 《誠齋集》〈葉公行狀〉，頁一〇五〇。
264 《宋史．葉顒傳》頁一一八二一。
265 〈葉公行狀〉，頁一〇五一；《宋史．葉顒傳》頁一一八二一。

傳。陳俊卿時任同知樞密院事聞自洪邁處，邁聞之龍大淵。葉顒乃於帝前言：「大淵與曾覿竊弄威福，向也不得其實，今以鄭聞事觀之實矣。」帝曰：「此朕之僕臣，卿呼至中書切責可也。」顒曰：「固陛下僕臣，然二人在東宮事陛下久，從龍扶日官已高矣。大淵今為承宣使，乃侍從也，臣安得而呼責之。」帝曰：「朕不憚去此二人，後有事大於此者，當極言之，始終無隱。」葉顒拜謝而退，明日朝退，魏杞獨留，帝先問及二人事，杞證實葉顒所言不假。詔：「龍大淵兩浙東路副都總管，曾覿福建路副總管。二人既出，中外相慶[266]。」兩位近臣寵眷不衰，擅作威福，有賴葉顒極力彈劾，方得以外放地方。雖然在地方仍任要職，至少遠離君王，降低興風作浪的機會。

殿前軍帥王琪恃寵，每對孝宗妄薦人才。某日，孝宗提起胡與可可用，顒追問孝宗：「陛下何以識之？」乃答以從王琪處得知。葉顒言：「與可奴事諸宦官，朝士切齒。王琪之職將也，應薦武臣，何預與可。陛下以此可知其人矣。臣不敢奉詔。」葉顒退而逮與可至政事堂，令條具本朝曾有何人受武臣推薦得何官者？與可無以對，踧踖遁去。（同前註）

大將戚方刻剝軍餉，結交宦官。帝欲窮治以警其餘。葉顒曰：「方之罪固不容誅，然有主方者。」帝曰：「陳瑶（《宋史》校勘作「瑜」）、李宗回其尤也，治之不可不急。」葉顒曰：「久無此舉，雖齊威王烹阿與，譽阿者何以異。諸將聞之，誰敢不洗心易慮。」既而御筆：「戚方之家可沒入其財三之二以勞軍。」顒又言：「諸將若此者眾，恐人有自疑之心，不若止，因有司所白，其放散官錢之數，籍以勞軍，則邦刑既伸，物情亦安。」明日帝見葉顒曰：「卿所議戚方事，深得體。[267]大理寺上陳瑶具獄，其贓為錢二十萬。」帝曰：「此曹為姦宜涅為城旦，屏之遠方。」葉顒奏曰：「凡假陛下威福為姦者皆然，可盡涅乎？願勅賜自新。」帝曰：「甚善。」於是有詔：「陳瑶除籍、笞背，免涅，長流循州。李宗回除籍，編置筠州[268]。」葉顒面對刻剝、賄賂等重罪，孝宗欲加以窮治，而顒考量大局，以安定人心為慮，所作決定甚得孝宗肯定，因此讚其深為得體。如此重臣實不可多得。

266 〈葉公行狀〉頁一〇五二。
267 〈葉顒行狀〉，頁一〇五二。
268 《宋史・孝宗本紀》卷四七，頁六四一：「八月丁酉，內侍陳瑜、李宗回坐交結戚方受賂：瑜除名，決杖，黥面配循州；宗回除名，筠州編管；方責授果州團練副使，潭州安置，籍所盜庫金以犒軍。」

二、魏杞

魏杞於執政期間，「嘗條邊防兵冊以進。」孝宗獎諭「卿盡心如此，極體朕意。」[269] 據《魏杞行狀》云：「自膺柄用，益以國事為己任。自言平生無所愧者，不為阿私，故於議論政事、陞陟人才，未嘗容心。上屢謂忠樸。」[270] 魏杞任樞密時，林安宅以縱賄嗾使侍御史王伯庠劾葉顒，顒因此而罷相「安宅、伯庠諷理官鍛鍊，使誣服，舉朝莫敢言。公（魏杞）訊之，得枉狀以獄上，因奏直其冤，安宅、伯庠俱報罷。御筆有風聞失實，事干大臣語。貶安宅於高安。」[271]

魏杞、葉顒同日拜相，杞「自念孤身旅東南，蒙兩朝異顧，感厲刮磨，委身於國，以為整齊百度法守也。明辨正邪，道揆之要，故於君子小人封界如墨守焉。」(同前註) 魏杞為相，以國事為念，有為有守。魏杞任相期間，獎拔人才不遺餘力。他曾說：「進退百官，相職也。」故而「專以引拔寒畯為先，私黨皆不以進。」有人問其故。他解釋：「廟堂非親故謀進之地。」他的識人、用人方式，自有一套：「賓客至前，必觀其議論、器識可用否。不問其識不識。」搜求文武如恐不及。「又因語次加訪問使，各舉所言，習而記之。薦紳治狀，擇其眾論所歸者選用焉。」求才若渴，可見一斑。針對已經在職的文武百官，他還有一招：「置二屏，一書在朝百執事姓名，一書天下郡守監司姓名，各書其祿秩，赴罷月日於下。遇除授不待尋繹而具，日以睹省，益無遺材之恨事。至今時相遵用之。」他經常嘆曰：「安得王佐才，知而薦之。使登此位，得奉身以退。」至於用人，各因所長，不為求全。條為科目，各適其器。所薦者二十餘人，若丞相陳俊卿、端明汪公應辰、求制王公秬、閣學徐公村等，皆一時之選，多至顯者。[272] 其中特別是陳俊卿：陳俊卿以從班

269 鄭清之：〈神道碑〉，頁六二九。
270 朱熹：〈魏杞行狀〉，頁六二五。
271 鄭清之：〈神道碑〉，頁六二九；朱熹：〈魏杞行狀〉，頁六二五，亦云：「方葉公顒之參政也，諫有欲規近者誣奏其子，而寘其姪於理，葉遂罷。已而按治誣狀，公曰事當從實，力明其枉。上悚然為悟。」與〈神道碑〉所言相符。葉顒之冤屈得以昭雪，魏杞之功甚偉。
272 〈魏杞行狀〉，頁六二六。

罷且久，魏杞建議孝宗：「俊卿者，耆德夙望，不宜久置閑地。」孝宗即命召之。同列有掠為己功，杞不以為意。其後俊卿聞之，為悚服焉。（同前註）而俊卿日後亦成就南宋一代賢相。

綜合而言，二相任期雖不長，對於人才的發掘與拔擢著力極深，魏杞且建立求才用人的模式。又要求文武官員謹守本分、遵循制度。由於兩人均曾任地方官，頗知民瘼，因此在職期間，致力於減輕地方負擔。二相同心協力於對抗近習，導致孝宗不得不將其外放。凡此，均顯示兩人兢兢業業、用心國事。惜因天變而落職，殊為遺憾。

第五節　葉顒・魏杞的罷相

葉、魏二人雖然受到重用而拜相，但他們的任期不長。表面上兩人遭罷因為天變所致，而從整體觀察則與孝宗的用人原則有關。孝宗不讓秦檜專權之事重演，在位前期宰相任期均短，方能親攬朝綱，故易相頻繁。用人雖以才德為重，故所用宰相大體皆為一時之選，卻不久任。迨至後期，年事已高，志氣消磨，便不再堅持「不久相」的原則，而出現任期較長的宰相。諸如：梁克家[273]、王淮[274]、周必大[275]等。由此觀之，葉、魏二人屬於孝宗在位的前期，他們任期不長，也就不足為奇了。

273 梁克家執政期間為乾道五年二月至八年二月；首次相任為乾道八年二月至九年十月；第二次任期，淳熙九年九月至十三年十一月。

274 王淮執政期間為淳熙二年閏九月至淳熙八年八月；拜相為淳熙八年八月至十五年五月。

275 周必大執政期間為淳熙七年五月至十四年二月；宰相為淳熙十四年二月至十六年五月。

一、二人罷相原因

葉顒、魏杞同日罷相，表面上的原因係「會郊祀冬雷，用漢制災異策免[276]」，符合罷相要件。二人任期僅十一個月，雖說孝宗前期用相任期都不長，但從不到一年的時間，也顯示孝宗對此二相的表現不甚滿意，便藉著天變將兩人罷黜。仔細爬梳相關史料，多少獲得些罷相的線索。

（一）葉顒

葉顒的仕宦生涯，先後歷經地方、中央之各個要職，官聲極佳，於乾道二年（一一六六）十二月自參知政事越級提升為左相兼樞密使[277]。曾言：「今日在朝見有共、驩、管、蔡，然有且竊弄威福者，臣不敢隱。」孝宗問為誰，顒答以龍大淵。嚴重違背孝宗心意，此其一[278]。再者，當孝宗詔以宰相兼國用使，其心意要宰相增加國庫收入以便召募兵丁，增強國防力量。而葉顒卻拿孔子「節用而愛人」之語勸說孝宗「若欲生財，祇費民財爾。」孝宗雖漫應「此至言也。」實際上葉顒此言，基本違背了孝宗要宰相兼國用使的初衷，是為要增加國庫收入以富國強兵，此其二。第三件事，孝宗曰「建康劉源嘗賂近習，朕欲遣王抃廉其姦。」葉顒卻說「臣恐廉者甚於姦者。」意思是王抃本身就是近習，而近習之惡尤甚於劉源之舉。孝宗雖不得已而作罷。但可想而知，面子上一定掛不住，而且葉顒接二連三讓孝宗難堪，忤逆孝宗的意圖，雖然每件事均非關鍵，但逐漸累積的結果，導致孝宗的不滿已達臨界點。因此才拜相十一個月後剛巧發生天變，便名正言順罷相了。此項推測應屬合理。

276 《宋史・魏杞傳》，卷三四八，頁一一八三三。
277 參閱《宋史・宰輔表四》，卷二一三，頁五五七三；《宋史・葉顒傳》，卷三八四，頁一一八二一卻載「除知樞密院事」。
278 《宋史・葉顒傳》，卷三八四，頁一一八二一。

（二）魏杞

《宋史・魏杞傳》稱，魏杞升任宰相，因「以使金不辱命，繇庶官一歲至相位[279]。」意味著，魏杞之出使對南宋貢獻很大，出使金國維持國格與國家尊嚴，就孝宗的立場，以最快速度提拔魏杞為宰相，是給予他最高的酬庸。若按樓鑰〈書魏丞相奉使事實〉所言：「宰相代天理物，固非賞功之官，公（魏杞）之大用，君臣遇合，殆不以使事至此也[280]。」則孝宗拔擢魏杞，並非酬庸了。上述前後之論相差甚遠。筆者以為，樓鑰此說固有可信之處，然而在上位者任何重要的決定，絕非單一動機。孝宗此舉縱非純粹酬庸，其用意部分仍亦為此也。孝宗拔擢魏杞登上頂峰，對魏杞必然寄予厚望，期待杞有稱職的表現。乾道年間，孝宗銳氣正旺，北伐之舉也最為迫切，依照孝宗的理想，宰相應該在對金政策上有積極的作為，北伐方面有所表現才是正道。孝宗銳意恢復，杞只能「左右其論」，別無其他特殊之舉，孝宗恐怕難以滿足對魏杞的期待。

還有一項因素，二人在尚未拜相前，即「同參政事，兩無所私，每議必同[281]。」想當然，升任宰相後也很難達到相互牽制的作用，這恐怕也犯了孝宗的忌諱，為孝宗所不樂見。依其理想，二人至少應該「和而不同、可否相濟」，方能有相互制衡的作用。且看乾道八年（一一七二）二月十二日升任虞允文為左丞相的同時，除梁克家為右丞相，主因之一即為克家「與虞允文可否相濟，不苟同[282]。」兩人意見相異，可以彼此牽制。而葉、魏二人正好與孝宗的理想相悖，因此恰逢「郊祀冬雷」（同前註），便順理成章地將葉顒和魏杞同日罷相了。

279 《宋史・魏杞傳》，卷三八五，頁一一八三三。
280 《攻媿集》，卷七〇，頁六四四。
281 《葉公行狀》，頁一〇五〇。
282 《宋史・梁克家傳》，卷三八四，頁一一八一二。

第六節　二相罷後處置狀況

茲將葉、魏二人於罷相後朝廷之處置列出對照表：

葉顒、魏杞二相罷後處置狀況對照表

宰相	罷後處置	罷後異動次數	罷後距卒年數
葉顒	罷相。提舉太平興國宮（乾道三年十一月，一次）；觀文殿學士致仕（乾道四年一月，二次）；薨（乾道四年一月）。	異動二次	罷相二月卒
魏杞	罷相。守左諫議大夫、提舉江州太平興國宮（乾道三年十一月，一次）；觀文殿學士、知平江府（二次）；奪職（三次）；以端明殿學士奉祠（四次）；告老，復資政殿大學士（五次）；薨，贈特進（淳熙十一年十一月）。	異動五次	罷相十七年卒

據研究，南宋宰相罷職後多半授予諸殿學士，其種類有：觀文殿大學士、觀文殿學士，資政殿大學士、資政殿學士，端明殿學士五個等級。文獻記載，觀文殿大學士「非曾為宰相不除」，「曾為宰相而不為大學士者，自紹興元年范宗尹始[283]。」為從二品[284]。自觀文殿學士以次各級俱為正三品。范宗尹罷相後僅授以觀文殿學士的原因史料未載，其罷相應係累積數因，逐漸喪失高宗的信心與歡心，得罪君主甚深，對其怒氣未消所致。在南宋六十五位宰相罷後授以觀文殿大學士者有四十六任次，算是常態。其餘授予觀文殿學士者十四任次，資政殿大學士者三任次，資政殿學士者一任

283 元・馬端臨：《文獻通考》（台北，新興書局，民國五二年），卷五四，頁四九三。
284 《宋史・職官志》，卷一六八，頁三五、三六。

次[285]。魏杞因受到諫官王希呂論劾謂其貪墨而奪職，後以端明殿奉祠[286]。若授予其他殿學士，則顯為少數，有貶抑或懲罰的意味。

宰相罷後直接授以觀文殿學士者僅有范宗尹、秦檜、朱倬、洪适、葉顒、魏杞、蔣芾、趙葵等八相。資政殿大學士以下的諸殿學士，均係貶降後再予復職之銜。葉、魏二人罷相後授予的諸殿學士是較低一級的，由此看出孝宗對二人似有不滿。其中當有蹊蹺。然因文獻不足，目前尚難尋得答案。

葉顒罷相後僅短短兩個月便與世長辭，朝廷先後予以提舉太平興國宮（乾道三年十一月，一一六七）及觀文殿學士（乾道四年一月，一一六八）的處置，因時間甚短，姑且不論。而魏杞罷相後，還有長達十七年的漫長歲月，卻先後僅有守左諫議大夫、提舉江州太平興國宮、觀文殿學士、知平江府，時間均不長。期間受到諫官王希呂的彈劾論杞「貪墨」而奪職。後以端明殿學士奉祠，復資政殿大學士[287]。據文獻記載，魏杞任官以廉潔稱，聲譽卓著。孝宗還曾為此褒揚他，特賜名「太廉堂[288]」。故被論奏顯然是受人誣陷，而孝宗不查，竟然落得奪職的下場。

第七節　結語

孝宗任用宰相多達十七位，絕大多數都是賢臣，悉心輔佐孝宗成就南宋最興盛的乾淳盛世。其中葉顒、魏杞即為孝宗前期的賢相，可惜任期甚短，只有十一個月。而《宋史》列傳中〈魏杞傳〉僅五八四字，〈葉顒傳〉較多，一一六五

285 參閱《南宋宰相群體之研究》，頁八九、九〇、九二。
286 《宋史・魏杞傳》，卷三八五，頁一一八三三。
287 參閱《宋史・魏杞傳》，頁一一八三三。
288 據朱熹：《魏杞行狀》，頁十，稱：「公雖素貧，視財物不以介意，出疆賞黃金五百星，及龍腦香蘭銀絹雜物等公用之餘，例歸使者。公既竣事，并虜中所贈遺之物，分毫不取。後執政入謝德壽宮，太上皇勞出使之勤，問所用幾何？公以比舊什之一。」

字。對兩人生平事蹟的描述僅如蜻蜓點水般，並未太多著墨，尤其拜相之後的事蹟更少。〈魏杞傳〉，六十八字；〈葉顒傳〉，二六一字。許多事蹟輕輕帶過。而實際上，兩人無論是品格、事功、行事作風，均有可觀。甚至可稱之為「典範」。因此筆者撰文加以發揚，勿令二人「疾沒世而名不稱」。

葉顒、魏杞二相之拜、罷均於同一日（乾道二年十二月至三年十一月），在兩宋朝極為罕見。任相期間同心輔國，均為公忠體國的重臣。

葉顒仕宦之路，從地方到中央，所到之處官聲卓著，其人格高尚、光明磊落，雖遭小人陷害，最後還其清白，因此相任雖短，仍頗有建樹，因郊雷而罷相。魏杞，早年歷官口碑亦佳，且從其行事可知，他具有悲天憫人的胸懷。而於國家用人之際挺身而出，憑其過人的氣勢與膽識，於折衝往來之間懾服金人，簽訂隆興和議，既維持國家尊嚴，又降低歲幣，貢獻厥偉。魏杞出使金國，全以社稷為重，不計個人生死，忠貞為國，堪比岳飛、文天祥之流，謂其民族英雄亦不為過。其後迅速升遷，終至右相。魏杞廉潔自持、分毫不取，不僅贏得高宗讚許，且孝宗賜其匾額曰「太廉堂」。同樣任職十一個月後，以「冬雷」罷相。

兩人在宰相任內對於人才的發掘與拔擢著力極深，魏杞且建立求才用人的模式。另外又要求文武官員謹守本分、遵循制度。由於兩人均曾任地方官，頗知民瘼，因此在職期間，致力於減輕地方負擔。二相同心協力於對抗近習，導致孝宗不得不將其外放。

二人任期短促，究其原因，整體而言，孝宗大權獨攬，因此宰相任期均短（後期除外），且以近習牽制相權，不讓宰相有專權的可能。然就個別因素而言，二人均因「天變」罷相，僅為表面因素。而實際原因為何？在所有相關文獻中均未記載。

孝宗期待的是二相「可否相濟，和而不同」，藉以相互牽制，葉、魏二人卻是同心協力，在孝宗的邏輯思維中，短時間尚可，長此以往，則非君王之福，而為孝宗所不樂見。葉顒之所言所思，多與孝宗期望相違背，表面嘉許，實際上君主則另有籌謀。孝宗前期銳意北伐，魏杞「左右其論」，恐亦不符孝宗願望。

葉顒拜相時已六十八歲，罷後回鄉尋卒。魏杞方為盛年，卸任後遭奸人誣告，謂其貪瀆，魏杞之廉潔，孝宗非常清楚，卻仍因此罷職，多年後方才復職。此事令孝宗之「識人知人」方面蒙上陰影。抑或者孝宗受到蒙蔽，若然，則亦使孝宗蒙羞。

二人在漫長仕宦路途中，歷任之職皆有可觀，無論個人品格或者事功，均可當作典範看待，受到孝宗青睞，而攀升相位，盡心輔國，雖受重用，時間短暫，殊為可惜。否則對南宋應有更多的貢獻。

附表：葉顒、魏杞仕宦異同對照表

序列與項目	葉顒	魏杞	備註
一、初仕年月	紹興二年（一一三二）進士	祖蔭入官，紹興十二（一一四二）年進士	
二、拜執政年月	乾道一年八月	乾道二年三月	
三、執政任期	一年四月	九月	
四、拜相年月	乾道二年十二月	乾道二年十二月	
五、罷相年月	乾道三年十一月	乾道三年十一月	
六、拜相任期	十一月	十一月	
七、初仕至執政所需時間	三十二・五年	二十三年	
八、初仕至拜相所需時間	三十四年	二十四年	魏杞祖蔭入官未知何年，後中紹興十二年進士，故時間必多於二十四年。
九、拜相原因	不結黨營私；以公忠為先；訂定七司條例改革現制；謹守分際拿捏得宜；歷任各職均有善政。	憑藉過人膽識與凜然正氣，懾服金人，終能簽訂隆興和議，貢獻卓著。	
十、任相時的年歲	六十七歲	四十六歲	
十一、罷相原因	郊祀冬雷	郊祀冬雷	

序列與項目	葉顒	魏杞	備註
十二、罷相後之處置	提舉太平興國宮	守左諫議大夫、提舉江州太平興國宮授觀文殿學士、知平江府以端明殿學士奉祠告老，復資政殿大學士。	
十三、罷相後距終壽之時間	罷相後尋逝	十八年	
十四、卒年歲月	乾道三年十一月（一一六七）	淳熙十一年十一月（一一八四）	
十五、壽命	享年六十八歲（一一〇〇～一一六七）	享年六十四歲（一一二一～一一八四）	

第四章　陳俊卿

第一節　前言

宋孝宗是南宋朝最有作為的皇帝，尤其乾道、淳熙年間，更是南宋的全盛時代，號稱「小元祐」。史稱「孝宗之賢，聰明英毅，卓然為南渡諸帝之稱首」[289]而陳俊卿又是此時期賢臣中的佼佼者，方其拜相，「正色危論」[290]，以「用人為己任」[291]，極為留心時政。為人剛正不阿，正色立言，嫉惡如仇，有人才必薦而用之，遇奸邪務去而快之。在政壇多年，充分展現愛才惜才擢才，在廟堂之上，忠於君王，忠於朝廷，勤於政事，愛護百姓的心情與舉措，令人欽佩。

在陳俊卿的相關史料中，僅朱熹撰的〈正獻陳公行狀〉[292]、楊萬里〈正獻陳公墓誌銘〉、《宋史・陳俊卿傳》、

289 《宋史・孝宗本紀》，卷三五，頁九三五。
290 《宋史・陳俊卿傳》，卷三八三，頁一一七九〇。
291 楊萬里：《誠齋集》，（《文淵閣四庫全書》，集部第九九～一〇〇冊，台北，商務印書館，民國七二年），卷〈魏國正獻陳公墓誌銘〉，頁二九。另收在《永樂大典》（明・姚廣孝等修，台北，世界書局），卷三一五一。
292 《朱子文集》，宋・朱熹撰（陳俊民編校，德富基金會允晨文化總經銷，民國八九年），卷九六，〈正獻陳公行狀〉。

《宋史新編》、《南宋書》；以及地方志中如《閩書》、《福建省志》、《福州府志》[293]等幾種較為完整，其餘均為零星片斷。而〈正獻陳公墓誌銘〉、《宋史・陳俊卿傳》，基本上皆以朱熹〈正獻陳公行狀〉為藍本加以刪減而成，《宋史新編》、《南宋書》及上述幾種方志亦均不脫〈正獻陳公行狀〉所述。朱熹生前雖與俊卿雅善，其所撰俊卿傳記大體仍屬公正客觀，可信度亦高，故於俊卿本身言行事蹟部分，主要參考朱熹〈正獻陳公行狀〉，並參照其它史料而成。

第二節　身世與仕宦

陳俊卿，字應求，福建興化軍莆田縣人。生於徽宗政和二年（一一一三）十月十三日。祖父名仁，父親詵，家世素貧，皆以周急好施聞名於鄉里[294]。自小生性莊重，不苟言笑，屬於少年老成型的早熟。從其早年經歷的幾件事情即可知。孩提時代便自動向學，父死，懂得像成人般行禮如儀[295]。，此後更自我惕勵奮發向上。

俊卿自紹興八年（一一三八）二十六歲中進士開始任官，至淳熙十年（一一八三）七十一歲致仕，其仕宦生涯達四十五年。其宦途經歷，可依不同特性，大致劃分為幾個階段。

293 明・何喬遠：《閩書》，《四庫全書存目叢書》，史部第二〇六冊（台南，莊嚴文化事業公司，一九六八，台一版，台南）；清・徐景熹、魯曾煜等纂：《福州府志》，清乾隆十九年刊本，《中國地方志叢書》七二，臺北，成文出版社；清・郝玉麟監修，謝道承修纂：《福建通志》，《四庫全書存目叢書》，史部第二八七冊。

294 《朱子文集》，卷九六，〈正獻陳公行狀〉，頁四六七六。

295 見《宋史》，卷三八三，〈陳俊卿傳〉；《朱子文集》，卷九六，〈正獻陳公行狀〉。

一、受秦檜壓抑時期：二六歲至四四歲（紹興八年至紹興二十六年，一一三八～一一五六）

紹興八年（一一三八），二十六歲時登進士第二名，授以泉州觀察推官。主試者觀其文即讚為「輔器」，由此可知俊卿不僅文章可觀，其器識更為不凡，未來無可限量，堪為卿相之才。

從泉州觀察推官改宣義郎，調館學清官。秦檜察其不附己，調南外睦宗院教授[296]，至秦檜死前，俊卿被冰凍長達十餘年。

二、遷轉頻繁時期：四五至五四歲（紹興二十七年至乾道二年，一一五七～一一六六）

此階段共十年，歷經許多官職，從王府教授到參贊軍事，從中央朝官到地方知府，調動頻繁，遷轉甚速。

紹興二十六年（一一五六），母喪服除，復添差通判南劍州（治劍浦，今福建南平），秦檜對他仍不鬆手，將其置於偏遠的地方。幸而不久秦檜死，俊卿未及赴任，便以祕書省校書郎召回朝廷。歲餘，因俊卿「端厚靜重」被選為著作佐郎兼普安郡王府教授。在諸多競爭對手，且競爭者背後不乏公卿將相支持與推薦下，得以雀屏中選，這是高宗獨具慧眼，也是他宦途的轉捩點，此後兩年成為未來儲君的師父，而與孝宗接觸頻繁，期間表現獲得皇帝賞識[297]。

紹興二十八年（一一五八）七月起，俊卿依序擔任職務有：著作郎、司勳禮部員外郎、樞密院檢校諸房文字，改監察御史、殿中侍御史，除權兵部侍郎、中書舍人，江淮西路宣撫判官，後又兼知建康府，再回到中央擔任禮部侍郎參贊

296 《朱子文集》，卷九六，〈正獻陳公行狀〉，頁四六七七。
297 參閱《朱子文集》，卷九六，〈正獻陳公行狀〉；宋・周麟之：《海陵集》，（《文淵閣四庫全書》，台北，商務印書館，民國七二年），卷十七，〈楊邦弼陳俊卿並除著作郎〉，頁十一，制曰：「史有三長，才、學、識世罕兼之。昔人常以是為篤論矣。……而爾邦弼，以閎爽之度見于用。爾俊卿，以清約之守形于文。參訂編摩皆已逾歲，觀其所蘊，可以推其長。茲命序升，俾專撰著，雖所仍者，凡例之舊，而所謹者，筆削之公，益盡乃心，以恢遠業。」

軍事、江淮都督府參贊軍事。符離兵敗累章請罪，降授兩官，以寶文閣待制知泉州，請祠，提舉太平興國宮[298]。乾道元年（一一六五）除吏部侍郎、兼侍讀、同修國史[299]，同年七月，因言「外戚不應預政」，得罪錢端禮，諷使求去，而知建寧府[300]。二年，孝宗召入對，授吏部尚書[301]。逐漸向權力核心挺進，顯示益發受到重用。

三、擔任宰執階段：五十四至五十八歲（乾道二年至乾道六年，一一六六～一一七〇）

擔任宰執三年六個月，是俊卿宦途中最輝煌、最重要的階段。

乾道二年十二月因受詔館金使，而拜同知樞密院事、兼參知政事[302]，《編年錄》認為拜執政是因為俊卿上疏力諫孝宗屏除鞠戲，以「備見忠讜」，而決意用俊卿[303]。乾道三年（一一六七）一月，因郊祀雷變而罷葉顒、魏杞二相，俊卿亦待罪不獲命，數日後拜參知政事[304]。甫就職，即對孝宗言道：「執政之臣，惟當為陛下進賢退不肖，使百官各任其職[305]。」

298 據宋・周應合：《景定建康志》，（《文淵閣四庫全書》，台北，商務印書館，民國七二年）卷二五，頁二〇：「隆興元年六月十四日詔：張浚特降授特進，依前樞密使江淮東西路宣撫使節制。……試尚書禮部侍郎陳俊卿降授左朝散大夫充敷文閣待制、參贊軍事唐文若降授左承議郎。」

299 《宋會要》，職官六，頁二五一三；宋・陳騤：《南宋館閣錄》，（《文淵閣四庫全書》，台北，商務印書館，民國七二年）卷八，頁十二。

300 《朱子文集》，卷九六，〈正獻陳公行狀〉，頁四六八九；又《宋史・陳俊卿傳》，卷三八三，頁一一七八六：為「知建康府」。

301 見《朱子文集》，卷九六，〈正獻陳公行狀〉，頁四六九〇；又《宋會要》，職官四八，頁三四六〇：為「試吏部尚書」。

302 《朱子文集》，卷九六，〈正獻陳公行狀〉，頁四六九一；又《續宋編年資治通鑑》，卷八，頁二二為「兼知國用使」。

303 《編年錄》，卷十七，頁一一九三～四。

304 參閱：《續宋編年資治通鑑》，卷八，頁二二；《宋史・宰輔表四》，卷二一三，頁五五七五；《宋史・陳俊卿傳》，卷三八三，頁一一七八六。

305 《朱子文集，卷九六，〈正獻陳公行狀〉，頁四六九五；宋・劉克莊：《後村大全集》，（《四部叢刊正編》，台北，商務印書館），卷一六四，〈陳丞相家所藏御書二〉，頁十六：「不過君相之間（指孝宗與俊卿）皆以進賢退不肖為第一義，當時之所黜陟用舍，天下皆以為當而已。」

此後俊卿言行確實盡心盡力朝此方向努力。四年七月，以宰相蔣芾母喪去位，而兼知樞密院事[306]。自蔣芾去位至俊卿十月拜相前的三個月，相位虛懸，俊卿實際以執政身分代行相職。

十月，因劉珙之事，俊卿自劾「抵突被命稽留之罪[307]」，孝宗非但未加怪罪，且拜俊卿為右僕射兼樞密使。以示對其信任與重用。俊卿也不負所託，盡心國事，「以用人為己任，所除吏皆一時之選，抑奔競獎廉退[308]。」

五年（一一六九）六月，因俊卿推薦虞允文才堪宰相，而由四川宣撫使召還為樞密使，至八月拜右僕射，俊卿左僕射[309]。允文建議遣使金國，以陵寢為請，俊卿面陳、手疏，堅持以為未可，六年（一一七〇）允文復申前議，俊卿上章請去，遂以觀文殿大學士知福州、兼福建路安撫使。

四、地方官時期：五十八至七十一歲（乾道六年至淳熙十年，一一七〇～一一八三）

第四階段自乾道六年罷相，知福州兼福建路安撫使，至淳熙十年致仕，共十四年。期間三任地方官，兩任知福州：第一任乾道六年（一一七〇）五月至八年（一一七二）八月引疾請辭，於同年十月再知福州，至淳熙四年五月（一一七七）除特進、提舉洞霄宮，計七年。知福州政尚寬簡而嚴於治盜，海道宴清[310]。

306 《朱子文集》，卷九六，〈正獻陳公行狀〉，頁四六九六。
307 《編年錄》，卷十七，頁一二〇一～二：「……俊卿語同列曰：反汗如此，必關牒至內，諸司有不樂者，相與為之耳。即具奏云云。翌日面奏，上色甚慍，顧謂俊卿曰：朕豈以小人之言而疑卿等耶？劉珙進對，語切，忤上意。既退，御除珙端明殿學士在外宮觀。俊卿即藏去，密具奏，明日復申前請，上色悔久之。又奏研，珙正直有才，願留之。上曰：業已行之，不欲改也。俊卿曰：珙無罪而去，當與大藩，以全進退之禮。上然之，乃以珙為江西帥。」俊卿之所以自劾「抵突被命稽留之罪」係指此也。
308 《朱子文集》，卷九六，〈正獻陳公行狀〉，頁四六九九。
309 《宋史・宰輔表四》，卷二一三，頁五七五五；《宋史・陳俊卿傳》，卷三八三，頁一七七八八；《朱子文集》，卷九六，〈正獻陳公行狀〉，頁四七〇一
310 《宋史・陳俊卿傳》，卷三八三，頁一七七八九；《朱子文集》，卷九六，〈正獻陳公行狀〉，頁四七〇五。

淳熙五年五月（一一七八），起判隆興府，未視事，改判建康府江南東路安撫使行宮留守[311]，七年四月（一一八〇）加少保[312]，至八年八月（一一八一）除醴泉觀使，在外任便居住，進封申國公[313]。十年五月（一一八三）除少傅，依前觀文殿大學士致仕[314]。十三年正月，進封魏國公[315]。同年十一月去逝，年七十四。數任地方官，所到之處，俱有政聲，鄉人感念。

第三節　政績

一、軍事才幹

俊卿雖是出身進士的書生，卻也曾展露軍事才幹，擔任過軍事相關的職務。第一次在紹興三十一年六月（一一六一）除權兵部侍郎。原因是俊卿言：「張去為竊威權，撓成算，乞斬之，以作士氣。」高宗稱讚他：「卿可謂仁者之勇。」並謂宰執：「陳俊卿敢言，朕將賞之。」而有此任命[316]。此時正值金主亮南侵宋朝，俊卿受詔措置浙西水軍[317]，

311 《編年錄》，卷一七，頁一二〇七；《朱子文集》，卷九六，〈正獻陳公行狀〉，頁四七〇八。
312 《編年錄》，卷一七，頁一二〇七；《宋會要》，職官一，頁二三一八。
313 《編年錄》，卷一七，頁一二〇七；《宋會要》，職官五四，頁三五七五；《朱子文集》，卷九六，〈正獻陳公行狀〉，頁四七一三。
314 《宋會要》，職官一，頁二三一八：「（淳熙）十年六月二十六日，進封福國公致仕。」
315 《宋會要》，職官一，頁二三一八；《編年錄》，卷十七，頁一二〇七：「授少師」。
316 《要錄》，卷一九〇，頁十四，總頁一六一八；亦參閱宋・李俊甫輯：《莆陽比事》，宛委別藏本（《叢書集成》三編，續聚珍版叢書，史部）卷六，頁八；另《四朝名臣言行錄別集》，卷六，頁一五三〇載，俊卿授兵部侍郎曾力求去，賴杜莘老挽回。書云：「陳俊卿自副端貳兵部，力求去。公（杜莘老）因奏事，從容曰：『人材實難，況多事之際，如俊卿輩令在論思之地，必有補益。』上然之。」如此看來，杜莘老對俊卿了解頗深。
317 《要錄》，卷一九三，頁二一，總頁一六五二，說俊卿「措置海道」。

李寶因之，不久即有膠西大捷[318]。其後又勸說高宗駐蹕建康，可以「號令諸將，指授方略」，高宗同意他的建議，正待實施，完顏亮已遭屬下所殺，危機解除。李寶能成就膠西之役的勝利，其基礎即在於經過俊卿整頓後的浙西水軍，由此可知俊卿的軍事才幹相當傑出。膠西之捷究竟有多重要呢？根據《中國歷代戰爭史》的申論中，特別指出：

> 在本次戰役中，李寶所率舟師，先發制人，不畏艱險，遠海挺進；至東海縣之後，擊破海舟之敵，然後以海州為補給基地，配合義兵海陸並進，遂大破金舟師於膠東（應為「西」）海中。此一海戰，實為南宋存亡之關鍵。由於此一海戰之勝，一方面使宋都臨安有磐石之安，抗戰形勢安然不擾；一方面使金大軍雖臨江，終於以渡江之舟窳劣，及無海洋舟師之策應，遂告失敗[319]。

上述將此役列為「南宋存亡的關鍵」，或許稍有誇張，但至少反映李寶此役的重要性，進而了解陳俊卿間接作出極大的貢獻！

其次，俊卿復於隆興元年（一一六三）以禮部侍郎充江淮都督府參贊軍事，此期間參與張浚的北伐行動。俊卿雖也是主戰派，但他較為持重。「張浚初謀大舉北伐，俊卿以為未可[320]。」他主張「不若養威觀釁，俟萬全而後動」。張浚本欲遵從，卻受到來自敵方情報「虜多聚糧邊邑」，將領們咸以為與其等待金兵於秋季發動攻勢時，難以抵擋，不如先下手為強，採取主動出擊。張浚因而受影響而改變初衷，乃「請於朝而出師[321]。」如果張浚真能聽從俊卿所言，待機而

318 《宋史・陳俊卿傳》，卷三八三，頁一一七八四；《朱子文集》，卷九六，〈正獻陳公行狀〉，頁四六八三；《四朝名臣言行錄別集》，卷十二，頁一六九八有詳細記載。另宋・徐夢莘編：《三朝北盟會編》，（台北，大化書局，民國七六年）（以下簡稱《會編》）炎興下帙一三七，丁四二三～四二五，高宗對於李寶擊敗金軍，喜出望外，大肆表揚，稱李寶為「第一功」。

319 《中國歷代戰爭史》，三軍大學編著（台北，黎明文化事業公司，民國六十九年修訂再版），第十二冊，頁三二五。

320 《宋史・陳俊卿傳》，卷三八三，頁一一七八五。

321 《朱子文集》，卷九六，〈正獻陳公行狀〉，頁四六八六。

動，則不致發生符離之敗兵潰如山倒的後果。可見俊卿的見識比張浚及多數將領高明，也再次證明其傑出的軍事才幹與見識。張浚固應負起戰敗之責，上章待罪，俊卿亦無辜受累，被貶兩秩[322]。

二、進賢退不肖

乾道二年（一一六六）十一月俊卿就任參知政事時，曾說：「執政之臣當為陛下進賢退不肖。」此語為其入仕以來極具代表性的言論，觀其政績確實著力於此。茲列舉如下：

（一）進賢

俊卿認為「人才者，國家之命脈也。」特別強調人才的重要。故他從政以來即致力於人才的發掘與提攜，數十年來累積推薦不少賢能之人。孝宗乾道、淳熙年間人才鼎盛，俊卿應有相當大的貢獻。

1. 張浚

紹興三十一年（一一六一）完顏亮大舉南下之際，舉國震驚。俊卿乃上疏曰：

竊惟今日事勢，可謂危且迫矣。而竊聞之軍民士夫之論，則皆曰「張浚素懷忠義，兼資文武，且諳軍旅之事，可當閫外之寄」，臣素不識浚，且亦聞其為人意廣才疏，其初雖有勤王之節，安蜀之功，然陷陝服、散淮師，其敗事亦不少，特其許國之忠，白首不渝；今居謫籍，杜門念咎，未嘗不追悔前非，老而練事，殆非復前日浚矣。今事勢危迫如此，而在廷之臣又未有能過之者，雖有射鉤斬祛之仇，猶當置而不問，況浚嘗為陛下腹心之臣，初未嘗有此隙乎。竊聞譖者言其陰有異志，又以放棄之久，疑沮益深，若付以權，恐難漸制。臣請有以明其不然，夫

322 《宋史・陳俊卿傳，》，卷三八三，頁一一七八五；亦見《宋會要》，職官四一、七一，頁三一七〇、三九五九。

浚之所以得人心、伏士論者，為其有忠義之素心也。若其有此，則人將去之，誰復與為變乎？臣願陛下，察其讒誣，略加辨白，且與除一近郡，以係人心，庶幾緩急之際，可以相及。」疏入未報，因請對，力言之，上意乃悟首肯[323]。

俊卿章疏首先讓君王了解輿情，當此危急之際，軍民對張浚均寄以厚望，惟有張浚可以帶領軍民抗金。俊卿在文中很理性的檢討張浚以往曾經犯過錯誤，然其忠義之心、謀國之誠，是不容否定的，且已事過境遷，張浚非往日可比，而其過失之中有不少是讒言所致，君主應稍稍為他辨白，讓張浚有自新的機會。此疏讓原本令高宗頭痛的張浚得以再被起用。

在張浚貶謫期間，高宗曾說「張浚用兵，不獨朕知，天下知之」，「寧至覆國，不用張浚[324]」，顯示高宗對張浚之厭惡，經由俊卿的緩解，在朝野同聲要求下，以及客觀情勢的需要，高宗再度起用張浚，紹興三十一年（一一六一）十月復職觀文殿大學士、判潭州[325]。不久完顏亮大舉侵宋，當十一月危急之際，任命浚判建康府兼行宮留守[326]。

隆興改元，張浚勸孝宗大舉北伐，不幸於符離敗北，損失巨萬。為此孝宗下詔罪己，浚降授待進。諫官尹穡陰附湯思退，建議罷浚都督，復以宣撫使治揚州。俊卿上疏曰：

浚果不可用，別屬賢將；若欲責後效，降官示罰，古法也。今削都督重權，置揚州死地，如有奏請，臺諫沮之，人情解體，尚何後效之圖？議者但知惡浚而欲殺之，不復為宗社計。願下詔戒協濟，使浚自效[327]。

323 《要錄》，卷一八八，頁六；《朱子文集》，卷九六，〈正獻陳公行狀〉，頁四六八二；《續宋編年資治通鑑》，卷七，頁九。
324 《要錄》，卷一九三，頁七下；卷一三六，頁三下。
325 《要錄》，卷一九三，頁二三上。
326 《要錄》，卷一九四，頁三下。
327 《宋史・陳俊卿傳》，卷三八三，頁一一七八五；《朱子文集》，卷九六，〈正獻陳公行狀〉，頁四六八七；亦參閱宋・周應合：《景定建康志》（台北，中國地志研究會，民國六七年，宋元地方志叢書），卷二五，頁八。

疏再上，孝宗即命浚都督，且召為相。未幾，竟被湯思退、尹穡所擠。

俊卿力挺張浚，完全站在國家立場，而與私人無關。雖然張浚事蹟瑕瑜互見，毀譽參半，甚至俊卿因符離之事，身受牽連而致降官，他卻毫不計較自身利害，仍極力替張浚辯解，其大公無私的精神極為可佩。

2. 陳良翰、林栗、劉朔等五人

俊卿甫拜同知樞密院事，便首薦陳良翰等五人，恬退有守，可為侍從台諫之儲[328]。雖曰五人，僅三人有姓名，餘二人不可考。查《宋史》〈陳良翰傳〉、〈林栗傳〉，《宋史翼》〈劉朔傳〉等史料，良翰曾屢任侍從諫議之官，所上奏章孝宗多有稱善；林栗則「累更事任，清介有聞」；劉夙、劉朔兄弟「皆負重望，夙性挺持，不以辭色假人；朔則濟以和易，至於輕祿位而重出處，厚名義而薄勢利，飭廉隅，公是非，殆不相讓云[329]。」故上述幾位俊卿所推薦者，俱為饒有賢名的大臣。

3. 梁克家、莫濟

從臣梁克家、莫濟[330]俱求外補，俊卿奏：「二人皆賢，其去可惜。蓋近列中，有以騰口交鬥，致二人之不安者[331]。」梁克家與莫濟俱有正聲，梁克家日後拜任宰相，史論「才優識遠，謀國盡忠」，其為賢相，殆無疑義[332]。莫濟，有一事載於《貴耳集》：「有一老兵醉入縣，咆哮無禮，不問其從來，杖而去之，即德壽宮幕士也。大璫奏知高廟

---

328 《宋史．孝宗本紀》，卷三五，頁九三五。

329 《宋史．陳良翰傳》，卷三八七，頁一一八八九～一一八九二；《宋史．林栗傳》，卷三九四，頁一二〇三〇；《宋史翼．劉朔傳》，卷二四，頁二七九。

330 據清．陸心源輯：《嘉泰吳興志》（台北，中國地志研究會，民六七年，《宋元地方志叢書》），卷一七，頁五，〈賢貴事實〉下：「莫礌，字彥輔。有子曰伯鎔，字器之。少有高世志。年五十即歸休，以迎師教子為事。子三人：曰濟、曰汲、曰沖，皆有俊聲。擢進士第，時號「三莫」，後沖、濟又中博學宏詞科。濟，溫粹和易，而立朝鯁亮，毅然不可移，為給事中，封駁有聲。嘗知溫州，以儒雅飾吏事。為明州長史，輔以正道，後知泉州，所至皆稱循良。」故莫濟是一位不折不扣的賢臣。

331 《朱子文集》，卷九六，〈正獻陳公行狀〉，頁四六九六。

332 參閱《宋史．梁克家傳》，卷三八四，頁一一八一一～一一八一三，即可知梁克家亦是一位「才優識遠，謀國盡忠」的賢臣。

大怒，宣諭孝宗莫濟即日罷一年，後偶常州闕守，宰執奏欲得有風力之人，可以整頓凋弊。孝宗云：『朕有一人，向曾打德壽宮幕士者，莫濟也。即知常州。』莫纔作邑及年而得郡，孝宗不次用人如此。」[333]可知莫濟外補係因孝宗受到來自高宗的壓力，為順從父親，不得不如此。俊卿替他說話，孝宗何嘗不知，但有難言之隱。只有待日後對莫濟不次拔擢，算是對他的補償。

4. 劉珙

揚州奏王琪（為一軍將）擅自檄郡增築新城，同知樞密院事劉珙遂奏罷琪。琪進對，爭辯時言詞激切，一殿皆驚，忤旨，孝宗手詔除珙端明殿學士，奉外祠。俊卿立即藏去，密奏曰：「前日奏劄，臣實草定，以為有罪，臣當先罷。珙之除命，未敢奉詔。陛下即位以來，納諫諍，體大臣，皆盛德事。今珙以小事獲罪，臣恐自此大臣皆阿順持祿，非國家福。」孝宗面有悔色，命珙帥江西。俊卿退朝後上章自劾，孝宗下手札留俊卿，且曰：「卿雖百請，朕必不從。」[334]俊卿再度上疏，孝宗以親筆書於疏後曰：「卿之忠實，朕素簡知，而辭位無名，屢留愈懇。公論所協，宜勿再陳。」[335]史稱劉珙「忠義世家」、「精明果斷」、「正直有才」[336]如此賢臣，俊卿苦心孤詣為國留住人才，不惜犯顏直言，在所不惜。

5. 虞允文

俊卿推薦允文先後兩次。第一次於隆興初年，當時宋金議和之議題爭論方熾，允文堅持四州不可棄，與宰相不和，詔以顯謨閣學士知平江府。隆興二年（一一六四），金兵復至，孝宗悔不用允文言。俊卿亦薦允文才堪大用，除端明殿

---

333 宋・張端義：《貴耳集》，（文淵閣四庫全書，台北，商務印書館，民國七二年），卷上，頁七～八〈莫濟宰錢塘〉。
334 參閱《宋史・陳俊卿傳》，卷三八三，頁一一七八七；《宋史・劉珙傳》，卷三八六，頁一一八五一；《編年錄校補》，卷一七，頁一二〇二。
335 《朱子文集》，卷九六，〈正獻陳公行狀〉，頁四六九八。
336 《宋史・劉珙傳》，卷三八六，頁一一八七〇、一一八五三、一一八五一。

學士、同簽書樞密院事[337]。俊卿頗能識人，獨具慧眼，深知允文才具。

第二次：允文為四川宣撫使，俊卿薦允文才堪任相。乾道五年（一一六九）正月，孝宗召為樞密使，抵朝廷立刻拜為右相，俊卿為左相。時為五年八月[338]。日後允文果為南宋一代名臣。

6. 汪應辰

吏部尚書汪應辰舉李垕應制科，有旨召試，權中書舍人林機言垕詞業未經後省平奏，且獨試，非故事。俊卿奏曰：「元祐中謝悰亦獨試，機蓋為人所使耳。」追查結果，乃林機與諫官施元之密謀，目的即為打擊應辰，對上而又不據實以告，俊卿因極論其姦，遂詔暴二人朋比交通之狀而罷之，中外稱快。然應辰竟以與右相議事不合求去，俊卿奏曰：「應辰剛毅正直，士望所屬，當有以留其行者。」因遂數薦應辰可以執政，孝宗最初同意，而後竟出應辰守平江。自是孝宗意益偏向允文，而俊卿亦數次求去[339]。何以俊卿極力推薦，應辰仍出知平江，究其因則為高宗作梗。大臣議高宗尊號，李燾、陳康伯建議「光堯壽聖」，反對者言：「太上視天下如棄敝屣，豈復顧此？」尤以應辰為力，認為「堯」豈可「光」？高宗聞之，云：「汪應辰素不樂吾[340]。」於是高宗找機會報復，甚至要弄些小手段。《宋史》云：

> 德壽宮方甃石池，以水銀浮金鳧魚于上，上過之，高宗指示曰：『水銀正乏，此買之汪尚書家。』上怒曰：『汪應辰力言朕置房廊與民爭利，乃自販水銀邪？』應辰知之，力求去[341]。

高宗此時雖已是太上皇，但先前統治宋朝長達三十六年，然其睚眥必報的舉動，心胸如此狹隘，故其治國毫無開國氣

337 《宋史·虞允文傳》，卷三八三，頁一一七九六。
338 《朱子文集》，卷九六，〈正獻陳公行狀〉，頁四七〇一。
339 《朱子文集》，卷九六，〈正獻陳公行狀〉，頁四七〇四。
340 《宋史·汪應辰傳》，卷三八七，頁一一八七九。
341 《宋史·汪應辰傳》，卷三八七，頁一一八八一。

象，更難以上比歷代開國帝王或是中興君主，便不難理解了！

7. 其他

俊卿已年近七十仍推薦人才不懈，如耿秉等五人，皆以次擢用。[342]另有武翼郎新知敘州武鉅移知均州，便由於當時擔任殿中侍御史的陳俊卿言其才可用之故[343]。

要之，俊卿一生均致力於推薦選拔人才，蔚為國用，上列為史料中可考者。餘未載於史書者不知凡幾。「……於天下士，泛然若無所親疏，而好賢之心，實篤於內；於一時人材，薦達甚眾，然皆不以語人[344]。」

（二）退不肖

其「退不肖」者，「曰抑驕將、曰罰罪、曰察邪佞[345]。」史稱俊卿「在朝正色危論，分別邪正，斥權勢無顧避[346]。」是其「退不肖」的最佳註腳。他所彈劾的「不肖」之徒有：

1. 韓仲通

俊卿為殿中侍御史時，劾奏韓仲通。《要錄》云：

> 敷文閣直學士、知建康府韓仲通起於家法，專務刻薄，頃歲周旋刑寺十餘年，阿附故相（秦檜），以三尺濟其喜怒，起大獄，殺無辜，不可勝數。故相之亡，偶以憂去，因得漏網。湯思退秉政，以其同出其氏之門，特引援之。其在建康，以公庫饋遺，旁午秦門，殆無虛日。丁祀，秦氏奴也，曩與仲通刎頸交，今延為上客，日與宴

342 《朱子文集》，卷九六，〈正獻陳公行狀〉，頁四七一三，除耿秉外，餘四人均不可考。
343 《要錄》，卷一八八，頁十五。
344 《朱子文集》，卷九六，〈正獻陳公行狀〉，頁四七一五。
345 《宋史・陳俊卿傳》，卷三八三，頁一一七八四、一一七八五，頁一一七八五俊卿言：「邪佞者，甚有才，當察之。」
346 《宋史・陳俊卿傳》，卷三八三，頁一一七九〇。

欽[347]。

又〈正獻陳公行狀〉云：「本以獄事附秦檜，冤陷無辜，今檜黨盡逐而仲通獨全，何以懲惡[348]？」於是仲通落職放罷。

2. 劉寶

俊卿在彈劾韓仲通的同一疏之中，論及劉寶「總戎京口，紀律不嚴，裒斂特甚，朝命分兵屯戍，輒拒不遣，亦不可不治。」韓、劉二人遂抵罪[349]。有關俊卿論劉寶之罪狀，《要錄》載之甚詳[350]，惟原文過於冗長，故稍加節略整理條列如後：

（一）侵吞公帑：劉寶麾下兵數不少，但實額不及其半，多以輜重、防記、放牧等名目冒領。死馬多達五、六百匹，其芻粟之費，卻不知去向。

（二）軍無法紀：其部屬以陳孝恭為首者，在廬壽之間，對民間劫掠施暴，數量龐大，卻不加禁止。如劫招隱寺及大港民家，偶有捕獲，為顧及名聲，自行坑殺，率以為常。劉寶目無法紀，為罪惡之大者。

（三）盡行剋扣各類錢物：命逯逵者為回易庫監官，私設激賞庫於市，至荊湖、福建收買南貨，並收受諸軍繳納各種公銀，行之已久，而無從稽考，逯逵卻供稱僅五十三萬貫，隱匿不實。

（四）虐眾營私大興土木：強占公廨，大興私邸。令屬下大肆造塼瓦、運花木、廣種植，侵占公產，伐山燒炭，諸役紛然，略無休息。

347 《要錄》，卷一八八，頁六，總頁一五九九。至於丁祀又是何人？據宋・陸游：《避暑漫抄》，（叢書集成新編八六冊，新文豐出版公司）引「中興筆記」，頁八，云：「秦會之有十客：丁祀以通家為狎客……」祀為秦檜從金還宋之時，護衛過他的下級將校，此後「以（秦檜）為狎客」，成為秦檜的心腹之人。紹興二十一年二月時祀已是樞密院統領，同年十月升任江南西路馬步軍副總管，遷轉極速。原因無他，其關鍵即為「久幹辦秦檜府，故升差焉。」據《要錄》，卷一六二，頁一九之記載。

348 《宋史・陳俊卿傳》，卷三八三，頁一一七八四。

349 同前註。

350 《要錄》，卷一八八，頁三，總頁一五九八。

（五）擅置酒庫、腳店，侵漁貨財：擅置兩酒庫及於各處百餘腳店，漁奪總司及鎮江酒庫之利。巨金蒐購珠玉珍奇，不知其數，此貨財自殖，又一大罪。

（六）包庇不法：包庇庸僧蓄妾，出入李琦家縱其淫污，役兵修私人之墓，大非軍帥所當為。

（七）無功而致節鉞，陛下優容，導致乖戾如此，而不加責罰。其罪昭然，而擁節如故，非所以示勸懲。

詔：「劉寶落安慶軍節度使，罷福建路馬步軍副都總管。降授武泰軍承宣使、提舉台州崇道觀福建路任便居住。」（同前註）

此彈劾之章雖係指明劉寶之罪狀，然當時將帥不法者比比皆是，此僅冰山之一角。在俊卿上章彈劾後，劉寶受到應得處分。

3. 湯思退

湯思退為秦檜一黨，夤緣而致卿相，《宋史》將其列入奸臣傳，可知思退乃一姦邪之輩。殿中侍御史陳俊卿彈劾他，《編年錄》云：

陳俊卿曰：「為相無物望，而天災亟至，此固當罷，何以他為？」乃言思退始由秦檜父子以致身，及掌文衡，而取其孫，緣此遂至政府。自居相位，唯務招延親黨，佐其羽翼。前日無雲而有雷聲，人情駭異，其變蓋在大臣。已巳朔，思退罷觀文殿大學士、提舉太平興國宮。（汪）澈等欲鐫其職，俊卿曰：「思退未有大罪，雖非相才，比之沈該則有間。今該猶以大學士提舉同霄宮。而思退顧不得，則執法之地所以議賞罰者偏矣。」不從。澈等再論，落職[351]。

俊卿對於不肖之輩彈劾不遺餘力，然則他是有理性、講原則之人。該如何就如何，不因一己之好惡，而影響原則。故對

351 《編年錄》，卷一六，頁一一三六；亦參閱《續宋編年資治通鑑》，卷六，頁十七。

湯思退，他以為只要罷相即可，不須要窮追猛打。畢竟比起沈該還是好一些。這是因俊卿為人寬厚，並且遵守儒家主張的「中道[352]」。故俊卿言：「事貴適中而已」。

至於湯思退究竟有何過失，可從紹興三十年（一一六〇）十一月癸卯，侍御史汪澈、殿中侍御史陳俊卿的奏疏得知，《要錄》所載該疏原文甚長[353]，茲節略整理條列如下數點：

（一）為小人之行：性邪、行險、口利、志凶，矯妄不疑，敗亂不恥。

（二）為秦檜之黨：秦檜之黨中，獨思退未被竄逐。

（三）專擅相權，政由己出：同列莫敢與之校。用人全憑一己好惡，所好者立致青雲，所惡者如視秦越。

（四）專用自恣，動輒猜妒：正人君子恥登其門，躁競側媚之徒錯列中外。每有差除，密以告之，權貴干請，阿意曲從。肥缺要職必薦親舊。

（五）植黨營私，欺君罔上：而不顧鄉里之唾罵嘲笑。

思退罷相落職。

4. 楊存中

楊存中久握兵柄，尤以裒斂交結得幸，士卒嗟怨[354]。俊卿於「紹興三十一年（一一六一）二月上書言：『……今虜勢駸駸，蓋已可見，備禦之計，未知所出，而大將宮保傅，總兵戎，殖貨財，事交結，奪民利，壞軍政，其力足以奔走死士，其威足以杜塞眾口，道塗仄目，中外切齒久矣，養之不已，將有指大於股之患，此最不可不深慮。』因遂劾奏存中罪狀，語益切。天子為罷存中奪其兵。」另王十朋在其奏疏中論楊存中亦可作為參考：

楊存中以三衙而交結北司，以盜大權。……今以管軍位三公，利源皆入其門，陰結諸將，相為黨援。樞密本兵之

352 《朱子文集》，卷九六，〈正獻陳公行狀〉，頁四六七九。
353 《要錄》，卷一八七，頁七。
354 《朱子文集》，卷九六，〈正獻陳公行狀〉，頁四六七九。

地，立班甘居其後。子弟親戚，布滿清要。臺諫論列，委曲庇護，風憲獨不行於管軍之門，何以為國？至若清資加於噲伍；高爵濫於醫門；諸軍承受，威福自恣，甚於唐之監軍；皇城邏卒，旁午察事，甚於周之監謗；將帥剶下賂上，結怨三軍；道路捕人為卒，結怨百姓：皆非治世事[355]。

5.張去為

當金主亮大舉南侵之際，朝廷震恐，人心惶惶。內侍張去為陰沮用兵之策，且陳避敵之計，俊卿上章抗言：「去為竊中威權，虧損聖德，今復沮撓成算，請按軍法斬之，以作士氣。」高宗愕然道：「卿可謂仁者之勇矣[356]。」其時張去為向高宗進幸蜀之計，高宗驚訝於俊卿竟敢挑戰權威，因此稱讚他「仁者之勇」。

6.錢端禮

錢端禮的女兒是皇長子鄧王夫人。因皇戚關係而為參政，並窺伺相位甚急，館閣之士先後上疏皆遭斥逐。工部侍郎陰附端禮，俊卿上疏力詆其非，且言：「本朝無以戚屬為宰相者，今若此，懼不可為子孫法。」孝宗以為然。端禮聞之，密告俊卿曰：「聞兩宮皆許己即相，當引公共政。適進讀《寶訓》，論及外戚事，俊卿又言：「本朝家法，外戚不預政，最有深意，陛下所宜謹守，無使天下後世有以此議聖德者。」」端禮由是深憾俊卿，諷使求去。俊卿因除寶文閣直學士、知建寧府。端禮終不能拜相。中書舍人閻安中力爭，竟亦得罪去職[357]。

7.曾覿、龍大淵

曾覿、龍大淵二人，紹興三十年（一一六〇）同為建王時內知客，孝宗受禪，大淵除樞密副承旨，覿除帶御器械，

355 《宋史・王十朋傳》，卷三八，頁一一八八三。
356 《朱子文集》，卷九六，〈正獻陳公行狀〉，頁四六八二；《宋史・張去為傳》，卷四六九，頁一三六七一；《續宋編年資治通鑑》，卷七，頁二。
357 參閱《朱子文集》，卷九六，〈正獻陳公行狀〉，頁四六八九；《宋史》，卷，〈錢端禮傳〉，頁一一八三一、卷三八三〈陳俊卿傳〉一一七八五

幹辦皇城司。而為孝宗之「近臣」。龍大淵「輕儇浮淺，憑恃恩寵，入則侍帷幄之謀，出則陪廟堂之議，搖唇鼓舌，變亂是非，凡皇闈燕昵之私，宮嬪嬉笑之語，宣言於外，以自夸嫮[358]。」由此觀之，大淵為一不折不扣的佞臣。

此兩位孝宗近習之臣，對君主、政局產生大小不一的影響。史載：

上數批問錢穀出入。公（周葵）奏：「陛下勞心庶務，日有咨詢，若出人意表，足以聳動觀聽。今皆微文細故，此必有小人乘間獻忠，欲售其私，不可不察。蓋指曾、龍也。」上色為動[359]。

諫議大夫劉度首先發難，論曾、龍二人，孝宗非但未予接納，反將二人升職。之後中書舍人張震、殿中侍御史胡沂、給事中金安節、周必大、參政張燾、侍御史周操、王十朋、右正言龔茂良、著作郎劉夙相繼上章彈劾，均無效果。直至洪邁牽出曾、龍二人將人事升遷案事先洩密之事，陳俊卿向孝宗反映，孝宗方才予以適當制裁，遷龍大淵為江東總管，曾覿淮西副總管[360]。這是俊卿第一次彈劾二人，且收到效果。

第二次為乾道四年（一一六八），龍大淵死，曾覿在福建，孝宗憐而欲召之，俊卿曰：「自出此兩人，中外莫不稱頌。今復召，必大失天下望。臣請先罷。」孝宗納俊卿之言，遂不召[361]。

第三次：俊卿為相，曾覿行將秩滿，俊卿「度其必將復入，預請以浙東總管處之。上曰：『覿似不欲為此官。』俊卿曰：『前此陛下出覿及大淵，中外無不仰嘆聖德。今外間竊議以謂覿必復來，願陛下捐私恩以伸公議。』上稱善久之[362]。」

358 《朝野雜記》乙集，卷六，頁一，劉度用語。
359 《四朝名臣言行錄別集》上，卷十，頁四六〇。
360 《朝野雜記》，乙集，卷六，頁七～八亦有詳述，孝宗因俊卿之言，將曾、龍二人逐出朝廷，「俊卿歸，未及門，已有旨出二人於外矣。中外快之。」；另參閱《宋史・曾覿傳》，卷四七〇，頁一三六八八～一三六九〇。
361 《朱子文集》，卷九六，〈正獻陳公行狀〉，頁四六九六；《宋史・陳俊卿傳》，卷三八三，頁一一七八七。
362 《編年錄》，卷十七，頁一二〇七。

第四次：不久，孝宗又以墨詔進覿官，俊卿再次堅持不可，曰：「必爾，亦當有名。」會當賀金國正旦，汪大淵為正使，乃請以覿為副，還奏因以例遷其官，而竟申浙東之命，覿猶遲徊不去，俊卿戒閤門趣覿，即日朝辭，覿怏怏而去[363]。

第五次：乾道六年（一一七〇）五月俊卿罷相，出知福州。十月召還曾覿，七年覿伴讀皇太子，以功勞升承宣使。淳熙元年（一一七四），除開府儀同三司，躋身保傅，而士大夫莫敢言[364]。淳熙五年（一一七八）俊卿起判建康府江南東路安撫使兼行宮留守，詔對垂拱殿。因言：「曾覿、王抃招權納賄，進人皆以中批行之。贓吏已經結勘，而內批改正，將何所勸懲？」。次日，再奏：「去國十年，見都城穀賤人安，惟風俗大變。」因言：「向士大夫奔覿、抃之門，十纔一二，尚畏人知，今則公然趨附已十已七八，不復顧忌矣。人材進退由私門，大非朝廷美事。」孝宗曰：「抃則不敢。覿雖時或有請，朕多肆之，自今不復從矣。」俊卿曰：「此曹聲勢既長，侍從臺諫多出其門，毋敢為陛下言，臣恐壞朝廷紀綱，廢有司法度，敗天下風俗，累陛下聖德[365]。」孝宗感悟。自是寖覺其姦，謂左右：「曾覿誤我不少。」遂稍疏覿[366]。

俊卿前後五次抑制曾、龍等近臣，均收到相當效果。只要俊卿在朝，渠等便遭到貶抑或自身有所收斂。

8.王抃

王抃出身國信所小吏。隆興和議時曾出使金。乾道中，官至知閤門事，淳熙年間兼樞密院都承旨，而為孝宗親信。王抃與曾覿、甘昪相結，恃恩專恣，其門如市。如趙汝愚所說「將帥之權盡歸王抃[367]」。鎮江軍帥戚方刻剝役使，軍士嗟怨；建康劉源亦嘗有賂於近習，孝宗欲遣王抃至彼檢察姦弊，俊卿上奏：

363 《朱子文集》，卷九六，〈正獻陳公行狀〉，頁四七〇三。
364 參閱《宋史・陳俊卿傳》，卷三八三，頁一一七八九；《宋史・曾覿傳》，卷四六九，頁一三六九〇。
365 《宋史・陳俊卿傳》，卷三八三，頁一一七八九～一一七九〇；《續宋編年資治通鑑》，卷九，頁十三。
366 《宋史・曾覿傳》，卷四七〇，頁一三六九一。
367 《宋史・王抃傳》，卷四六九，頁一三六九三～一三六九四。

今但遴選主將，則宿弊當自革矣。」又言「軍中積弊在交結之風未革。所以有裒剋自營之事，今檢柅苛細，動有拘礙，則誰復敢出意繩墨之外，為國家立大事乎？況朝廷所以待將帥者如此，使有氣節者為之，心先不服，其勢必將復得姦猾之徒，則其巧思百出，敝隨日滋，又安得而盡防耶？今不慮此，而欲獨任一介單車之使以察之，政使得人，猶失體而無益，況不得人，則其弊又將不在將帥而在此人矣[368]。

孝宗納之，罷抃不遣。

9. 王琪

王琪為殿前指揮使，推薦和州教授劉甄夫，孝宗命召之，俊卿以為不妥。原因是「琪薦兵將官乃其職，教官有才，何預琪事？」俊卿召琪責之。適值揚州奏王琪傳旨增築州城現已竣工，詢問結果，則初未嘗有此命。於是俊卿上奏：

王琪妄傳聖訓，移檄邊臣增修城壁。……今琪所犯如此，考其案牘及所置對，前後牴牾，姦偽明審，此而可詐，則亦何所不可為也哉？……謹按律文「詐為制書者絞」，惟陛下奮發英斷，早賜處分。削琪官而罷之[369]。

10. 張說

張說因父蔭職，娶壽聖皇后女弟，由是累遷知閤門事兼樞密副承旨。欲為親戚求官，畏俊卿不敢言。請於右相虞允文，得之。俊卿聞敕已出，語吏留之。張說惶恐來謝，允文亦愧，猶為之請，俊卿竟不與，說深憾之[370]。

11. 林機、施元之

吏部尚書汪應辰舉李垕應制科，有旨召試，權中書舍人林機言垕詞業未經後省平奏，且獨試，非故事。俊卿奏：

368 《朱子文集》，卷九六，〈正獻陳公行狀〉，頁四六九四。
369 《朱子文集》，卷九六，〈正獻陳公行狀〉，頁四六九六～四六九七。
370 《朱子文集》，卷九六，〈正獻陳公行狀〉，頁四七〇三；《宋史·陳俊卿傳》，卷三八三，頁一一七八八。

「元祐中謝悰亦獨試，機蓋為人所使耳。」上諭俊卿詰之，乃機與諫官施元之密謀，以此壓抑應辰，而又不以實情報告皇帝，俊卿因極論其姦，遂詔暴露二人朋比交通之狀而罷之，中外稱快[371]。」

12.戚方

鎮江軍帥戚方刻削軍士，俊卿奏：「內臣中有主（戚）方者，當併懲之。」即詔罷方，以內侍陳瑤、李宗回付大理究贓狀[372]。時為乾道三年（一一六七）閏七月，戚方因落節鉞，信州居住。八月，內侍陳瑜、李宗回坐交結戚方受賂：「瑜除名，決杖，黥面配循州；宗回除名，筠州編管；方責授果州團練副使，潭州安置，籍所盜庫金以犒軍[373]。」

13.章廈

紹興三十年（一一六〇）十月，殿中侍御史陳俊卿言：「（章）廈以佞邪持媚灶之術，致身政地，饕竊過當，其在言路轉與大臣為支黨，濟其喜怒比害善良。今典名藩，偃然以前執政自大，漫不省事，民無所訴。」章廈原任左朝奉郎知婺州，在外宮觀[374]。

14.吳曾

紹興三十年十二月，殿中侍御史陳俊卿言：「太常丞兼權吏部郎官吳曾素乏鄉譽。昨以上書得官，因挾命術遊時相之門，敢為大言，士流嗤鄙。今處銓曹，懵不曉事。」詔：「曾與在外宮觀[375]。」

朱熹對「進賢退不肖」，有以下詮釋：

宰相只是一個進賢退不肖，若著一毫私心，便不得。前輩嘗言：做宰相只要辨一片心，辨一雙眼。心公則能進賢

371 《朱子文集》，卷九六，〈正獻陳公行狀〉，頁四七〇五。
372 《宋史・陳俊卿傳》，卷三八三，頁一一七八六。
373 《宋史・孝宗紀》，卷三四，頁六四一。
374 《要錄》，卷一八六，頁五，總頁一五七四。
375 《要錄》，卷一八七，頁十五，總頁一五九四。

退不肖，眼明則能識得那個是賢，那個是不肖。此兩言說盡做宰相之道。只怕其所好者未必真賢，其所惡者未必真不肖耳！……又曰：本朝以前宰相見百官，皆以班見國，忌捻香歸來，回班以見。宰相見時有刻數，不知過幾刻便喝相公尊重。用屏風攔斷，也是省事，攔截了幾多千請私曲底事。某舊見陳魏公、湯進之為相時，那時猶無甚人相見，每見不過五、六人，十數人。他也隨官之崇卑，做兩番請，今則不勝其多，為宰相者每日只得應接，更無心理會國事，如此者謂之有相業，有精神[376]。……

當宰相「進賢退不肖」之際，他本身首先必須摒除私心，要心存公正，要有識人之明，才真正發揮應有功能。朱熹之言雖係針對宰相而論，然亦適用於各階層。俊卿在薦賢除惡之時，均秉持著公正之心，為朝廷維護綱紀，力薦正人君子，嚴懲不法，多次抑制皇帝近習，甚至因此而罷職亦在所不惜。樹立良好典範，其功厥偉。

三、地方官時的政績

附表一：陳俊卿擔任地方官時間表

次數	起迄時間	任期	任職原因及職稱	備註
第一次	紹興三十二年七月至隆興改元（一一六二～一一六三）	約半年	孝宗受禪，力圖北伐，命張浚策劃，以俊卿「忠義奮發沈靜有謀」，遷中書舍人江淮東西路宣撫判官兼權建康府事。	〈正獻陳公行狀〉，頁四六八五
第二次	乾道元年七月十九日至乾道二年（一一六五～一一六六）	一年	因論錢端禮外戚不應預政，端禮深忌之，諷使求去，除寶文閣直學士，知建寧府。（《宋史》，卷三八三，頁一一八〇五，改為「知建康府」）。逾年，授吏部尚書。	〈正獻陳公行狀〉，頁四六九〇；《宋史》，卷三八三，頁一一八〇五

376 宋・黎靖德輯：《朱子語類》（台北，正中書局，民國七一年台一版），卷七二〈易八〉，頁二八九五～二八九七。

次數	起迄時間	任期	任職原因及職稱	備註
第三次	乾道六年五月至乾道八年八月（一一七〇～一一七二）	二年三月	右相虞允文二度以祖宗陵寢為請，俊卿上奏阻止，請辭。以觀文殿大學士知福州兼福建路安撫使。	〈正獻陳公行狀〉，頁四七〇五
第四次	淳熙元年十月至淳熙四年五月（一一七四～一一七七）	二年七月	淳熙二年再知福州。（《編年錄》將時間繫於淳熙元年十月）	〈正獻陳公行狀〉，頁四七〇六；《編年錄》，卷十七，頁一二〇八
第五次	淳熙五年七月至淳熙八年二月（一一七八～一一八一）	二年七月	起判隆興府，未視事，改判建康府江南東路安撫使兼行宮留守。	〈正獻陳公行狀〉，頁四七〇八、四七一三；《編年錄》一七／一二〇八

註：一、俊卿曾任泉州觀察推官，因非首長職故不列。
二、隆興二年五月曾兩度知泉州，實際均未到任。
三、俊卿五任地方官，任期總計約九年。

政績：（下述均已將較長之原文節略整理並分點條列）

第一次：俊卿「辟材吏通判府事，分理民政」，自己則全力協助張浚籌劃，整飭邊備。又極論軍中虛籍冗占，擺鋪營田差借之弊，請戒諸將，毋以回易資饋餉結權要[377]。

第二次：在郡期年，治以寬簡，省節廚傳，官無浮費，人服其請，莫之毀也[378]。

第三次：至福州，政尚寬簡，嚴於治盜。

（一）定海水賊倪郎侵閩、廣，命統領官鄭慶授以方略，晝夜窮追，悉予擒捕，遂清。

（二）簽書判官事尚大伸忤提點刑獄鄭興裔，興裔察其罪以語俊卿，俊卿即以屬吏，驗問未竟，憲屬張位擅呼獄吏，諭以意旨，俊卿奏劾位并大伸罷黜之，興裔大沮，惶恐託它事出按旁郡以避俊卿。

---

377 《朱子文集》，卷九六，〈正獻陳公行狀〉，頁四六八五。
378 《朱子文集》，卷九六，〈正獻陳公行狀〉，頁四六九〇。

（三）轉運判官陳峴建議改行鈔法。俊卿移書宰執，力言鈔法不可行。其所提理由如下：

甲、福建鹽法與江浙不同。江浙百貨可通，其利甚博，福建地狹人貧，土無重貨，非它路可比。

乙、福建僅汀、邵、劍、建四州可售鹽，每歲實運僅九百萬斤，食鹽之民有限，不可復增。四州供給百費皆取於此。以往無科擾，百姓安便。

丙、改行鈔法，額外取贏，奪州縣歲計，復嚴禁私販，必虧常稅額，貧民無業必起為盜，所增三十萬緡，是否足償調兵之費？

丁、官鈔或滯不行，必科州縣，抑配民戶，而成擾民。諸公不能用，後鈔法果然無法實行[379]。

第四次：

（一）民習其政，不勞而治。始至，帑藏空竭，節省浮費，用亦不乏。

（二）上奏諫阻，盡發本路海舟，及揀中禁軍土軍，其害不可勝言。乞許留其半。詔施行如章。

（三）本路上四州軍及江西、湖北郡豪猾之民，籠以為兵，委有方略、信義者，置寨教閱，此銷盜賊、嚴武備、固根本之策[380]。

第五次：俊卿赴建康距上次到任已十五年，父老焚香迎拜，如見親戚。

（一）為政平易寬簡，罷無名之賦。府有軍屯，多為民害，下令犯者軍法嚴辦，諸軍肅然。

（二）罷弊政陋俗：行宮扃鑰以宦者主之，留守以貴賓禮接待，時節按行殿中則宦者置酒，自坐東偏，而留守顧為客，甚或邀去就飲其家。悉罷之，宦者不樂。

（三）禁群盜增戍兵：建康北界群盜百餘，焚掠淮陰。奏請嚴禁跳河盜馬之徒，沿淮諸縣，量增戍兵。

（四）奏請裁減造甲之令：密院下諸郡造甲之令。乞行戒諭，以安農業，欲望將現有諸軍所存之甲，試加檢括，苟

379 《朱子文集》，卷九六，〈正獻陳公行狀〉，頁四七〇五，原文甚長，故文中加以節略整理。
380 《朱子文集》，卷九六，〈正獻陳公行狀〉，頁四七〇七～八。

不足用，即逐州常年合納甲葉鐵炭，或可間年量與裁減，亦寬民力。

（五）奏罷歲取息錢五分之令，改比歲捐交子三十萬犒軍：詔令諸軍無以自贍者特降緡錢，三總領司各付二十萬，歲取五分息錢，勢必盡籠商賈之利，陰奪場務之課，請改以歲捐交子三十萬於一司，半給諸軍，半大閱而激犒之，名正而惠周。

（六）江東諸郡皆旱，詔令俊卿預講荒政，奏乞本路諸州朝廷樁積數內，借米穀分給州縣賑糶，繼以常平之粟，先揭牓諭之。

（七）奏乞放淳熙四年夏秋逋賦，權罷淮東和糴，倚閣畸零夏稅，申明納粟賞格。從之。

然所借樁積米穀才得三萬斛，而俊卿處畫有方，船粟四集，境內帖然，民無流徙，咸仰德政[381]。在地方官前後五任、九年時間，所到州府，俱有建樹，百姓感念。

第四節　思想言論

陳俊卿從政長達四十五年，期間所留言論、奏章極多，大致可歸類為：一、軍事國防（含對金政策），二、政治思想，三、財政經濟。茲分別闡述如後：

一、軍事國防

自紹興三十一年（一一六一）金完顏亮南侵宋朝起，至隆興二年（一一六四）宋金兩國達成協議簽定隆興和議止，

381 《朱子文集》，卷九六，〈正獻陳公行狀〉，頁四七一一～四七一三。

四年來雙方關係，忽戰忽和變化萬端，俊卿軍事國防思想即以此為背景衍生。軍事方面又可分為：對金關係、本朝軍政兩方面。

（一）本朝軍政

南宋自紹興十二年（一一四二）與金達成紹興和議之後，雙方維持和平關係，不再用兵，社會逐漸安於逸樂，軍政方面，弊端叢生。其情形如汪應辰所說：

> 自講和以來，諸將坐擁重兵，初無尺寸之功，而高爵厚祿，極其富貴；安享優佚，養成驕惰，無復激昂奮勵之志。兵籍雖多，初不閱習。或拘之以為工匠，或毆之以為商賈，或抑之以為僕側之役。既虐使之以不當為之，又侵奪其所當得之事[382]。

這種情況似乎真應了「生於憂患，死於安樂」的古訓。北方外患解除，將無勵志，兵不閱習。又如紹興三十一年（一一六一）正月，陳俊卿評論當時軍政，「將未得人，兵未核實，器械未精，儲蓄未備[383]。」其中尤以主將之驕橫腐敗為最。關乎此，俊卿論道：「今主兵之官，率無遠慮，惟事驕侈，其志不過聚斂以肥家，其術不過交結以固寵，其所以侵漁百姓，刻剝軍士，陵駕州縣，輕侮朝廷者，無所不至；而任事者，未嘗一誰何之，則將不知有威矣[384]。」所論者與汪應辰極為接近。故他先後論罷數將。如：劉寶「紀律不嚴，裒斂特甚，朝命分兵屯戍，輒拒不遣」；楊存中「官保傅，總兵戎，殖貨財，事交結，奪民利，壞軍政」此二人厥為將領中最為腐敗之輩。經俊卿彈劾後皆罷。

士兵的問題也很嚴重。俊卿言：

382 《文定集》，卷二，〈應詔陳言兵食事宜〉，頁八。
383 清・畢沅：《續資治通鑑》（台北，建宏書局，民國八四年），卷一三四，頁三〇〇五。
384 《朱子文集》，卷九六，〈正獻陳公行狀〉，頁四六七八。

養兵之費，月計百萬，而虛籍太半，不可稽考；軍士疲於私使，困於回，大率以奉主將之私，而所得衣糧，隨手剋盡，羸瘦單薄，有可憐之色，而主將恬不之恤，則士不知有恩矣。（同前註）

說穿了，士兵問題的產生仍是源於主將。士軍「疲於私使，困於回易」，目的還是為了「奉主將之私」。士兵長期遭遇剋扣剝削，要士兵「知恩」，根本緣木求魚。因此俊卿主張「抑將之驕，而警其惰；作士之氣，而收其心」。（同頁），罷撤「惡將」是正本清源的作法。另方面，他建議：

軍事尚嚴，故兵人逃叛在法當誅。今乃一切寬縱，不加窮治，轉相招納，使人人臨敵，逗撓不進，又遁逃而無罪，其誰肯為國家出戰者？愿戒飭諸將，毋得互相招納，以墮軍政而長亂階，其所有保姦納亡，重寘之罪。然後申嚴出軍逃叛之法，斷在必行，庶幾此風稍革[385]。

將領之間相互招納友軍，士兵有恃無恐，只要逃亡必有去處，促成叛逃之風盛行，如何能要求士兵服從、忠誠。

去除惡將、遏止招納歪風，雙管齊下，應可提升軍隊士氣。此外軍事方面還有一個現象：「諸州將兵，例供私役，教閱不時，緩急不堪倚仗，故今諸州往往有大軍留屯，皆截上供，以給其費[386]。」俊卿的建議是「宜詔有大軍之處，即令將兵通共教閱；無大軍處，即令旁近大軍分遣將吏就州教之，勸以厚賞，禁其私役，異時習熟，則所屯大軍漸可抽回，以省截留之費。」（同前註）

軍中積弊由來已久，當非短時間可以革除。孝宗即位後，俊卿再度極論「軍中虛籍冗占，擺舖營田差借之弊」，因此呼籲「請戒諸將，毋得以回易資饋餉結權要[387]。」

---

385 《要錄》，卷一九九，頁二一，總頁一七一六。
386 《朱子文集》，卷九六，〈正獻陳公行狀〉，頁四六八一。
387 《朱子文集》，卷九六，〈正獻陳公行狀〉，頁四六八五。

（二）對金關係方面（亦與軍事國防有關）

紹興三十一年（一一六一）完顏亮大軍南侵之際，宋朝舉棋不定。主和、主戰，兩派人馬各持己見，俊卿上奏起用張浚，並斬主張退避的張去為，以激勵士氣。高宗始終妄想紹興和議可以維護兩國和平，故遲遲不作決定，直到邊報緊急之時方才匆促用兵，而朝廷仍尚未決意宣戰。

俊卿於是上疏：「以吾重兵與之相持，而別遣銳師分出間道，以擣其虛，則虜之成禽必矣。」又說「臣之所慮，猶恐其知吾有備，偽為甘言，復以和議誤我耳。然彼或出此，而吾能益嚴備禦之計，修築營壘，大開屯田，以為久駐之基，俟其退歸巢穴，然後姑與之和，此則猶為中策。但恐淺謀之士苟於目前，更勸陛下受其甘言，反以今日之計為非是，而遂斂兵增幣，墮其計中，則為無策，而大事去矣[388]。」

俊卿論抗金有三策，一則以重兵相持，另以輕騎從間道迂迴包抄，此為上策；二則嚴加守備，築營屯田，展現久駐之姿，迫金退兵和談為中策；若受淺謀之徒蠱惑，自行撤兵，這是無策，若然，大勢去矣！

金敗於采石磯之役，完顏亮被殺，南宋解除一場危機。金早已擁立烏帶為帝，是為金世宗。遣使來重申舊好，引發朝廷一場爭議。俊卿上奏曰：

> 陛下前日和戎之計，蓋非得已，今此使來，正審事機、正名分之日也。若以得故疆為實利，則得之而未必能守，是亦虛名而已。豈若因此先正名分？名分一正，則雖未能即復中原，遽謁陵廟，然亦足以作頹墮之氣，慰神靈之心。矧今虜人挫衄之餘，急於自定，汲汲求和，情亦可見，是豈能復以彊大之勢，取必於我，如前日之為哉？當此機會，臣以為非獨名分可正，而歲幣亦當可減，惟在朝廷先定規模，有以俟之，則復中原、謁陵廟，亦不足為難也。（同前註）

---

388 《朱子文集》，卷九六，〈正獻陳公行狀〉，頁四六八三。

獲故疆未必是實利，而正名分並非是虛名。名分一正可以提振士氣，連帶國威可強，則談判時我方便可多一分籌碼，進而要復中原、謁陵廟，亦成為可能。

俊卿進一步主張「選將練兵、屯戍兩淮」是不可或缺的配套措施，方能使江淮有充分防備。數年後，俊卿再度提出擇將屯田的主張：

虜騎既退，兩淮屯田似不可緩，前此行之而不見效，其失在於任人不久，而責效太速耳。為今之計，莫若擇二大將，使以建康、鎮江之軍分屯兩淮，而就兼一路之帥，使擇軍中裨將，各以所領，分屯沿邊諸州；而就兼一州之守，境內財賦得自用，以為屋廬耕牧之費，或募新軍，或取舊人之不入隊者，授田使耕，不盡其利，則人爭趨之，遲以數年，而成效可睹矣[389]。

乾道四年（一一六八）拜相，以兩淮備禦未設，奏請：揚州、和州各屯三萬，預為家計，籍民家三丁取一，以為義兵，授之弓弩，教之戰陳，農隙之日，給以兩月之食，聚而教之。沿江諸郡亦用其法，諸將渡江，則使之城守，以備禦緩急，且以陰制州兵頡頏之患[390]。

乾道五年至六年（一一六九～一一七〇）間，虞允文主張恢復祖宗陵寢之事，俊卿與之產生摩擦，第一次因俊卿極力反對而罷，其上疏陳詞愷切，思慮周嚴，令孝宗不得不暫時罷手。《宋史》、《續宋編年資治通鑑》、〈正獻陳公行狀〉俱載此事，惟《行狀》所錄奏章內容較詳，可以窺其全貌，俊卿上奏曰：

陵寢幽隔，誠臣子之痛憤，然在今日，彼方以本朝意在用兵，多方為備，若更為此以速之，彼或先動，則吾之事

389 《朱子文集》，卷九六，〈正獻陳公行狀〉，頁四六八八。
390 《朱子文集》，卷九六，〈正獻陳公行狀〉，頁四六九九。

力未辦，不知何以待之？況使者既行，中外疑惑，果得所請，猶為有名，苟或未從，殊失國體，且天下之人亦以為陛下舍其大而圖其細也。若欲必遣，則……先與彼之館伴者議之，或令因見虜主面陳此意，彼若許遣，則有必從之理；若其不許，則願陛下深謀遠慮，舍其小而圖其大，它時恢復故疆，陵寢固在度內，今日為之，則是慕虛名而受實害。臣竊為陛下危之[391]。

由此觀之，在對金關係的主張，比起孝宗及虞允文，俊卿較為持重。他認為不若先遣使者投石問路，如得到對方正面回應，再進行下一步驟，應該較為可行。從客觀環境分析，五年前宋朝已歷經一次重大挫敗，實在經不起再次打擊。兩國以實力相較，宋並不會占到上鋒，此時手中並無必勝籌碼，冒進、躁進對國家只會造成傷害。首將國內政治、經濟搞好，達到國強民富，允為當務之急。俊卿對客觀情勢，看得很透澈。無奈，次年允文再申前議，孝宗同意允文意見，俊卿反對無效，只好請辭[392]。而陵寢之事，果然不得要領。

此事尚有後續發展：「（淳熙二年，一一七五）八月，湯邦彥使金，請河南陵寢地。明年（淳熙三年，一一七六）夏四月，邦彥使金至燕，金人拒不納。旬餘乃命引見，夾道皆控弦露刃之士，邦彥怖，不能措一詞而出。上大怒，詔流新州。自是，河南之議遂息，不復泛遣使矣[393]。」此次出使，湯邦彥被金人玩弄於股掌之上，不僅他個人顏面掃地，更是嚴重損及國家尊嚴，孝宗不聽俊卿忠言，弄得灰頭土臉，實在不智。呂中評論此事曰：

391 《朱子文集》，卷九六，〈正獻陳公行狀〉，頁四七〇一；亦參閱《宋史・陳俊卿傳》，卷三八三，頁一一七八九、《續宋編年資治通鑑》，卷九，頁二。

392 《編年錄》，卷十七，頁一二〇七，載：「一日，上以手札諭俊卿曰：『朕痛念祖宗陵寢淪於腥羶者四十餘年，今欲遣使往請，卿意以為如何？』俊卿奏曰：「陛下……痛念陵寢，思復故疆，臣雖疲駑豈不知激昂憤切，仰贊聖謨，庶雪國恥？……欲俟一、二年間，彼之疑心稍息，吾之事力稍充，乃可遣使往返之間。又一、二年，彼必怒而以兵臨我，然後徐起而應之，以逸待勞。……」亦見《宋史・陳俊卿傳》，卷三八三，頁一一七八九，將俊卿奏章置於次年，亦即乾道六年。

393 《續宋編年資治通鑑》，卷九，頁八。

……不幸而奸臣（指湯思退）已許之和，則請復陵寢故地，當爭於議和之中，不當爭於和議已定數年之後，彼雖仁義不足而凶狡有餘，豈可以虛言動哉！求之不已，必至用兵，度之事勢，則我未有勝彼之實，其患有不可勝言者。況中原之地，吾不能正大義以取之，乃卑辭厚禮以求之，其於大義已乖矣！此敵之所以反得以義責我也。越之行成於吳也，蓋忍恥以志仇雠之復而非恃和以自固也。……（同前註）

此論至為中肯，證明俊卿的論點正確。孝宗堪稱英明，做事積極，發奮圖強，但在陵寢一事卻欠缺一分政治智慧，蓋客觀形勢的不利於我，殆非主觀意願就可以達成的。如能聽從俊卿建言從長計議，或者未來有恢復陵寢的一天。

二、政治思想

（一）論人主與御下之道

俊卿從步入政壇，到位極人臣。一路走來，對君王的期許、規諫，及為君之道，有極為深刻的言論與見解。而其言論與時局的演變密切相關。

他認為君王應「以兼聽為美，存心必本於至公」，御下之道則「惟恩與威，不可偏廢[394]」。人主可以宋仁宗為典範。他說：「本朝之治，惟仁宗為最盛，願陛下治心脩身之道，專以仁宗為法，而立政任人之際，必稽成憲而行，則慶曆、嘉祐之治不難致也。」（同前註）此時已是孝宗在位，俊卿曾任孝宗教授，對皇帝有更重的諫諍之責。某次，有獻四明銀礦者，孝宗命守臣詢究，並召冶工就在宮中冶鍊，俊卿上奏：

陛下留神庶務，克勤小物，至於如此，天下幸甚！然不務帝王之大，而屑屑乎有司之細，臣恐有識者有以虧陛下

394 《朱子文集》，卷九六，〈正獻陳公行狀〉，頁四六七八。

也。況彼懼其言之不副，則其鑿山愈深，役民愈眾，而百姓將有受其害者，又不可以不慮乎！夫天地之產，其出無窮，若愛惜撙節，常如今日，則數年之後，自常沛然但願民安歲稔，國家所少者，豈財之謂哉？請直以事付之明州，使收其贏餘以佐國用，則亦不至於甚擾民矣[395]。

俊卿對孝宗極忠愛，藉銀礦之事，多有發揮。俊卿認為帝王應掌握國家大政，不應汲汲於瑣碎細務。另外對於地方上的山川之產、自然資源，讓地方去處理，則不會擾民，要懂得愛惜撙節，才能民安歲稔，不虞匱乏。

此時俊卿已升任執政，他主張君主不須煩憂日常事務，這些由大臣分擔處理即可。一個實例，說明俊卿確實身體力行。

一日，審查吏部所注知縣，有老不任事者，公判令吏部改注，吏白例當奏知，公曰：「此豈足以勞聖聽？明日取旨，自今此等請勿以聞。」上可其奏。（同前註）

俊卿以為帝王治國之道有三：用人、賞功、罰罪。不論何事，均應以「至公」為處理原則，不應有任何偏私。在生殺予奪之際，亦須秉持大公至正的原則處置，不能憑一己的喜怒哀樂以行之。否則，將為政治帶來莫大傷害。他說：

古人善為國者，賢不以讎而棄，愚不以親而用，賞不以遠而遺，罰不以近而免，蓋不敢以一己之私，廢天下之公也。若以生殺予奪人莫予違，而惟好惡喜怒之私是徇，則不惟示天下以不廣，而其偏黨反側之害，於政事亦且無不至矣[396]。

395《朱子文集》，卷九六，〈正獻陳公行狀〉，頁四六九五。
396《朱子文集》，卷九六，〈正獻陳公行狀〉，頁四六八四。

（二）用人當用人才

用人要用當用之人。他說人才是「國家之命脈」。論人才「當以氣節為主」；「氣節之士，雖有小過，猶當容之；佞邪之人，雖甚有才，猶當察之[397]。」對「識量深沉，智略慷慨之士」，宜「廣收博采，舍短錄長，用之繩墨之外，責以事業之成，勿拘小節，勿課近效，庶其有得，以濟時用[398]。」如此，所用之人方能有較大的發揮空間，充分施展長才，而不致於束手束腳。人才「要當公聽並觀，略人細過，而取其大節，去己私意，而徇夫至公，則人才彬彬，出為時用矣[399]。」用人應用其長，而略其短，如此方能培育出人才濟濟的盛況。他曾和孝宗討論，當宰相罷去，其所用之人不論賢否皆予以屏棄不用，這是「鉤黨之漸，非國家之福[400]。」因此他反對這種現象。

相對於「人才」，所謂「能吏」者，往往施政急刻，以聚斂民脂為功，貽害地方。他說：

> 州縣之間，號為能吏者，往往務為急刻，專以趣辦財賦為功，而視撫字聽斷為不急。其間又有聚斂以為羨餘之獻者，增市征則害商賈，督逋賦則病農民，甚或侵移常賦，貽患後人。朝廷不察，反謂有才，願有以深戒戢之，則天下之幸也[401]。

這種「苛政猛於虎」，為害百姓的所謂「能吏」，只知以「趣辦財賦」為目標，不懂愛民、恤民，絕非「人才」，應當加以禁用。

397 《朱子文集》，卷九六，〈正獻陳公行狀〉，頁四六八九；《宋史・陳俊卿傳》，卷三八三，頁一一七八五。
398 《朱子文集》，卷九六，〈正獻陳公行狀〉，頁四六八〇。
399 《朱子文集》，卷九六，〈正獻陳公行狀〉，頁四六九〇。
400 宋・羅大經：《鶴林玉露》，（文淵閣四庫全書，子部第一七一冊，台北，商務印書館），卷一六，頁六。
401 《朱子文集》，卷九六，〈正獻陳公行狀〉，頁四六八〇。

（三）改革弊政

俊卿為官正直清廉，眼見政治上許多弊端，無法視而不見，默不作聲，於是對時政作出許多批評與建言。

針對甚囂塵上的邪枉之說，他言道：

> 比年以來，左右近習稍有以名聞於外者，士夫奔走趨附，將帥納賂買官，遠近相傳，道路以目，願深察而痛懲之，無使或為聖德之累也[402]。

他對「近習」紊亂朝政，深惡痛絕，非除之而後快。又針對時弊，條陳十事：

> 一曰定規磨，二曰振紀綱，三曰勵風俗，四曰明賞罰，五曰重名器，六曰遵祖宗之法，七曰杜邪枉之門，八曰裁任子之恩，九曰限改官之數，十曰蠲無名之賦[403]。

所陳十事範圍相當廣泛，擴及人事、行政、朝綱、道德、風俗、經濟、制度等。

俊卿除吏部侍郎時，曾上言：

> 今日積弊千條萬端，朝廷非不知之，而不能革者，蓋大臣受任不專，用事不久，不能以一身當眾怨，而風俗頹弊，人各有心，上所建立，有不便於己者，則興訛造訕，百計傾搖，必罷之而後已。願詔大臣，力任此責，合群

402 《朱子文集》，卷九六，〈正獻陳公行狀〉，頁四六八六。
403 同前註；亦參閱清・王梓材、馮雲濠同輯，張壽鏞校補：《宋元學案補遺》，（四明叢書本，國防研究院印），卷三四，頁六八。

議而討論之，力行堅守，必冀有成，則風俗變而紀綱立矣[404]。

俊卿上奏慷慨陳詞，如暮鼓晨鐘，發人深省。大臣受任不專只是因素之一，真正關鍵在於「人心」。小人之輩，於己不利之事，便想辦法造謠生事，無所不用其極，非達目的絕不罷手。若大臣受任既專，則有擔當，凡事群集合議，議既定則堅持執行到底，則風俗可變，紀綱可立，弊端自除。

朝中黨派林立，相互傾軋，為毒害朝政的主因。俊卿於乾道元年入對時，極論朋黨之弊，及革除之道：

紹聖、崇觀以來，此說肆行，實基靖康之亂。近歲宰相罷黜，則其所用之人不問賢否，一切屏棄，此鉤黨之漸，非國家之福也。願詔大臣一以大公至正為心，並用恩仇，兼忘物我，唯才是任，毋恤其它，則植壞群散而人人得以自效矣。（同前註）

他強調用人至公，方可消除朋黨，真正人才，不應隨著宰相的調動，受到牽連而被棄置。

三、經濟方面宜節財用

方當金主謀劃南侵之際，朝廷籌措邊防，需錢孔急。俊卿建言：

今日之急在節財用；而冗官妄費，實為今日財用之大蠹。且如添差總管，鈐轄一郡或不下十數人，月俸大者百萬，小者不下五六十萬，公使人從，費又倍之，其間又有連為數任而不替者，有更歷數州而不已者；宗戚生朝賜

404 《朱子文集》，卷九六，〈正獻陳公行狀〉，頁四六八八。

物，尚依承平舊例，外命婦亦請內命婦俸給，有止罷教局而或兩年不罷，有止減吏員而三省、密院、御台不減。大禮浮費，以巨億計，樂工五百人，教習百日，食錢至二萬緡。修輿服器仗，不過增飾，而戶、工兩房兩部，將作、軍器兩監，文思、車輅兩院，以至儀仗等庫，官吏添給食錢，日五六百者不知幾人，自四月朔至禮成，為錢不知幾許。大率一有興為，無問大小，稍有關涉行遣文書一字以上，無不支食錢者，而一歲之中，無慮以十數。凡若此類，乞令後省取索，立限裁損，而陛下以身先之，始自宮掖，如寶元、慶曆、熙寧故事，則邦用足，民力寬，而人心不患於不服矣[405]。

冗官冗費為財政告急的最主要原因。若各機關衙門的用度都能加以裁減管制，嚴格管理，而從宮廷率先做起，以為示範。這個問題便能迎刃而解。俊卿隱指宮中首先作出錯誤示範，大家有樣學樣，上行下效的結果，當然造成冗費百出了。

第五節　仕宦風格及其他

楊萬里撰〈正獻陳公墓誌銘〉有云：

> 公忠孝天至，尤好禮，終日無墮容，雖疾，見子孫必衣冠。遇人無少長，以一誠實。一言終身可復。平居言若不出諸口，而在朝危言正色，辨邪正，斥權要，無所顧避。然心平氣和，無近名意，處國事顧大體，務持重，在中書尤愛名器，抑僥倖，故小人不樂。上屢稱其忠誠為賢相云。……性寬洪，無私喜怒，泛然若無所親疏，而好賢

405 《朱子文集》，卷九六，〈正獻陳公行狀〉，頁四六八一。

之心實篤。……治郡尚風教，民有骨肉訟者，譬以義理，爭者感泣。自奉甚約，而一衣或二十年。……在官不受饋問，建康諸部使者及諸大將故事有月餉，公不欲異眾，別儲之以週士之貧者[406]。……

一般墓誌銘或有溢美之處，然參照其他有關俊卿的記載，大體屬實。且均為正面，而無負面批評者。楊萬里此段文字已將俊卿處世風格與作為，描繪出一個輪廓。茲將俊卿生平行事風格作一歸納，條列如下：

一、心胸開闊，不計較一時的得失，且懂得設身處地為人著想

俊卿在推官任內即「同僚宴集，常謝不往」，展現「卓爾不群」的天性。在一次失火的事件中，展現心胸開闊，不計較一時得失的一面。據《陳正獻公行狀》云：

一日，郡中失火，太守汪公藻走視之，則諸掾屬方相從飲某所，而公之輿卒亦或假之以行，於是例以後至被詰責，公亦唯唯推謝。已而汪公廉知其實始召公慰諭，且問其故，公曰：『某也不能止同僚之行，而又資其僕御，亦安得為無過？且是時公方盛怒，某也其忍幸於自解，而重人之罪乎？』汪公嘆服，以為不可及[407]。

從這段史料，對於俊卿的個性及為人，可以作以下幾點推斷：

在突發事故下，人的本性會直接表露，一個生性卑劣的人或許平時可以掩飾，可以作偽，裝出高貴的君子模樣，卻很難於突發狀況時，假裝出與其本性相反的樣子。俊卿處此，於第一時間唯唯推謝，並不自解。表示其心胸開闊，不與

406 《誠齋集》，卷一二三〈正獻陳公墓誌銘〉；亦見明・姚廣孝等修：《永樂大典》（台北，世界書局，民國五十一年），卷三一五一，頁三一～三二。

407 《朱子文集》，卷九六，〈正獻陳公行狀〉，頁四六七七。

他人計較一時的得失；不推諉卸責，寧可先扛起責任，明知自己受到冤屈，直到上司主動發掘真相，冤情才得以大白。

俊卿惟恐因為自己辯解而使他人受到嚴厲處分，寧可選擇自己承責受罰。「趨吉避凶」是人的天性，尤其對於原本不屬於自己的過失，總會想盡辦法撇清責任，免得惹禍上身，獨俊卿能在剎那間即為別人考慮周到，可知他崇高的人格與善良的本性，難能可貴。

二、個性恬澹，不喜汲汲營營，不附從權貴，擇善固執、堅持理念

秦檜當政，發現俊卿不向自己靠攏，將他外調睦宗院教授，使他仕途遭受頓挫長達十年，直到檜死，方從南劍州召回朝廷。說明他不好鑽營，不屈己附從的個性。正因如此高宗才會選中他擔任普安郡王的教授。「時方今天子方為普安郡王，高宗命宰相擇可輔導者，宰相爭欲置其所善，高宗命擇館職端厚靜重者為之，乃以公對。」故他用人也選擇不喜鑽營之人。如他用尤袤即著因於此。「太宗正闕丞，人爭求之。陳俊卿曰：『當予不求者。』遂除袤[408]。」

在他往後歲月裡時常可見其擇善固執、堅持理念的一面。又如不屈從孝宗向金索取祖宗陵寢之事，因而辭去相位。即為不惜賠上自己的前程，來對抗威權的例子。

三、性情寬厚，秉性忠良，是一位坦蕩蕩的君子

淳熙五年劉珙遺奏言：「若群臣之賢，臣所知者，則唯陳俊卿忠良確實，可以任重致遠[409]。」史稱劉珙「忠義世家」、「精明果斷，民愛之若父母[410]」諺云：「人之將死，其言也善」，何況良臣如劉珙者，其臨終之言當屬可信。

408 明・尹直：《南宋名臣言行錄》，（明弘治間刊本，國家圖書館製成微捲），卷三，頁六八。
409 《宋史・劉珙傳》，卷三八六，頁一一八五三；《編年錄》，卷十七，頁一二〇〇。
410 《宋史・劉珙傳》，卷三八六，頁一一八五三、一一八七〇。

某次入對，孝宗迎謂：「前日之奏，備見忠讜，朕決意用卿矣。」俊卿再拜謝，孝宗說：「朕在藩邸，已知卿為忠臣矣。」不久拜同知樞密院事兼權參知政事[411]。俊卿性情寬厚，秉性忠良，孝宗也知之甚深。

四、謀事持重，計萬全而後動

隆興元年孝宗力圖北伐，俊卿也以江淮都督府參贊軍事的身分，參與張浚主持的北伐大計[412]。「張浚初謀大舉北伐，俊卿以為未可」，主張「不若養威觀釁，俟萬全而後動[413]」。事實證明張浚果然失敗，而俊卿想法正確，惜浚不能聽從俊卿建議。

虞允文建議收復陵寢，俊卿力持不可。俊卿所奏再次說明他的行事風格：「於國家大事，每欲計其萬全，不敢輕為嘗試之舉[414]。」其後虞允文為相時，請陵寢之事不得要領。淳熙二年派湯邦彥向金索取陵寢又遭失敗。再一次證明俊卿的想法正確。這是俊卿面臨大事的風格。

晚途間關，遂託知己，千里訃至，一觴薦誠，想公如在，灑淚同傾。」論其交友，「雅善汪應辰、李燾，尤敬朱熹，屢嘗論薦[415]。」俊卿對朱熹有知遇之恩，淳熙年間，朱熹往訪俊卿，特闢舊宅之東側房舍以館之，並命諸子從之學。俊卿卒，熹不遠千里前往弔祭，並為作行狀。在其〈祭陳福公文〉中提及「我從公遊，出入三紀[416]雖曰祭文，其情

411 《編年錄》，卷十七，頁一一九三。
412 《朱子語類》，卷一三一〈本朝五〉，頁五〇五三：「……朝廷恐其進太銳，遂以陳福公（俊卿）、唐立夫（文若）參其軍，以二人厚重詳審故也。」；又見《齊東野語》，卷二，頁十六。
413 《齊東野語》，卷二，頁十。
414 《編年錄》，卷十七，頁一二〇七。
415 《宋史·陳俊卿傳》，卷三八三，頁一一七九〇；又《宋元學案補遺》，卷三四，頁六八有云：「朱子與陳丞相別紙曰為學之初，當深以貪多躐等好高尚異為戒，然而猶是知見邊事。若但入耳出口，以資談說，則亦何所用之，既已知得，便當謹守力行，乃為學問之實耳。」可知朱、陳二人相交甚深，互相討論為學之道。
416 宋·朱熹：《晦庵集》，（文淵閣四庫全書，台北，商務印書館），卷八七，頁二六。

深摯可感。

俊卿有遺文二十卷，奏議二十卷。其四子宓在〈題先君正獻奏議遺文〉中云：「獨平生之文未見於世，奏稿既不盡留他文，復多散逸。先兄寔、守必欲收拾無所墜失而後傳，抱志未償，不幸繼歿。宓用是大懼，亟取存稿刊于家，奏議表劄合三百篇，為四十卷。詩文別為集[417]。」惜今已散佚不復可見。否則透過其詩文、奏議的研究，對俊卿當有更全面、更深刻的了解。宋人魏了翁言其奏議，有云：「余嘗穫閱正獻陳公論諫百數十，何其明白正大。悃愊而無華蔚，平慶曆元祐之風則也。蓋不問而可知其人，可觀其世。今又於公之子宓、宿，盡見公所為[418]。」雖曰序辭或有溢美之嫌，然此言不假。「俊卿篤於宗黨，有南園義莊，族之貧者歲分遺有常數，女未嫁者給比資，不能葬者助其費，至今行之不改[419]。」俊卿的醇厚善良也及於其宗黨，德澤廣被。真德秀在其〈跋陳正獻公詩集〉中言「丞相正獻陳公道德風烈，為阜陵名相第一」，稱許他「仁義之言積中形外，自不可揜[420]。」朱熹在《朱子語類》曾對俊卿為人性格用一句話來形容：

陳福公自在，只如一無所能底村秀才[421]。

此語頗有道家返璞歸真的味道，也應了楊萬里〈正獻陳公墓誌銘〉中對俊卿的描述：「平居言若不出諸口」。

417 宋・陳宓：《復齋文集》，（日本京都大學圖書館藏影本），卷十〈題先君正獻奏議遺文〉，頁七。
418 宋・魏了翁：《鶴山大全集》，（《四部叢刊正編》，台北，商務印書館），卷五四〈陳正獻公詩集序〉，頁三。
419 宋・李俊甫輯：《莆陽比事》，（宛委別藏本，《叢書集成》三編，續聚珍版叢書，史部），卷六，頁十一。
420 宋・真德秀：《西山先生真文忠公文集》，（《四部叢刊》初編本），卷三六，頁一。
421 《朱子語類》，卷一三二，〈本朝六〉，頁五〇九一。

第六節　君臣關係的建立與發展

俊卿與孝宗建立起關係，應自奉命擔任普安、恩平郡王府教授開始。高宗獨具慧眼，從眾多競爭者中間，選中了俊卿。其後兩年建立起師生關係。《宋史全文》云：

> 公（俊卿）在普安郡王邸已二年。每當講必傳經啟沃，王深器之。一日，王習毬鞠，公微誦韓愈諫張建封書以諷，王即為誦全文，不遺一字。公退而喜曰：王聰明而樂從諫，社稷之福也[422]。

俊卿適時對孝宗有所規諫，而孝宗大體能從善如流。孝宗即位以後，兩人的關係從師生轉變為君臣，這雙重關係的建立是正向的、可喜的。此後俊卿多所進諫，孝宗大都予以嘉納。

孝宗即位之初，勵精圖治，銳意北伐。隆興改元，俊卿極力推薦張浚，後因符離之役的失敗，受到湯思退、尹穡的排擠而離京，俊卿亦受連帶影響，累章請罪。次年，知泉州[423]，復提舉江州太平興國宮。至湯思退貶死，孝宗回想俊卿極力為張浚辯護之言，加上太學生數百人伏闕下，拜疏請復起用俊卿[424]。乾道元年正月召赴闕入對，孝宗對俊卿再三撫

---

422 《四朝名臣言行錄續集》，不著撰人（宋末刊本，故宮圖書館藏，八十六年製成微片），卷十五。

423 宋・洪适：《盤洲文集》，（文淵閣四庫全書，台北，商務印書館），卷十九，頁十四，〈陳俊卿知泉州制〉：「（具官某）器範夷雅，議論通明，蚤登鼎科，休有華問，振紀綱於憲府，妙言語於綸闈，頃畀是邦，以疾為解，顧左符之久闕，申前命而復行。既里社之相鄰，宜民情之素習，當勵維良之政，慰其來暮之思。」雖曰制詞，其中「振紀綱於憲府，妙言語於綸闈」二句，仍反映當時俊卿在朝的實際情況。

424 《朱子文集》，卷九六，〈正獻陳公行狀〉，頁四六八七。

問慰勞，俊卿對皇帝的垂詢極盡忠言。論朋黨之弊，言兩淮屯田之策，進為君治國之道。隨即晉任吏部侍郎。俊卿又進言治心修身當以仁宗為法，則成治世不難。復論專任大臣，以革積弊、振風俗、立紀綱，培人才、重氣節等事。孝宗對於俊卿一再提出的發聾振聵之聲，印象極為深刻，而予以大用[425]。

累積俊卿多年來的表現，孝宗當然知之甚深，而不為進讒者所動。孝宗主動提出有進讒者，並對俊卿加以慰勉，難能可貴。俊卿入對言：

（乾道）三年（一一六七），執政請徙公帥江東，上稱公鯁亮，俾召赴闕。既至入對，上諭公曰：「卿前去國，蓋有譖者，卿今日無一語自辯，朕益服卿厚德也。」乃授吏部尚書[426]。

銓綜事有成法，臣固當謹守，第愚淺之見或有不及，願陛下時警敕之，蓋君臣之分雖嚴，而情不可以不通[427]。

君臣上下有名分之別，但俊卿在謹守臣子分際之餘，兩人深厚的情誼，仍然是要顧及的。孝宗回應：「卿言是也，朕或有過，卿亦當盡言。」對於俊卿所言，孝宗予以肯定，且鼓勵俊卿勇於建言。

針對孝宗好鞠戲，俊卿曾一再上疏力諫。其實孝宗愛鞠戲有其深意。據《桯史》卷二隆興按鞠條）：

隆興初，孝宗銳志復古，戒燕安之鴆，躬御鞍馬，以習勞事，仿陶侃運甓之意，時召諸將擊鞠殿中，雖風雨亦張

---

425 《朱子文集》，卷九六，〈正獻陳公行狀〉，頁四六八九。

426 《朱子文集》，卷九六，〈正獻陳公行狀〉，頁四六九〇；又參閱《宋會要》，職官四八，頁三四六〇載：「（乾道二年）十月十日，試吏部尚書陳俊卿言……。」據此，俊卿任命為試吏部尚書應在十月之前。

427 《朱子文集》，卷九六，〈正獻陳公行狀〉，頁四六九〇；又見《四朝名臣言行錄續集》卷十五。

油帟，布沙除地。群臣以宗廟之重，不宜乘危，交章進諫，弗聽[428]。

但仍說：「前日之奏，備見忠讜，朕決意用卿矣。」並強調：「朕在藩邸，已知卿為忠臣矣[429]。」君臣相得，又一明證。

高宗亦對俊卿有相當深刻的了解。「知樞密院事虞允文入謝德壽宮，高宗語之曰：『卿與俊卿同在樞府，俊卿極方正，非如它人面從而退有後言也[430]。』」說明高宗深知俊卿是一個表裡如的一君子，不僅為人方正，且從不在人背後批評。

俊卿曾言於上：「臣自叨執政之列，每見三省、密院被內降指揮，苟有愚見，必接密奏，多蒙開納，為之中止，然比及如此，已為後時。今以參預首員，奉行政令，欲乞自今降恩澤，有未允公議者，容臣卷藏，不示同列，即時繳奏，或次日面納[431]。」這是非常體貼的作法，君主的想法、作為，難免有錯誤或不盡人情之處，萬一發生錯誤，為臣者能為君王即時繳奏，或次日面談，私下規勸密而不宣，不予公開，既可以維護君王的形象與尊嚴，有較能掌握時效。故孝宗說：「卿能如是，朕復何憂！」

同知樞密院事劉珙於進對時觸怒孝宗，俊卿挺身為珙說話，退而自劾草奏「抵突被命稽留之罪」，孝宗不同意，如是者數次，孝宗方勉為答應。次日，復遣中使召俊卿入朝奏事。迎謂之曰：

朕昨思之，卿不可去，且諫官陳良祐亦奏留卿，是非獨朕所不可，公議亦以為不可也，卿其勉為朕留[432]。

428 宋・岳珂撰：《桯史》，（《文淵閣四庫全書》，台北，商務印書館，民國七二年），卷二〈隆興按鞠條〉，頁三。
429 《朱子文集》，卷九六，〈正獻陳公行狀〉，頁四六九一。
430 《朱子文集》，卷九六，〈正獻陳公行狀〉，頁四六九二。
431 《朱子文集》，卷九六，〈正獻陳公行狀〉，頁四六九六。
432 《朱子文集》，卷九六，〈正獻陳公行狀〉，頁四六九八。

孝宗不僅擺脫身段，甚且有些低聲下氣了。但俊卿態度仍然堅決，孝宗只好說：「卿雖百請，朕必不從也！」退朝後，俊卿再上疏，孝宗親筆批於疏後：「卿之忠實，朕素簡知，而辭位無知，屢留愈懇。公論所協，宜勿再陳[433]。」簡直下最後通牒了！俊卿方不敢再堅持。不久，俊卿於乾道四年（一一六八）十月拜為右相。此時俊卿受寵正隆。君臣二人往來互動可知，孝宗慰留俊卿，不惜放下身段，語氣幾近哀求，絕非一般關係可比。甚至可以由此描繪出一幅君臣相知極深的感人畫面，亦應可成為一段膾炙人口的政壇佳話。明君賢相相得益彰。君臣二人均極重視朝臣的進退：

……皐陵既同符二祖（指仁、哲二宗），而正獻公相業亦與韓、富、司馬匹休，豈有它道哉！不過君相之間，皆以進賢退不肖為第一義，當時之所黜陟用舍，天下皆以為當而已。公家藏宸翰所書用人論，臣伏讀而嘆曰：『明此而南面堯之為君，明此以北面舜之為臣。』此語足以贊天下此論矣[434]。

俊卿拜相雖曰不長，但其在位期間，盡心盡力，為國舉材（前已詳述），因而劉克莊將其與北宋韓琦、富弼、司馬光等賢相，等量齊觀，良有以也。

乾道六年（一一七〇）俊卿因請陵寢之事，與右相虞允文意見不合，孝宗傾向允文的意見，俊卿請去。以觀文殿大學士知福州，兼福建路安撫使。向孝宗辭行之時，猶不忘諄諄叮嚀，勸告君王「遠佞親賢，修政事以攘夷狄，泛使未宜輕遣[435]。」等語。對孝宗愛深責切的心理表露無遺。

淳熙五年（一一七八），俊卿判建康府江南東路安撫使兼行宮留守，詔赴闕奏事。臨安百姓風聞皆聚集道旁，無不仰嘆歡喜俊卿將再受重用。入對垂拱殿，孝宗待俊卿如長者，敬重有加，命坐賜茶，宣問備至。君臣闊別多年，今日相聚，賜坐暢談，一連兩天，對話主題完全圍繞著朝中大事。內容幾乎都是朝廷弊端。朱熹所撰俊卿行狀原文甚長，茲節

433　《朱子文集》，卷九六，〈正獻陳公行狀〉，頁四六九九。
434　《後村大全集》，卷一〇四，〈陳丞相家所藏御書二〉，頁十六。
435　《朱子文集》，卷九六，〈正獻陳公行狀〉，頁四七〇四。

略整理如後[436]：

（一）將由賄賂交結而得：

俊卿：今諸將多由賄賂交結而得，不可不察，當由公選，主兵官以貨賄得之，其下不服。

孝宗：大將交結，恐或因仍，統領官以下，皆朕親選。

（二）曾覿、王抃薦進人才皆以中批：

俊卿：選用人材當辨正邪，必由朝廷，方合公論。曾覿、王抃招權納賄，薦進人才，皆以中批行之。恩歸於此輩，謗萃於陛下，雖未必於陛下之前明有論薦，或恐探知聖意而傳報於外，禁中之事，外間無不聞，皆以此曹所為。

孝宗：小小差遣，或勉徇之，至於近上差除，此輩豈敢干預？

（三）出令不審：

俊卿：出令多不審查，隨即變更。陛下初政時所革之弊政，無法持續。如未銓試不得注官，未歷任不許堂除之例，皆以內降放行。

孝宗：誠一時不思之過。

（四）贓吏：

俊卿：有贓吏已經勘結，卻直降內批改正者。雖知其人，事已過往，不斥其名。

孝宗：恐無此人。卿言甚是，朕若知之，決不容也。

（五）再論曾覿、王抃惡行：

俊卿：重入國門，士大夫風俗大變，以往士夫奔競者十之一、二，而今公然趨附者十之七、八，不復顧忌。人才進退皆由私門。

436 《朱子文集》，卷九六，〈正獻陳公行狀〉，頁四七〇九～四七一〇。

孝宗：抃則不敢。覦雖時或有請，朕多抑之，自今不復從矣。

（六）重申將帥賄賂交結：

俊卿：將帥賄賂交結特甚，人人能言，獨陛下以為無有。小人奸計百端，巧為彌縫，使陛下獨不悟。陛下信任此曹，壞紀綱、廢法令、敗風俗，累陛下聖德。願勿忘臣言，天下幸甚。

孝宗：卿到建康，見兵將有如此者奏來。

（七）精擇諸路監司：

俊卿：須稍諳練有風采之人可用。勿用膏梁權要子弟，為一路之害。

孝宗：沈思久之。

俊卿與孝宗對話，就其所見所聞，將朝中弊政之大端完全稟告孝宗，毫無掩飾不留餘地，甚至有些話當令孝宗難堪。身為一國之君的孝宗，卻聞不出一絲煙硝味。他雖想盡辦法辯駁，但始終保持理性，可以接受批評，他的寬容大度，能容納不同的言論，雖不見得完全接納，至少表面上予以優容。尤其兩人關係匪淺，更提高對俊卿的忍受度。但從另一角度審思，朝廷弊端甚多，而多與近習之重用有關，足見此輩破壞體制何其嚴重，孝宗聞之卻以輕描淡寫帶過，顯現其對近習縱容的程度。

俊卿在地方官任上，政績卓著，孝宗對其恩隆有加，淳熙七年（一一八〇）加少保，八年封申國公[437]，十年除少傅，以疾致仕[438]，同年六月進封福國公[439]。十一年（一一八四）十月，孝宗於俊卿生日，遣使賜手詔云：「卿垂車梓里，諒多燕適，眷言舊弼，渴想良深，誕序將臨，耆艾可慶，賜卿金器，香茶至可領也。式彰異數，往績茂齡，其益保

437 《宋會要》，職官一，頁二三一八、職官五四，頁三五七五；《四朝名臣言行錄續集》，卷十五：「進呈知福州陳俊卿乞宮觀。上曰：『宰執治郡，舊來往往不以職事為念，如俊卿在福州，劉珙在建康，於職事間，極留心治狀，著聞未可換易。』龔茂良等奏所聞二人治郡，事事皆有條理。誠如聖諭。」由此可知，俊卿在地方上治績可觀。

438 《編年錄》，卷十七，頁一二〇七。

439 《宋會要》，職官一，頁二三一八。

頤，以昌壽祉，故茲親禮，宜體至懷，題曰『付陳少傅』而不名。」俊卿將之摹刻于石。敘云：「昔唐代宗之於郭子儀，本朝太宗皇帝之於呂端，一以社稷元勳，一以太平名相，若時體貌，度越彝章，顧臣何人，敢當此禮[440]。」孝宗對俊卿之寵眷此再為明證。十三年，授少師進封魏國公（同前）。同年薨。孝宗聞之震悼，對輔臣驚嘆久之，為輟視朝，又再輟視朝。贈太保，謚曰正獻[441]。均為明證。

再引一段文字，可見孝宗對俊卿之寵眷與敬重：

> 阜陵命相多矣，惟張忠獻公、陳正獻公尤有天下望。方忠獻之視師於外也，上對郡臣語必稱「魏公」，及正獻之釋位而去者，所賜奎畫，一則曰陳少傅，二則曰陳少傅，豈非所謂禮大臣者歟！二公當國皆不久，而上眷終始，不替它相。雖秉鈞持衡，多歷年所往往來去，已厭去則亡矣。烏虖！二公植立建明之際，進退出處之間，固有以起人主敬畏之心而然與[442]。

中國人講究三綱五常，君臣加上師生的雙重關係，彼此情誼緊密連結，終生不變。俊卿與孝宗的關係深厚即是如此。

第七節　結語

南宋朝在孝宗統治之下，乾道、淳熙年間出現短暫的盛世，號稱「小元祐」，此時期，人才濟濟，朝臣中正人君子

---

440 宋·李俊甫：《莆陽比事》，（《叢書集成》三編，續聚珍版叢書），史部，頁三／一下。

441 《誠齋集》，宋·楊萬里（文淵閣四庫全書，集部第九九～一〇〇冊，台北，商務印書館，民國七二年），卷一二三〈正獻陳公墓誌銘〉，頁二；亦見《永樂大典》，卷三一五一，頁三一。

442 《後村大全集》，卷一〇八，〈陳正獻家御札二軸〉，頁二下。

占多數。陳俊卿即為其中的佼佼者。

陳俊卿早年即懂得自我惕勵奮發向上。二十六歲中進士，從此步入政壇。十幾年來卻因不附和秦檜而飽受壓抑，直到秦檜去世，才有翻身的機會。由於高宗獨具慧眼，選中俊卿擔任普安郡王的教授，兩年期間「講經輒寓規戒，正色特立」，使他的人品才學深受孝宗賞識，此後十年內遷轉頻繁，中央朝官到地方知府，所到之處充分展現各方面的才幹。乾道二年起拜執政、宰相，共三年六個月。在進退大臣方面貢獻頗大，然因在恢復祖先陵寢的議題上，與孝宗及宰相虞允文持相反意見而請辭。罷相後數任地方官，所到之處卓有政聲，建樹極多，百姓感念。晚年時，孝宗對其優禮有加，寵眷不衰，加封少保、申國公、少傅、魏國公等榮銜。七十四歲薨，孝宗為之輟朝，贈太保，謚「正獻」[443]，一代名臣，生榮死哀。

他的才幹不僅在政治上，軍事方面亦有表現，他曾代理過兵部侍郎，整頓過淮西水軍，李寶在此基礎下成就淮西之役。此役於宋金戰爭中地位重要，甚至有書譽為「南宋存亡的關鍵」。從任言官起，便扮演把關的角色，在朝中堅持做到「進賢退不肖」的工作，在晉任執政後，執行不遺餘力，尤其強調此項工作的重要。在「進賢」方面，他大力推薦之張浚、陳良翰、林栗、劉朔、梁克家、莫濟、劉珙、虞允文、汪應辰、耿秉、武鉅等賢者，雖其名氣大小不一，均是正人君子，各自在政壇發展，也造就日後的盛況。「退不肖」方面，則正色立朝，維護朝綱，打擊不法。諸如：韓仲通、劉寶、湯思退、楊存中、張去為、錢端禮、曾覿、龍大淵、王抃、張說、林機、施元之、戚方、章夏、吳曾等人。其中不乏高級將領，利用職權，掊剋聚斂，多行不法。特別值得一提者，厥為曾、龍等近習之臣。俊卿曾五次彈劾壓制，雖孝宗有心袒護，最後仍遭疏離。

俊卿擔任宰執前後，五度任地方官：知建康府（三任）、知福州（兩任），長達九年。地方政績均有可觀，「治郡崇尚風教」，「所至，民必相率為生祠，且立碑以頌功德」（同前註），其政績斑斑可考。

他的言論主張廣及政治、軍事、財經各方面。軍事上，朝廷自紹興和議之後，弊端叢生，他認為應罷撤惡將，慎選

443 《朱子文集》，卷九六，〈正獻陳公行狀〉，頁四七一四。

人才，遏止招納歪風，對士兵應尚嚴。對金關係上，金方欲大舉南侵，他力挺張浚主持抗金大政，另修營屯田，嚴加守備。危機解除，雙方進入和談，他認為應先正名，才能提振士氣，國威可強。而「選將練兵，屯戍兩淮」則是配套的作法。

對於恢復陵寢，他的態度持重，強調不可冒進，國富民強為先，再談恢復，否則求之不已，必至用兵。對於君王治道，他有很高的期許。認為人主應「兼聽」、「至公」，為政效法宋仁宗。帝王應掌握大端，不應瑣於細務。治國之道有三：用人、賞功、罰罪。人才是「國家命脈」，「當以氣節為主」，所謂「能吏」者，施政急刻聚斂，應當加以禁用。針對時弊，條陳十事。大臣不僅應久於任、專於事，其「私心」更應革除，方能「風俗變，紀綱立」。財政之弊，最大者為「冗官冗費」，各衙門用度嚴加裁減管制，並由宮廷率先做起，問題便能迎刃而解。

俊卿心胸開闊，設身處地為人著想，個性恬淡，不附權貴，性情寬厚，秉性忠良，謀事持重，計萬全而後動。總括而言，他是一位坦蕩君子，也是賢相、良臣的典範。

孝宗從進宮以後，受到高宗刻意栽培，先後任命十餘位名儒碩學之士擔任他的教授，對孝宗的教育極為重視，目的不外乎未來成為一位成功的帝王。果然，孝宗日後表現可圈可點，沒有辜負高宗及眾位教授的期望。也成就乾道、淳熙年間朝政盛況，實為南宋一朝難得的盛世。他對臣子的任用及駕馭大臣的手腕相當高明，綜核名實，仁民愛物。儘管孝宗堪稱一代賢君，但在用人方面還是有其缺失。尤其重用與信任眾所周知的奸佞近習，更是難以抹殺的缺點。但深究之後，發現近習的背後多有高宗的影子，而孝宗本人在位二十七年當中，大多籠罩在高宗陰影之下，因此他寵信曾、龍、王、甘等人便不足為怪了！

當俊卿受詔回朝奏事，孝宗命之入對垂拱殿，君臣闊別之後促膝暢談，俊卿毫不客氣，舉出諸多應興應革之事。如：將領交結賄賂、曾覿、王抃仍受重用、出令不審、贓吏、精擇諸路監司等大端。其中頗有令孝宗難堪者，卻仍坦然接受批評，其寬容大度，足令中國歷代絕大多數的君王汗顏。

對於孝宗重用近臣，呂中評論：

方曾覿與龍大淵始用事也。劉度爭之去，胡沂爭之去，張震、周必大又爭之去。上皆以朋黨疑之。及陳俊卿一言而即出二人於外矣。俊卿既去，而曾覿復來。劉恭父言之，張敬夫言之，龔茂良重言而得貶。而覿與王抃、甘昇之寵自若也。及俊卿一言而復疏曾覿而棄之矣。於是見君子退而小人進，君子盛則小人衰也。於此見大人能格君心之非，而人主之論相，當求其正己，不當求其適己，當求其可畏，不當求其可愛也。於此見孝宗之英明，一時之奸邪霧翳，終不能以滓穢太清也[444]。

呂中此論批判孝宗重用近臣的情形，當俊卿在朝，多次壓抑這些近臣，當俊卿罷相，任職地方時，近臣則大受重用。可見「進賢退不肖」的確發揮了作用。「君子退而小人進，君子盛則小人衰」，是矣！

[444] 《續宋編年資治通鑑》，卷九，頁十三。

第五章　宋孝宗及其宰相王淮

第一節　前言

王淮（字季海）是孝宗後期的宰相，於淳熙二年（一一七五）九月晉任執政，淳熙八年（一一八一）八月拜相，至淳熙十五年（一一八八）五月罷左丞相，從執政到宰相長達十三年，在孝宗朝可謂異數。有鑑於高宗時秦檜專政十九年，故孝宗朝的宰相均不久於任，而獨王淮拜相達六年，何以如此？余英時先生在《朱熹的歷史世界》裡提出解釋，王淮受到重用係出於高宗的提拔，他的拜相又因為孝宗的國家政策從積極轉趨保守。而淮之下台，則是在高宗死後，孝宗重新企圖「恢復」，王淮的保守政策無法滿足孝宗的需求[445]。余書中有相當篇幅討論此一議題，其相關論証細膩，情節跌宕，恍若觀賞一齣情節曲折的戲劇，尤其王淮的罷相過程，每一細節都作詳細生動的描述。作者治學精勤，論證詳實周密，旁徵博引，可欽可佩，整部著作係以朱熹為論述核心，有關王淮的部分，大都側重在其對於朱熹及道學派的對立與打擊行動，對其相關作為，多從反面角度觀察立論。王淮拜相多年，施政的重心以保持政局「安靜」為名，因循苟且，無所作為，故指為「失政」，批判頗為嚴厲。然就王淮生平的相關文獻所見，歷任職務的事蹟並非「尸位素餐」之

[445] 余英時：《朱熹的歷史世界》（允晨文化出版，台北，民國九二年），上集，頁四七二。

人，有其一定的貢獻，應予以較為平衡的敘述與評論，不須一概抹殺，筆者認為有必要提出討論。

比如《朱熹的歷史世界》說：

> 趙雄是助孝宗謀「恢復」的最後一任宰相，淳熙八年繼他相位的便是王淮。所以孝宗不談「恢復」，轉求安靜，必在趙、王交替之際。這是一位屢遭挫折的皇帝任用一位「不求有功，但求無過」的宰相。孝宗的政治風格也從事必躬親變成無為而治了。

如果書中所言屬實，那麼孝宗因心態上轉趨保守，而起用王淮為相，正符合當時的心理需求及時勢所趨，則王淮何罪之有？又該書全從「恢復」的角度，來看王淮的「主靜」政策，對之多所批評。然而論史有時不必完全固著於一端，如更換角度來觀察王淮的作為，便未必都屬負面，王淮本人也未必都如書中所指，如此的「昏庸無能」。

本文以孝宗的人格作風思想作為，稍加評述，兼及優缺。并王淮生平經歷、任相政績、君臣互動為兩大主軸，加以分析研究，亦涉及當時政局變化。

第二節　王淮的仕宦與政績

一、身世與早期經歷

王淮字季海，婺州金華人。其祖先出於太原，五代時期為避戰禍遷至婺州之鳳林，後徙金華。曾祖本，祖父登，官承議郎、湘潭知縣。二伯師心官至吏部尚書、顯謨閣學士。父師德官宣義郎，翰林學士何溥曾為其撰寫墓誌銘。

淮生於靖康元年六月（一一二六），出生之後半年，開封城破，徽、欽二帝被俘，北宋滅亡。南宋繼起，幸而王淮家鄉未受波及。淮「自幼警敏，寡笑與言，表和裡正[446]」，年二十登紹興十五年（一一四五）進士，為台州臨海縣尉。郡守蕭振便見他器識不凡，辟為幕僚，「郡事多委公裁決」極為倚重[447]。

自紹興二十三年至三十年（一一五三～一一六〇），七年間遍歷國子監書庫官、主管吏部架閣文字、樞密院編修、祕書省校書郎等官職，仕宦經歷極為豐富。兼吳王、益王府教授期間，「屏遠人事，益讀未見書，假休亦入，抵暮始歸。」（同前註）可見其讀書之勤，用功之深。他先後獲得湯鵬舉、朱倬等人的薦舉，也曾受到史浩、虞允文、陳俊卿、劉珙等名臣的雅相器重，說明王淮歷任官職表現傑出，方能得到眾臣青睞。

在朱倬的推薦下，擢監察御史，遷右正言。首論「大臣養尊，小臣保祿，執政以緘默為智，引去為高，願陛下匡正朝廷，以正百官，禮遇大臣勿假以權，刑賞黜陟專于上，使號令齊一，官吏久任，則其他將不革自去。」（同前註）對朝政的批評與建言深受高宗嘉納。宰相湯思退、吏部侍郎沈介、宰士方師尹、大將劉寶等全遭其論罷[448]。展現其「遇事必言，言之必盡」的處事態度，稱得上是「克盡厥責」。其關心的議題相當寬廣，舉凡「兩淮之互市」、「七閩之鬻鹽」、「諸道之預買折帛」、「淮漕之奪民榷酤」[449]等，鹽、酒、折帛、通商，以及攸關民生的各種弊端，均加奏除。

446 《誠齋集》，卷一二〇，〈左丞相魯國王公神道碑〉，頁二一。
447 《攻媿集》，卷八七，〈魯國公致仕贈太師王公行狀〉，頁一一七七。
448 參考《宋史・王淮傳》，卷三九六，頁一二〇七〇；《誠齋集》，卷一二〇，頁二一；《攻媿集》，卷八七，頁一一七八等三種史料。獨宋史有「吏部侍郎沈介之欺世盜名」，《誠齋集》、《攻媿集》均無記載。查《宋史翼・沈介傳》，卷十二，頁七，在吏部侍郎任內，於紹興三一年正月，上封事論備敵之策，「……論及劉寶手握兵柄至二十年，志得氣盈，傲視朝廷。……」沈介任吏部侍郎時並未遭劾罷。三二年知永州。乾道四年知信州，移潭州。去官之日，老稚扶攜隨行十餘里。此類官吏應不致「欺世盜名」。《宋史・王淮傳》資料不知其來源，顯然有誤。又《誠齋集》，卷一二〇，頁二一載：「吉州守魏安行虛增鬻公田之估，皆奏免。」《攻媿集》、《宋史・王淮傳》均未載。證諸《要錄》，卷一八八，頁八，確有其事：「右正言王淮言：『……蓋其始作俑，倡為欺罔者，魏安行其人也。安行初守滁州，嘗以墾田數千頃邀賞于朝矣。就加褒賞，輒復不然，其為戶部郎，嘗獻營田之策矣。試之維揚，蔑聞成效，徒以口舌，僥倖得官。今又持節江東傲誕自如，恬不為怪，望錄其前後欺罔之罪，特賜罷黜。……』詔安行罷江南東路轉運副使，餘從之。安行在江東急於受賞，督迫州縣鬻田甚峻。……已而安行罷去，民卒得寬全。」
449 參閱《誠齋集》，卷一二〇，頁二一。

時高宗更化之初，興滯補弊，公（王淮）所言無非經綸要務，嘗謂道揆正於上，則法守明於下。乃者，用是之臣，持己私以專國柄，四方奏請，有送部當看詳措置之類，當處以無心，總要聽成以詔廢置而已。今乃……變舊章而惑觀聽，有司失其守而名實亂矣。欲望明詔大臣令各以成法來上，盡去宿弊，或依違遷就，則坐以違制[450]。

王淮的表現令高宗激賞，留下深刻印象，故樓鑰說：「此實公之相業也，眷遇日隆，且將大用。」（同前註）此處埋下日後大受重用的伏筆。

隆興元年（一一六三），王淮任福建轉運副使，「除科鹽之宿弊，洗滯訟之冤枉，治最上聞。」曾上奏自治之策：「治內有三：曰正心術，曰寶慈儉，曰去壅蔽；治外有四：曰固封守、曰選將帥、曰明賞罰、曰儲才用。」孝宗「賞嘆」，並且說：「卿居言責，有補治體。」（同前註）凡此，顯示王淮無虧職守，不僅獲得高宗青睞，孝宗也親見其作為，加以讚賞。不久除祕書少監，才不過一個月，又兼恭王府直講，再兼國史院編修官。此時，執政錢端禮欲「私謁於公（王淮）」，為淮所拒，得罪了端禮。（同註一一五）適值恭王生子，淮建議宰相：「乞討論典禮。」錢端禮乘機進讒：「淮有年鈞以長之說。」孝宗道：「是何言也，豈不啟邪心[451]？」端禮見縫插針發生效果，使淮出知江州。早在孝宗即位以前，孝宗以下的皇位繼承權之爭已經展開。孝宗在藩邸時，郭氏生四子，依序為鄧王、慶王愷、恭王惇，四子早么。乾道元年四月，恭王夫人李氏生子，六月，鄧王夫人錢氏亦生子，於是發生「皇長嫡孫」之位的爭奪戰。結果恭王及其王府直講王淮、留正失敗；孝宗及錢氏父親參知政事錢端禮、虞允文支持鄧王。錢端禮乘機排擠王淮，論其「傾邪不正，有違禮經」，乃罷外官[452]。

乾道四年（一一六八），改知建寧府，以節儉寬和理政，頗有績效，當地北溪湍急，淮建造石橋，造福當地百姓，

450 《攻媿集》，卷八七，頁一一七八。
451 《宋史・王淮傳》，卷三九六，頁一二〇七〇。
452 參考《宋史・王淮傳》，卷三九六，頁一二〇七〇；《宋史・錢端禮傳》，卷三八五，頁一一八三一。

人民為立生祠[453]。六年，改兩浙西路提點刑獄公事，任內有數十年不決的訟案均得到公平審理。入朝奏陳閩中利病等四事，孝宗嘉獎。命皇太子以師儒之尊加以拜禮。根據《宋會要》記載，淮曾任提舉河渠公事，於八年六月上奏，論姑蘇一帶江流形勢平緩，易生潦水之患。沿江有青龍港、許浦、白茆、琴川、百家涇等，沙石填壅的結果，使「舟行則膠流，集必遏」。今許浦水軍屯駐於此，建議主將命卒伍沿許浦一帶「疏而通之，浚而深之，使江海之流相接。」不僅浙西之民可無水潦之患，亦為駐軍之利。此言引起重視，鎮江兵馬鈐轄王澈、平江知府均提出意見，因所需規模太大而止[454]。

自乾道八年（一一七二）十一月至次年七月，轉官速度驚人，短短年餘，九次升遷，加官封爵。十一月，太常少卿。十二月，兼權中書舍人。九年（一一七三）閏正月，兼權吏部侍郎。二月，兼太子左庶子。四月，兼權直學士院。七月，除中書舍人，仍兼直學士院。九月，兼侍講。十二月，兼太子詹事，轉左朝請郎，封東陽縣開國南食邑三百戶。一年數任，顯然倍受孝宗青睞與睠寵。

淳熙二年（一一七五）閏九月，除簽書樞密院事，次年八月，同知樞密院事，五年（一一七八）三月，知樞密院事，十月，進樞密使。至八年（一一八一）九月拜相，仍兼樞密使。故王淮在樞密院，扣除參知政事十個月（淳熙四年六月至五年三月，一一七七～一一七八）前後長達六年。任職樞密期間，充分展現其軍事才幹。孝宗曾對錢良臣（簽書樞密院事）言道：

向來大臣不知兵，所以用兵多無成功。今卿等究心軍務，朕復何憂[455]？

453 參閱《攻媿集》，卷八七，頁五；《誠齋集》，卷一二〇，頁二二。
454 參閱《宋會要》，頁四九三五～四九三六。
455 《攻媿集》，卷八七，頁一一八〇。

錢良臣曾轉告王淮郭棣之言：「蒙宣諭：王樞使在西府數年不曾錯了一事。」（同前註）王淮處理軍事的能力極佳，也贏得孝宗的信心。淳熙八年（一一八一）八月拜右丞相兼樞密使，次年九月升左丞相，直到十五年（一一八八）五月罷相，任相達六年九月。為孝宗朝任期最長的宰相。

二、政績

（一）舉薦人才：王淮以用人為己任，差除官吏相當謹慎。曾說：「臣于人物，恐不能盡記，自有手記，有繙閱十餘過而不得其人者，何敢輕也[456]。」故「用人」為其政績中之首要。綜合相關史料，其所薦人才共七十三位，有文臣、有武將。所推薦時間自紹興三十年（一一六〇）至淳熙九年（一一八二），前後二十餘年。雖然余英時先生認為他在拜相後所薦舉之人，只是表面上為了捐除朋黨派系之別而有的舉動[457]。但他畢竟是為國舉才，姑不論被舉薦者未來平步青雲成為名宦，或是表現汎汎籍籍無名，總之，為被薦舉者提供一個入仕或受到重用的機會，算得上是王淮的一樁貢獻，不必完全抹殺。且孝宗曾說：「今中外得人，前所未有，復見古風矣。」楊萬里說：

456 《攻媿集》，卷八七，頁一一八四。

457 《朱熹的歷史世界》上篇，頁四七四，引《宋史・楊萬里傳》，卷四三三，頁一二八六八：「王淮為相，一日問（楊萬里）曰：『宰相先務者何事？』曰：『人才。』又問：『孰為才？』即疏朱熹、袁樞以下六十人以獻，淮次第擢用之。」這是王淮初上任之事，故有「宰相先務者何事？」之問。此事與「不去蜀士」密相聯繫，構成他整體策略的一部分，以建立他的權位基礎。一方面表示廣攬人才，決不結黨；另一方面則是向各方勢力表示他的開放性，以求爭取廣泛的支持。筆者佩服余氏論史見解如此深入透澈，真正發揮「史識」。但若凡事過分強調「動機論」，是否流於偏執？據楊萬里撰：《淳熙薦士錄》（台北，藝文印書館，一九七一年），頁四四七三，載：「淳熙乙巳（十二年）誠齋（楊萬里）為吏部郎中，時王季海為丞相，一日丞相問誠齋云：『宰相何最急先務？』誠齋答：『薦士為先。』因呈薦士錄。」（《函海》，第八函，仿萬卷樓原本，宏業書局印行）淳熙乙巳年距王淮拜右相已三年餘，應該不是「初上任」之時，與《朱熹的歷史世界》所言頗有出入。在《淳熙薦士錄》中臚列名單有朱熹等共六十名。而實際列入王淮推薦名單（據《誠齋集》所載）者僅有：朱熹、鄭僑、蔡戡、京鏜、劉清之等五人。

「故淳熙人物之盛，至今以為美談[458]。」即或稍有過譽，但絕非無中生有。所薦舉人才表列如下：

附表一：王淮薦用人才一覽表

被薦者姓名	受推薦時間	受推薦原因及所薦官職	王淮舉薦時之職稱	受薦者未來最高官職或重要事蹟
陳輝、王傳	紹興三〇年（一一六〇，約）	薦為郡	右正言	陳輝兩浙轉運使兼權知臨安府[459]；王傳不詳
鄭伯熊、李燾、程叔達	淳熙二年（一一七五）	以文學行誼薦	翰林學士、知制誥	鄭伯熊官終直龍圖閣、知甯國府[460]；李燾累官禮部侍郎、敷文閣學士；程叔達累官華文閣直學士[461]。
李塾	淳熙二年閏九月	堪應賢良方正、直言極諫科	翰林學士（與兵部侍郎兼直學士院周必大）共舉	
吳拱、郭田、張宣才	淳熙二年	薦蜀帥吳拱才可登用，郭田、張宣才堪為帥。	簽書樞密院事	吳拱利州路安撫使、知興元府；郭田、張宣才不詳。

458 《誠齋集》，卷一二〇，頁二八。
459 元・潛說友撰：《咸淳臨安志》（《四庫全書珍本》十一集，商務印書館，台北，一九八一），卷四七，頁十二：「隆興元年六月二日以右朝請大夫直秘閣、兩浙轉運副使兼權知臨安府。七月三日，除直敷文閣。二年四月四日，改知建寧府，又改知湖州。」
460 《宋史翼》，卷十三，頁六下。
461 《誠齋集》，卷一二五，〈程叔達墓誌銘〉，頁一；亦見《新安文獻志》（明弘治十年原刊本），卷八二，頁一。

被薦者姓名	受推薦時間	受推薦原因及所薦官職	王淮舉薦時之職稱	受薦者未來最高官職或重要事蹟
王淑簡	淳熙八年（一一八一）	淮力薦其文行，用為博士。	右丞相兼樞密使	博士
蕭燧	淳熙八年	淮薦名儒蕭燧代王抃為樞密都承旨（一說待制）	右丞相兼樞密使	參知政事
留正	淳熙八年	薦為蜀帥	右丞相兼樞密使	光宗時宰相
劉國瑞、李昌國、趙汝愚、張杓、	淳熙八年	薦劉國瑞可風憲、李昌國（圖）可判曹、趙汝愚可閫帥、張杓可畿漕。	右丞相兼樞密使	劉國瑞不詳；李昌國（圖）工部侍郎；趙汝愚宰相；張杓端明殿學士、知建康府。
梁克家	淳熙九年（一一八二）	梁克家久外，淮誦言其賢，拜右丞相。	右丞相兼樞密使	右丞相
李椿、朱熹[462]	淳熙九年	謂李椿之老成、朱熹之練達，可以寄民命（《攻媿集》謂知南康）。	左丞相	李椿帥長沙，知南康，官至吏部侍郎、敷文閣直學士；朱熹浙東常平使者（浙東提舉）。

462 《朱熹的歷史世界》稱王淮於淳熙七年八月薦朱熹為兩浙東東路常平茶鹽公事，是別有用心。實則，同年三月已除此職在先，待次。參閱宋・黃榦撰：《勉齋集》，（《四庫全書珍本》二集，商務印書館，台北，民六〇年）卷三六，〈朱子行狀〉，頁十，閏三月乃去郡東歸。七月除直祕閣，三辭。故余先生對王淮已生偏見。

被薦者姓名	受推薦時間	受推薦原因及所薦官職	王淮舉薦時之職稱	受薦者未來最高官職或重要事蹟
鄭丙、芮輝	淳熙九年	鄭丙之剛正、芮輝之文學，可以侍經幄。	左丞相	鄭丙為天官；芮輝為侍講。
余端禮、曾逮	淳熙九年	余端禮之精密、曾逮之風力，可使充民曹。	左丞相	余端禮寧宗時官至知樞密院事兼參知政事；曾逮戶部、刑部侍郎、敷文閣待制。
葛邲、熊克[463]		葛邲之行誼、熊克之文詞，可使登法從。		葛邲紹熙中拜左丞相；熊克以薦直學士院，後出知台州。

[463] 據《齊東野語》，卷八，頁一〇一，謂：「熊克字子復，博學有文。王季海守富沙日，漕使開宴，命子復譔樂語，季海讀之稱善，詢司謁者曰：『新任某州熊教授也。』自此甚見前席。……及改秩作邑滿，造朝謁光範。季海時為元樞，詢子復曰：『近亦有著述乎？』子復以兩編獻。一日後殿奏事畢，皋陵從容曰：『卿見近日有作四六者乎？』時學士院闕官，上不訪之趙丞相而訪之季海，於是以陸務觀等數人對。上云：『朕自知之。今欲得在下僚未知名者爾。』季海遂及子復姓名。上云：『此人有近作可進來。』季海退，以所獻繳入。翌日，上謂季海曰：『熊克之文，朕嘗觀之，可喜。蓋欲置之三館兼翰苑也。』季海奏云：『如此恐太驟，不如且除院轄，徐召試，使克文聲著於士大夫間，則人無間言。』皋陵然之，遂除提轄文思院。他日，趙丞相進擬。上曰：『朕自有人。』趙問：『何人？』上曰：『熊克。』又曰：『陛下何以知之？』曰：『朕嘗見其文字。』又問：『陛下何從得其文字？此必有近習為道地者。』上曰：『不然，季海雖知由己所薦，以上既不言，亦不敢泄。』而趙終疑之。……」此文字正可證明《誠齋集》所言王淮舉薦人才非假。其次，透露孝宗此時較為信任王淮重於趙雄。而《宋史・熊克傳》，卷四四五，頁一三一四三，謂：「嘗以文獻曾覿，覿持白于孝宗，孝宗喜之，內出御筆，除直學士院。宰相趙雄甚異之，因奏曰：『翰苑清選，熊克小臣，不由論薦而得，無以服眾論，請自朝廷召試，然後用之。』上曰：『善。』乃以為校書郎，累遷學士院權直。」兩段文字差距頗大，尚待查證。

被薦者姓名	受推薦時間	受推薦原因及所薦官職	王淮舉薦時之職稱	受薦者未來最高官職或重要事蹟
京鏜、謝深甫、鄭僑、何澹、袁說友、呂祖謙、尤袤、謝諤、閻蒼舒、羅點、范仲藝、洪邁、沈揆、陸游、倪思、莫叔光、宇文介（价）、謝師稷、王正己、趙思、趙汝誼、何萬、鄧驛、陸九淵、劉穎、趙鞏、詹亢宗、吳燠、陳仲諤、詹騤、周頡、黃黼、蔡戡、林枅、李璧、鄭鍔、趙彥中、豐誼、詹儀之、方有開		淮言儒學政事之臣，如：（人名略）皆一時之選。（淮拔其尤。如：羅點、陸九淵、彭仲剛、劉清之，並與職事官；《攻媿集》）。（上令先及侍從薦舉人。淮拔其尤。如：莫叔光、趙鞏除刪定官。《攻媿集》）。		京鏜慶元中拜左丞相；謝深甫慶元中拜右丞相；鄭僑寧宗朝拜知樞密院事；何澹寧宗拜知樞密院事；袁說友嘉泰官至參知政事；呂祖謙官至祕閣著作郎國史院編修；尤袤官至禮部尚書；謝諤官至御史中丞；閻蒼舒官終龍圖閣待制知潼川府；羅點官拜簽書樞密院事；范仲藝官至龍圖閣直學士；洪邁官至端明殿學士致仕；沈揆官終禮部侍郎；陸游寶章閣待制；倪思官歷禮部尚書；莫叔光官吏部侍郎兼祕書監（一說刪定官）；宇文介官起居舍人知襄陽府；謝師稷官至集英殿修撰知平江府；王正己官太府卿，以祕閣修撰致仕；趙思官中大夫；趙汝誼不詳；何萬官著作郎；鄧驛歷官左司諫、集英殿修撰知泉州；陸九淵官知荊門軍；劉穎官至寶謨閣直學士；趙鞏官祕閣修撰（一說刪定官）；詹亢宗官著作佐郎；吳燠官起居郎；陳仲諤官不詳；詹騤官至龍圖閣學士知寧國府；周頡官福建轉運使；黃黼官侍御史；蔡戡官淮西總領；林枅歷官知信州、江西運判；李璧官參知政事；鄭鍔官屯田郎；趙彥中官權直學士院；豐誼官戶部郎、湖南運判；詹儀之官吏部侍郎、知靜江府；方有開官至戶部侍郎。
李處全、錢象祖	淳熙九年	淮薦李處全、錢象祖為郡守（淮為閩漕時，侍御史李處全嘗論淮，召命。至是淮奏起知處州。《攻媿集》）	左丞相	李處全官至朝請大夫、郡守（一說知處州）；錢象祖官至左丞相

被薦者姓名	受推薦時間	受推薦原因及所薦官職	王淮舉薦時之職稱	受薦者未來最高官職或重要事蹟
周極		周極有才，人多議其輕，公言跅弛之士，緩急能出死力，上遂用為郡守。	左丞相	郡守
辛棄疾[464]		辛棄疾有功，而人多言其難駕御，淮言：「此等緩急有用。」上即畀祠官。	左丞相	
周嗣武	淳熙八年（約）	版曹闕貳，俾淮擇才，因薦曾逮、周嗣武	右丞相	周嗣武官至權戶部侍郎
彭仲剛、劉清之	淳熙八年～九年（約）	上令先及侍從薦舉人。淮拔其尤。如：羅點、陸九淵、彭仲剛、劉清之，並與職事官。	右丞相	彭仲剛知亳州；劉清之知袁州

附註：

1. 表列之人是自王淮從政以來所有薦舉者。
2. 所有被薦舉者，其後所任官職，經統計數量如下：宰相七人，執政七人，尚書三人，侍郎九人，轉運使二人，知府六

464 《貴耳集》，卷下，頁十三上，載：「王丞相欲進擬金幼安除一帥，周益公（必大）堅不肯。王問益公云：『幼安（辛棄疾）帥材，何不用之？』益公答云：『不然，凡幼安所殺人命，在吾輩執筆者當之。』王遂不復言。」

人，知州六人，殿閣學士（或直學士）五人，言官二人，修撰二人，安撫使、博士、提舉、侍講、編修、中大夫、著作郎、著作佐郎、起居郎、總領、屯田郎、轉運判官、待制等各一人。以上七十餘人之中先後在孝宗、光宗、寧宗三朝任職，對朝政的影響力不為不大。

（二）軍事才幹：王淮的軍事政績大致有以下兩方面：

1. 人事方面：禁止各軍任用不符資格之人任職；將體力未衰軍人改為合入差遣；禁黎州所部邀功生事；招撫草羌肇事罪犯；措置歸正添差員闕及冒名等弊端；安置邊鄙懷柔遠人；所選授之中外將帥、邊臣均各稱其職。

2. 軍務方面：值江西賴文政、郴寇、陳峒、李接之變、淮陰劫寇等緊急軍事文書接踵而至，號令賞罰，明審平當，豪釐不差。雖千里之外各方軍務皆處置得宜[465]。

（三）抑制近習：對於近習佞臣之抑制，不餘遺力。

1. 龍大淵：淳熙元年，龍大淵「贈太師，仍畀儀同三司恩數」，淮將詔書封還[466]。

2. 張說：淳熙元年，孝宗知張說欺罔而罷為太尉，提舉玉隆宮。淮力陳其不可，竟遭罷，而奉外祠[467]。

3. 王抃：王抃為樞密都承旨，恃寵為姦，軍機邊事輒用白劄子，直接得旨行下，朝廷又不預知，士論籍籍無敢斥言。淮面奏極陳，孝宗方才開納，並說：「非卿盡言，朕不聞此，當為卿斥之。」數日後復上奏，謂：「近習弄權，人主鮮不以此受謗，一旦斥去，中外無不服陛下之明斷。」孝宗立即斥去。淮又薦蕭燧代之，小人屏跡[468]。

4. 張去為：宦官張去為請以自己的官職轉讓給其子，王淮駁斥道：「其子已為遙郡，法不應遷[469]。」

465 《宋史全文》，卷二六，頁二一〇三，淳熙六年十二月辛亥條。
466 《宋史・王淮傳》，卷三九六，頁一二〇七〇。按：《宋史・佞幸傳》，卷四七〇，頁一三六九〇云：龍大淵死於乾道四年，而
467 《攻媿集》，卷八七，頁六，言「致仕」，時間上有誤。
468 參閱《攻媿集》、《宋史・佞幸傳》。而《宋史・王淮傳》云：「封還詔書」。兩者記載有出入。
469 《誠齋集》，卷一二〇，頁二六。
《誠齋集》，卷一二〇，頁二八。

（四）保全人才：

1.存蜀士：右丞相趙雄罷相，朝中有謠言欲以此撼蜀士，故均有意離去。淮為撫平情緒，「皆以次進遷」，于是「按堵」，且免除了結黨之虞[470]。

2.保故相：故相陳俊卿請老，趙雄請祠，梁克家因病求去，王淮先後為三人請命，不應因年老而聽任求去[471]。

3.章穎輪對，孝宗批評他「言涉沽激，全無根蔕」，欲予以外任。王淮從旁緩頰，奏道：「頃以象緯失度，陛下畏天求言，搢紳當不諱之朝，以言相高，恥不相若，雖入于激訐而不自知，士風如此，良亦可賀。或加阻抑，則有諱言之謗，莫若獎其切于治道者，好名無實，置而不問，以示優容，則各自安分矣。」孝宗稱善不已[472]。孝宗嫌章穎論事狂直，有意將之貶黜，亦為遏阻「妄肆臆說」（同前註），以免相沿成習。卻因王淮一席話而巧妙化解，孝宗亦轉怒為喜。由此見到王淮展現智慧之處。

第三節　君臣之間與淳熙政局

一、王淮長期重用的原因

王淮於高宗朝受其青睞、賞識，因而得以重用。孝宗即位後，王淮充分展現才幹，而逐漸受到孝宗器重且長期重用，故能平步青雲而至宰相，且久於其任。據《朱熹的歷史世界》一書的解釋，王淮之受重用，一則是高宗的支持，二則基於「國是」轉為「安靜」，因而選中與孝宗「異趨」的王淮為相。余先生的說理論證均極精闢詳實。但令人疑惑的

470 參閱《宋史・王淮傳》，卷三九六，頁一二〇七一。
471 參閱《誠齋集》，卷一二〇，頁二九；《宋史・王淮傳》，卷三九六，頁一二〇七一。
472 參閱《宋史・王淮傳》，卷三九六，頁一二〇七一；《攻媿集》，卷八七，頁一一八三～一一八四

是，〈王公神道碑〉、〈王公行狀〉兩篇文字載有極多關於王淮正面而且具體的事蹟，有頗多受到孝宗的讚美稱許，難道都是溢美過諛之詞？而余書中也引用不少裡面的資料，這又如何解釋呢？筆者以為余先生提出的理由固然有理，但王淮長期仕宦生涯裡所作貢獻，也不宜一筆抹殺[473]。

茲略為分析他受孝宗重用的原因如下：

（一）王淮適時展現說話技巧，流露智慧，屢屢贏得孝宗嘉許。

如章穎論事狂直，前已言之，孝宗原本極為不悅，欲加貶黜，卻因王淮一番言語，非但化解孝宗憤怒的情緒，亦停止貶官的處分，令孝宗稱獎不已。成都帥出闕，孝宗徵求人選，淮推薦留正。孝宗對出生泉州的留正有些疑慮：「非閩人乎？」淮答道：「立賢無方，湯之執中也。必曰閩有章子厚、呂惠卿，不有曾公亮、蘇頌、蔡襄乎？必曰江浙多名臣，不有丁謂、王欽若乎？」孝宗稱善[474]。這番話讓孝宗毫無反駁的餘地。楊萬里在其所撰〈王公神道碑〉中，描述王淮說話「吶吶恂恂，言徐色夷」[475]，余英時先生引用此史料，認為王淮的口才並不便給。但從前述對答中，看到王淮一旦說話，邏輯清晰，條理分明，不僅口才極佳，且思路流暢，反應靈敏，雖然平時看似「吶吶恂恂」，但在緊要關頭，便充分發揮說話技巧，否則英銳如孝宗，如何輕易被說服，還對王淮「稱善」。故王淮完全具備宰相所應有的智慧及口才。

（二）擔任樞密期間，頗多政績，深獲孝宗讚美。

王淮任職樞密期間，政績卓著，前已言之，不再贅述。淳熙二年（一一七五），王淮為簽書樞密院事，孝宗曾言：「樞密臨事盡公，人無間言，差除能守法甚善。」又曾顧謂簽書樞密院事錢良臣：「王某臨事至公，遇事不曾放下。

473　閱《朱熹的歷史世界》上篇，頁四八二。不過同書，頁四八五，對王淮倒是有正面稱贊：「王淮在處理行政事務方面，一方面謹守『法度』，另方面又相當明快。」這是少數例外。
474　《宋史・王淮傳》，卷三九六，頁一二〇七二。
475　《誠齋集》，卷一二〇，頁二〇。

卿宜協贊[476]。」「樞密每事詳審，有未合法度處，必將上理會，甚善。朕亦從容多暇。」又稱：「遇事無私，詳練謹密，深賴協濟[477]。」王某就是王淮，孝宗不只一次稱讚王淮「臨事盡公」、「遇事無私」，指其處事公允不會徇私。王淮曾說：「授官當論賢否，不事形跡。誠賢，不敢以鄉里故舊廢之；非才，不敢以己私庇之[478]。」「人臣須是徇公，不當邀權。」這便是「臨事盡公」的最佳註腳。淳熙七年（一一八〇），黎州寇被平定後，孝宗說王淮：「昔陳康伯雖有人望，至於處事，皆不及卿[479]。」此言對王淮的表現是極大的肯定。史稱陳康伯「以經濟自任，臨事明斷」。於高宗晚期及孝宗即位之初任相，極受高宗稱許，說他「真宰相也！」，紹興三十一年（一一六一）完顏亮大舉南伐之際，康伯坐鎮朝廷，指揮若定，對穩定軍心士氣，產生極大作用[480]。《宋史・王淮傳》提及辛棄疾平定江西寇，王佐平湖南寇，劉平廣西寇，幾次戰事王淮都能處置得宜，論功允當。孝宗欲令三衙建康主帥相度聞奏（觀察估量後聞奏）。王淮回應：「若令主帥相度，孰不願置此軍，恐內有肘腋之虞，外有尾大不掉之患。（韓）世忠等輩，當艱難日，握兵于外，置背嵬等軍，以募死士。今無事而置此，他軍必謂主帥自有私人，不肯為用，又請受賞給，勢須加厚，怨望日生，萬一有警，使之擇勇敢、出死力，亦何不可？」孝宗稱道：「卿任腹心之寄，長慮卻顧如此，真善謀者也[481]。」王淮思慮周嚴，孝宗對他的能力是肯定的。

（三）盡心國事，獻策於上，克盡其職。

王淮於乾道改元之際，召赴行在，奏監司、郡守數易，及內治、外治之策（其內容在「早期經歷」中已言之，不再

476 《攻媿集》，卷八七，頁一一八一。
477 前引書，卷八七，頁一一八〇。
478 《宋史・王淮傳》，卷三九六，頁一二〇七一。
479 《誠齋集》，卷一二〇，頁二五。
480 《宋史・陳康伯傳》，卷三八四，頁一一八二五；又參閱王明：〈陳康伯與南宋初期政局〉，（《實踐學報》第三四期，實踐大學印行，九二年六月），頁二一四。
481 《攻媿集》，卷八七，頁一一八二。

重複）尤詳。孝宗賞嘆。且說：「卿居言責，有補治體。[482]」乾道四年知建寧府入對，奏陳四事者，厥為「擇將、備器、簡兵、足食」。又言：「差役、關征、賦籍、榷酤、水旱、義倉、典獄、御軍之要（同前註）。」乾道六年，遷浙西提刑，陳述閩中之利病四事甚詳（同註一一九）。，因獲孝宗褒嘉。

（四）懂得謙遜，而不居功，君主信賴，料事準確，「真廟謨矣！」

歷來有許多「功高震主」而見殺之例，韓信即為典型。王淮久經宦場，深諳此道，故其不居功，「歸美君主，毫無矜伐之色。人望愈歸之。」使孝宗「眷意益厚」。（同前註）又曾讚道：「卿直道自將，知無不言，朕所信用，卿而不宜，尚誰宜者？」又說：「卿等朕所倚信，當盡言無憚。」凡此，皆是孝宗對王淮表現的肯定與嘉許[483]。（淳熙）十一年（一一八四）冬，邊吏言：「北主歸朔庭」。淮言於孝宗道：「敵之情偽未可知也，或中原豪傑起而圖之，為我驅除，亦未可知也。所宜先者，擇將帥、嚴守備、明斥候、峙糗糧耳。」邊吏又言：「敵境檄稱其主巡行故國，南朝來歲賀正旦生辰使暫輟一年。」孝宗說：「彼止吾使，若彼使至則如之何？盍亦遣使郊勞乎？」淮答道：「彼既止吾使，亦必暫止彼使。」未幾，邊吏再言：「敵境有檄，果亦云然。」孝宗再三嘉獎說：「卿言於前乃驗於今。真廟謨矣[484]！」

長期觀察王淮從政的表現，確有許多可圈可點之處，且能受到孝宗長時間的重用，並非尸位素餐的庸碌之徒，從前面所述其政績即可知。

二、君臣關係

王淮在朝中任職極久，與孝宗必然有密切的互動關系。兩人有和諧的一面，也有彼此摩擦的一面。分述如下：

482 《攻媿集》，卷八七，頁一一七九。
483 前引書，卷八七，頁一一八三。
484 《誠齋集》，卷一二〇，頁三一。

（一）君臣和諧的一面

王淮與孝宗論政，不從正面與孝宗衝撞，表達不同意見時，便使用迂迴曲折的方式達到目的，既給皇帝留了面子，自己又得了裡子。茲舉一典型的例子：

（淳熙四年三月，一一七七）辛酉，進呈：「楚州捕賊推賞，內隨從捕獲人欲支錢三十貫。」上曰：「與五十貫如何？」王淮等奏：「凡支折資錢，每一資折三十貫。今隨從獲未該一支，若支五十貫恐太多。」上曰：「是。」王淮等奏：「與五十貫亦不足惜，但懽喜者不過被賞數厚，而不平者千萬人也。」上曰：「此論甚善。亦如朝廷與人官爵盡歸至公，人誰敢怨。若循私輕與，得者固喜，而怨者必多，惟至公可以無怨。朕與卿等交修，當謹守此法[485]。」

王淮之言迂迴宛轉，技巧甚高，令聽者較易接受，同樣達到目的。而孝宗絕頂聰明，一點就通，當即同意王淮的主張，且能舉一反三，無論何事，「至公」則無怨，是一切行政的最高原則。

君臣在對話之時，王淮有時表現柔媚、順從，甚至刻意討好奉承的態度。當孝宗提到群臣應詔言事，「並無及朕過失」，王淮便說：「陛下憂勤如此，更有何過失可指[486]？」當盛夏酷暑，王淮問孝宗：「兩日酷暑，聖躬得無煩鬱？」孝宗答以：「朕自有道以處之。但懷閭閻之民不易度耳。」憂國憂民之情溢於言表。王淮回應：「陛下隆寒盛暑，每以百姓為念，真三五帝王之用心[487]。」君臣談論人才。孝宗言：「若是平穩無才略，人不難得。須是有材而不刻，慈善而不謬。」王淮回奏：「陛下二語可謂盡用人之要，大抵有材者多失之刻，詞善者多失之謬。」（同註一五〇）當臣子上箚乞遵

485 《宋史全文》，卷二六，頁二〇五八～二〇五九，淳熙四年三月辛酉條。
486 前引書，卷二七，頁二一四三，淳熙十年七月癸未條。
487 前引書，卷二七，頁二一三九，淳熙十年六月丙申條。

仁宗皇帝之制，宜採司馬光之言，覈實浮費，量加撙節。王淮便奏道：「節用裕民之本，陛下常以祖宗為法，天下之福也。」（同前註）

淳熙十年（一一八三）九月，內侍之子賈俊民代筆案，大理寺奏降一官，勒停。孝宗原本考慮免其勒停，改降官一級，但又思及其餘人等若要比照辦理，恐不可行，思前想後說：「人有一點私心，法便不可行。」由此言可以揣摩孝宗內心必然經過一番思索掙扎，做與不做之間，都有難處，最後法與理占了上鋒，而將人情暫放一邊。淮等奏：「陛下用法如此，可謂至公。」孝宗的回應頗有禪意：「不怕念起，惟恐覺遲。然人之所以未免一念之起者，正以修行未到。」王淮奏道：「陛下每言唐太宗未嘗無過，只是覺得早，陛下可謂覺得早矣[488]！」孝宗頗通佛法，平時勤於修練，日常言動進退之間便流露出來，融會於行事風格之中，而王淮則顯示處事圓融的一面，也讓我們看到他曲意承歡的心思。

淳熙十一年（一一八四）六月，孝宗因臣子奏呈小路蠻擊虛狼一事，感嘆國家兵威遠不如漢唐，只好說：「所恃者其天乎！澶淵之役、辛巳之役，匪天而何？」王淮趕緊緩頰：「人君平時仁心厚澤，固結民心，我無失德，而天之所助者順，蓋以理勝，不在力勝[489]。」淳熙十二年（一一八五）八月，孝宗諭宰執二廣鹽事當併為一司。王淮回奏恐怕合併後廣西漕既不過問鹽事，錢物等事或生窒礙。孝宗拿出下棋道理，說明天下事全在「致思」，窮則變，變則通。王淮奏道：「臣等終日思之，陛下乃一言而決，此無他，虛則明耳[490]。」

（二）君臣之間齟齬的一面

根據《朱熹的歷史世界》，王淮受重用係高宗的影響，因此高宗去世是王淮與孝宗關係前好後惡的關鍵。照余書的邏輯推演，高宗死於淳熙十四年（一一八七）十月，於此之前，兩人關係良好，高宗死後關係應有明顯變化。試看下面一段文字，可知當時兩人的互動與余大師所言並不相符。事實上王淮在拜宰相後不久，君臣意見就曾相左，這是否就表

488 前引書，卷二七，頁二一四七，淳熙十年十月丁未條。
489 前引書，卷二七，頁二一五八，淳熙十一年六月甲子條。
490 前引書，卷二七，頁二一七五，淳熙十二年八月丁巳條。

示兩人關係生變呢？

（淳熙九年，一一八二）五月丙子，內出御筆手詔宣示宰臣王淮等曰：「朕惟監司郡守，民之休戚繫焉。察其人而任之，宰相之職也。茍選授之際，惟計履歷之淺深，不問人才之賢否，則政治之闕孰甚於斯。今後二三大臣宜體國愛民精加考擇，既按以資格，又考其才行，合是二者始可進擬。夫然後事得其宜，用無不當。故傳曰『為政在人』，卿等其謹之，毋忽[491]。」

此詔大體在訓示宰臣任用監司、郡守攸關百姓民生，不可不慎，尤其不能草率，應有一定資格及考核方法，施政之良窳，用人得當與否最是關鍵。孝宗如此叮嚀，似乎反映王淮用人只問資歷深淺而忽視才能高下，失之僵化。詔令用詞雖很保留，隱約可見孝宗對王淮施政表現的不以為然。

淳熙九年六月，周必大除知樞密院事時，孝宗說：「每見宰相不能處之事，卿以數語決之[492]。」此時王淮任宰相尚不及一年，而孝宗出此言，明為稱讚必大，卻暗藏些微貶損宰相的味道，即使不是在公開場合，史官能載入史書，宰相也必有所聞，想來他心裡一定不是滋味。此時孝宗出此言，是否又是一個兩人關係生變的訊號呢？這是一個耐人尋味的問題，然因史料不足，不敢妄加揣測。

孝宗與王淮關係的變化有時可從字裡行間推敲揣摩，比如在淳熙十年十一月孝宗大閱於大龍山之教場。《朝野雜記》有一段記載頗值玩味。

自戊子（乾道四年，一一六八）以後，凡犒士之費，皆出於左藏南庫，戶部不與，最後南庫已歸戶部。宰相王季

---

491 前引書，卷二七，頁二一三三，淳熙九年五月丙子條。
492 《宋史》，卷三九一，頁一一九六九。

海（淮）猶以故例請。上曰：「處分已定矣。何必別項支用，止令內藏庫支用可也。朕之樁積此錢者，初無他用[493]。」

乾道四年，犒士之費皆出於左藏南庫，如此改變，戶部非但沒有參與，且毫無所悉，相臣應更不知此事。王淮於淳熙二年（一一七五）拜簽書樞密院事，距乾道四年已有七年之久了。他不諳此事應是正常的，然於此時（淳熙十年十一月，一一八三）作出這樣的建議，難免予人身為宰相卻在狀況外的印象，當時的他應是有些難堪。

淳熙十一年（一一八四）四月，孝宗諭宰執：「殿試上三名，舊皆待闕。……」又說：「朕既試以藝文亟欲觀其政事。今歲殿試上三名，可特與添差，差遣仍釐務。」王淮等奏：「往日指揮乃唱名後，所以有嫌，今先期降旨，不知何人得之，人亦何言？」孝宗回以：「瓜田不納履，李下不整冠，事亦須避嫌，若先降指揮，何嫌之有[494]？」兩人討論在公布錄取名單，究竟指揮與唱名孰先之問題上有了爭執，孝宗言詞之間，似有若無君臣異夢的感覺。

當孝宗因王渥上奏「小路鑾擊虛狼事」（淳熙十一年六月，一一八四），再次感嘆本朝武力上不及漢唐遠甚。王淮勸慰孝宗一番：「人君平時仁心厚澤，固結民心，我無失德而天之所助者順，蓋以理勝，不以力勝。」搬出以「仁道」服天下的理論，企圖緩和孝宗內心的遺憾，王淮的用心可見。孝宗卻說：「漢武帝時兵威震慴萬里之外，又何可當？但失之已遠[495]。」孝宗的回應雖不一定造成王淮的難堪，但語氣中並不認同他的意見。

淳熙十二年（一一八五）四月，知鎮江府耿秉奏呈：「遇亢旱聽民車河水。」孝宗說：「河水豈可不令百姓灌田。」王淮等奏：「尋常人使來時恐水淺，所以不聽人戶車水。」孝宗頗不以為然：「稼穡事大可依耿秉所請[496]。」關於是否讓百姓使用河水一事，君臣意見再度相左。孝宗使用「大可」二字，頗有強化語氣的效果。

493 《朝野雜記》乙集，卷四，頁四〇二。
494 《宋會要》，選舉二之二七。
495 《宋史全文》，卷二七，頁二一四七，淳熙十年十月丁未條。
496 前引，食貨六一之一三一。

淳熙十三年（一一八六）二月癸酉，由於射鐵簾之事，再次引發孝宗將宋與唐兩朝大將多寡的比較和感嘆，王淮原本是想稍稍安慰孝宗的情緒，孝宗卻說：「事全在人區處。譬之奕棊，到窘迫處自別有轉身一路，只是思慮不佳。」言下之意似乎對這個宰相提出不滿，讓王淮又碰了軟釘子。言詞之間孝宗對王淮的語調似乎不甚客氣。

同年五月，孝宗謂王淮等：「聞總司糴米皆散在諸處，萬一軍興而屯駐處卻無米，臨時綱運如何來得？豈不誤事。可便契勘如要害屯軍去處。有樁管米若干，大抵賑糶米可逐歲循環，以備凶荒。若是樁積米須留要害屯軍所在，庶幾軍民皆有其備[497]。」從孝宗之言可以感覺，不滿於現行糴米散於各處的做法，一旦戰事爆發，便會有遠水難救近火之虞，應將樁積米留在駐軍處，以備不急之需。王淮身為宰相首當其衝。

淳熙十四年（一一八七）四月，已經相當接近王淮被罷相的時間。此時平江守出闕，淮提出張杓、張子顏二人，均遭到孝宗否絕，似乎已見孝宗用宛轉的方式否定王淮的意見，表達對王淮的不滿[498]。

上列所舉均顯示君臣之間相處不夠和諧的一面。

從「君臣關係」的文字看來，孝宗與王淮的互動關係，似有頗多相互牴觸矛盾的地方，然從兩人對話，可以揣摩孝宗的為人，是就是，非就非。另從王淮擔任宰執超過十三年的角度思考，君臣二人的關係之深，遠非其他官員所能相比，兩人有和諧、也有齟齬，當君主見到王淮表現好便予以肯定稱讚，遇不善之處亦直接表達，或宛轉示意。從以上史料觀察，似乎君臣關係生變並不明顯。

三、淳熙朝的朋黨之爭

針對朋黨議題，孝宗曾說：「漢唐末世，朋黨皆數十年不能解，以至禍亂。朕常嘆之其患盡在人君之無學，所以聽

497 《宋會要》，食貨四一之十一。
498 參閱《宋史全文》，卷二七，頁二一九三，淳熙十四年四月戊寅條：「宰臣王淮等奏：平江闕守臣。上曰：『卿等商量，須得資望稍高者為之。』淮等奏：『張杓。』上曰：『杓在鎮江洽好。』又奏張子顏，上曰：『亦不須得，在彼猶在此也。』」。

納之不明也[499]。」他認為漢唐朋黨的存在，大抵由於「主聽不明，而其原始於時君不知學。」；「朕觀漢唐之末，時君心術不明又偏聽是非，故奸臣得投其隙以立黨與，遂成禍亂，甚可憐也[500]！」；「朋黨本不難去，若人主灼知賢否，所在惟賢是進，不肖是退，弗問其他，則黨論自消。」

依據孝宗所言，朋黨所以形成，主要肇因於君主（一）不知學，（二）聽納不明，（三）不能進賢退不肖。孝宗認為自己既然沒有這些缺失，朝中當不致有朋黨之爭。他說：「若能公是公非，惟理適從，何朋黨之有哉？」（同前註）其實他對朋黨看法過於簡單，朋黨形成因素複雜，豈是君王個人主觀意願就能左右控制得了？

淳熙四年（一一七七）五月，言官謝廓然言：「陛下臨御以來，動鑑家法而治效猶未進，豈朋比之習容有未革。望敕臣下合謀輔治，毋黨同以伐異，毋阿比以害公。……」[501]反映當時朋黨已有年矣，也間接否定孝宗「何朋黨之有哉？」的說法。

如龔茂良於淳熙四年五月罷相，出知建康府。由於言官謝廓然指責龔茂良「矯傳敕旨，斷遣曾覿之直省官。」（同前註）廓然乃是曾覿一黨[502]。而曾覿是孝宗長久以來重用信任的近習之臣。再者，曾懷之去職亦是受到朝臣構陷，爾後自顯於孝宗，化解誤會後才又恢復相位。其間的權力鬥爭至為明顯。此二例均說明孝宗一朝朋黨的確存在。

四、聯合言官攻擊道學派

王淮攻擊道學派，由打擊朱熹而起，據《宋史．朱熹傳》載：

499 前引書，卷二六，頁二〇七八，淳熙五年五月庚子條。
500 前引書，卷二六，頁二〇七九，淳熙五年五月庚子條。
501 前引書，卷二六，頁二〇六二，淳熙四年五月己卯條。
502 《宋史》，卷三八五，頁一一八四四。

知台州唐仲友與王淮同里為姻家，吏部尚書鄭丙、侍御史張大經交薦之，遷江西提刑，未行。熹行部至台，訟仲友者紛然，按得其實，章三上，淮匿不以聞。熹論愈力，仲友亦自辯，淮乃以熹章進呈，上令宰屬看詳，都司陳庸等乞令浙西提刑委清強官究實，仍令熹速往旱傷州郡相視。熹時留台未行，既奉詔，益上章論，前後六上，淮不得已，奪仲友江西新命以授熹，辭不拜，遂歸，且乞奉祠。時鄭丙上疏詆程氏之學以沮熹，淮又擢太府寺丞陳賈為監察御史。賈面對，首論近日搢紳有所謂「道學」者，大率假名以濟偽，願考察其人，擯棄勿用。蓋指熹也[503]。

王淮為迴護唐仲友，對於朱熹彈劾之章，始則隱匿，繼則指使臺諫攻擊朱熹，企圖用釜底抽薪之計詆毀之，並牽引道學派，甚至否定道學地位，此舉是無可辯解之過。以上所言是歷來乃至今日對王淮此舉的一般看法，也是最受史家詬病的地方。《宋史・王淮傳》謂：「王淮為偽學之禁，毒痛善類[504]。」甚至說：「其後慶元偽學之禁，始於此。」將慶元黨禁之過，一併歸咎到王淮身上。

當王淮介入處理唐仲友彈劾案時，將此事巧妙地導引為「程學與蘇學的學派門戶之爭」，王淮上奏孝宗，稱之為：「此秀才爭閑氣耳[505]。」熹氣忿王淮明顯偏袒唐仲友，故在淮任相之期，屢不赴召。觀《齊東野語》〈朱唐交奏本末〉

503 《宋史・朱熹傳》，卷四二九，頁一二七五六。關於此事《朝野雜記》敘之甚詳。陳賈於淳熙十年六月上〈論道學欺世盜名，乞擯斥〉疏中有言：「近世搢紳士夫有所謂道學者……相與造作語言，互為標榜。……植黨分明，漸不可長。夫朋黨之始，不過相與為媒，彼此矛盾而已。萬一有是人而得用也，則必求有以相勝，欺君罔上，其術遂行。利害不在其身，而在天下也。」參閱宋・李心傳編：《道命錄》（叢書集成新編，第一〇〇冊，新文豐出版公司，台北，民七四年），卷五，頁四三；疏中指控朱熹等人相當嚴厲，指其為「朋黨」，還說這些道學派「欺君罔上」。

504 《宋史・王淮傳》，卷三九六，頁一二〇八一。

505 朱熹對唐仲友的彈劾，見陳俊民校訂：《朱子文集》（德富文教基金會出版，二〇〇〇年，陳俊民校訂），第二冊，卷十八，頁六一九～六二一、六二二～六三四，卷十九，頁六三六～六六三〈按唐仲友狀六則〉；「此秀才爭閑氣耳」見宋・周密：《齊東野語》（叢書集成新編，第八四冊，新文豐出版公司，台北，民七四年），卷五九，頁二二七。

敘朱熹劾仲友的緣由，其動機乃出於私忿[506]。韓元吉曾致函朱熹，在〈答朱元晦書〉中，針對「朱子答韓尚書書，力辭薦召，決不能與時俯仰，以就功名。」之事，勸其不要過分執著，他說：「不知元晦平日所學何事，願深攷聖賢用心處，不應如此忿激，恐取怒于人也。」韓元吉的勸說並未發生作用。[507]足以說明朱熹性格的偏執。

由彈劾唐仲友的事件逐漸演變成王淮與朱熹的對立，乃至於王淮一黨對道學派發動攻勢，使得二人勢同水火，積不相容。為此，不論當代、後世在相關論著中，幾乎一面倒對王淮及其黨羽大加撻伐，同聲譴責，而對朱熹及所屬「道學派」率表同情與支持。王淮援引鄭丙、陳賈攻擊道學派的作法固有可議，但若一味地抨擊王淮一黨，而全不檢討朱熹一派的問題，似乎不甚公允，也失去客觀立場。陳登原的《國史舊聞》，即表示「朱熹劾唐仲友全無慈祥之意，大有肅殺之心，唐恃才，朱負氣，故掀起此案[508]。」言下之意，朱熹在此事件之中亦非全無責任。又同書引《宋元學案》，卷六〇，〈說齋學案〉：「晦庵稟性卞急，兩賢相厄，遂至參商。」凡此皆指明朱熹性格是造成二人衝突的重要因素之一。

朱熹於紹熙二年（一一九一）致書留正，堅持應將忠邪嚴格區分。

熹恐丞相未能不以朋黨為慮，或未深以天下之賢否忠邪為己任。……延納賢能，黜退姦險，合天下之人以濟天下之事者，宰相之職也。奚必以無黨者為是，而有黨者為非哉？……願丞相先以分別賢否忠邪為己任。……不惟不疾君子之為黨；不惟不憚以身為之黨，是又將引其君以為黨而不憚也[509]。

506 據《齊東野語》，卷十七，頁二〇，載：「蓋唐平時恃才輕晦庵，而陳同父頗為朱所進，與唐每不相下，同父遊台，嘗狎籍妓，囑唐為脫籍，許之。偶郡集，唐語妓云：『汝果欲從陳官人邪？』妓謝。唐云：『汝須能忍飢受凍乃可。』妓聞大恚，自是陳至妓家，無復前之奉承矣。陳知為唐所賣，亟往見朱。朱問近見。唐云：『何答？』曰：『唐謂公尚不識字，如何作監司？』朱銜之。遂以部內有冤獄，乞再巡按，既至台，適唐出迎少稽，朱益以陳言為信。立索郡印，付以次官，乃摭唐罪。」

507 宋．韓元吉：《南澗甲乙稿》（叢書集成新編，第六三冊，新文豐出版公司，台北，民七四年），卷一三，頁二五二。

508 陳登原：《國史舊聞》（明文書局，台北，民七三年），下冊，卷三七，〈唐仲友案〉，頁一一一七～一一一九。

509 《朱子文集》，第三冊，卷二八，〈致留丞相書〉，頁一〇八〇。

朱熹性格偏執，黨派意識鮮明激烈，從其言行可見。他完全無法與所謂的「姦邪小人」和平共存，當為遭受反道學派攻擊的主要原因之一[510]。而其偏執激烈的性格言詞，又往往激怒當政者，人的性格、作風有其一貫性，這便可以解釋何以最初孝宗見朱熹的奏章時會勃然大怒了。道學與反道學的黨派紛爭，王淮固然要負相當的責任，朱熹亦難辭其咎，爾後演變至寧宗時期的「慶元黨禁」，中間又有繁複曲折的過程，又豈能完全歸咎於王淮呢？

第四節 結語

孝宗後期的宰相王淮，任期長達六年九個月，算上執政則為十三年之久，特別是就不願宰相久任的孝宗朝而言，算是異數。卻是個頗受爭議的人物。尤其是為維護唐仲友而與朱熹反目，授意黨羽攻擊朱熹，進而打擊道學派一事，飽受批評。余英時先生在《朱熹的歷史世界》一書中，便對此事大肆抨擊，將之論為罪無可逭的過失。

王淮自入仕以來，歷經各種官職，先後受到蕭振、史浩、虞允文、陳俊卿、劉珙等名臣的青睞與器重。朱倬就曾推薦王淮為監察御史，首先彈劾湯思退、方師尹、劉寶等人，使此輩全遭罷職。就兩淮互市、七閩鬻鹽、諸道預買折帛、淮漕奪民榷酤等，各攸關民生的議題與弊端，均竭盡心力，提出批評與建言，令高宗激賞，也使他日後得以大用。於孝宗即位之初，上自治之策，孝宗嘆賞，除祕書少監，兼恭王府直講。後因皇位繼承權之爭，受執政錢端禮排擠而出知江州。以寬儉治理地方，建造石橋，平審訟案，奏閩中四事，頗多績效。乾道八年十一月起，年餘之間九度升轉，淳熙二年自簽書而同知，而知院，而樞使，期間六年展現軍事才幹，贏得君主信賴。人事、軍務均有可觀，對於各地接踵而來的變亂，俱能處置得宜。淳熙八年拜右相起，任期六年九月。他最重視用人，任官前後三十年當中推薦人才多達七十三人，雖然余英時先生認為，他只是表面上蠲除朋黨之別的舉動，但畢竟是為國舉才，且孝宗稱讚「中外得人前所未

510 參考《韓侂胄與南宋中期的政局變動》，頁一〇一。

有」，楊萬里亦稱「淳熙人物之盛，至今以為美談。」

王淮對抑制近習頗多著力，如封還龍大淵贈太師之詔書；撤消張說宮觀而奉外祠；反映王抃之奸因而斥去；駁斥張去為轉讓官職於其子。凡此均令近習之企圖難以得逞。他對人才之保全不遺餘力，安撫並保存蜀士，不因趙雄之罷而去職；對陳俊卿、趙雄、梁克家等前相，皆為其請命，予以保全；化解孝宗怒意，並遏止章穎因言論過激而遭致貶黜。

余先生認為王淮之受重用，一方出於高宗支持，再者基於「國是」轉為「安靜」所賜。筆者以為此固然是重要原因，除此之外尚有其他因素：

一、王淮言論思想充分流露智慧，高度發揮說話技巧，宛轉迂迴，屢獲孝宗嘉許。

二、擔任樞密期間頗多政績，思慮周延，深得孝宗器重，多次稱獎，說他「臨事盡公，人無間言」。

三、盡心國事，多次獻策，克盡其職，孝宗嘉納。

四、懂得謙遜，而不居功，君主信賴，料事準確，「真廟謨矣！」

王淮在朝任職既久，和孝宗之間必然有長期且密切的互動關係。兩人相處有和諧的一面，也有摩擦的一面。王淮善於使用迂迴曲折的方式表達意見。在君臣對話之時，王淮有時表現柔媚、順從，甚至刻意奉承討好的態度。在《朱熹的歷史世界》書中，認為王淮的重用係高宗的影響，因此高宗去世是王淮與孝宗關係變化的關鍵，然從史料中觀察，與余先生所說並不相符。換言之，兩人關係的好壞和諧與否，無法從對話獲得明顯的訊息，也與時間因素沒有直接關係。

孝宗非常注意朋黨問題，據他對漢唐的觀察，簡單的歸納出幾個形成的因素，全在於人主的身上：一、不知學二、聽納不明三、不能進賢退不肖。他的看法過於單純，朋黨的存在與消失，絕不是帝王主觀意願就可以決定的。事實上孝宗朝的朋黨存在已久。王淮最受詬病的，便是因為維護唐仲友而對朱熹的批判，進而緣引鄭丙、陳賈攻擊道學派，乃至於否定道學派的地位，王淮固然有過，但如一面倒抨擊王淮一黨，且連日後在寧宗朝發展的「慶元黨禁」，也一併歸咎於王淮，這種說法便不甚公平。

最初朱熹彈劾唐仲友，係出於私忿，加上朱熹性格偏執言詞激烈，黨派意識極其鮮明，完全無法與其所謂的「姦邪小人」和平共存，方致此事無法收拾，因此王淮固應負責，但雙方的衝突，朱熹的性格因素亦不無責任。而王淮是否真如朱熹所言的「小人」，從前面所敘述可知。

王淮雖頗受後人批評譴責，但從其一生仕宦的歷程看來，仍有許多足以表揚稱道的政績，否則精明如孝宗何以長期重用將近十三年。僅用「高宗提拔」一項理由，是缺乏說服力的。

第六章　周必大

第一節　前言

周必大是宋孝宗時代傑出的學者兼政治家，《宋史》有周必大傳，敘述其生平事蹟篇幅長達三千八百餘字，字數不可謂不多，其在南宋前期地位之重要可見一斑。生平著作頗豐，有八十一種，其子周綸編成《文忠集》二百卷。四庫全書亦有收錄[511]。必大於紹興二十年（一一五〇）登進士第，即釋褐入仕，此時年僅二十五歲，至七十歲致仕。仕宦生涯長達四十五年，期間遍歷京朝、地方各種職官。淳熙七年（一一八〇）五月除參知政事，開始進入中樞，歷知樞密院事、樞密使、右丞相、左丞相，直到淳熙十六年（一一八九）五月以觀文殿大學士出判潭州，前後恰好九年整，為其仕

511 據《欽定四庫全書總目》（四庫全書研究所整理，北京中華書局出版，一九九七年一月）），頁二一二六，書名底下註明「浙江鮑士恭家藏本」：「必大有《玉堂雜記》，已著錄。是集即史所稱《平園集》者是也。開禧中，其子（周）綸所手訂，……《為省齋文稿》四十卷，……。其《年譜》一卷亦綸所編，又以祭文、行狀、謚誥、神道碑等別為附錄四卷終焉。陳振孫謂，初刻時以《奉詔錄》、《親征錄》、《龍飛錄》、《思陵錄》十一卷所言多及時勢，托言未刊。鄭子敬守吉時，募工人印得之，世始獲見完書。今雕本久佚，止存抄帙，而《玉堂雜記》、《二老堂詩話》等編，世亦多有別本單行者，已各著于錄。茲集所載，則依原書編次之例，仍為錄入，以存其舊第焉。」

宦生涯中最重要的時期。必大不僅是個政治家，在政治、用人等方面都有優異的表現外，在社會經濟與軍事方面也多有建議，頗有可觀。同時，他也是位知名的文人學者、書法家，可謂多才多藝。各方面的表面均極突出。因此本文就周必大在社會經濟與軍事的政策、思想與才略多所闡揚、探討。

第二節　生平與仕宦

周必大祖父詵任廬陵通判（今江西吉安）時，舉家遷至此地。建炎三年（一一二九）父親利建死於揚州，必大時年僅四歲，由母親在娘家悉心撫養教育。及長，登紹興二十年（一一五〇）進士第，時年二十五歲，授徽州司戶參軍。在一次意外中火燒公廨，必大無辜受到波及，而遭免職處分。紹興二十七年（一一五七）中博學宏詞科，此時三十二歲，截至五十五歲為止，在這二十三年之間，遍歷中央及地方各官職，建康府學教授、太學錄、祕書省正字、國史院編修、監察御史、起居郎、權給事中、中書舍人、劍南知州、提點福建刑獄、祕書少監、兼直學士院、兵部侍郎、禮部侍郎、侍講、敷文閣待制、太子詹事、吏部侍郎、翰林學士、禮部尚書等官，仕途堪稱順遂。高宗時曾召試館職，知必大為掌制好手。孝宗登基，命其進呈近作，甚受青睞[512]。在權給事中任內，「繳駁不辟權倖」，因論翟婉容位官吏轉行礙止法事，使孝宗深知必大「剛正」的為人[513]。不久（隆興元年，一一六三）便發生右諫議大夫劉度彈劾孝宗潛邸舊僚龍大淵、曾覿之事，言詞激切。孝宗非但不聽，反詔除大淵知閤門事、覿權知閤門事。中書舍人張震繳其命，侍御史胡沂亦論二人。給事中金安節、周必大不書黃。且上奏：「陛下於政府侍從，欲罷則罷，欲貶則貶，獨於此二人委曲遷就，恐人言紛紛未止也。」此奏書激怒了孝宗，回以：「太上（高宗）時安敢爾！」安節、必大退而待罪。此事張燾亦受波及

512 《攻媿集》，卷九四，〈周公神道碑〉，頁一二九八。
513 《宋史・周必大傳》，卷三九一，頁一一九六六。

而罷政[514]。僅此一事就牽扯到六位官員。這件事顯示孝宗雖然寵信近臣，但他尚屬懂得納諫之主，因此出現許多直言敢諫的大臣，雖然也會犯錯，但和更多昏君比較起來，算是賢明多了。乾道八年（一一七二）大臣再度挑戰孝宗重用寵臣張說，先後有侍御史李衡、右正言王希呂、禮部侍郎兼直學士院周必大、給事中莫濟均阻止張說擔任執政。結果必大、（莫）濟並與外宮觀，希呂「詔罷與遠小監當，尋詔與宮觀。李衡罷為起居郎[515]。」都人作「四賢詩」以紀之[516]。《宋史・周必大傳》，頁一一九六七亦載：

> 張說再除簽書樞密院，給事中莫濟封還錄黃，必大奏曰：「昨舉朝以為不可，陛下亦自知其誤而止之矣，曾未周歲，此命復出。貴戚預政，公私兩失，臣不敢具草。」上批：「王曮疾速譔入。濟、必大予宮觀，日下出國門。」說露章薦濟、必大，於是濟除溫州，必大除建寧府。濟被命即出，必大至豐城稱疾而歸，濟聞之大悔。必大三請祠，以此名益重。

由此觀之，必大之舉動更在莫濟之上，所以名聲益重。而孝宗不可能沒有耳聞，雖然當時迅速處分了幾位阻撓提拔張說的大臣，但孝宗應該很清楚這幾位官員的為人。所以「久之，（必大）除敷文閣待制兼侍讀、兼權兵部侍郎、兼學士院。」（同前書），而孝宗也說：「卿不迎合，無附麗，朕所倚重[517]。」但據〈周必大年譜〉記載，乾道八年在外宮觀，僅是暫時性的，其後職務遷轉殆無虛時，可見孝宗命其下國門只是一時氣憤。而對必大的器重從其官職的不時遷轉即

514 同前書；另，《續資治通鑑》卷一三三，頁三五三四記載較詳。
515 《宋史・孝宗本紀》，卷三四，頁六五三。
516 《續資治通鑑》，卷一四三，頁三八一一。
517 同前書；關於此事件的時間，《宋史・宰輔表》，卷二一三，頁五五七七將張說拜執政繫於「乾道七年三月」。〈周必大年譜〉頁九，則置於「乾道八年二月癸丑」，並稱「乙卯有旨，與在外宮觀，日下出國門。」又，《攻媿集》，〈忠文耆德之碑〉，卷九三，頁一二九一；《宋史・孝宗本紀》，頁六五三，均置於乾道八年。

可知。

淳熙七年（一一八〇）拜參知政事，從此進入中樞。當君臣論及宰執的關係，孝宗主張：「執政於宰相，固當和而不同。」必大也呼應孝宗的看法：「大臣自應互相可否[518]。」在進入樞密院的表現，更令孝宗激賞：「每見宰相不能處之事，卿以數語決之，三省本未可輟卿也[519]。」必大雖然出身文臣，其傑出的軍事才幹，令孝宗刮目相看，故稱許必大「通練軍政[520]」。淳熙十一年（一一八四）六月進樞密使，職務更上一層。孝宗讚道：「若有邊事，宣撫使惟卿可，他人不能也。」（同前註）必大在樞密院任內還創新「諸軍點試法」[521]樹立軍紀與軍威，使不稱職者罷其職。

淳熙十四年（一一八七）二月拜右丞相。立即上奏提醒皇帝，現今上下一片晏然殆將二紀（按：二十年），「此正可懼之時，當思經遠之計。」正所謂「生於憂患，死於安樂」，朝野上下一片晏然全無憂患意識，是最值得憂慮的[522]。朝臣若有不同意見，必大均持包容的態度，他說：「各盡所見，歸於一是，豈可尚同？」朝廷成為一言堂反為不美。高宗去世，必大堅持國體不容屈辱，金使至「為縞素服，就帷幄引見」（同前註）。必大如此做法，刻意維護了與金對等地位的國家尊嚴。淳熙十六年（一一八九）二月，孝宗禪位光宗，三月，拜少保、益國公。國子司業何澹劾必大，詔以觀文殿大學士判潭州。寧宗慶元元年（一一九五）以少傅致仕。嘉泰四年（一二〇四）薨，年七十九歲。

518 參閱《宋史・周必大傳》頁一一九六九。

519 同前註；若《宋史・周必大傳》所言為真，則此語出於孝宗之口，此時為淳熙九年（一一八二），宰相是王淮，顯然皇帝對王淮的表現極度不滿，才會明為稱許必大，卻暗諷王淮無能。〈周必大神道碑〉，《攻媿集》卷九四，頁一三〇五，的說法卻有出入：「上曰：『卿才堪其任，三省本未可輟卿，每見難處之事，卿以數語決之，可謂敏矣！』」〈周必大行狀〉，《文忠集》附錄卷二，頁一七，的說法與《宋史・周必大傳》相同。然據樓炤撰：

520 〈忠文耆德之碑〉，頁一二九三。

521 同前註

522 〈忠文耆德之碑〉，頁一二九三、一二九四。

第三節　社會經濟方面相關作為

周必大多才多藝，興趣廣泛前已言之。其不論在地方或中央為官，關心民瘼始終如一。社會經濟即為民生問題，當然是其關切的重點。以下分為幾個項目探討之。

一、關於理財

淳熙二年（一一七五）八月，必大時任敷文閣待制、兼侍講、兼直學士院，有鑑於朝廷用費拮据，乃上奏議〈論任官理財訓兵三事〉，本文就其中「理財」一事，提出討論。

其時雖然孝宗本人用度極省，但政府開支日增，而不得已而取財於地方州郡。連最為富庶的兩浙路都難以承受，更遑論其他各郡。增收茶、鹽、酒等稅，早已數倍於以往，而不能再增。於是必大採前朝故智。北宋仁宗元寶、慶曆年間，在朝臣建議下，四年之間兩度下詔，罷省不急之用，減少浮費，「上自內庭，下逮百司，不急之用悉加裁減[523]。」如開源困難，只能進行節流的措施。

必大舉此往例，希望諸道帥守監司都能恪遵詔令，其辦法是：

> 體上德之恭儉思邦，用之未裕，苟可約己便民，悉意奉行。下逮將迎之侈費，餽送之違制，毋得復遵舊例，曲徇私情，又擇廉清公正之人，身為之帥，而擿其不如詔者顯黜之，斯捄弊之要術也。（同前註）

[523] 周必大撰：《周益國文忠公集》，（叢書集成三編，台北，新文豐出版公司，民國八五年）《奏議》卷四，〈論任官理財訓兵三事〉，頁八。

將過去送往迎來的違制陋習革除，必可撙節開支。

二、裁節土木之費降低開支

必大於淳熙四年（一一七七）六月奏議〈乞裁節土木之費〉，論及孝宗當時每逢宮殿（如景靈宮）進行修繕工程，往往因陋就簡，表面上看似省費，然而實際使用之材料質地極差「率用濕木塗以丹漆，夾以牆壁」，不過數月，便已損爛。官吏只求速成，不計能否耐久。因而造成年年更換，每次所費不貲。建議往後須用「乾壯材植」，再要發生以往情況，則追究承辦官員的責任予以重懲[524]。如此可避免官員只顧及眼前之利，而忽視失職之罰，從而導正過去偏差的觀念與作法。

他如「封樁錢物」由專庫貯之，提領官掌握鑰匙，其他部門（如戶部）便不敢擅自挪用，便不會枉耗十餘萬緡的公帑。此事關乎政府的財政支出，其重要性不言可喻。

三、建議月樁經總制錢減半

所謂「月樁錢」，始於紹興二年，為供應軍隊費用而起，又有「大軍錢」之稱[525]。

自呂頤浩、朱勝非並相，以軍用不足，創取江浙湖南諸路大軍月樁錢，以上供、經制、係省、封樁等窠名充其數，茶鹽錢蓋不得用，所樁不能給十之一二，故郡邑多橫賦於民，大為東南之患。今江浙月樁錢蓋自紹興二年

524 《奏議》卷七，〈乞裁節土木之費〉，頁五。
525 王德毅：〈南宋雜稅考〉（《宋史研究論集》第二集，台北，鼎文書局，民國六一年五月），頁三四五。

始[526]。

經制錢創始於陳遘，時為政和年間。「時縣官用度百出，（陳）遘創議度公私出納，量增其贏，號經制錢[527]。」靖康元年（一一二六）罷行，到建炎二年（一一二八）葉夢得建議恢復[528]。總制錢於紹興五年（一一三五）閏二月參知政事孟庾建議創立，當時費用艱難，庾因請以總制司為名，專察內外官私隱遺欠[529]。這三種錢都是由於南宋初期對金用兵，需要大量軍費而生。也都是額外徵收的，造成人民、州縣極為沉重的負擔。故而必大於淳熙四年（一一七七）九月奏議提到：「中興以來養兵費廣，常賦不足供億。故有月樁總制之名[530]。」但應付朝廷者少，而撥赴諸路總領司者多。即使遇水旱災荒或赦放之類措施時，仍不得蠲免。且從創始之初至今，年深日久，各地逐漸增添累積，遠較初期為多，原為裕民，反成擾民。甚至有某州積欠達十五萬貫，雖經督催，迄未繳交的窘境。必大建議「將中間逐州增添之數，斟酌蠲減一半，內有指定支遣去處，計數給降度牒。」如此則「聖澤益深，民心益固」（同前註）其主要用意還是在減輕人民負擔，可謂用心良苦，可知他稱得上「苦民所苦」。

四、乞優恤兩浙

必大於乾道八年（一一七二）二月三日上奏〈乞優恤二浙〉：

526 不著撰人：《皇宋中興兩朝聖政》（《宋史資料萃編》第一輯，台北，文海出版社，民國五六年），卷十四。
527 《宋史・陳遘傳》，卷四四七，頁一三一八一。
528 《南宋雜稅考》，頁三二一。
529 《編年錄》，卷十五。
530 《奏議》，卷七，〈乞蠲減月樁經總制錢一半〉，頁七。

臣竊見陛下以幣券太輕，日夜憂之，一旦內出積鏹以百萬計，為權之術。……如中興以來，駐蹕二浙踰四十年，蓋今日根本之地也。平時當愛養其力，緩急乃深得其心，而賦稅供億反重於他路。蓋四方州縣近則畏監司之刺舉，遠則懼上臺之詰責，審於舉措，莫敢輕發。惟近甸官吏則不然，或陳其利而掩其害，或徇其名而蔽其實。凡有獻明，率稱奉旨行之。吏民以其出於朝廷，莫敢違者。如近日越、婺諸郡，以隱漏為名，增無實之稅是也。竊料陛下特未詳知，知則必有以處之矣。臣雖書生，豈不思邦計未裕，而徒為空談。然而日侍清光，竊嘆陛下有養民之德，而有司無體國之風也，敢冒昧言之。願陛下深詔執事，驟增科調，使懷戚戚也[531]。

必大這篇奏議為兩浙之民請命，請求孝宗念在養民之德，體恤浙民。重點有二：

一、兩浙是京師所在，而賦稅反比他路為重。且稱是奉旨行事，有誰膽敢違抗聖旨呢？

二、越州、婺州，以隱漏為名目，虛增不實之稅。但地方官員為自己前程不敢違抗中央，只敢言利而掩飾其害，對實際情況加以隱瞞。必大此時任權禮部侍郎、兼權直學士院、兼侍講、兼中書舍人，身兼數要職，倍受孝宗青睞重用，敢於直言不諱，道出實情，盡己所能為浙民代言。此奏出於乾道八年（一一七二）二月三日，卻於當月十六日遭罷。「有旨：與在外宮觀，日下出國門[532]。」不過必大之罷，係因張說除簽書樞密院事，必大拒不草詔，惹惱了孝宗，而與奏議本身並無直接關連。

531《奏議》，卷三，〈乞優恤二浙〉，頁八。
532《周必大年譜》，頁九。

五、廣西鹽政及其相關事情

必大於淳熙六年（一一七九）十月十七日上奏〈乞廣西二事入赦劄子〉：

一、臣久聞廣西官吏奉行鹽法未善，致李接扇惑愚民起為盜賊。今欲乞於赦文內一項云：勘會廣西賈鹽專以裕民。訪聞官司奉行不虔，或抑勒民戶過數，請買或拖欠鹽丁，本錢不支，除已節次行下本路措置施行，外如州縣尚敢違戾即仰監司按劾，監司失於覺察，御史臺糾劾以聞。

一、臣昨見今年五月九日聖旨：郴州、宜章、桂陽軍、臨武、道州江華縣，并其他盜賊經由去處。今年夏、秋二稅並未得催科，聽候指揮蠲放，近聞湖南漕臣陳孺已體訪到二千五百九十八戶，總計夏秋稅錢四千三百四十五貫，銀二百三十六兩，米三千三百石有零。八月十八日降旨，並特與蠲放聖澤如春。孰不感嘆。今來廣西被擾州縣似稍擴遠，欲乞於赦文一項，云勘會廣西州縣，有曾經盜賊蹂踐及經由去處。仰帥臣、監司疾速取見，指實開具以聞。當議蠲放稅賦。右臣伏料聖明已有處分，若得付之赦遞風動海隅，自然破草竊之心，解愚民之惑。臣妄陳己見，未必中節。或是朝廷見已施行。伏望聖明特賜寬宥，伏取進止[533]。

此時必大為朝請大夫、翰林學士。為讓讀者瞭解全貌，錄下全文。奏議的重點為：

一、廣西地區的鹽政問題極為嚴重，甚至激起民變，雖未釀成巨災，但受到波及的地區必然生靈塗炭。

二、郴州、宜章、桂陽軍、臨武、道州江華縣等地區，以及受到盜賊騷擾的其他地方，已於淳熙六年收得夏秋稅錢、銀、米共若干，因曾受盜賊蹂踐，請求一併蠲放稅賦。

533 《奏議》，卷九，〈乞廣西二事入赦劄子〉，頁七。

兩重點其實是同一回事。李接之變起於淳熙六年（一一七九）六月二十四日，《宋史》載：「盜李接起，容（廣西容縣）、雷（廣東海康）、高（廣東電白）、化（廣東化縣）、貴（廣西貴縣）、鬱林（廣西鬱林）等州。」其起事範圍大約在今廣西東南方及廣東南部。鬱林守臣李端卿棄城逃走，朝廷命經略司討伐逮捕。李端卿除名勒停，並梅州編管。吳獵「請賞勞誅罪」，劉錞「於是錄鬱林功，誅南流縣尉、鬱林巡檢」，殺一儆百的結果，「人人驚厲，爭死鬥，不踰時，盜悉就擒[534]。」這件事卻牽扯到一樁人事糾葛，事件中被誅殺的鬱林巡檢，正是宰相王淮的外甥，吳獵因此「坐降官」。（同前註）李接何以起為盜賊？《宋史》沒有交代，必大奏議剛好補正史之不足。其因即為「廣西官吏奉行鹽法未善[535]」。

南宋時期廣西路一帶，鹽場有廉州一、高州二、欽、雷各二、化州二[536]。必大所謂「廣西官吏奉行鹽法未善」者，其說法過於簡略。廣西鹽場的問題極為複雜。

南宋財政日絀，因此推廣鈔鹽制期能改善窘境。紹興八年（一一三八）六月詔廣東西鹽以十分為率，二分產鹽州縣零賣人戶食鹽，餘八分行鈔法。廣西地瘠民貧，所產鹽以為歲計之錢，現為朝廷所奪，地方歲用無以自給，於是橫斂之事出現。廣西客鈔又受廣東鈔鹽侵灌，使廣西積欠鈔鹽錢纍纍。而於乾道、淳熙間詔罷又起復者再，客販官賣兩種制度更迭起仆。廣西產鹽因地理條件限制，運輸不便，鈔鹽多半壅積不售，凡此種種，均使該地鹽政惡化[537]。如「高、雷、廉、化、欽州諸郡，人煙蕭條，亭戶煎輸官，已極困悴，又敷其就買官鹽，以充日食[538]。」廣西人民悲慘情形可見一

534 《宋史・孝宗本紀》，卷三五，頁六七〇～六七一；及《宋史・吳獵傳》，卷三九七，頁一二〇八五。
535 同註五三三。
536 宋・王應麟撰：《玉海》（京都市，中文出版社，一九七七年），卷一八一，頁三六。
537 參閱戴裔煊：《宋代鈔鹽制度研究》（台北，華世出版社，民國七一年九月），頁三五一～三五七。文中引張栻之言：「諸郡賦入甚寡，用度不足。近年復行般賣鹽，此誠良法。然官般之法雖行，而諸郡之窘猶故。以此路諸州，全仰於漕司，漕司發鹽使之自運，除本腳之外，其息固有限，而就其息之中，以十分為率，漕收其八，諸州僅得其二。逐州所得既微，是致無力盡行般運。」州縣僅得鹽息十分之二充作歲計，實不足以自給。
538 《宋會要》，食貨二七，淳熙八年二月十三日條。

斑。李接便是趁此煽動人民起而為盜，雖然起事之後不久即被弭平。必大對廣西的問題極為關切而上奏議提看法，當地鈔鹽問題並不會因而改善。

六、關於措置營運

必大於淳熙七年（一一八〇）六月二十四日上奏：

> 臣竊見今早三省、樞密院同進呈：兩浙轉運司諸路總領所任營運已及一年，合依元降指揮再行措置。聖意深以擾民為慮。且謂金陵蘆荻之價，頓增兩倍，其餘可知。他日須別得一項指擬之錢，庶免營運。……臣退而密計：淳熙七年已支之數，每半歲共合用錢十六萬三千有餘貫。今日據江西提刑司申拘籍到撫州停賊人黃藏器等家金銀田產共計一十四萬五千餘貫，只此一項自可充淳熙八年上半年貼支之數。若令總領轉運措置將朝廷所降本錢，依常平法隨置司及屯軍處各開抵當庫一兩所，專收息錢，應副諸軍。則不惟明年下半年便有指準，兼事體正當，久遠可行，又免侵州郡稅額，奪商賈之利，其間不樂者不過富民有質庫之家耳，然不足恤也。臣以眾中不敢開陳，輒具劄子奏稟。如或可採，乞作聖意宣諭三省密院措置施行，或且令再將上取旨。蓋目今方是六月，少緩數日，似未為晚。[539]。……

必大建議開設「抵當庫」，專收利息錢，以供應各軍隊所需。應該是可以行之久遠的辦法。查《宋會要輯稿》僅有「抵當免行所」，又名「抵當所」，並無「抵當庫」之記載。隸屬於「府後屬都提舉市易司」，「以官錢召人抵當出息

539 《奏議》卷十，〈論措置營運〉，頁六。

凡五[540]，……」而與《宋史・食貨志》所載之「抵當庫」名稱不同[541]。

七、關於閩浙收買軍器所牛皮

必大於淳熙七年（一一八〇）上奏〈乞免閩浙收買軍器所牛皮〉：

臣仰惟陛下以浙東禱雨未應，內批禁止屠宰甚嚴。夫雞、豬、鵝、鴨，本以養人。聖意尚且曲推不忍之心。況牛者稼穡所資，固不欲其觳觫而就烹剝。但器甲所需誠有不容已者。臣前日見密院關因軍器所陳：乞拋買牛皮一萬張，行下浙東、福建兩路，限一季收買。臣初謂急關要用，不敢有言。連日詢訪，卻知近日歲額，諸路取解黃牛皮二萬五千張。而第十三料又收買三萬八千餘張。數目浩瀚，緣實到者常不及半。然而已能足用，故本所申出剩牛皮六千一百張。此則其未至缺用明矣。臣今欲乞出自聖意，念浙東歲事既未可必，來年耕牛不可多殺。令軍器所且將出剩牛皮對減。兩路拋買之數或寬展期限，免致州縣夤緣科擾。臣每覩陛下仁民愛物，無所不用其至，常懼無以少。（按：四庫本無「少」字）效其愚[542]。

牛素來是農業社會的生產工具，一般人絕不會任意殺牛，尤其為祈雨，牛便更加寶貴。但黃牛皮卻是製造軍器不可或缺的原料，兩種情形似乎相互矛盾。因此必大為牛請命，請孝宗本著「仁民愛物」之心，減少牛皮的使用量，如此則能少

540 《宋會要》職官二七，頁二五九四。
541 《宋史・食貨志》卷一八六，頁四五五四：「崇寧元年，戶部奏：……五年，郡縣應置市易者，凡歲收息，官吏用度之餘，及千緡以上置官監，五百緡以上令場務兼領，餘並罷。先是，嘗詔府界萬戶縣及路在衝要，市易抵當已設官置局；其不及萬戶、非衝要，并諸鎮有官監而商販所會，並如元豐令監當官兼領。……建炎二年，言者以為得不償費，遂罷之，而以其錢輸左藏庫，惟抵當。
542 《奏議》卷十一，〈乞免閩浙收買軍器所牛皮〉，頁一

殺牛隻。更重要的是牛隻越多，農業的耕作面積越大，對農人而言，當然越有利。現況是實際收僅及一半已能滿足用度，不需再多徵牛皮，以免州縣科擾。

八、關於黔州開具思州人所買內地田土

必大於淳熙九年（一一八二）七月十四日上奏：

臣蚤來面奏張縯所乞：令思州、黔州守臣說諭，諸田將所買田土盡行獻納事。緣干涉邊面，欲且子（仔）細商量，蓋有三說今具下項：

一、臣之伯父利見，紹興初曾為黔州通判。臣幼年間聞說思州與黔州切鄰，本是夷境，軍興之際，田氏將帶州兵北扞金虜。朝廷嘉其忠義，待遇甚至。緣此，二州之人通婚姻、置產業，習以為常。即與田汝弼、隔驀來施州置產召鬧事體不同。今一旦因田祖周一族獻納隔州所爭之田，遂盡令獻納積年所置鄰郡之產，而又明言永不得與夷人交易，示以拒絕之意。竊恐有所未安。

二、契勘此事，本緣張縯與林栗互有異同。縯恐栗擅說諭之功，必欲有以相勝。故因高震之言，輕議及此，況思州、權州，今乃是田祖行，與祖周自不相能，必不能使所部之人盡獻祖產，利害頗多，不可不慮。

三、所降指揮，雖曰說諭毋得抑勒。然聖旨既下，遠方敢不遵從。又張縯見為漕臣，自應力主其說。觀望抑勒勢所不免。他日或致紛紛，彼必謂得旨，如此可以藉口，況祖周一族耳。尚能越黔入施，與譚汝翼讎殺不已。若諸田合力，其勢必盛，雖小夷初無足畏，然消患未形，亦當早為之慮。右伏望聖慈更賜詳酌，或且令黔州開具思州人所置內地田土，凡幾族幾畝，各係甚年分置，到不過數月便得詳細。或且作朝旨，委帥漕先次相度，候見曲折，旋降指揮，似未為晚。未審聖意以為然否？臣備位近列，自當以承命為恭。若利害稍大，又

不敢有隱於君父，亦嘗以此稟丞相（王）淮，緣已得旨施行，難於中輟，不免密具此奏。仰乞睿旨[543]。

淳熙九年六月，必大剛從參知政事轉調知樞密院事，位居要津。周邊少數民族的問題亦為其所關切的議題。此奏議即論及西南邊區思、黔二州間的家族恩怨及土田問題原委加以詳細陳述，故抄錄整段文字，俾能對此事來龍去脈有所了解。「黔州」今四川彭水縣，「思州」在今貴州省婺川縣，均為西南少數民族分布地區，其種屬複雜，彼此錯落。此西南邊區山嶺縱橫，林木茂盛，統治者「各於其界建立封堠，謂之禁山[544]。」在無山嶺阻隔的交界地帶，土地不得占用，稱為「禁地」。南宋由於長期對金作戰，政府對禁山限制放寬[545]。宋代以降，邊地蕃部土地占有現象逐漸普遍，思州與黔州相連，孝宗時，此二州之間已「通婚姻、置產業，習以為常[546]。」田氏為當地大戶，曾因協助南宋抗金有功，而受到朝廷禮遇。因此思、黔兩州通婚置產極為普遍。現地方官要其盡「獻納積年所置鄰郡之產」，又限制其不得與夷人交易。此令要求太過，甚為不妥。至於張績、林栗為此事有爭議，亦無其他文獻可資對照，難以進一步評論。田氏家族與施州譚汝翼亦有糾紛[547]，邊陲之地若不善加處理，將小問題稍加消弭，恐將貽禍。故必大建議「黔州開具思州人所置內

543 《奏議》卷十一，〈乞且令黔州開具思州人所買內地田土〉，頁五。按：據《宋史・周必大傳》卷三九一，頁一一九五六載：「父利建，太學博士。」何以奏議中卻稱「臣之伯父利見，紹興初曾為黔州通判。」？不知何說為誤？

544 《宋會要》，兵二九，頁七二九九。

545 參閱安國樓：《宋朝周邊民族政策研究》（台北，文津出版社，一九九七年八月），頁二一～二二。

546 同註五四三。

547 關於思、黔二州間的家族恩怨，《宋史・林栗傳》卷三九四，頁一二〇三〇記載如下：「夔郡屬曰施州，其羈縻郡曰思州。施民譚汝翼者，與知思州田汝弼交惡，田汝弼卒，汝翼帥兵二千人伐其喪。汝弼之子祖周深入報復，兵交於三州之境，施、黔大震。汝翼復繕甲兵，料丁壯，以重幣借兵諸洞，而乞師於帥府。栗曰：「汝翼實召亂者。」移檄罷兵，乃選屬吏往攝兵職，以漸收汝翼之權。命兵馬鈐轄按閱諸州，密檄至施，就攝州事。汝翼不之覺，已乃皇遽遁入成都。事聞，孝宗親札賜栗及成都制置使陳峴曰：「田氏猶是羈縻州郡，譚氏乃夔路豪族，又且首為釁端，帥閫不能彈壓，縱其至此。如尚不悛，未免加兵，除其元惡。」時汝翼在成都，聞之逃歸，調集家丁及役八砦義軍，列陳于沱河橋與官軍戰，潰，汝翼遁去，俘其徒四十有三人，獲甲鎧器仗三萬一千。栗取其巨惡者九人誅之。田祖周由是懼，與其母冉氏謀獻黔江田業，計錢九十萬緡以贖罪，蠻徼遂安。」

地田土，凡幾族幾畝，各係甚年分置。」委由當地漕司均予以精確記錄。方能解決紛爭。

九、論和糴

必大於淳熙九年（一一八二）上奏〈論和糴〉：

臣昨見商量和糴，行在約三十萬石，既是近地，不妨臨時降旨。今偶聞米價日減，恐目下便合施行。但近緣印會子稍多，止可作七百（按：四庫本作「十」）七十一文行用。若更損一、二文見錢，則所費不過一、二十萬貫，而輕重相權，其利極薄。此事臣思之甚審。蓋將來有所調發，不患見錢不出故也。又臣每聞陛下預念年歲之豐歉，雖陰陽家說亦行採訪。臣未嘗不嘆仰聖德孜孜民事。頃刻不置，非如群臣止苟目前而忘遠慮也。臣數日前因五更視月，見歲星粲然於其傍，考之占書，亦主歲饑。嘗聞太史局或云是犯，或云近爾，以臣觀之，有德可禳，聖主固已優為有備無患，人事自當預計。但今儲米稍廣，則所謂物錢自可力致。謹密具奏聞。伏取進止[548]。

《宋會要》，〈和糴〉條：「宋時市糴之名有三，和糴以現錢給之，博糴以他物給之，便糴則商賈以鈔引給之。太祖建隆中河北穀賤，減價散糴以惠貧民。自後諸道豐稔，必詔諸道漕司增價和糴[549]。」所謂「和」是一項官民交易，有「和買」、「和糴」，其動機本出於利民。係為增廣儲蓄，以備水旱凶歉；增價收糴，可免穀賤傷農，及大戶操縱米市，哄抬米價，而有常平倉的功能[550]。但逐漸演變的結果，和糴變成強糴抑配，利民成為害民政策，正稅以外的負擔。孝宗在位時，此事早已行之多年，而為事實。必大此議並非論其是非，而以「愛民」為出發，預測下年將會歲饑，在會

548　《奏議》卷十一，〈論和糴〉，頁六。
549　《宋會要》，食貨四一，頁五五二三。
550　〈南宋雜稅考〉，頁三五一。

子增印的情況下，預作估計可以「有備無患」，今「儲米稍廣」，則「物錢自可力致」。如此擾民可減至最低。可見必大眼光頗具前瞻性，能夠預測未來即將發生的災難，而作若干防患措施。稱其為「政治家」，一點不為過。

十、議修潭州外城

必大於光宗紹熙五年（一一九四）上奏論修潭州外城：

> 臣伏見潭州控扼湖廣，號為重地。外城周圍二十二里。紹興初，李綱、折彥質皆議葺治，會替移而止。自後六十年間，日就塌地東南一帶，基址僅存，則又木生其間，雜以荊棘，根株牽引，榛翳折裂。自到任，委官差人，逐漸芟薙始見損壞去處，若不及今修築，必將蕩然無復藩籬之限。緣州郡事力不足，未敢輕易措置，又慮遷延歲月，他時費用愈大。除已開具丈尺物料細數，申三省、樞密院乞賜敷奏外，欲望聖慈特降度牒并官會共十萬貫。就撥樁管米三千石，付漕臣豐誼提督其事，仍總收支本州，不敢稍有移用，專令飛虎軍統制韓世顯同兵將官，各以所部士卒分頭工役。委通判魏熊夢、蘇森計置物料，協力應副，並不許一毫科擾民戶。旬歲間，可以畢工。庶幾隱然金湯，壯荊楚之形勢，實為永久之利。伏取進止[551]。

必大於六十五歲（紹熙元年，一一八九）知潭州，為時兩年。而此奏於紹熙五年（一一九四）所上，必大此時已為醴泉觀使，呈半退休狀態，但他仍心念潭州，期能為該地做出貢獻。潭州即今湖南長沙，自古以來為交通要地、軍事重鎮。紹興初年，李綱、折彥質即議修外城，而遷延時日。必大祈能從度牒、官會挪出十萬貫的經費，另加米三千石。並動用飛虎軍官兵，則事有可為。

[551] 《奏議》卷十二，〈乞錢米修潭州外城劄子〉，頁三。

十一、〈曾氏農器譜題詞〉

北宋晚期出現了中國歷史上第一本關於水稻栽培的專著《禾譜》，作者為曾安止，百餘年後，其侄孫曾之謹完成一部《農器譜》，兩書評價都很高。之謹時任耒陽（位於湖南南部）縣令。周必大與之謹有同鄉之誼，之謹請必大於寧宗嘉泰元年（一二〇一）為其書寫序，撰成〈曾氏農器譜題詞〉[552]。序中提到《農器譜》記述了耒耜、耨鎛、車戽、蓑笠、銍刈、條簣、杵臼、斗斛、釜甑、倉庾等十項，還附有「雜記」三卷[553]。《農器譜》於明末已不復見[554]。據曾雄生於〈宋代耒陽縣令曾之謹對於中國農耕文化的貢獻〉一文中，主張《農器譜》雖然失傳，但部分內容保留在元代王楨《農書》一書中[555]。話雖如此，若非必大之題辭提到《農器譜》一書的目錄，則後人無法得知中內容究竟為何。因此這篇題辭極為重要。

十二、以膠泥銅版刊印《玉堂雜記》

沈括《夢溪筆談》記載畢昇發明泥活字之事[556]。周必大於光宗紹熙四年（一一九三）在潭州（湖南長沙）用沈括所

552 周必大：〈跋東坡秧馬歌〉，《平園續稿》（《叢書集成》三編，台北，新文豐出版公司），卷十，頁四：有言：「近歲移忠侄孫之謹已譜農器，成公素志。予嘗為之序，其與《禾譜》並傳無疑矣。」

553 周必大：〈曾氏農器譜題詞〉，《文忠集》（《四庫全書》，商務印書館，一九七二）卷五四，頁五七〇。

554 參閱王毓瑚：《中國農學書錄》（北京，農業出版社），頁九七。

555 曾雄生：〈宋代耒陽縣令曾之謹對於中國農耕文化的貢獻〉（中國科學院自然科學史研究所，北京），頁一。

556 沈括：《夢溪筆談》（《叢書集成新編》，新文豐出版公司，）卷十八，頁一一七：「慶曆中，有布衣畢昇，又為活板，其法用膠泥刻字，薄如錢脣，每字為一印，火燒令堅，先設一鐵板，其上以松脂臘和紙灰之類冒之。欲印則以一鐵範置鐵板上，乃密布字印滿鐵範為一板，持就火煬之。藥稍鎔，則以一平板按其面，則字平如砥，若止印三二本，未為簡易，若印數十百千本，則極為神速。當作二鐵板，一板印刷，一板已自布字，此印者纔畢，則敝二板已具，更互用之。……昇死，其印為予群從所得，至今

記的方法，以膠泥銅版印刷出版他自己的《玉堂雜記》。而於其《文忠集》卷一九八給程元成的信中提及此事：「近用沈存中法，以膠泥銅版移換摹印，今日偶成《玉堂雜記》二十八事[557]。」沈存中即沈括。其方法是指以膠泥活字在銅版上排字，再用紙加以摹印。由於畢昇為一平民，除《夢溪筆談》載其事外，沒有其他文獻著錄。必大見沈括之作，於是採用新的方法印刷自己的著述，且《夢溪筆談》所記畢昇係使用鐵板，而必大改成銅板，故不僅新的嘗試還兼改良舊法。這是目前所知世界上最早一本活字印刷本了，可以肯定在中國印刷史占有一席之地。

第四節　軍事幹略

高宗紹興三十一年（一一六一）虞允文在采石磯一役，發揮過人的智慧與膽識，擊敗強敵，解除了南宋紹興和議以來的空前危機，而名留青史，成為家喻戶曉的民族英雄。與他同時代的周必大，也是一介進士出身的文人，卻在軍事上展現過人才略。雖不如虞允文的顯赫功勳，同樣具有卓越的軍事才幹，然以知名度而言，兩人卻別若天壤。對周必大而言，並不公平。故本段目的在於闡揚並彰顯其軍事方面的表現。

一、軍事職務與任期

自乾道七年（一一七一）至淳熙十四年（一一八七），十六年間，周必大數度擔任軍事相關要職：兼權兵部侍郎、

[557] 《文忠集》，卷一九八，頁六；據《玉堂雜記》（《叢書集成新編》）所附《四庫提要》，頁三八九敘述：「此書（《玉堂雜記》）皆記翰林故事，後編入必大文集中。此乃其別行之本也。宋代掌制最號重職，往往由此致位二府。必大受知孝宗，兩入翰苑，自權直院至學士承旨，皆遍為之。凡鑾坡制度沿革，及一時宣召奏對之事，隨筆記錄集為此編。」

兵部侍郎、知樞密院事、樞密使。丞相雖未直接掌管軍事，但宰相無所不統，當然與軍事仍有關聯。

與軍事相關職務如下：

起迄年月	軍事職務	任期	出處
乾道七年（一一七一）五月～乾道八年二月	兼權兵部侍郎	九月	《宋史》三九一／一一九六七～一一九六八；《文忠集》〈年譜〉
淳熙二年（一一七五）六月	再度兼權兵部侍郎	三月	
淳熙二年（一一七五）閏九月～淳熙三年二月	兵部侍郎	一年六月	
淳熙九年（一一八二）九月	知樞密院	一年四月	
淳熙一一年（一一八四）一月～淳熙一四年二月	樞密使	四年五月	
小計		八年三月	

二、軍事見解與作為

周必大數度任軍政之職，顯示孝宗肯定其卓越的軍事長才。孝宗曾讚許道：「若有邊事，宣撫使惟卿可，他人不能也。[558]」邊境曾謠傳大石加林將對金用兵，忽魯大王分據上京，邊臣結約西夏。必大時任樞密使，對於上述傳聞不為所動，並勸孝宗萬勿輕舉妄動，不久證實果係謠言。孝宗不禁讚嘆：「卿真有先見之明[559]。」這僅是諸多例證之一而已。

558 《宋史・周必大傳》卷三九一，頁一一九六九。
559 同前書，頁一一九七〇。

（一）軍事主張

1.息兵：必大對戰爭的基本看法是「戢兵」。他認為國以農為本，民以食為天。若要休養生息，最好停止戰爭。原因是「師之所處，荊棘生焉，大軍之後，必有凶年。」是故「敦本之道，莫大於務農，務農之要，莫先於戢兵[560]。」軍隊所到之處，一片荒蕪，戰爭過後，必然帶來凶歉。因此務農的基本前題就是弭兵，沒有戰亂則農事可興。不過這只是理想，實際情況是宋金對峙，「弭兵」不可能，戰爭無可避免。因此「內修政事，外攘夷狄，今日先務，孰有大於此者[561]?」先把政治搞好，再來攘夷，方為第一要務。

2.選將練兵

（1）選將：必大兼權兵部侍郎時，即奏請「重侍從以儲將相[562]」，「且以紹興初言之，當時近臣往往極天下之選，故議論設施皆有可觀。中興之功，不為無功，不為無助。只自秦檜專政，以收集闒茸庸俗之士，充員備位，人才衰弱，職此之由。陛下憂勤十年作成甚切，凡侍左右無非親擢，其能否賢不肖，豈逃睿鑒。臣願陛下更賜留神，每進一人不徒取一時之長，須可備他日之用，則人才見矣[563]。」選將要從儲備人才開始著手，對於將才要久於其任，「陛下練兵以圖恢復而將數易，是用將之道未至。」（同前註）必大此言是針對孝宗用人的缺點而發。無論文臣武將，都應久任，方能發揮作用，若是將相數易，人人心存「五日京兆」，政務如何推動，制度規模如何建立？必大所謂「儲備將相人才」的具體作法如下：

臣願深詔執事，雜舉中外文武之才，不限員數，不拘資序，區分所能，總為一籍。若馭軍，若臨邊，若經理財

560 周必大：《省齋文稿》（《叢書集成》三編），卷十，〈務農〉，頁六～八。
561 《周益公奏議》卷二，〈論人才〉，頁一～二，卷一三五，頁二～三。
562 《宋史・周必大傳》卷三九一，頁一一九六七。
563 《周益公奏議》卷三，〈論四事〉，頁四～五。乾道七年四月六日。

賦，若行視利害；若監司，若郡守，推類以往詳議格目，仍於其間各紀所長，假令某人可馭軍也，又須別列。其孰智，孰勇，孰當為統帥，某人可治郡也，又須辨其孰中和、孰儉決，或使之撫雅俗，或使之治繁劇。人為一格，格儲數人，繼此有得接續來上，藏之禁中，副在二府。無事之日，預加審覈，遇有任使，按圖而取，比之既寒索裘，已渴浚井，其為利害，蓋相遠矣。取進止[564]。

辦法是先大規模招舉人才，不限員額，不拘資序，按其才幹分類，依其所長，適才適所，安插職務，嚴加考核。如此方能有足夠的人才使用。

至於「邊將」，必大主張精挑嚴選。他於知樞密院事任內，曾與朝臣論及襄陽、江陵等地守軍的問題。兩處均係邊陲重鎮，形勢險要。必大言：「敵恫疑虛喝，正恐我先動，當鎮之以靜，惟邊將不可不精擇[565]。」邊將要選用優秀的人才。敵我之間不僅僅是軍事武力的高下之爭，亦牽涉到雙方將領之間的鬥智，所謂「恫疑虛喝」，即為心理戰，優秀的將領要能料敵機先，作出正確判斷，否則極易誤判而誤事，果真如此，將造成無可挽救的遺憾。

必大在奏議〈論久任邊帥〉進一步發揮：

> 臣聞懷遠圖者不可要近效，立大功者不可守常格。……蓋要近效，則悠久之計有不暇為；守常格，則遠大之謀有不容施。今陛下以郭棣守維揚，郭剛守歷陽，殆將專付閫外之事，稍革二者之弊也。臣謂若只如尋常所用，守臣而不假以事權，示以久任，則不過年歲間又將更易，望其懷遠圖、立大功難矣。……臣願陛下遠稽前代，近守家法。如棣剛輩，既審知其可用，莫若盡以二州之事畀之，使其條境內之利害，具施設之先後，明示久任之指，責以必成之效，毋掣其肘，毋代其斷。有治績，則且增秩、賜金，勿遽移改。彼知朝廷委寄既專，異時無可推避，

564 《周益公奏議》卷二，〈論人才〉，頁一～二。乾道四年七月十七日。
565 《宋史・周必大傳》卷三九一，頁一一九六九。

必將悉其知略，不敢萌苟簡之心，而陛下之憂顧寬矣[566]。

讓邊帥一展長才，施展抱負，不可急功近利，亦不可給以太多既定框架，令其束手束腳。要讓他們有充分發揮的空間。明示久任，責以成效。有治績則予以增秩、賜金的獎勵，委任既專，則責無旁貸，無法推諉卸責。

要之，選用將領，應「其擇之也當審，其任之也當久[567]。」但朝廷能否做到呢？

（2）練兵：必大認為「兵貴乎精，而不貴乎多[568]。」必大的具體作法是：「願詔三省樞密院稽考諸路帥府，除本州島導禁軍外，安撫司實有兵馬幾何，隨其閑劇遠近，立為定數。已足者令精加訓練，不足者令疾速招填，既只在本路駐泊計，亦不難辦集，仍於見今副總管鈐轄路分都監中……它日朝廷專意外御，必無掣肘之患[569]。」實地考查各路帥府，軍隊數量已足者，勤加訓練，數量不夠的，儘速召募到足額為止。各路帥臣名實要相符。如此地方軍力才足以應付各種變局。

（二）相關政策

諸軍升差籍、創諸軍點試法：從各軍部隊中，抽點一、二軍隊之各級將校，察其是否能夠勝任其職，有否徇私舞弊。此法一出，「主帥悚激，無敢容私[570]。」又頒步諸軍點試法。其法如何行之，史料未及記載。然可以肯地定說，此法施行後，立生效果。必大親至地方檢閱隊，影響所及，「池州李忠孝自言正將二人不能開弓，乞罷軍。」孝宗稱讚道：「此皆樞使措置之效。」（同前註）

566 《周益公奏議》卷四，〈論久任邊帥〉，頁四～五。淳熙二年四月二十五日。
567 《周益公奏議》卷三，〈答選德殿聖問奏〉，頁五～六。
568 《周益公奏議》卷四，〈論任官理財訓兵三事〉，頁九～十。淳熙二年八月一日。
569 《周益公奏議》卷二，〈論諸路帥臣將副〉，頁一。
570 《宋史・周必大傳》卷三九一，頁一一九七〇；《攻媿集》卷九四，頁一三〇六。

第五節 結語

周必大是南宋前期名臣，也是一位不可多得的人才，在長達四十餘年的仕宦生涯中，表現得可圈可點，在君王面前言所當言，不卑不亢，為所當為。為阻止孝宗不當用人，甚至犧牲自己大好前程在所不惜。其凜然風骨，尤其值得現今多數軟骨頭的官員所效法學習。他任官期間，提出頗多建樹，在樞密院任內，屢受孝宗稱讚嘉許。生後留下頗多著作，其子周綸編輯為《周文忠公文集》（或稱《文忠集》），舉凡詩文、雜記、奏議、遊記、信函等，充分顯示其學富五車，才氣縱橫的面向。文集中所部分涉及有關社會經濟方面的觀念與具體措施，又發揮其民胞物與的胸懷，多係為民請命之作。

（一）對於理財，必大曾於淳熙二年提出的看法，他借用仁宗朝「罷省不急之用，減少浮費」的故智，主張應將送往迎來之侈費、饋贈加以約束，並任清廉之士為帥。（二）裁節土木之費，也是節約用度的一環，宮殿進行修繕，應畢其功於一役，勿因小失大，為節省物料，因陋就簡，反而得不償失，若再有失職者，應加嚴懲。（三）關於月椿及經、總制錢，必大建議將在創始之後歷年所增加的部分蠲減半數，其中部分若有指定用途，則「計數給降度牒」，以減低地方及人民負擔。（四）兩浙，近畿之地，為根本之所在。不但沒有得惠，反受京師之累，「賦稅供億反重於他路」，必大希望孝宗念在養民之德，體恤浙民，勿再增其負擔。（五）有關廣西鹽政問題嚴重，為先前激起李接民變主因。朝廷目之為盜匪，實即為民變。廣西長久以來為重要產鹽區，官吏管理不善，復與地方勾結，加上鹽政制度不當，造成當地民貧財盡。必大建請「蠲放稅賦」，改善當地窘況。（六）措置營運之論。必大建議開設「抵當庫」專收利息錢，供應軍隊所需，似應可行。（七）閩浙收買軍器所牛皮之事。傳統社會不能任意屠牛，但牛皮又是軍器原料，使用不能減少，兩者相互牴觸，必大「為牛請命」，希減少牛皮使用，連帶可以少殺些牛。（八）關於蜀黔邊區蕃民土田問題。黔州、思州分屬四川、貴州二省，兩州緊鄰，必大此議涉及黔、思二州家族恩怨及土地糾葛。田氏為當地大戶，曾因協助抗金有功受朝廷禮遇，地方官要求其「獻納積年所置鄰郡之產」並令其不得與夷人交易，必大建議「黔州開具思州人所置內地田土，凡幾族幾畝，各係甚年分置」以解決紛爭。（九）論和糴。「和糴」係一項官民交易，本出於利民，但逐漸變質，成為「強糴抑配」，形成擾民害民。必大建議預估來年豐歉，可以有備無患。（十）修潭州外城之事。必大曾知潭州兩年，深知當該城重地，紹興初雖曾議修外城，卻延宕六十年。必大特為其思考如何籌措修城經費，若然，則事有可為。（十一）題詞介紹《農器譜》。在必大文集中有篇《曾氏農器譜題詞》，介紹寧宗時期任耒陽縣令的曾之謹所撰《農器譜》一書，介紹該書所描述的各種農具以及農耕技術。此書雖已於明末失傳，然元代王楨《農書》仍保留部分內容。且透過必大的題詞，傳揚此著。故必大此文極為重要。（十二）以膠泥銅版刊印《玉堂雜記》。仁宗慶曆年間畢升發明膠泥活字印刷法，沈括《夢溪筆談》有詳細介紹，必大以此親身試行，印刷自己的作品《玉堂雜記》，甚至加以改良，用銅代替鐵範，其勇於嘗試新事物的作法，足為後人效法。甚且在中國印刷史上亦占有一席之地。

綜上所述，必大的才學屬於多方面，其所關懷關切的面向也是多方面的，其為官清正，其胸襟開闊寬大，心心念念，為民服務，實屬不可多得的好官、人才。從他關心當時的社會經濟方面的著作以及實際作為即能深刻體會。

必大在軍事方面亦有過人之處，且獲得孝宗信賴與多次讚譽。前後任過兼權兵部侍郎、兵部侍郎、知樞密院事、樞密使，雖是斷斷續續，合計八年三個月。他在軍事方面有極精闢的見解，而獲孝宗青睞。

必大的基本觀念認為偃旗息鼓，從事農業生產，最有利於修養生息，於民於國都是上策。但以宋金長期對峙的現實環境而言不可能。故從長久觀之，應儲備將相人才，將領應慎選，應久任，對於邊帥的選用亦然。至於練兵，在精不在多，各地帥府按實際情況，兵力已足者，嚴加訓練，數量不夠者，儘速召募補實。他於樞密使任內頒行諸軍升差籍、諸軍點試法等法，讓邊將不敢徇私侮弊，無能者自動請罷，而收立竿見影之效。

縱上所述，周必大是個不可多得的全方位人才，而於孝宗在位後期成為極受倚重的股肱大臣。

第二部分

專題討論篇

第七章　宋孝宗的繼立與皇子教育

第一節　前言

皇子教育制度自北宋即已存在，其本身並不特別，特別的是宋孝宗在接受教育前後的改變極大。據史料記載，孝宗初入宮時相當魯鈍，但在接受教育以後，卻脫胎換骨，使筆者對此時期的皇子教育產生興趣。本文擬探討孝宗接受的皇子教育如何實施？皇子教授有「翊善」、「贊讀」、「王府教授」、「小學教授」、「直講」等職稱，彼此有何差異？高宗如何遴選這些教授？有何標準？教授如何教育皇子？實施的技術層面為何？教育內容如何？教育對孝宗產生多少作用？對日後登基為君主的表現有否影響？皇子教授們在孝宗即位後，如何受到重用與禮遇？對孝宗的政局有多少影響？這一連串的問題彼此相互關連。都是本文的重要議題。

第二節　宋孝宗的入宮

靖康二年（一一二七）北宋滅亡，太宗的後代悉數遭到金人俘擄。康王趙構是唯一的漏網之魚，他在群臣擁立下，即位於南京（河南商邱），是為南宋高宗，宋朝政權得以延續。高宗唯一的兒子在三歲時（建炎三年七月，一一二九）去世，而在逃避金人追擊時又喪失了生育能力，太宗的後裔因此絕嗣。高宗初時無法接受這雙重打擊，進士李時雨上書「乞擇宗室之賢者，使視皇子太子事，俟皇嗣之生。」結果立即被「押出國門」[571]。隔年，宰相范宗尹再次提出類似建議，高宗情緒穩定後，只能以理性面對。幾經周折，直到紹興二年（一一三二）二月，在群臣建議下，從太祖七世孫「伯」字輩中，遴選伯琮、伯浩二人，又因伯浩以腳踢貓，高宗認為「此兒輕易乃爾，安能任重任耶！」而淘汰。伯琮雀屏中選接入宮中，由張婕妤撫育，時年六歲。紹興四年（一一三四）五月，又得五歲的伯玖，高宗以其聰慧可愛亦納宮中，由吳才人撫養[572]。高宗為培養二人，實施為期長達二十餘年的教育，就歷代皇子所接受的教育時間來比較，恐怕是空前絕後的吧！由於此時伯琮、伯玖二人，是以高宗養子的身分入宮，亦稱為「皇子」。高宗對自己的生育能力尚未完全死心，仍懷抱希望。另方面，群臣對皇儲問題越來越關切，因此臣僚不時上疏建議早定皇儲，使民無異望[573]。高宗面對如此形勢，內心的複雜、矛盾不難想像。

571 《朝野雜記》乙集，卷一，〈壬午內禪記〉，頁一下。
572 參考〈壬午內禪記〉卷一，頁三；有關伯浩以腳踢貓之事，王明清撰：《揮麈錄餘話》（《四部叢刊續編》），台北，商務印書館），卷一，有更為詳細之記載。
573 參閱柳立言：〈南宋政治史初探～～高宗陰影下的孝宗〉（收在《宋史研究集》十九輯，台北，國立編譯館，民國七八年），頁二〇六、二〇七。

第三節　皇子教育制度的實施

一、緣起

姑不論是否出自真心，高宗對二位皇子是相當重視的，最能表現的便是對兩位皇子教育的關注。稱之為「皇子教育」應該適當。一方加意栽培他們，他方則高宗對生育能力仍有期待。

《朱子語類》一書曾提及孝宗「小年極鈍。高宗一日出對廷臣云：夜來不得睡。或問何故？云：看小兒子讀書，凡二、三百遍，更念不得，甚以為憂。某人進云：『帝王之學，只要知興亡治亂，初不在記誦。』上意方解。後來卻恁聰明。」[574]據此可知高宗曾經對孝宗的愚鈍甚感憂慮。但在接受教育以後，卻益發聰明，而令人刮目相看。然〈壬午內禪志〉卻記載，高宗曾於紹興五年（一一三五）對宰相趙鼎說：「此子天資特異，儼若神人，朕自教之讀書，性極強記。」[575]兩種記載相互矛盾，顯然其中一方說謊。在沒有進一步史料的佐證下，只能根據兩人說話時的動機來推論何者為真。從朱熹是一位名滿天下的大儒，其平日的言行舉止、處世風格，足以為當時人的表率，自不待言，至於他對孝宗的描述，實在看不出有任何說謊的動機與必要性，而且他也不是一個喜歡道聽塗說、人云亦云的人，這一則史料必有所本。而高宗則為皇帝，作為一個領袖，政治上的言行與作為，往往難以一般的道德標準去衡量，有時為了特殊的政治目的而隱瞞、誇大或是說謊，可以理解。刻意誇讚伯琮，可以顯示高宗挑選此子入宮的正當性。因此由常理推斷，筆者以為孝宗幼年的表現，應較接近朱子所說的天資愚鈍，但稍長後卻變得極其聰明[576]。高宗於紹興三十年（一一六〇）經常

574 《朱子語類》，卷一二七，頁十四。
575 〈壬午內禪志〉，頁四下。
576 《四朝名臣言行錄續集》，卷十五，云：「公（俊卿）在普安郡王邸已二年。每當講必傳經啟沃，王深器之。一日，王習毬鞠，

對近臣提及孝宗特殊的表現：「卿亦見普安乎？近來骨相一變，非常人比也！」[577]這兩段文字前後似乎可以相互印證，但如此戲劇性的變化，總會令人覺得不可思議，何以如此？限於史料，無法過度解釋或揣測。或者用一般俗稱「開竅」來解釋，可能說得通吧！總之，孝宗此種異於常人的改變，長時間的教育應該發揮一定的功能。孝宗在即位前的表現，如同高宗所描述的：

> 天資英明，豁達大度，左右未嘗見有喜慍之色。趨朝就列，進止皆有常度。騎乘未嘗妄視，平居服御儉約，每以經史自適，嘗與府僚曰聲色之事，未嘗略以經意，至于珠寶瑰異之物，心所不好，亦未嘗蓄之，騎射翰墨皆絕人。（同前註）

看來孝宗儼然已具備了當皇帝的條件。至於伯玖改變多少，史無記載。

二、實施

（一）資善堂的建立

「資善堂」是皇子們專用的教育訓練場所。據《宋史・職官志》記載，始自北宋大中祥符八年（一〇一五），係仁宗為皇子時的肄業之所。皇子出外就傅，選官兼領。元豐八年（一〇八五）哲宗初開講筵，詔「講讀官每日赴資善堂，雙日講讀」。政和元年（一一一一），定王、嘉王出就資善堂聽讀。靖康元年（一一二六），詔令皇太子出就外傅，就

577 〈壬午內禪志〉，頁十一下。公微誦韓愈諫張建封書以諷，王即為誦全文，不遺一字。」公退而喜曰：王聰明而樂從諫，社稷之福也。另《繫年要錄》也有相同記載。

資善堂置學舍，令國子監提供監書。紹興五年（一一三五），孝宗封建國公，出就資善堂聽講。於此之前，宰相趙鼎奉命於宮門內建書院，落成後以為資善堂「凡建屋十有六間」。不久，採趙鼎建議，以左史范沖當翊善，右史朱震為贊讀，俱為一時之選。前者為范祖禹之子，有深厚的家學淵源，兩人都是「極天下之選」的大學者[578]。不到一個月趙鼎就反映「資善堂極褊隘，恐方暑不便。」高宗不願動大工程，只要「粗令整葺可也」[579]。此時上距南宋建國不到十年，國家物力維艱，只能因陋就簡。高宗解釋道：「朕常以營造為戒，居處不敢求安。」（同前註）由此可知資善堂不是太寬敞的地方。

實際在紹興年間擔任皇子教師的，先後有「翊善」、「贊讀」、「教授」、「直講」、「小學教授」等五種不同職稱[580]。「翊善」與「贊讀」係隸屬於宮中「資善堂」。「教授」、「小學教授」則為皇子出就外第的老師。初期兩皇子年紀尚幼，在宮中就學。紹興十二年三月，建國公出就外第，因此改以「王府教授」，繼續教育皇子，伯玖則仍留在宮中，仍置「翊善」、「贊讀」。下表列出各王子教授設置時間。

---

578 《宋史・職官志》，卷一六二，頁三八二四；《要錄》，卷八九，頁一四九四。
579 《要錄》卷九〇，頁一四九七。
580 為便於稱呼，上述各職稱，一律泛稱為「教授」或「老師」。如有特別需要，才使用原職稱。

附表一：東宮中翊善、贊讀、直講、教授、小學教授設置時間

職稱	品級	設置年代	員額	備考（為求簡便，以下各附表備註欄中資料出處，均以「卷／頁」之形式顯示）
資善堂翊善	從七品	大中祥符八年（一〇一五）仁宗肄學始置。		據《朝野雜記》乙集一三／九，載：「紹興五年六月初置，以命朱子開、范元長。時孝宗以建國公就傅故也。」
資善堂贊讀				同上
資善堂直講				《元豐官制不分卷》載：每皇子出就外傅，選官兼領聽講讀。紹興後以左史充翊善，右史充講讀。 《朝野雜記》乙集一三／九，載：「開禧一年七月初置」
王府教授				《朝野雜記》、《元豐官制不分卷》二書均未列
王府翊善		國初有之		《朝野雜記》乙集十三／十：「為從七品……蓋庶官也。」
王府直講		紹興三〇年（一一六〇）	一員	詔建王府置直講、贊讀各一員。
王府贊讀		紹興三〇年	一員	
王府小學教授				《朝野雜記》、《元豐官制不分卷》二書均未列。

備註：（一）本表據《元豐官制不分卷》[581]製，並以《朝野雜記》乙集，卷十三；《宋史・史浩傳》，卷三九六，頁一二〇六五補充之。

（二）表列翊善、贊讀設自北宋，小學教授設自南宋紹興年間。王府教授亦設自紹興年間，而《元豐官制不分卷》並未記載「王府教授」始自何時。當亦為紹興年間。不知何以不列？

（三）翊善、贊讀與王府教授、小學教授有重疊之處。

（四）「資善堂說書」一職，《朝野雜記》載：「開禧一年七月初置」，《元豐官制不分卷》，頁一四一繫於孝宗即位之時，不知何者為是？

（五）依《朝野雜記》所載，似將「王府翊善」與「資善堂翊善」混為一談，然又使用兩種名稱。

（六）在上列各種職稱中，「資善堂翊善」、「資善堂贊讀」、「王府教授」、「王府直講」、「王府贊讀」、「王府小學教授」等六種納入本文的研究範圍。

---

581 神宗敕撰：《元豐官制不分卷》（《宋史資料萃編》第四輯，文海出版社）頁一四〇～一四二有關王府翊善、贊讀、教授、小學教授等資料，元・馬端臨撰：《文獻通考》（新興書局，民五二年新一版，）卷六〇，頁五四六記載太略；《宋會要》，職官七，資料不整，缺略甚多。惟有《宋史・職官志》，卷一六二，較詳，但仍非詳細完整。

（二）慎選師資

高宗對於二王的教育相當耗費心思，在兩人尚未正式接受教育之前，高宗便先自行擔負起教育工作，他曾言「朕自教之讀書」，此時在紹興五年（一一三五）資善堂建立之前[582]。紹興十九年（一一四九）三月庚寅，有一段史料，說明高宗雖日理萬機，但仍抽空注意二皇子的讀書狀況：

> 宰執進呈普安、恩平二王得旨令溫習舊書。上曰：「《春秋》乃舊所習讀，嘗問以經中數事，欲其通解，蓋其義淵奧，須能識聖人之用心，方有自得處。若泥諸儒之說，拘而不通，失經旨矣[583]。」

高宗曾親自考問《春秋》經，目的要二子領悟書中精髓旨趣，真正作到融會貫通，而不可拘泥於諸家之說，拘則不通。高宗的政治智慧雖然有限，在讀書作學問方面，則有獨到之處。此時孝宗已是二十三歲的成年人，高宗仍十分關切兩人的讀書情形，還勞駕皇帝親自督導。宰執大臣進呈二王的學習狀況，如此又可旁證高宗對二王教育的重視。紹興二十五年（一一五五）十一月，高宗任命趙逵之前，曾提到「兩王方學詩，冀有以切磋之」。

自伯琮九歲起（時為紹興五年六月，一一三五），高宗就開始為兩位皇子特命范沖、朱震兩位「一時名德老成，極天下之選」兼任翊善與贊讀，教授二人讀書。高宗詔曰：

> 茲擇剛辰，出就外傅，宜有端良之士以充輔導之官，博觀在廷，無以易汝（范）沖，德行文學，為時正人。……朕方求多聞之益，爾實兼數器之長，施及童蒙，綽有餘裕。蔽自朕志，宜即安之[584]。

582 〈壬午內禪記〉，頁四下。
583 《宋史全文》，卷二一，頁五四。
584 《宋史・范沖傳》，卷四三五，頁一二九〇六。

詔文中透露，二人不僅學行俱優，且兼數器之長，聲譽極佳。且高宗再次強調這一切均出於「朕志」，此二字時刻放在嘴邊。此後更換多任教授（詳見附表二），直至紹興三十一年（一一六一）止，因此孝宗接受教育時間長達二十餘年。

皇子教授的選任原本單純，卻意外地惹出一樁權力場的角逐情事。范沖、朱震原為趙鼎所推薦，卻因與鼎有姻親關係，使鼎有所顧忌，上章希望改變主意，但在高宗堅持之下維持原議。另一宰相張浚在潭州，聽說建國公當就傅，也推薦沖、震可備訓導，鼎與浚兩人因此而產生嫌隙。但事實上，據李心傳旁徵博引的考證結果，認為是秦檜暗中搞鬼，欲藉機離間趙、張二相，以從中牟取政治利益[585]。這樁人事案塵埃落定的次日，趙鼎便向皇帝稟陳：

臣與范沖正係姻家，然臣罷簽書樞密院，退歸山間，沖始有召命。去年春，再有旨促沖赴闕，亦在臣未還朝之前。自此沖每有除命，臣必再三陳免。沖超除次對，適在臣待罪宰相之日。沖之文學行誼，陛下所知，前後除擢，雖出聖意，然四方萬里，安能戶曉，必謂臣以天下公器輒私親黨。崇、觀僥倖之風，不可不戒其漸，伏望追寢成命[586]。

趙鼎面奏為自己澄清，從未為親戚奔走說項，並請求收回范沖的任命，當然高宗沒有答應。趙鼎此舉反映當時朝中必有許多中傷他的流言蜚語，使其不得不出此策。即使他立刻進行消毒，但趙鼎在紹興六年（一一三六）十二月罷相之後，敵對者仍用資善堂之事作為藉口對他展開攻擊[587]。趙鼎罷相後，范沖也一再上疏求去而罷兼翊善。兩天之後立即以蘇符代此職缺[588]。

585 參閱《要錄》，卷八九，頁一四九三～一四九四。
586 同前書，頁一四九五。
587 〈壬午內禪志〉，頁五下。
588 《要錄》，卷一〇七，頁一七四〇、一七四一。

除了一開始大張旗鼓，首任教授堪稱「時選」之外，後來的繼任者，高宗如何挑選呢？他用誰為皇子老師，並無明文規定的標準，存乎皇帝之心而已。關乎此，由於缺乏史料，只能從這些教授的相關資料中推敲一二。比如張闡，高宗在聘為教授前，曾稱其「莊重老成無踰闡者」[589]，故以此推測，應該是高宗相中他的一項重要條件。又如陳鵬飛「以經術文詞名當世」，「時以高閌之為司業，與鵬飛為中興師儒之首[590]。」則是高宗聘其為師的推斷，高閌大約也在類似條件下雀屏中選的。劉章於紹興十六年（一一四六）起擔任二王教授四年，「專以經誼文學啟迪掖導」[591]紹興二十六年（一一五六）秦檜死後，朝廷舉辦策士，高宗親自參與，閱及王十朋以「權」為題的策論，讚其「經學淹通，議論醇正」，擢為第一。還下詔強調「十朋乃朕親擢」，「時以四科求士，帥王師心謂十朋身兼四者，獨以應詔。」召為祕書郎兼小學教授[592]。如王次翁，高宗看上他的「明經術」[593]，因此留兼「翊善」。

趙逵於紹興二十五年（一一五五）十一月至次年八月任二王府教授，他讀書「數行俱下」，極好典籍，「考歷代興衰治亂之迹，與當代名人鉅公出處大節，根窮底究，尚友其人。」紹興二十一年（一一五一）對策，擢為第一，高宗極重視趙逵，卻礙於秦檜，秦檜死後，立刻遷著作佐郎兼禮部員外郎。在命為王府教授前夕，高宗對他說：

> 卿知之乎？始終皆朕自擢。自卿登第後，為大臣沮格，久不見卿。秦檜日薦士，未嘗一語及卿，以此知卿不附權貴，真天子門生也。兩王方學詩，冀有以切磋之[594]。

589 《宋史・張闡傳》，卷三八一，頁一一七四六。
590 《宋史翼》，（台北，鼎文書局，民六七年），卷二四，頁八。
591 《宋史・劉章傳》，卷三九〇，頁一一九五九。
592 《宋史・王十朋傳》，卷三八七，頁一一八八二～一一八八六。
593 《宋史・王次翁傳》，卷三八〇，頁一一七〇九。
594 《宋史・趙逵傳》，卷三八一，頁一一七五一；最後兩句話取自《編年錄》，卷十六，頁一一一四。又見於〈中書趙舍人墓誌銘〉《海陵集》，卷二三。

由此可以推論，由高宗所決定遴聘的教授，學識、德行應該是第一要件，其次個性穩定莊重也是考慮的因素之一。除此之外，政治因素也不容忽視。

下表中，資善堂官共十三位，王府教授十八位，共三十一人，其中秦檜一黨就占了十一人，超過總數的三分之一。因此在選用教授時，明顯受到權臣的影響。比如林機便是檜黨，於紹興十八年（一一四八）八月至二十一年（一一五一）二月期間，擔任著作佐郎兼普安、恩平郡王府教授，時間兩年半。秦檜死後，高宗曾批評他「比年四方奏瑞，文飾取悅，若信州林機奏秦檜父祠堂生芝，佞諛尤甚[595]。」高宗如此用詞，是很嚴厲的，顯然對林機的舉動相當鄙視與不滿。這樣的人當人師只會教壞學生，高宗怎會任命為教授呢？顯然因為秦檜的介入。高宗此語距林機卸任教授已有一段時日，而於秦檜生前，高宗多有無奈，礙於秦檜，只能隱忍不發。此外，還有幾位曾任「翊善」的王次翁、程克俊、秦梓、程瑀[596]、秦

595 《要錄》，卷一七〇，頁二七八三，載：「……左奉議郎、知邵州林機以宰相姻婭，進躐清顯，附下罔上，妄立異議。宰相曾不以為罪，猶付之名郡，物議籍籍，詔並罷。」見《宋史・五行志》，卷六三，頁一三九六。林機無疑是秦檜一黨。

596 細查《要錄》，顯示程瑀亦為秦檜一黨。參閱《要錄》，卷五〇，頁八八三；卷五一，頁九〇二；卷五七，頁九九九；卷五八，頁一〇〇三即可知。紹興元年十二月乙丑，程瑀試太常少卿，「秦檜引之也。」；紹興二年二月丁卯，程瑀試給事中，「秦檜所薦也。」；紹興二年八月壬子，程瑀落職與宮觀，「坐秦檜黨。」；紹興二年九月戊午，秦檜落職，言者論：「引用程瑀等布列要路，黨雨既植，同門者互相借譽。……」上述資料足以說明程瑀確為秦檜一黨，惟檜當時尚未當權。而瑀於紹興十二年兼任翊善時，秦檜已經大權在握，雖然史書並未記載是秦檜之力，但就時機而言，極有可能是受檜之影響。不過在對金議題上，程瑀主張「不專以和為是」，使檜忌之，因而出知信州，尋提舉江州太平興國宮。其後復以「坐通書李光，降朝議大夫。」雖然晚年與秦檜漸行漸遠，甚至降職處分。並不能改變曾為秦檜同路人的事實。參見《宋史・程瑀傳》，卷三八一，頁一一七四四。

熺、段拂、王墨卿、丁婁明[597]、鄭時中[598]、陳鵬飛[599]等合計十人，都出自秦檜系統，其中王、程、段三人曾受檜拔擢，躍升為執政，但皆「拱默而已」[600]。梓、熺則一為其兄，一為其子。此六人的任期分別為：王次翁，約半年（任期紹興九年九月～十年二月）；程克俊，約七個月（紹興十二年三月～十二年十月）；秦梓，不到四個月（紹興十二年三月～十三年六月）；秦熺，約八個月（紹興十三年七月～十四年三月）；段拂，一年十個月（紹興十四年三月～十六年一月）；陳鵬飛，約半年（紹興十四年六月～同年十二月）；王墨卿，兩年八個月（紹興十五年四月～十八年）；林機，

597 《要錄》，卷一五三，頁二四六九載：「王墨卿、魏元若並為祕書省著作佐郎兼恩平府教授。秦熹嘗從墨卿學，故薦用之。」同書，卷一六七，頁二七三二：「著作佐郎丁婁明試祕書少監，婁明以女適秦檜之姪右朝奉郎烜，故擢用之。」由此可知，丁婁明亦為秦檜一黨。在宋・何異撰：《宋中興百官題名》（《叢書集成續編》，台北，新文豐出版公司，民國七八年），頁四，並未提丁婁明何時罷兼王府教授。但《要錄》卷一七一，頁二八〇五，載：「（紹興二十六年正月）癸亥，權工部侍郎丁婁明罷。以侍御史湯鵬舉奏婁明徒以秦烜之妻父遂躐清要，四方不服故也。」故推測，丁婁明可能於此時罷兼王府教授。

598 鄭時中係鄭仲熊之姪，亦屬秦檜一黨。紹興二十四年正月中張孝祥榜進士，時中排名第五。秦塤、周夤、秦焞、楊倓、鄭縝、趙雝、秦煜、董克正、曹緯、沈興傑等人皆中第，天下為之切齒。時中甫登第即授以京秩，守祕書丞。紹興二十五年六月庚辰，簽書樞密院事兼權參知政事鄭仲熊罷。侍御史董德元奏：「（鄭）仲熊素行貪穢，眾所共聞。……密令姪時中與背馳之黨，日夕相通，招權納貨，幾無虛日。……」（紹興二十五年十一月壬申）左承事郎、添差通判廣德軍鄭時中，以大臣之親，驟加進用，……詔罷。參閱《繫年要錄》，卷一六六，頁二七一三；卷一六七，頁二七三三；卷一六八頁二七五一；卷一七〇頁二七八三；又同書，卷一七四，頁二八六四～二八六五，載：「（紹興二十六年八月戊寅），詔：……朱冠卿應詔上書，論故相當權，不遵祖宗故事，科舉雖存，公道廢絕，施於子孫，皆寘優異之選。又施於族裔親戚，又施於門下憸人穢夫。前舉一榜，如曹冠、秦塤、周夤、鄭時中、……，凡有八人，其間乳臭小兒，至於素不知書，全未識字者，濫竊儒科，復佔省額。……」由此得知鄭時中不折不扣為秦檜一黨。

599 宋・葉適撰：《水心集》（《四部備要》，臺灣中華書局，民國五四年），卷十三，頁二：「初，秦丞相子學於少南（鵬飛字），丞西既重少南，且以故，遂驟引用，以博士為講官，其為禮部郎也，熺為其侍郎。少南謂熺子弟未習事，所下文案多不應法，批其後還之。……自是丞相見少南禮甚恭，意寖不悅，而熺由不平，遂以御史疏罷歸。」陳鵬飛與秦檜關係密切於此可見。

600 《宋史・秦檜傳》，卷四二三，頁一三七六五。

約兩年半（紹興十八年八月～二十一年二月）；丁婁明，四年十個月（紹興二十一年三月～二十六年一月）。前六人都任資善堂贊讀或翊善，王墨卿、林機任二王府教授。

秦檜獨相十八年（紹興八年至二十五年去世，一一三八～一一五五），權傾天下。紹興二十年（一一五〇）九月，「檜以病在告，獨簽書樞密院巫伋一人，每日上殿，及至都堂，不敢開一言可否事。六部百官皆停筆以待檜疾愈，不敢裁決，唯行常程書而已[601]。」由此事可知，別說朝廷百官對檜至為忌憚，就連皇帝本人都畏懼三分。因此皇子教授的任命，於秦檜當政期間，深受秦檜影響可知。

孝宗於普安郡王時期，對秦檜的印象就不好。他曾經向高宗揭發秦檜的專擅，卻惹來秦檜的削減郡王府經費作為報復，縱使孝宗對經費多寡真的不以為意，但對秦檜的一手遮天、專斷跋扈，必然留下深刻而不可磨滅的記憶[602]。孝宗既對秦檜產生惡感，連帶容易對秦檜所推薦的教授產生排斥感，相對受到秦檜黨教授的影響也會較小。如此推論雖無史料可以印證，應屬合理。

秦檜死後，高宗方重掌權柄，像陳俊卿的任命（紹興二十七年六月，一一五七），便是出自高宗的決定。〈正獻陳公行狀〉云：

> 時今天子方為普安郡王，高宗命宰相擇可以輔導者，宰相爭欲置其所善，高宗不可，命擇館職端重厚靜重者為教授，乃以公（陳俊卿）對，除著作佐郎兼普安郡王府教授，尋遷著作郎[603]。

601 《編年錄》，卷十六，頁一四三二。

602 《貴耳集》，卷上，頁四，載：「秦會之當國，偶虔州賊發。秦相得報夜呼堂吏行箚。數日以賊聞。一日，德壽問虔州有賊，何不奏聞？秦云：『小竊不敢上勞聖聽。陛下何以知之？』上曰：『普安說。』秦既退，呼堂吏云：『普安一宮給使，請俸不齊，取榜來。』遂閣兩月。壽皇聖度高遠，亦不以此為意。議者疏秦擅專之罪。」）另方面，秦檜對孝宗從少年時代已然「英睿夙成」就相當畏忌。參閱《齊東野語》，卷十一，頁一三八。

603 宋・朱熹撰：《朱文公文集》，（四部叢刊本），卷九六，〈正獻陳公行狀〉。

這個職務位階不高，卻是宰相「爭欲置其所善」的地方，可以安插自己的人馬，培植自己的勢力，未料高宗不同意，而要一位「端厚靜重」、個性沉穩的陳俊卿。與俊卿同時受命的楊邦弼，則是在吳郡鄉里中，將邦弼與陳長方、王蘋三人配食，號「三賢祠」。早年從王蘋學，「遂居震澤，探極理趣，發為詞章。」中進士後選為博士[604]。由此觀之，邦弼學行兼備，且在鄉里早有令譽。

史浩之被相中，因於轉對時上奏：「小臣冒萬死以畢愚忠，普安、恩平郡王皆聰明，宜選其賢者，浸別異之，以係天下望。」高宗聞之頷首，因此次日說：「浩有用才也[605]。」遂命為祕書郎，三日後命兼二王府教授。大臣奏王府教授必召對乃除。高宗說：「朕已見其人矣[606]。」史浩這一席話雖是關鍵，但可以推測高宗在史浩奏對時，已留下良好深刻的印象，加上高宗認為他很忠，因此評其為「有用才」。從上段文字可以有幾點推論：

(一)大臣奏：「王府教授必召對乃除。」說明高宗重視此職，故須慎重遴選，得經過皇帝親自面談。(至少後秦檜時期是如此)

(二)高宗任命史浩之事，全憑高宗一言敲定，經辦大臣甚至不知高宗已召見過史浩。說明此時的高宗已掌握絕對的權力。

而在〈純誠厚德元老之碑〉一文中，說「史浩以國子博士奏事殿中，高宗一見契合，屬目送之。諭大臣曰：『浩，今日有用之才也[607]。』」「契合」可解釋為「投緣」，總之，高宗看對眼了。

---

604 宋・王蘋撰，明・王觀編：《王著作集》（《叢書集成續編》，台北，新文豐出版公司，民國七七年），卷五，頁十三。
605 見〈壬午內禪志〉，頁十；又見宋・羅濬等撰：《寶慶四明志》（《宋元地方志叢書》，台北，中國地志研究會），卷九，頁四；《宋史・史浩傳》，卷三九六，頁一二〇六五。
606 《寶慶四明志》，卷九，頁四。
607 《攻媿集》，卷九三，〈誠純厚德元老之碑〉，頁一二七七。

參考《中興東宮官僚題名》[608]中所列，製成「高宗年間資善堂官一覽表」及「王府教授一覽表」如後。

附表二：高宗紹興年間資善堂官一覽表

姓名	起迄時間	本職	兼職	轉任官職	去職原因、任期	備註
一、范沖	紹興五年五月	徽猷閣待制	翊善		趙鼎罷相，范沖一再上疏求去而罷兼翊善。任期：一年七月	未註明出處者均參考《中興東宮官僚題名》
	六年一月	徽猷閣直學士	翊善			
	六年四月	翰林學士	翊善			
	六年十二月			龍圖閣直學士		《繫年要錄》一〇七／一七四〇
	十一年十二月			卒		《繫年要錄》一四三／二三〇四
二、朱震	紹興五年五月	起居郎	贊讀		致仕 任期：三年一月	
	五年八月	中書舍人	翊善			
	六年一月	給事中	翊善			
	六年五月	翰林學士	翊善			
	八年六月			致仕		
三、蘇符	紹興六年十二月	司封郎官	贊讀		符與吳表臣等七人，坐不詳具祖宗典故，專任己意，懷姦附麗，罷。提舉江州太平觀。 任期：五年二月	
	七年四月	祕書少監	贊讀			
	八年二月	太常少卿	贊讀			
	八年九月	起居郎	贊讀			
	八年十一月	中書舍人	翊善			
	九年二月	給事中	翊善			

608 參考《宋中興百官題名》，〈中興東宮官僚題名〉，頁一～二。

姓名	起迄時間	本職	兼職	轉任官職	去職原因、任期	備註
三、蘇符	九年九月	禮部侍郎	翊善			《宋史翼》卷四，頁二四；《紹興正論》（永樂大典）卷二四〇一
	十年十二月	權禮部尚書				
	十二年二月			罷		
四、吳表臣	紹興八年六月	兵部侍郎	翊善		符與吳表臣等七人，坐不詳具祖宗典故，專任己意，懷姦附麗，罷。提舉江州太平觀。任期：三年八月	
	九年三月	禮部侍郎	翊善			
	九年十月	吏部尚書	翊善			
	十二年二月			罷		《紹興正論》（《永樂大典》）二四〇一
五、王次翁	紹興九年九月	工部侍郎	翊善		任期：五月	
	十年二月			御史中丞		
六、程克俊	紹興十二年三月	給事中	翊善		任期：七月	
	十二年九月	翰林學士	翊善			
	十二年十月			簽書樞密院事		
七、秦梓	紹興十二年三月	祕書少監	贊讀		任期：一年三月	
	十二年三月	敷文閣待制提舉萬壽觀	翊善			
	十二年九月	敷文閣直學士	翊善			
	十三年四月	翰林學士	翊善			
	十三年六月			龍圖閣學士、知宣州		
八、程瑀	紹興一二年五月	兵部侍郎	翊善		任期：一年四月	
	一三年九月			龍圖閣學士、知信州		

姓名	起迄時間	本職	兼職	轉任官職	去職原因、任期	備註
九、秦	紹興十三年七月	禮部侍郎	翊善		任期：八月	
	十四年三月			免		
十、高閌	紹興十三年九月	國子司業	贊讀		任期：九月	
	十四年三月	禮部侍郎	翊善			
	十四年六月			知筠州		
十一、段拂	紹興十四年三月	禮部侍郎	翊善		任期：一年十月	
	十四年三月	中書舍人	翊善			
	十四年九月	侍講	翊善			
	十六年一月			給事中		
十二、陳鵬飛	紹興十四年六月	禮部郎官	贊讀		任期：六月	
	十四年十二月			罷		
十三、李若容（谷）（據《繫年要錄》更正）	紹興十四年十二月	給事中	翊善		任期：不詳	《中興東宮官僚題名》僅列就任時間，未示離職日期。

附表三：高宗紹興年間王府教授一覽表

姓名	起迄時間	本職	兼職	轉任官職	去職原因、任期	備考
一、錢周材	紹興十二年三月	從事郎、大理司直	普安郡王府教授		任期：三年五月	未註明出處者均參考《中興東宮官僚題名》
	十二年三月	校書郎	普安郡王府教授			
	十二年（疑為十三年）二月	著作佐郎	普安郡王府教授			
	十二年（疑為十五年）八月			起居舍人		《繫年要錄》繫於「十五」年。
二、趙衛	紹興十二年三月	修職郎、樞密院編修官	普安郡王府教授		任期：三年五月	
	十二年三月	校書郎	普安郡王府教授			
	十三年二月	著作佐郎	普安郡王府教授			
	十五年一月	著作郎	普安郡王府教授			
	十五年八月			起居郎		
三、王墨卿	紹興十五年四月	著作佐郎	恩平郡王府教授		任期：三年三月	
	十五年八月	著作佐郎	普安郡王府教授			
	十八年七月			起居舍人		（據《繫年要錄》一五八／二五六二）

姓名	起迄時間	本職	兼職	轉任官職	去職原因、任期	備考
四、魏元若	紹興十五年四月	著作佐郎	恩平郡王府教授		致仕 任期：一年六月	
	十五年八月	著作佐郎	普安郡王府教授			
	十六年月			致仕		
五、劉章	紹興十六年十月	校書郎	普安、恩平郡王府教授		任期：三年二月	
	十八年八月	著作佐郎	普安、恩平郡王府教授			
	十九年十二月			外任		
六、林機	紹興十八年八月	著作佐郎	普安、恩平郡王府教授		任期：二年六月	
	二十一年二月			禮部員外郎		
七、丁婁明	紹興二十一年三月	太常博士	普安、恩平郡王府教授		任期：四年十月	
	二十一年五月	著作佐郎	普安、恩平郡王府教授			
	二十四年十一月	祕書少監	普安、恩平郡王府教授			
	二十六年一月	工部侍郎		罷		據《繫年要錄》一七一／二八〇五，推斷

姓名	起迄時間	本職	兼職	轉任官職	去職原因、任期	備考
八、鄭時中	紹興二十四年十一月	祕書丞	普安、恩平郡王府教授		任期：六月	
	二十五年二月	祕書郎	普安、恩平郡王府教授			
	二十五年五月			添差廣德軍通判		
九、趙逵	紹興二十五年十一月	校書郎	普安、恩平郡王府教授		任期：九月	
	二十五年十二月	著作佐郎	普安、恩平郡王府教授			
	二十六年八月	著作郎	普安、恩平郡王府教授			
	二十六年八月			起居郎		
十、黃中	紹興二十六年八月	校書郎	普安、恩平郡王府教授		任期：十月	
	二十六年八月	著作佐郎	普安、恩平郡王府教授			
	二十七年六月			司封員外郎		
十一、王剛中	紹興二十七年四月	著作佐郎	普安、恩平郡王府教授		遷轉官 任期：二月	
	二十七年六月			起居舍人		

姓名	起迄時間	本職	兼職	轉任官職	去職原因、任期	備考
十二、楊邦弼	紹興二十七年六月	祕書丞	普安郡王府教授		任期：二年	
	二十七年七月	著作佐郎	普安郡王府教授			
	二十八年七月	著作郎	普安郡王府教授			
	二十九年六月			禮部員外郎		
十三、陳俊卿	紹興二十七年六月	校書郎	普安、恩平郡王府教授		任期：二年	
	二十七年七月	著作佐郎	普安、恩平郡王府教授			
	二十八年七月	著作郎	普安、恩平郡王府教授			
	二十九年六月			司勳員外郎		
十四、史浩	紹興二十九年六月	祕書郎	普安、恩平郡王府教授		任期：三年	
	三〇年三月	祕書郎	建王、恩平郡王府教授			
	三〇年四月	司封員外郎	建王府直講			
	三〇年八月	宗正少卿	建王府直講			
	三十二年六月	宗正少卿	太子右庶子			

姓名	起迄時間	本職	兼職	轉任官職	去職原因、任期	備考
十五、魏志	紹興二九年六月	校書郎	普安、恩平郡王府教授		致仕 任期：一年	
	三〇年三月	校書郎	建王、恩平郡王府教授			
	三〇年四月	祠部員外郎	建王府贊讀			
	三〇年六月			致仕		
十六、張闡	紹興三〇年十月	祠部郎中	建王府贊讀		任期：一年八月	據《繫年要錄》一九二／三一二二
	三十一年八月	將作監	建王府贊讀			
	三十二年六月		太子右諭德			
十七、王十朋	紹興三〇年四月	校書郎	建王府小學教授		任期：一年一月	
	三〇年十二月	著作佐郎	建王府小學教授			
	三十一年五月			大宗正丞		
十八、劉藻	紹興三十一年八月	國子博士	建王府小學教授		任期：四月	
	三十一年八月	祠部員外郎	建王府小學教授			
	三十一年十二月			侍右郎（疑誤）		

關於附表二、三，有幾項說明：

（一）表列三十一人，除少數註明去職原因，其餘大多數去職的表面因素均為遷轉官，而實際上，幾乎無法從現有史料找出真正原因。

（二）從表中可見，教授任期長短不一。資善堂官任期最短者五個月，最長的五年二月，除李若谷任期不詳不列入記錄，於平均值為一年九個月。王府教授任期最長達三年八月，最短僅有二月，平均值亦為一年十個月。

（三）教授均為兼職，其專職則五花八門，難以歸納出準則來。

（三）建立師尊

建國公出外就傅，高宗為他務色到一時之選的范沖、朱震，高宗要求趙瑗（伯琮更名為瑗）「見沖、贊皆設拜[609]。」首先他要求二王必須尊敬教授，如此，教授方能在講授之時建立師尊，教授也較易管教皇子學生[610]。另方面「賜（朱）震五品服[611]」刻意提高朱震地位。紹興三十年（一一六〇）四月乙丑，祕書省校書郎王十朋兼建王府小學教授之時，仍然要求於教授入講堂時，照禮節皇孫賓立，而教授位於賓客之處，當時十朋雖堅持不可，普安郡王卻特別為其加禮，將教授引導至中位[612]。孝宗從孩提時代就被訓練尊敬教授，如此觀念已然根深蒂固，因此同樣要求他的下一代必須行禮如儀，以禮待師。

孝宗從小便被訓練懂得尊師重道，頗知受教，平時摒棄聲色，惟讀經史，「凡六籍之文，悉加講讀」。夜間則閱讀古人文集，閒暇之時則握筆賦詩，再不然鼓琴習射，可見其生活非常嚴謹[613]。即使一般平民都難以做到，更何況處處是

609 〈壬午內禪志〉，頁五上。
610 《宋史・職官志》，卷一六二，頁三二八五；亦參考《文獻通考》，卷六〇，頁十八。
611 《繫年要錄》，卷八九，頁一四九三。
612 《宋史全文》，卷二三，頁三下。
613 《宋史全文》，卷二一，頁五四上，載：「時普安郡王在藩邸，絕意聲色，常以經史自娛。凡六籍之文，悉加講讀，夜則觀古人

誘惑的宮廷，無怪乎高宗會選擇孝宗為繼承人。

三、分期

將皇子教育分期的原因，係由於每一個階段的情況不盡相同。為了便於研究，將二十餘年的教育狀況分成三個時期，本文既以孝宗皇子時期的教育為主體，故以孝宗的封爵為該階段的名稱。

（一）建國公時期——紹興五年（一一三五）六月～十二年（一一四二）二月。

孝宗於紹興五年五月授保慶軍節度使，封建國公，六月正式開始入資善堂接受教育，此時伯玖年紀尚幼，仍在禁中，因此伯琮單獨一人受教育，將近四年的時間。趙璩（紹興六年正月，伯玖更名璩）於紹興九年（一一三九）三月丁亥為保大軍節度使，封崇國公，六天後詔赴資善堂就讀。從此兩人便一起接受輔導，大約三年之久[614]。范沖、朱震分別兼任資善堂翊善、贊讀（范沖任期一年七月，朱震任期三年一月），此後翊善、贊讀有所更替，至十二年（一一四二）二月丁丑（十三日）建國公進封普安郡王止[615]，為期六年八個月，亦即在孝宗九歲到十五歲之間。此期間所有教師職稱皆為「翊善、贊讀」。計有：范沖、朱震、蘇符、吳表臣、王次翁等五人。

（二）普安郡王時期——紹興十二年（一一四二）三月～三十年（一一六〇）三月。

伯琮入宮後由張婕妤撫養[616]，紹興十二年二月庚午張氏卒，次日便詔建國公出外第[617]，第三天晉封普安郡王。既

文集，暇則握筆賦詩，鼓琴習射而已。」

614　《繫年要錄》，卷一二七，頁二〇五九，二〇六一。

615　《繫年要錄》，卷一四四，頁二三一〇。

616　《宋史・張賢妃傳》，卷二四三，頁八六四九。

617　《繫年要錄》，卷一四四，頁二三〇九；仔細檢閱《繫年要錄》，卷一四四，頁二三〇五，發現早在紹興十二年正月壬寅（八日），就有詔令「建國公出外第」，同月庚戌（十六）再次下詔「建國公就外第」，二月庚午（六日）婉儀張氏薨，辛未（七日）第三次下詔「建國公瑗出外第」。何以僅是出外第，需要下三次詔令，實不可解。而且前兩次是在張婉儀死前，難道此時吳

已出外就第，自然不能再受教於禁中。因此他的教育進入第二期。換言之，兩位皇子分開二地受教育。第二期大約在十二年三月正式開始。程克俊、秦梓於三月己亥（六日）分別兼資善堂翊善、贊讀，「以崇國公璩未出閤故也[618]。」次（七）日趙衛、錢周材為普安郡王府教授，「壬寅（九日），王出閤就外第，命宗室正任已上送之。」（同前註）很明顯的，璩年紀還小尚未就外第，仍在禁中，所以命程克俊、秦梓教育他，趙瑗則另外任命趙衛、錢周材並兼普安郡王府教授教育之。所以這時候同時有四位教授。

此階段在資善堂方面接任的翊善或贊讀有：程克俊、秦梓、程瑀、秦熺、高閌、段拂、陳鵬飛、李若容等八人。普安郡王府教授僅趙、錢二人，兩人於十五年（一一四五）八月甲戌，分別為起居郎、起居舍人[619]。紹興十五年二月己亥（二三日）趙璩進封恩平郡王，「以將出閤故也。其官屬禮儀並依普安郡王例[620]。」四月壬辰（十七日），王墨卿、魏元若並為著作佐郎兼恩平郡王府教授[621]，至八月丁丑（四日），兩人同兼普安、恩平二王府教授，可立即銜接趙、錢二人。「附表二」顯示自紹興十六年（一一四六）一月，段拂轉任給事中後，資善堂官便完全沒有了，王府教授則一直延續到紹興三十年（一一六〇）。此時期的教授有：程克俊、秦梓、程瑀、秦熺、高閌、段拂、陳鵬飛、李若容、趙衛、錢周材、王墨卿、魏元若、劉章、林機、丁婁明、鄭時中、趙逵、黃中、王剛中、楊邦弼、陳俊卿、史浩、魏志等二十三人[622]。

（三）建王時期——紹興三十年三月～三十二年（一一六二）六月即位前。

才人見張婉儀已經病入膏肓，便迫不及待要求高宗下此詔令？這只是臆測，並沒有任何證據。惟前兩次詔令並未真正實行，應該可以確定，否則不會三番兩次下詔。

618 《繫年要錄》，卷一四四，頁二三一五。
619 同前書，卷一五四，頁二四八〇。
620 同前書，卷一五三，頁二四六五。
621 同前書，卷一五三，頁二四六九。
622 在兩位皇子均出外就第之後，王府教授在教授學業時，究竟是分開實施，或是一起上課，沒有史料可資查證。這個問題雖非關鍵，仍是尚待解決的。

紹興三十年二月丙子（二十七日），制授皇子寧國軍節度使、開府儀同三司，進封建王[623]。次（二十八）日，史浩、魏志兩人權兼建王、恩平郡王府教授，僅是更名而已[624]。三月丁未（三〇日），詔：「建王府置直講、贊讀各一員，以郎官兼；小學教授一員，以館職兼[625]。」四月乙卯（八日），史浩改為建王府直講，魏志則為贊讀[626]。史、魏之後，尚有張闡（贊讀）、王十朋、劉藻（皆為小學教授）等三人，故此時期總計五人。紹興三十二年六月建王登基之後，皇子教育便告一段落。

第四節　教育的內容與形式

二王受教育的時間長達二十餘年，有關皇子教育的內容，史料極缺，只能從零星史料中拼湊而出。范沖任翊善，「每因箋疏，導以經術仁義之言[627]。」而伯琮對范沖的教育內容，「輒標軸藏之，時一展玩。」（同前註）極為認真看待，由此亦可推想他的處事態度。伯琮曾得李公麟所繪的「孝經圖」一幅，沖在其背後書寫一段文字如下：

孝者，自然之理。天地之所以大，萬物之所以生，人之所以靈，三綱五常之所以立，學然後知之。心不苟慮，必依乎道；足不苟動，必依於禮。行之以不息，守之以至誠，造次必於是，顛沛必於是。及乎習與性成，是為純

623 〈壬午內禪志〉，頁十二。
624 《要錄》，卷一八四，頁三〇八四。
625 同前書，卷一八四，頁三〇八八。
626 同前書，卷一八五，頁三〇九一。
627 〈壬午內禪志〉，頁五；另《要錄》，卷一〇六，頁一七二五，提及朱震、范沖各進官一等，原因是「建國公讀孟子終篇」，連帶「本閣官武經大夫、帶御器械邵諤以（原文為「己」）下，及資善堂官吏各進一官資。」。此文字顯示部分的教育內容，以及反映出高宗對皇子教育的重視。

孝，不然，無以立身矣。豈不見乎諸侯車服之美，儀物之盛，尊榮如此。國公以幼學之年，享寵祿之厚，盍思所以保富貴之道乎？故沖以諸侯之事為獻。曰：「戰戰兢兢，如臨深淵，如履薄冰。」周之諸侯，其入而居於王所，則皆謂之卿士，故沖又欲以卿大夫之事為獻。曰：「夙夜匪懈，以事一人。」國公其勉之[628]。

這段文字是有關皇子教育內容極重要的文獻，同時也代表教授在言教之外，另一種教育方式。文中闡述「孝道」為天地、人生之中一項最基本的道。並且要伯琮深刻的了解到「孝」，不僅在當下，也在他未來的人生中扮演絕對性的角色。對伯琮以後的做人處事，應當發揮了極大的影響力。

王剛中每侍講均「極陳古今治亂之故，君子小人忠佞之辨[629]。」吳表臣係自紹興八年（一一三八）六月至十二年（一一四二）二月兼資善堂翊善，高宗曾讚賞他「二國公誦習甚進，卿力也[630]。」陳俊卿任教授兩年「講說常傳經義以規戒，言簡理精。」普安郡王喜好鞠戲，俊卿「誦韓愈之言以諫，王敬納之[631]。」從這句話可以看到，除了在課堂上的正規教育外，也有不拘形式的機會教育，而且普安均能恭敬的接受。

於紹興十二年三月至十月間擔任資善堂翊善的程克俊「一以道德文章輔承，凡有詢問，隨所剖析，至如今古治亂之跡，必反覆言之，以相磨礱，浸灌故學之功茂焉[632]。」劉章「事王邸四年，盡忠誠，專以經誼文學啟迪掖導，受知孝宗自此始[633]。」

628 同前註。
629 《南宋名臣言行錄》，卷一，頁二五。
630 《宋史・吳表臣傳》，卷三八一，頁一一七三三。
631 《朱文公文集》，卷九六，〈正獻陳公行狀〉。
632 明・程敏政撰：〈程克俊家傳〉，（《新安文獻志》，《文淵閣四庫全書》，A・一三七六，台北，商務印書館，民國七二年）卷九四下，頁五六四。綜觀〈家傳〉中對程克俊生平所描述過多溢美，與《宋史》所載不能相互印證，故對此文真實性予以存疑，畢竟這是皇子教育內容的寶貴資料，故仍收錄以供參考。
633 《宋史・劉章傳》，卷三九〇頁，一一九五九。

如史浩「以所學糾正贊弼，自其緝熙光明，推而至于事親以孝，事天以誠，兵不輕用，刑不妄施，人才盛多，夷夏乂肅[634]。」此言雖出自史浩神道碑，但在一方志中亦記載史浩「常力勉二王以孝[635]」，兩者可以相互參照。《寶慶四明志》載：

上書蘭亭序二本，賜二王，批其後曰：「依此進百本。」浩曰：「此趙鞅書訓戒之辭之意。」謂二王：君父之命，不可不敬。從（後）數日，問普安王，曰：「見書。」浩曰：「能溢其數，尤見順承之意。」又以問恩平王，曰：「未暇。」浩驚曰：「郡王朝參之外，何日非暇，而至違命乎？」已而普安王書七百本上之，璩卒無進。（同前註）

這是一段教育內容與方式的寶貴資料，教授並不侷限在傳道、授業、解惑上，凡是與皇子相關事務，教授都會盡其所能的告知，至於學生是否受教，便因人而異了。眼前二王就是最佳對照。普安凡事聽從教誨，恩平則否，卻也因此在生平最重要的競賽中失敗。故而高宗曾對史浩讚道：「皇帝（孝宗）誠孝，卿輔導之效居多[636]。」此外，史浩任直講，曾利用機會諄諄善誘。此有一例：

一日，（史）浩講《周禮》至〈酒正〉，因言膳夫掌膳羞之事。歲終則會，惟王及后、世子之膳羞不會，至酒正所掌飲酒之事，歲終則會，惟王及后之飲酒不會，世子不與焉。以是知世子之膳羞可以不會，而世子之飲酒不可以無節也。王作而謝曰：敢不佩服斯訓[637]。

634 見《攻媿集》，卷九三，〈誠純厚德元老之碑〉，頁一二七八。
635 《寶慶四明志》，卷九，頁四。
636 同註六三，頁一二七九。
637 《要錄》，卷一八五，頁一。

又，《文獻通考》提及史浩任講筵，為建王講授周禮講義，對孝宗多所啟發，孝宗稱之[638]。王十朋在〈與直講史侍郎〉手箚中，對史浩的期許，就皇子教育的內容而言，頗具有代表性。

> 皇子初建，天下拭目以觀盛德。郎中直講以正人端士居師友之職，宜以經術正其心，以古今治亂興亡之跡為之勸戒，養成器業，以副一人付託之意[639]。

長期潛移默化、耳濡目染，深受儒家思想薰陶的結果，使孝宗執政以後，頗諳帝王之道，因而成為南宋朝表現最傑出的皇帝。由此觀之，高宗對孝宗的刻意栽培，確實發揮了預期的效果。甚至可以說，孝宗即位後表現不凡，高宗有間接的功勞。孝宗的學問頗有可觀，嘗作〈原道辨〉，謂「以佛修心，以道養生，以儒治世」，後將〈原道辨〉易名「三教論」。雖然朱熹曾上疏力諫，學者亦有不同批評[640]，但能作此文，顯示其對儒釋道均有極深入的涉獵。

第五節　皇子教授與孝宗朝政局

高宗對於皇子教授的遴選大抵相當重視，除少部分在權臣秦檜羽翼下任職者，其餘大部分由於表現傑出而受命。而在這數十位教授之中，由於和孝宗有較為密切、頻繁的接觸，只要教授本身優秀，很容易受到孝宗的賞識與青睞，故在孝宗即位之後，受到重用與眷顧，從而對孝宗一朝政局產生舉足輕重的影響。如陳俊卿即是，他於乾道二年（一一六

638 《文獻通考》，卷一八一，〈經籍考〉，頁一五五八。
639 宋・王十朋著，梅溪重刊委員會編：《王十朋全集》（上海古籍出版社，一九九八年）卷二一，頁九三四。
640 蔣義斌：《史浩研究～兼論南宋孝宗朝政局及學術》（中國文化大學史學研究所碩士論文，民國六九年七月），頁一九三、一九四。

六）拜執政就是因為孝宗早在藩邸時已經了解俊卿之忠[641]。此後從執政到宰相（同知樞密院事、參知政事、右僕射、左僕射），共三年六個月。乾道六年（一一七〇）五月，因為反對右相虞允文主張「恢復祖先陵寢」而罷相。在中樞期間，對推動「進賢退不肖」的工作上不遺餘力，進用如張浚、陳良翰、林栗、梁克家、莫濟、虞允文、汪應辰等眾多人才。另方面，他打擊不法、維護朝綱，貢獻卓著，對於朝中不肖份子：韓仲通、劉寶、湯思退、楊存中、張去為、曾覿、龍大淵、王抃、張說、林機、戚方等人，都先後上疏彈劾。他在朝堂上時，孝宗所寵幸的近習之臣，都遭到嚴厲的壓制。對於政治、軍事、財經各方面的主張，大都反映在當時的朝政上。拜任宰執前後，曾五度任職地方官，知建康府（三任）、知福州（兩任），均有治績，「治郡崇尚風教」，「所至，民必相率為生祠，且立碑以頌功德」，政績斑斑可考。晚年孝宗對其優禮有加，寵眷不衰，加封少保、申國公、少傅、魏國公等榮銜。七十四歲薨，孝宗為之輟朝，贈太保，諡「正獻」，一代賢臣，生榮死哀[642]。

史浩之教導尤其對孝宗日後之能登基，產生了關鍵性的影響。

高廟賜二王宮女各十人，普安問禮之當何如？史浩云：「當以庶母之禮待之。」高廟問二王待遇之狀。言普安加禮，恩平無不昵之者。大計由此而決[643]。

史浩在孝宗生平最重要的競賽中給予忠告，孝宗因而勝出登基為皇帝。甚且，史浩還協助建王化解空前的危機。紹興三十一年（一一六一），金主完顏亮大舉南侵，高宗聽從部分廷臣建議打算南遷避難。建王激憤難平，自請率兵為前

641 《編年錄》，卷十七，頁一一九四：「先是，上猶未能屏鞠戲，又將游獵白石。俊卿時為吏書，上疏力諫，至引漢威靈、唐敬穆及司馬相如之言以為戒。後數日對，上迎謂曰：『前日之奏，備見忠讜。朕決意用卿矣。』俊卿再拜謝，上曰：『朕在藩邸，已知卿為忠臣矣。遂有是命』。」

642 參閱拙著：〈正色立朝的賢相•陳俊卿〉（《通識研究集刊》第二期，開南管理學院，民國九一年十二月），頁一五五～一五六。

643 《貴耳集》卷上，頁六。這是高宗對二王進行無預警的測試。

驅，此舉立時引起高宗疑慮，史浩力言太子不可將兵，唐肅宗靈武即位之事可以為戒。建王便向史浩求助，尋求對策。浩乃為草奏，分上高宗及皇后，辭意懇切，高宗對建王之怒方才消解。既而知係出自史浩手筆，還說：「史浩真王府官也[644]。」孝宗即位後，浩由於出身藩邸學官，遷翰林學士、知制誥，不到兩個月除參知政事，尋兼知樞密院事[645]。隆興元年（一一六三）正月進為尚書右僕射，兼樞密使。[646]從孝宗即位至浩拜相才半年時間。既參大政，極力推薦人才，如張燾、辛次膺、周葵、任古、胡銓、張戒、王十朋等。[647]時宋金關係正值吃緊，與張浚在和戰問題上意見相左，在對金的政策方面，他主張先內治厚植國本，再言恢復。對於「歸正人」也有不同的看法[648]。因此而遭罷職，出守地方。知紹興府時，為當地整治湖田、便民賦稅、設置義田、為先賢立祠、創立貢院等。知福州，為請置官莊以濟當地殺子不養之弊[649]。淳熙五年（一一七八）三月再度拜相，此時史浩已七十四歲，同年十一月再罷，在相位八閱月[650]。自經筵告歸前，薦江浙之士十五人，皆一時之選。如薛叔似、楊簡、陸九淵、石宗昭、陳謙、葉適、袁燮、趙靜之、張子智，後皆擢用[651]。淳熙十年（一一八三）除太保致仕，歷永、衛、魯、魏等國公，「百官郊迎，見畢對御賜宴」，「歲遇誕日，賜以金器」，「年八十，又加寶器」，「進太傅，賜玉帶金魚」。拜相時間雖短，但孝宗對其禮遇之隆重，「自古際遇，莫盛於此[652]。」

他如錢周材，孝宗登基之後，立即「以舊學召對便殿，留奉內祠兼侍講，復為中書舍人，遷給事中、直學士院。」

644 參閱《史浩研究——兼論南宋孝宗朝政局及學術》，頁六四～六六；並參閱〈壬午內禪志〉，頁十三。
645 《宋史・孝宗本紀》卷三三，頁六二〇。
646 《編年錄》，卷十七，頁一一五〇。
647 《攻媿集》，卷九三，〈誠純厚德元老之碑〉，頁一二七九。
648 參閱《宋史・史浩傳》，卷三九六，頁一二〇六七。
649 參閱《史浩研究——兼論南宋孝宗朝政局及學術》頁一五〇、一五四。
650 《編年錄》，卷十七，頁一二三四、一二三七、一二三八。
651 參閱《宋史・史浩傳》，卷三九六，頁一二〇六八。
652 《編年錄》，卷十七，頁一二三九、一二四〇。

後因母憂，「屢詔不起，以龍圖閣直學士奉祠告老。……官至朝議大夫[653]。」又如劉章，於孝宗受禪後，「念舊學，命知潭州，為諫議大夫王大寶所格。尋除祕閣修撰、敷文閣待制，召提舉佑神觀兼侍讀，遂拜禮部侍郎。……進權禮部尚書兼給事中。……」其後孝宗對劉章仍舊念念不忘：

（劉章）子之衡……出守廣德軍。當陛辭，對便殿，問：「卿父學士安否？」撫勞再三，臨退，復謂曰：「卿歸侍，為朕致此意。」旋遣閤門祇候蘇曦至家宣問，拜端明殿學士，賜銀絹四百匹。……以資政殿學士致仕[654]。

黃中於乾道改元以集英殿修撰致仕，進敷文閣待制。六年，召對，「問勞甚渥」，以兵部尚書兼侍讀。曾諫止作樂事，卒用其言。奏十要道。除顯謨閣、提舉江州太平興國宮，賜犀帶、香茗。除龍圖閣學士，致仕。其後，孝宗手書遣使訪朝政闕失，對其重視可見一斑。進端明殿學士。遺表猶以山陵、欽宗梓宮為言。淳熙七年（一一八〇）八月卒，年八十五。詔贈「正議大夫」[655]。

王剛中，於孝宗受禪時，召赴闕，以足疾請祠。金人犯淮，召剛中入見，陳戰守之策。除禮部尚書、直學士院兼給事中，為鹵簿使，除端明殿學士、簽書樞密院事，進同知院事。他提出「戰守者實事，和議者虛名，不可恃虛名害實事。」又奏四事：「開屯田、省浮費、選將帥、汰冗兵。」卒年六十三。贈資政殿大學士、光祿大夫，諡「恭簡」[656]。

張闡於高宗紹興三十一年（一一六一）五月擔任建王府贊讀，在一次輪對時，便主張和議歲幣勿被敵國所困；歸正人遣還問題勿令敵人甘心；應嚴懲州縣贓吏等議題；重申禁蠲租之令。又論三邊不可無良將，督視不可無大帥等等。都

653 宋・周應合撰：《景定建康志》（《叢書集成新編》，台北，新文豐出版公司，民國七四年），卷四九，頁三一；又見元・張鉉撰：《至大金陵新志》（《叢書集成新編》，台北，新文豐出版公司，民國七四年），卷十三下之上，頁五二。
654 《宋史・劉章傳》，卷三九〇，頁一一九六〇。
655 參閱《宋史・黃中傳》，卷三八二，頁一一七六四、一一七六五。
656 《宋史・王剛中傳》，卷三八六，頁一一八六三。

是當時眾所關心的話題[657]。孝宗受禪，即拜闡權工部侍郎兼侍講。金主亮死，宋金和議再起，闡認為應「正敵國之禮，彼或不從，則有戰爾。」如此，「中國之威可以復振[658]」。此言，對孝宗有堅定作用。時張浚命李顯忠、邵宏淵二將北伐，闡恐李、邵深入無援，奏乞益兵殿後，稍後卻傳來失利消息[659]。當眾論皆歸咎於戰，獨闡言：「諸將違節度且無援而敗，當矯前失，安可遽沮銳氣。」（同前註）歷工部尚書兼侍讀，後力乞骸骨，不得已乃除顯謨閣直學士、提舉太平興國宮。陛辭之時，仍堅持其一貫主張：

許和則忘祖宗之讎，棄四（唐、鄧、海、泗）州則失中原之心，遣歸正人則傷忠義之氣。惟陛下毋忘老臣平惜之言[660]。

晚年指陳時政尤為諄切，孝宗「眷益篤」。（同前註）

王十朋於紹興三十年（一一六〇）召為建王府小學教授，雖為皇孫之師，建王仍對之尊禮，孝宗受禪，起知嚴州、拜司封郎中、累遷國子司業、起居舍人、侍御史。孝宗強調：「卿（胡銓）與十朋皆朕親擢。」十朋見孝宗英銳，「每見必陳恢復之計」。及將北伐，史浩主和，因論其八罪「懷姦、誤國、植黨、盜權、忌言、蔽賢、欺君、訕上」，浩因而出知紹興府，再論，改與祠[661]。又論史正志傾險姦邪，因而罷去。十朋歷知饒、夔、湖、泉四州，其政績：

布上恩，恤民隱，士之賢者詣門，以禮致之。朔望會諸生學宮，講經詢政，僚屬間有不善反覆告誡，俾之自新。

657 參閱《要錄》，卷一九〇，頁三一七一。
658 參閱《宋史・張闡傳》，卷三八一，頁一一七四六。
659 宋・周必大撰：《平園續稿》（《叢書集成三編》，∆・四七，台北，新文豐出版公司，民國八五年），卷二一，頁十四。
660 同前書，卷二一，頁十五。
661 參閱《宋史・王十朋傳》，卷三八七，頁一一八八三。

民輸租俾自概量，聞者相告，宿逋亦願償。訟至庭，溫詞曉以理義，多退聽者。所至人繪而祠之，去之日，老稚攀留涕泣，越境以送，思之如父母。（同前註）

十朋謁東宮，太子「以其舊學，待遇有加」。「詔免朝參」，「遣中使以告及襲衣、金帶就其家賜之。」以龍圖閣學士致仕。（同前註）

第六節　結語

宋高宗朝的皇子教育並不特別，隨著孝宗入繼大統的過程漫長而曲折，連帶使此時期皇子教育扮演了舉足輕重的角色，而有探討的必要。孝宗本為太祖七世孫，原名伯琮，因高宗的唯一子嗣死亡，才有機會入宮，而與另一位太祖後代伯玖，同樣成為高宗養子，經過長期培育、觀察，最後挑出適合人選，成為未來君主。但整體環境對伯琮而言，充滿了凶險與不利的因素。高宗本人雖已絕嗣，但他從未真正放棄希望，仍期待獲得親生兒子；高宗生母韋太后根本未將兩人視為高宗之子；吳皇后始終期望伯玖成為繼承者；秦檜因懼怕伯琮英銳，將會不利於己而加以排斥；而伯玖則是最大的競爭對手。以上種種困難因素都必須排除，未來才可能登上皇帝寶座。

他處身在宮廷之中，面對如此眾多艱險，必須小心翼翼，稍一不慎便會帶來難以估計的危害。所能憑藉的便是他長期對高宗的順從，對教授的尊敬，自己的勤奮向學，高度的自制能力，以及成年之後種種令高宗留下深刻印象的表現。

他剛進宮時，外表並不突出，腦筋也並不靈光，甚至有些愚笨，惹得高宗相當煩惱。但是經過長期教育的薰陶，教授的悉心教導與啟迪，對於教授所教之事，不論是否為正規的學業，他都能謹記在心，努力實踐，加上他自己日以繼夜勤奮的學習之後，脫胎換骨，到成年時，已經成為一個「天資英明，豁達大度」，「進止皆有常度」，「每以經史自適」，「騎色翰墨皆絕人」，極出色的青年，令人刮目相看。經過高宗兩次不動聲色的測試，都讓高宗極為滿意，到紹興三十年時，高宗欲立其為皇太子幾乎已可確定。等到外在不利因素逐一排除之後，終於成為皇位繼承人。

回頭探討紹興時期的皇子教育，從紹興五年（一一三五）開始實施，直到紹興三十二年（一一六二）六月，孝宗受禪為止，長達二十七年。初時，宰相趙鼎於宮門內建立書院，便是有十六間屋子的「資善堂」，其實相當簡陋，不久趙鼎就反映狹小而希望整修，高宗節儉，只能「粗令整葺」。至於聘任教授，開始時大張旗鼓，分別由俱為一時之選的范沖、朱震兼任翊善、贊讀。其後實際兼任教授的，在職稱上有：「翊善」、「贊讀」「教授」「小學教授」「直講」等名稱。任務、屬性或有不同，而任務則一。「翊善」、「贊讀」隸屬資善堂，「教授」、「小學教授」、「直講」則在王府任教。

師資的選擇，並無明文訂定的標準，但據高宗選任教授的零星資料來看，學問、品德應是他所優先考慮的條件，其次個性莊重沉穩、忠誠可靠也很重要。但在紹興年間的三十一位教授，其中超過三分之一由秦檜介入而中選，如王次翁、程克俊、程瑀、段拂、陳鵬飛、王墨卿、林機、丁婁明、鄭時中，及秦檜的兄、子——秦梓、秦熺。陳鵬飛雖由秦檜推薦為教授，但他後來的作為忤逆秦檜，令其不悅，特別提出說明。但早在皇子時期伯琮對秦檜之作為便不以為然，連帶對他所推薦的教授，多少應會產生排斥，而降低這些教授對他的影響力。這雖屬推測，但就邏輯而言，應為合理。

高宗要求皇子教育的實施，從皇子對教授的尊敬開始做起，透過「設拜」建立師尊，教授的權威才能建立。教授擁有權威，對學生方容易管教，孝宗從孩提時代就受到訓練要求尊敬教授，進而轉化為服從，從對教授的服從，更增強對高宗的順從，教育的功能才得以彰顯，進而達成高宗教育皇子的重要目標。

皇子教育按伯琮封爵的改變，分為三期：

一、建國公時期：時間為紹興五年（一一三五）六月至十二年二月。在紹興九年（一一三九）三月以前，伯玖年紀還小，建國公單獨受教育，九年三月之後伯玖封為崇國公，兩人便一起在資善堂受教育。此時的教授稱為「翊善」、「贊讀」。計有：范沖、朱震、吳表臣、蘇符、王次翁五人。

二、普安郡王時期：十二年（一一四二）三月伯琮封普安郡王，出就外第。二子分開受教育，一在郡王府第，一在禁中，此時既有翊善、贊讀，又有王府教授，因而此一階段教授人數最多，有：程克俊、秦梓、程瑀、秦熺、高閌、段拂、陳鵬飛、李若容等八人，均為「翊善」或「贊讀」；另外，錢周材、趙衛、王墨卿、魏元若、劉章、林機、丁婁明、鄭時中、趙逵、黃中、王剛中、楊邦弼、陳俊卿、史浩、魏志等共十五位，都是王府教授。惟紹興十五年（一一四五）二月以前，伯玖尚未出閣，之後進封為恩平郡王，於是有段時期單獨為普安或恩平郡王教授，十五年八月以後均為兼二王府教授。

三、建王時期：紹興三十年（一一六〇）三月伯琮再進封為建王，教授職稱也隨之變更，這一時期雖短，僅兩年三個月，教授名稱卻也最為紊亂，史浩、魏志，先改為建王、恩平郡王府教授，稍後史浩變更為建王府直講，魏志則為建王府贊讀。張闡直接兼任建王府贊讀；王十朋、劉藻為建王府小學教授。這一期值得注意的是紹興三十年三月以後，恩平郡王便不再有教授了，易言之，他的教育終止了。

大體上，皇子教授在正式教育方面，「經術仁義」、「古今治亂」、「道德文章」等為其主要內容外，也常有非正式的機會教育，甚至在傳道、授業、解惑以外，只要是和皇子相關之事務，教授仍可提出許多意見以供參考，而往往在關鍵時刻發揮極大的效果。史浩就好幾次在緊要關頭上提出看法，無形中幫助孝宗登上寶座。

曾任皇子教授的數十人裡，不乏受到孝宗重用與禮遇者。其中陳俊卿、史浩位極宰相，貢獻良多，俊卿進用人才，維護朝綱，打擊不法，壓制近習。史浩推薦人才，主張先內治植國本，惜與張浚意見相異而罷相。兩人先後在孝宗朝均發揮舉足輕重的影響力。至若黃中官至兵部尚書，歷顯謨閣、龍圖閣、端明殿學士，王剛中曾任簽書樞密院事、進知樞密院事，錢周材官至朝議大夫，劉章權吏部尚書兼給事中，張闡官拜工部尚書，王十朋累遷至侍御史、遍歷地方官，所至，民思之如父母。而上述等人孝宗均對其禮遇有加，顯示對舊日的老師念念不忘，他們也不負期望，對孝宗朝政貢獻智慧，一展長才。

第八章　宋高宗與宰相

第一節　前言

宋高宗趙構為宋徽宗第九子，字德基，封為康王。靖康二年北宋滅亡，趙構在群臣擁戴下即位。但這個政權基礎脆弱，外有強鄰虎視，內則變亂頻繁，在此危急存亡之際，竟能轉危為安，維持半壁江山達一百五十二年之久。紹興十二年與金人簽訂紹興和議之後，兩國和平相處二十年，直到完顏亮於紹興三十一年大舉入寇，方才打破和平之局。

高宗在位三十五年，任用十五位宰相，而其中半數竟屬奸佞之徒[662]。令人質疑高宗的識人與用人。然而綜觀其統治期間並非庸碌之輩，對於臣子領導統御亦有一套。本文即探討高宗的生平大事、與宰相之關係和統御臣下之術。

---

662 七位奸相分別是：黃潛善（任期一年七月）、汪伯彥（任期二月）、杜充（任期六月）、秦檜（任期十八年七月）、沈該（任期三年一月）、万俟卨（任期七月）、湯思退（任期三年六月）。

第二節　生平大事

宋高宗趙構，是南宋朝第一代君主，雖是南宋朝的開國者，卻不見開國氣象。他的即位實是拜金人之賜。宋欽宗靖康二年（一一二七），北宋京城開封城破，北宋滅於女真人之手。趙家皇族宗室悉數遭到俘虜，而趙構是漏網之魚。

趙構，字德基，原為徽宗第九子，封為康王。靖康元年春正月，金人犯京師，遣使入城，邀親王、宰臣議和軍中。欽宗召康王諭指，趙構慷慨請行。命少宰張邦昌與康王同行。金帥斡離不留之軍中旬日，趙構意氣閒暇。都統制姚平仲夜襲金人砦不克，金人見責，邦昌恐懼涕泣，趙構竟能不為所動，斡離不異之，更請肅王[663]。此後康王漸露頭角，茲錄其生平幾件重要大事如下：

一、河北兵馬大元帥

靖康元年十月，康王再度使金，行經磁州，被當地百姓包圍而不得行，知相州汪伯彥以蠟書將康王迎至相州[664]。金帥粘罕、斡離不復渡河包圍京城，朝廷拜康王為河北兵馬大元帥（部分文獻上，稱為「天下兵馬大元帥」），入京勤王。大元帥府分成兩派爭論是否進京勤王。汪伯彥、耿南仲主張議和，宗澤堅決主戰反對議和。結果高宗採納汪、耿前

[663] 參閱《宋史・高宗本紀一》，卷二四，頁四三九～四四〇。關於此，張峻榮在《南宋高宗定都臨安之原因》一書中指出可疑之處，當高宗面對金帥仍能「意氣閒暇」、「帝不為動」等的讚美之詞，與其日後對金人極度恐懼，兩相對照，判若雲泥，因此懷疑多半是日後篡改記錄的結果。

[664] 參閱《宋史・高宗本紀》卷二四，頁四三九～四四〇。

往東平府的建議，宗澤則調到前線。康王「趨吉避凶」的天性暴露無疑[665]。

二、自立於南京應天府

北宋滅亡，康王在群臣擁戴下，靖康二年五月一日，於南京應天府（河南商邱）即位，改元建炎。拜李綱為相，並將金人所立的傀儡張邦昌繩之以法。高宗起用李綱，具有高度宣示作用，象徵整頓內政及以強硬政策對付金人之決心。內有李綱，外有宗澤，朝廷氣象一新[666]。八月，黃潛善、汪伯彥力主議和，張浚復論李綱雖負才氣，但曾以私意殺侍從，不可居相位。綱拜相僅七十五日而罷，代之以汪、黃二人。太學生陳東、布衣歐陽澈上疏力諫被殺。新氣象曇花一現，此後便江河日下。政權初立便處境凶險。女真人肅清中原一帶北宋勢力之後，即致力於消滅趙構政權，女真軍隊大舉追擊。令高宗一再向南奔逃，金兵一路尾隨，建炎三年至四年金兵在完顏兀朮率領下，自安徽和縣渡過長江追擊高宗至明州（浙江寧波），破定海，以舟師襲高宗所乘御舟。幸賴張公裕擊退之[667]。高宗雖於建炎四年回到陸上，然期間飽嚐顛沛流離之苦，生命、政權危在旦夕。金軍如鬼魅般陰魂不散，窮追不捨。逼使高宗東藏西躲，最後無法立足於陸地，逃難海上，隨時可能被滅，更令高宗加深對金之恐懼，以及堅定對金議和的決心。

三、苗劉之變

《宋史》載：「（建炎三年三月）扈從統制苗傅忿王淵驟得君，劉正彥怨招降劇盜而賞薄。帝在揚州，閹宦用事恣

665 參閱《宋史・高宗本紀一》，卷二四，頁四四〇～四四一。
666 《會編》炎興下帙三頁乙四三五·四五一；炎興下帙五乙四五一、乙四五七。
667 參閱《宋史・高宗本紀二》，卷二五，頁四七五。

橫，諸將多疾之[668]。」禁衛軍將領苗傅、劉正彥對王淵出任同知樞密院事極度不滿，「以賞薄怨望」，而殺王淵及內侍康履、藍珪，進而逼迫高宗傳位年僅三歲的太子，年號「明受」，史稱「明受之變」。(同前註) 呂頤浩、張浚、劉光世、張俊、韓世忠共組勤王軍進兵臨安，反叛滋事的首謀分子被消滅。此事使高宗對握有軍權之將領頗為猜忌。日後剝奪三大將之指揮權，即種因於此。苗劉之變，雖在個把月後即告平定，卻對他日後心理及行事作風均產生重大影響。諸如：對金求和的急迫，而有紹興十二年的對金和議，影響所及，重用秦檜導致長期獨相專權；對軍事將領的不信任，從而要求將領交出兵權；和議之後帶來政局的安逸、軍政的腐敗、將領的貪瀆、戰力的削弱，這都是相互關連的連鎖效應。

四、金立劉豫

建炎年間金的三次南侵，均未能將南宋政權消滅，於是改採「以華制華」政策，企圖控制全中國。因此金人立張邦昌為傀儡，視為「偽楚」。但在金人北返後自動撤消。建炎四年（一一三〇），用張邦昌故事冊立劉豫為子皇帝，稱臣奉表，國號「大齊」，將黃河以南之地劃為齊國疆域[669]。紹興七年（一一三七）十一月金尚書省奏稱劉豫治國無狀，金主命撻懶、兀朮率兵至汴京先擒劉麟，後廢劉豫，偽齊亡，享國八年。期間為了建功，屢次對南宋作戰，皆未能占到上鋒，甚至還須向金請兵，致金主怒而滅齊。遲景德先生認為偽齊之建立對南宋有利[670]。當初偽齊之設置，最終目標為了「由齊取宋而代之」[671]所以令高宗在「軍事上及正統地位上皆受到威脅」(同前註)。前有苗劉兵變，後有偽齊政權的出現，令高宗產生強烈的危機意識，感受到這個政權基礎之脆弱，對於政權的生存發展必須更加小心呵護。

---

668 《宋史，高宗本紀二》，卷二五，頁四六二。
669 《金史・劉豫傳》，卷七七，頁一七五九。
670 參閱遲景德：《宋高宗與金講和始末》（《宋史研究集》，第十七集）頁二六〇～二六一。遲氏認為偽齊對南宋威脅遠不及金，號召力更不如趙宋。趙宋君臨中國至偽齊建立時已有一百七十餘年。故南宋在偽齊建立後減輕外來壓迫，可有時間、力量勦滅境內盜寇，強化中央力量，制衡武將的跋扈，而使趙氏政權漸趨安固。
671 參閱徐秉愉《宋高宗對金之政策》（台灣大學歷史研究所碩士論文，民國七六年），頁八八。

五、生存與求和

「生存」與「求和」兩者息息相關，甚至是一而二，二而一。對高宗而言，歷經眾多苦難飽嚐憂患，其最高宗旨不外乎「生存」。為求生存，先是逃避，後是求和。

逃避：想盡辦法躲避敵人的追逐。前已言之。

求和：為了苟安，竭盡所能向金求和，終其一生沒有例外。故他曾說過：「古之有國家而偪於危亡者，不過守與奔而已[672]。」為了求和，可以嚴厲打擊主戰派，因唯恐主戰派的堅持而破壞和談，故李綱遭免，陳東、歐陽澈、岳飛見殺；重用主和派以貫徹求和意志，不達目的絕不終止。沒有人能動搖他的意念。所以當秦檜自金歸來，私下透露可以幫高宗完成求和使命時，他雀躍不已，並表示「檜忠朴過人，朕得之喜而不寐。蓋聞二帝、母后消息，又得一佳士也[673]。」此後秦檜兩度為相，任免均視能否遂行和議為據。為了求和，可以不顧顏面，不計毀譽，因此而締造紹興十二年（一一四二）的和議，「宋主向金主稱臣」的局面。即使秦檜死後，仍堅持主和到底，是以沈該、万俟卨之流得以拜相。

歸納而言，為了求和，連帶發生若干相關情事：

（一）殺陳東、歐陽澈[674]。

（二）收三大將兵權、殺害岳飛：因三大將不僅危及中央權威，且其中韓、岳二人堅持主戰，足以影響宋金議和。在宗弼暗示不殺岳飛無以言和，因而加以殺害。

（三）重用秦檜，兩次拜相，進而獨相十八年，總攬朝政，排除異己，陷害忠良，並使高宗權威嚴重受損。

（四）紹興和議之成立：宋奉誓表於金，高宗向金主稱臣，雙方以淮水中流為界。此後大體維持二十年和平。高宗

---

672 《要錄》，卷二六，頁五～六，總頁二六七，建炎三年八月丁卯條。
673 《宋史・秦檜傳》，卷四七三，頁一三七四九。
674 參閱《皇宋兩朝中興聖政》，卷二，頁四五一。

自立國以來不斷遣使向金求和，鍥而不捨，終於達成目標。

六、紹興和議前後

在紹興十二年（一一四二）宋金和議之前，南宋處境極度危急。民生凋敝，盜賊充斥，當時巨盜有張用、張琪、孔彥舟、李成、張榮等。自北宋滅亡之時，以迄紹興初期，盜賊逐漸遍及荊襄、淮甸、閩浙、嶺南各地。彼時盜賊剽掠、兵燹為患、賦斂繁重、胥吏刻剝、官軍騷擾，致使民不潦生，再加上兵費浩繁、貪吏姦蠹，使得財用匱乏[675]。而在宋金紹興和議達成前後，南宋卻做了許多自壞長城之事。收攬韓世忠、張俊、岳飛三大將的軍權，同時分化其手下軍隊。且由於和議，南宋雖取得對手生存權的認可，換來二十年的和平，以為從此得以高枕無憂，反使朝廷氣象日益沉淪腐敗。

七、完顏亮南侵

紹興三十一年（金正隆六年，一一六一）二月，金帝完顏亮遷都南京開封，積極準備南侵。五月，要求劃長江界為藉口進行軍事威脅，真正目的是要消滅南宋。金分三路南侵，分別攻擊川陜、荊襄、兩淮。東路主力由完顏亮親自率領。消息傳來舉國震動，部分大臣主張退避之策，高宗為之動搖。宰相陳康伯極力勸阻，為堅定高宗抗金決心，甚至甘冒大忌，火焚退避詔令[676]。

負責淮西防務的王權，聽聞金人渡淮消息，立即率部南逃。金軍如入無人之境。高宗任命葉義問督視江淮軍馬，虞允文為督視府參謀軍事。十一月，虞允文到達建康時王權已罷職，改由李顯忠接任，王權部屬已退至長江南岸采石，王

---

675 參閱林瑞翰：〈紹興十二年以前南宋國情研究〉（收入《宋史研究集》第一集，國立編譯館，民國六九年十二月再版），頁一七七～二〇五。

676 《宋史・陳康伯傳》，卷三八四，頁一一八一〇。

權已去而李顯忠尚未到職，三五成群散坐路邊，全然殘兵敗將的景象。虞允文奉命至采石勞軍，見此情景立即召集諸將激勵士氣，布置防務。「士皆殊死戰，無一不當百，俘斬略盡[677]。」盡殲登岸金軍，大敗金人於采石。二十日後完顏亮被弒於揚州。危機解除。

八、反秦檜措施

秦檜死於紹興二十五年（一一五五）十月，死前上遺表，略曰：「願陛下益固鄰國之懽盟，深思宗社之大計，謹國是之搖動，杜邪黨之窺覦[678]。」死前仍企圖控制朝政及對金關係。檜死，高宗立即著手清理秦檜集團門戶。「首勒熺致仕，餘黨以竄逐[679]。」秦檜之諸孫在外宮祠。臺諫湯鵬舉往往言其奸，逐其親。曹泳、鄭億年、王會等於嶺表，諸親王珣等數十人皆罷竄之[680]。十二月甲戌朔，詔曰：「臺諫風憲之地，比用非其人，黨於大臣，濟其喜怒，殊非耳目之寄。朕今親除公正之士，以革前弊。繼此者，宜盡心乃職，毋合黨締交，敗亂成法，當謹茲戒，毋自貽咎[681]。」此詔明顯是為了一反秦檜生前嚴密控制臺諫的作為。現在要加強掌握，不能再脫離其手。故凡是檜黨一律貶謫，遭檜黨所排擠。

677 楊萬里．《誠齋集》卷一二〇，〈虞神道碑〉
678 《要錄》卷一六九，頁十七。
679 《要錄》卷一六九，頁十八。
680 《會編》卷二二〇，頁十一。
681 《宋史・高宗本紀》卷三一，頁五八三。

第三節　性格與風格

一個人的行事風格，往往深受其性格與過往經驗所影響，高宗當然不會例外，故此二者互為表裡，密不可分。但性格較為隱藏，有時會不經意流露於行為上，風格則較為外顯，有時可以刻意塑造，刻意表現。而高宗在位期間任用宰相，又與兩者息息相關。因此對其性格與風格有必要作深入探討。他懂得適時展現身為君主應具備的美德。

一、生活節儉

高宗踐阼之初，曾經表現儉樸的一面[682]，日常飲食生活用品均極簡單[683]。還親口對輔臣說：「朕居宮中，自有日課。早閱章疏，午後讀春秋史記，夜讀尚書，率以二鼓罷[684]。」顯然亟欲示人以生活嚴謹的面貌。高宗於後秦檜時期亦有類似例證，顯示他的節儉。

682 683 宋・周煇：《清波雜志》（台北，藝文印書館，民國五六年，《百部叢書集成》），卷一，頁三。

《朝野雜記》，甲集，卷一，〈高宗恭儉〉條：「每退朝，即御殿旁一小閣，垂簾獨坐，前設一素木桌子，上置筆硯，蓋閱四方章奏於此。閣內惟二小璫侍側，凡巨璫若內夫人奏事，上悉閣外視之。御膳惟麵飯煎肉炊飲而已。鎮江守錢伯言嘗獻宣和所留器用，（宣和末，徽宗避兵幸鎮江）其間有鏍鈿椅桌，上惡其靡，亟令於通衢毀之。上（高宗）晚年大劉妃有寵，恃恩驕侈，盛夏以水晶飾足踏，上偶見之，即命取其一以為御枕，妃惶懼撤去，自是令宮無復踰者矣。」也許為了表現給國人看，刻意營造儉德形象。但自從當太上皇後，則變得窮極奢侈。孝宗必須按時供奉大量財務，稍有延遲，立刻反應激烈。若高宗真的如史料所言勤儉如故，何需大量金錢？因此筆者對儉德之說持保留態度。

684 《朝野雜記》，甲集，卷一〈高宗聖學〉條。

（紹興二十六年十月辛未）沈該等奏：「近以內教有司依年例供進賞賚物帛，有旨退還者半。仰見陛下儉德。」上曰：「賞賚何必許數，如此撙節，歲中自有可省數百萬緡[685]。」

此文出自沈該上奏，頗有奉承之嫌，但言高宗「儉德」亦是實情。

二、愛民、恤民

高宗於後秦檜時期，重掌政柄之後，從史料顯示其為政表現可圈可點之處。據《宋會要》載：

上曰：朕觀祖宗以來用度名色不為不廣，未聞有不足之說。今朝廷無它浮費，于經費中又務從簡約。疑若有餘，而有司每以乏告何也？為今之計，尤當節減者，慮取之于民爾。孔子曰：百姓不足，君孰與足。藏之于民，猶外府也。卿等可與措置[686]。

這是戶部侍郎徐林提及版曹調度缺乏的問題。高宗乃有如此議論。他有「藏富於民」的觀念，是故高宗說「藏之於民，猶外府也」。他不僅建立正確的裕民觀念，且將之具體落實在四川百姓身上，使民力得以寬解。

（紹興二十七年五月八日）宰執進呈四川便民事。上曰：蜀中製造錦繡帟幕以充歲貢。聞十歲女子皆拘在官刺繡。自朕即位以來，不欲土木被文繡，首為罷去，蜀人便之。兼後來節次科敷多所蠲減，想今民力稍寬矣[687]。

685 《要錄》，卷一七五，頁一，總頁一四五四。
686 《宋會要》，食貨五六，頁五七八〇～五七八一；亦見於《要錄》，卷一七九，頁十六。
687 《宋會要》，頁二三〇七。

又《要錄》載：「上謂沈該曰：頃蜀中歲貢錦繡帘幕，雖民之幼女亦追以供役作，其擾如此。敕令止之。蜀人極喜，近又減四川民輸至一百二十餘萬，民力必稍寬矣[688]。」此舉是嘉惠川民之舉。

紹興二十六年（一一五六）四月十九日，《宋會要》載：

上曰：關市之征本為商賈興販物貨，如米麵之類，民間食用，一日不可無，豈可一概收稅。朕所以令與免稅，今耕牛與免征稅甚好，深慮難得[689]。

他在紹興二十六年（一一五六）下詔民間蠲放一年丁絹之數藉以紓解民力[690]。對民生必需物資亦極為注意，當米價太低之時，主張由官方出錢收購米糧，以紓解民困[691]。凡此種種都顯示高宗深入了解民情，以及愛民、恤民之心。

三、愛才之例

《宋會要》載：

宰執奏事，宰臣沈該等曰：兩日唱名，上勞聖躬。上曰：今次魁選文武皆得人。朕樂於得士，雖臨軒終日不覺倦

688 《要錄》，卷一七七，頁二。
689 《宋會要》，頁五〇九一。
690 參閱《要錄》，卷一七三，頁八：「（紹興二十六年七月壬寅）御筆蠲放民間一年丁絹之數計二十四萬疋，內十二萬疋令與戶部措置商量收買合用錢，於內庫支還，餘十二萬疋令內庫支給本色，以惠細民。沈該等言：昨降指揮止為免丁錢，今陛下欲併與丁絹及綿全行蠲放，聖恩實大百姓被蒙美得。」
691 《宋會要》，食貨四〇，頁五五〇九：「（紹興二十六年七月十六日）上曰：昨聞淮南路米價極賤。朕恐太賤則傷農，故欲乘時收糴以惠民。今具到米價如是，則米需急候將來價減，每石亦不下一千。至時若戶部無錢，朕當自支一百萬貫，令收糴也。」

也[692]。」

此段文字因是沈該之言，此人善於逢迎諂媚，不無刻意造作之嫌，但多少顯示高宗愛才之心，值得肯定。關於此事《要錄》有較詳細生動的敘述：

（紹興二十七年三月丙戌）上御射殿引正奏名進士唱名。……始蜀人之未集也，上（高宗）數有展日之命。沈該奏：「天時向暄，恐陛下臨軒不無少勞，乞一面引試。後有至者臣等策之中書，定其高下。」上不許，曰：「三年取士，朕豈憚一日之勞耶[693]！」

此文中言及「始蜀人之未集也，上數有展日之命」，此舉似乎獨厚於蜀，實有其背景。秦檜專權時期「深抑蜀士」，因此高宗多少有些補償心理，故於紹興二十七年（一一五七）四月曾說：「三吳才行之士往往知其姓名，惟蜀人道遠，其間文學行義有可用者，不由論薦，無由得知。前此數年，蜀中任官例多隔絕，不得一至朝廷，甚可惜也[694]。」一則體恤蜀士路途遙遠，行來不易（李白詩：「蜀道難難於上青天」可以為證。）

四、廣納諍言

高宗即位之初，其繼統並非名正言順，極為迫切地樹立威信。因此在臣民的言論上頗有禁忌。諸如：議邊事、立儲、迎欽宗等敏感議題，不能隨意碰觸。如（紹興二十六年三月乙丑）東平府進士梁勛特送千里外州軍編管。其原因

692 《宋會要》，選舉八，頁四三八一。
693 《要錄》，卷一七六，頁八～十一。
694 《要錄》，卷一七六，頁十四。

即為：

（一）議論邊事：梁勛「伏闕上書論北事甚詳。且金人必舉兵，宜為之備」，「其所獻書既無可採，輒妄議邊事，理當懲戒」。

（二）違反伏闕禁令：「朝廷置登聞檢鼓院以來，天下之言應有陳獻，自合詣院投進，前後略降指揮禁止，不許伏闕。今勛不遵約束，敢有違犯[695]」。

雖說原因有二，但真正因素只有一個。只要談及北事，立遭壓制，不稍寬貸。

高宗於後秦檜時期，由於秦檜已死，權柄已完全收回，此時坐穩江山。早年的敏感禁忌此時已無須在意。因此刻意展現寬宏大度的一面，對於臣子的言論予以優容。甚至主動下詔廣徵直言。《宋會要》載：

（紹興二十六年十二月廿三日）高宗謂輔臣曰：「昨者下詔求言，四方之士陳獻甚多。朕一一披覽，所言利害極有可取，宜擇其議論尤切當者，量與推恩，庶幾有以激勵[696]。」

高宗基本上不算是個昏君，有時會展現懂得為政之道的一面，而能表現在實際施政作為中，廣徵直言即為一例。再舉一例以為佐證。

（紹興二十七年三月丙戌）（高宗）又謂大臣曰：「昨覽進士試卷，其間極有切直者，如論理財，則欲省修造。朕雖無崇修臺榭之事，然喜其直言。至論銷金鋪翠，朕累年禁止，尚未盡革。自此當立法必禁之。去年交阯獻翠毛五百尾，朕未嘗用，當焚於通衢。……其中亦有不實處，但取其直耳。」（湯）思退曰：「……士人論事，不

695 《要錄》，卷一七二，頁五。
696 《宋會要》，帝系九，頁一九三；《要錄》，卷一七五頁十九。

究虛實，陛下能容，實千載之遇。上曰：正不消與辨[697]。」

高宗於科舉取士之時，對直言切論之考生，即使所言非盡事實，亦能包容，且擢為前列。另有納諫之例。吳國長公主之長女夫鄭珙原已下詔轉兩官。給事中賀允中奏稱：

臣竊詳所奏即非用本家合得恩例陳乞，卻創自擬定官職，仍乞特行下顯是過僥求，未合公議。……此例一開，其將何以禁塞，望追還已降指稱陛下力行公道之意[698]。

鄭珙轉官之令因而作罷。

高宗個性陰柔，雖然缺乏開國君主乾綱獨斷的英氣，卻並非毫無主張任人擺布。尤其深知馭下手腕的重要，有時亦能收放自如，讓臣僚體會君主握有權柄，時而施以不測之恩威，令臣子莫測高深。就《皇宋兩朝中興聖政》所載，舉出兩例以為佐證。

1. 阿諛反遭貶官之例：

甲申，中書舍人張忞罷。忞初入見，言：「上即位以來無纖毫之失。」上謂大臣曰：「自古人君不患無過，患不能改過耳！忞諂諛如此，豈可寘之從班。」乃落職宮觀[699]。

697 《要錄》，卷一七六，頁八～一一。
698 《宋會要》，帝系八，頁一六七。
699 《中興聖政》，卷五，頁六〇八。

張忞諂媚，適得其反，遭到落職命運。

2. 大臣直諫遭外放之例：

丁卯，右司諫袁植罷。初，植請再貶汪伯彥，而誅黃潛善，及失守者權邦彥、朱琳等九人。上曰：「渡江之役，朕方念咎責己，豈可盡歸罪大臣。植乃朕親擢，雖敢言，至導朕以殺人，此非美事。」呂頤浩曰：「聖朝弼臣罪雖大，止貶嶺外。故盛德可以祈天永命。植發此念已傷和氣。」滕康曰：「如植言傷陛下好生之德矣！」乃下詔略曰：「朕親擢袁植，置之諫垣，意其補過拾遺以救闕失。而植供職以來，忠厚之言未聞，殺戮之事宜戒。可出知池州[700]。」

臣僚或奉承皇帝，或直言進諫，都得格外謹慎小心，必須恰到好處，否則稍一不慎，反招禍端。顯示高宗難以捉摸的一面，令臣子無法揣摩人主心思。史載：「紹興末，台諫奉行天子風旨，有宣諭使言者，有宣諭不得言者[701]。」這段文字恰好道出高宗難以預測的控馭手段。

第四節　高宗任相

高宗任用宰相，除受性格影響外，有時必須考量時局。起用李綱即為一例。高宗即位之初，便用李綱為相。何則？南宋建國之初，猶如一葉浮萍，毫無根柢，起用李綱是形勢所迫。李綱以主戰著稱，為借重他的聲望，以穩定政權。說

700 《中興聖政》，卷五，頁六一八。

701 高斯德：《恥堂存稿》（武英殿聚珍版書），卷一，頁七～八。

穿了只是暫時利用一下，並未真的重用或信任他。御史中丞顏岐即上奏表示反對：「李綱為金人所惡。」高宗立予駁斥「如朕之立，恐亦非金人所喜。」（高宗此時倒挺有定見）為了任用李綱，「出范宗尹知舒州，顏岐與祠[702]。」就一個剛登基且缺乏政治經驗的年輕君主而言，高宗無疑是有主見的，並不輕易受人擺布。在罷黜李綱之後，某日，不經意的對人提及將李綱免職的心理因素，「李綱孩視朕[703]。」意思是李綱事事以長輩的口吻要求他，處處干涉高宗，加以批評，把他當作無知孩童，這是最令他難以忍受的。李綱甫上任便「議十事」，要求高宗施行。緊接著又要論張邦昌僭位之事，不惜以自己的去留威脅高宗，這種幾近脅迫的作法，使高宗難以長期重用他[704]。高宗內心是虛弱的、恐懼的。他最迫切的是得到別人的尊敬，才能自我肯定。最怕的是別人瞧不起他，不把他放在眼裡。一旦發現任何人出現如此態度，便梗梗於懷，非去之而後快，尤其在統治前期最為明顯。

另一個也是因時局需要而起用的例子，則為杜充。《宋史・杜充傳》[705]的評論：「性殘忍好殺而短於謀略」，或郭永對杜充的批評：「人有志而無才，好名而無實，驕蹇自用而得聲譽，以此當大任鮮克有終。」皆為負面評價，高宗卻始終重用不疑。且於建炎三年（一一二九）七月以同知樞密院召還，拜尚書右僕射、同平章事、御營使。命為「江淮宣撫使、留守建康，使盡護諸將。」（同前註）命劉光世、韓世忠、王□等長江沿岸諸將悉歸充節制[706]。朝廷認為杜充「有威望可屬大事」，呂頤浩、張浚皆加以推薦，而有此任命。寄望杜充因行事嚴酷，較能掌控、節制駐紮於沿江的諸將，期能與金人相抗。孰料數月後竟成為南宋的叛相[707]。

反之，當他人把高宗捧得高高在上，他便終生感激，汪彥伯就是最佳例證。特別是在生死交關之際。當趙構奉欽宗

702 《宋史・李綱傳》卷三五八，頁一一二五〇。
703 《朱子語類》，卷一三一，頁一。
704 《宋史・李綱傳》卷三五八，頁一一二五三。
705 《宋史・杜充傳》，卷四七五，頁一三八〇九。
706 《宋史・楊邦乂傳》卷四四七，頁一三一九五。
707 同註705。

之命二度前往金營乞和途中，在磁州被民眾圍困，無法前行，此時趙構親眼目睹隨行官員王雲被群眾拉下馬打死，此事對於趙構內心衝擊之烈可以想見。在此關鍵時刻，知相州汪伯彥派人將趙構接往相州府衙悉心接待，不僅暫時解除危機，還受到上好待遇。從此汪伯彥受到趙構青睞，不久趙構被任命為河北兵馬大元帥，伯彥就被延攬成為重要幕僚，從此平步青雲，位極人臣。即使和黃潛善因昏庸誤國而被彈劾罷相，仍念念不忘。在被貶至地方後數十年再度起用的原因，即為心懷感念。從個人角度而言，高宗念舊，講義氣，感恩圖報。但身為一國之君，應該大公無私，凡事從國家社稷的角度思考問題，而對此奸惡之徒，過分重視感情因素，只因感恩即予以重用，不分好壞，致喪師誤國，實非人主應有的表現。

黃潛善和汪伯彥同樣為藩邸舊臣出身。靖康元年（一一二六）十二月，欽宗任命康王為天下兵馬大元帥。檄黃潛善帶兵入援，拜為副元帥[708]。康王受擁戴為皇帝後，這些藩邸舊臣便雞犬升天了。高宗即位，宰相卻是李綱，而非汪、黃二人，他們原以為到口的肥鴨卻飛了[709]。不過李綱拜相僅是擺飾，未幾，「（李、黃）遂有並相之命[710]。」李綱守尚書左僕射兼門下侍郎，黃潛善守尚書右僕射兼中書侍郎。潛善為右相，是為了牽制李綱。建炎元年八月十八日，李綱罷相。十九日，黃潛善拜左僕射，汪伯彥右僕射。二人拜相只是為了酬庸元帥府舊臣。高宗與黃、汪二人，基本上是主子對家臣的關係。胡寅曾上奏：「黃潛善與汪伯彥方以乳嫗護赤子之術待陛下，曰：『上皇之子三十人，今所存惟聖體，不可不自重愛[711]。』」高宗即位時不過二十歲，其內心仍需要呵護照顧。潛善、伯彥二人正扮演這樣的角色，因此高宗重用二人，為了有人可以疼愛他、呵護他。

再看朱勝非三度拜相，同樣與高宗念舊、重感情的個性有關。勝非甫上任，便遭遇苗劉之變，處在非常情況，他與

---

708 《宋史・黃潛善傳》卷四七三，頁一三七四三。
709 《要錄》，卷五，頁六：「先是，黃潛善、汪伯彥自謂有攀附之勞，虛相位以自擬。上恐其不厭人望，乃外用綱。二人不平，繇此與綱忤。」
710 《要錄》，卷八，頁四；亦見《宋史・李綱傳》，卷三五八，頁一一二五八。
711 《宋史・胡寅傳》，卷四三五，頁一二九一七。

苗劉周旋敷衍，曲意迴護，使高宗生命不致受到兵變的傷害，照理勝非有功無過，在變亂落幕後，反因群臣交章論劾而下台，高宗有說不出的內疚，因此始終念念不忘勝非之功，不數年便又起用他。即使大臣有異見，還親自替勝非辯護[712]。

高宗因心存感激而再相朱勝非，此外還有一例，也是出於感激而拜相。此即呂頤浩[713]。因平定苗劉之變有功而拜相。高宗在位初期內心虛弱前已言之。宰相之一的范宗尹，拜相之前已看出高宗內心的弱點。他適時給予高宗心裡的安慰。當高宗在建康時，宗尹為御史中丞，上奏言：

> 陛下駐蹕維揚，敵騎遽至，僅能匹馬渡江。至錢塘，未閱月，而苗劉之變生於肘腋，此皆禍之大者。天意未回，宜隱忍順受。設若敵騎深入，陛下姑引而避之，以弱為強，孰曰不可[714]。

此時為建炎三年，正值高宗建國以來最低潮的時刻，范宗尹這番話道出了高宗內心的虛弱，正好化解高宗的焦慮與尷尬，真有無比溫暖與窩心。高宗感激之餘，即以加官進爵回報，因此宗尹於建炎三年十一月拜參知政事，半年後晉升宰相。此時宗尹年方三十三歲，是兩宋最年輕的宰相。他善於迎合人主，因此得到回報。

---

712 在事變結束後，高宗雖不得已而罷之，然始終念念不忘勝非之功。故於紹興二年（一一三二）九月再度拜相。當胡安國批評勝非不能於苗劉之變發生時殉國，高宗主動為勝非辯護：「勝非作相三日，值苗劉之亂，當時調護有力，朕豈不知？」事見《宋會要》，職官六之五九；亦見於《編年錄》，卷十五，頁十六；《要錄》卷五七：頁二，載：「上親箚諭以用勝非之意，且謂昨逆傅作亂，而勝非卒調護於內，使勤王之師得以致力。」

713 建炎三年（一一二九）四月苗劉之變，呂頤浩、張浚等平變有功。「出入行陣督（韓）世忠等破賊。傅、正彥引兵遁，頤浩等以勤王兵入城，都人夾道聳觀，以手加額。」（《宋史・呂頤浩傳》，卷三六二，頁一一三二一。）時相朱勝非乞罷政。高宗問誰可代者？勝非曰：「呂頤浩、張浚。」問孰優。曰：「頤浩練事而暴，浚喜事而踈。」此據《宋史・朱勝非傳》，卷三六二，頁一一三一八的說法；然《編年錄》卷十四，頁三二，載：「上曰：『卿去誰可代者？』勝非曰：『呂頤浩、張浚。』上問：『誰先？』勝非曰：『如不出於二人，當先頤浩。』上首肯之。」兩書說法有出入。頤浩遂拜相。

714 《編年錄》卷十四，頁三九。

還有一個與范宗尹類似，因說了讓高宗心動的話，迎合君主心意而受重用的例子，即朱倬。朱倬深受高宗眷顧的原因之一，便是曾言劉豫必敗，正符合當時高宗心意，此語深深烙印在高宗心房；一係數度忤逆秦檜而受壓抑。恰合後秦檜時期的政治氛圍。為此，高宗特別說：「卿以朕親擢出為部使者，使咸知內外任均。」又說：「人不知卿，我獨知卿。」因而迅速升遷，除右正言，累遷御史中丞[715]。任內又說了高宗愛聽的話：「人主任以耳目，非報怨任氣之地，必上合天心。」（同前註）故其後拜執政、宰相，皆因正確的時機，說了正確的話。

秦檜獨相專權多年，死後高宗立即著手清理秦檜集團門戶，將其黨羽清除[716]。凡是檜黨一律竄逐。而沈該[717]、万俟卨[718]、湯思退[719]三人均為秦檜一黨，非但未貶反居宰相高位。沈該受到重用而遭檜排擠，令高宗誤以為該非檜黨，因禍得福。万俟卨「卨始附檜，為言官，所言多出檜意；及登政府，不能受鉗制，遂忤檜去。檜死，帝親政，將反檜所為，首召卨還。卨主和固位，無異於檜[720]。」始為檜黨，因忤逆秦檜最終得以重用。湯思退的升遷更是諷刺。秦檜死前各贈董德元、湯思退黃金千兩。德元不敢辭，思退不敢受。高宗聞之，「以思退不受金，非檜黨，信用之[721]。」檜死後次年便拜知樞密院事，第二年進右僕射。高宗對大臣的任免進退標準竟如此荒謬可笑。其實湯思退是不折不扣的檜黨，其作為「多效秦檜，蓋思退致身，皆檜父子恩也。（陳俊卿語）」（同前註）

前述三位宰相原先都是秦檜一黨，卻由於後秦檜時期的反秦檜體制，而高宗誤以為非檜黨而任命為相者。是故高宗

---

715 《宋史・朱倬傳》，卷三七二，頁一一五三三～一一五三四。

716 《宋史・秦檜傳》，卷四七三，頁一三七六四。（《要錄》卷一六九，頁一八。），秦檜諸孫在外宮祠。臺諫湯鵬舉往往言其奸，逐其親。曹泳、鄭億年、王會等於嶺表，諸親王珣等數十人皆罷竄之。（《會編》卷二二〇，頁十一。）

717 《要錄》，卷一六三頁十六：「該初為秦檜薦引，及登侍從，上頗知之，檜忌，故出於外。」沈該最初亦為檜黨。

718 《編年錄》卷一六，頁一〇六四：「万俟卨為御史中丞，岳飛下大理寺。卨承檜意，致飛于死。」可知万俟卨為秦檜一黨。

719 《要錄》卷一六六，頁三～四：「秦檜奏以御史中丞魏師遜權禮部侍郎，湯思退右正言，鄭仲熊同知貢舉，而吏部郎中沈虛中、及監察御史董德元、張士襄等為參詳官。……」湯思退亦為檜黨殆無疑義。

720 《宋史・万俟卨傳》卷四七四，頁一三七七一。

721 《宋史・湯思退傳》卷三七一，頁一一五三〇。

的識人與用人都大有問題。

唯高宗任相好壞參半，奸佞庸碌之輩固然有之，賢能而勇於任事者亦不乏人。而以李綱、趙鼎、張浚、陳康伯等為其中佼佼者。李綱拜相乃時勢使然，迫不得已，前已言之，茲不贅述。趙鼎、張浚、陳康伯等人因為宦途表現突出，受到君主青睞而加以重用，由此又見到高宗理性用人的一面。茲簡述於后：

趙鼎於言官任內表現積極，頗受高宗賞識。曾言：「鼎在言路極舉職，所言四十事，已施行三十有六[722]。」曾疏宰鄉呂頤浩過失千言，頤浩為此罷相。高宗謂鼎：「朕每聞前朝忠諫之臣，恨不識之，今於卿見之。」此時已極受高宗信賴，拜執政，每上奏皆能得高宗重視。雖屢受時相朱勝非「多沮抑之[723]」。最終仍於朱勝非罷相的同時拜相。

張浚自始至終都是個主戰派，尤其在南宋初期令金人相當畏懼[724]。僅憑張浚之威名即令兀朮退兵，其重要性可見。且趙鼎拜相後向高宗推薦張浚。「趙鼎言浚可當大事，顧今執政無如浚者，陛下若不終棄，必於此時用之。」又說：「浚銳於功名而得眾心，可以獨任，於是上（高宗）復用之[725]。」故張浚於紹興五年（一一三五）二月拜相。

陳康伯曾與秦檜有同窗之誼，並不交結，致受打壓。紹興十四、五年間，出使金朝，為維護國家尊嚴不計個人毀譽。檜死，立受高宗賞識與重用。自吏部侍郎又兼禮、戶、刑三部侍郎、吏部尚書，僅兩年已拜參知政事，更於紹興二十九年（一一四九）九月出任右僕射。（已於陳康伯之章詳論）

722 《宋史・趙鼎傳》，卷三六〇，頁一一二八六。
723 同前書，頁一一二八八。
724 紹興四年（一一三四）十一月，兀朮擁兵十萬駐於揚州，對南宋虎視眈眈，「王愈詣兀朮約戰，且言張樞密已在鎮江。兀朮曰：張樞密貶嶺南，何得乃在此？愈出浚所下文書示之，兀朮色變，夕遁。」（《宋史・張浚傳》卷三六一，頁一一三〇二。）
725 《要錄》卷八一，頁五；卷八二，頁七。

第五節　結語

宋高宗趙構為徽宗第九子，於北宋將亡之際，欽宗令他赴金營求和，後又命他為河北兵馬大元帥，號召四方勤王。開封城破北宋滅亡，建炎元年五月，在官員擁戴下即位於南京應天府（河南商邱）。政權基礎既已脆弱，建立初期又飽受金人追襲，迫使高宗一再南逃，甚至漂流於海上，最後終於立足江南，建都杭州，名為臨安，藉以宣示暫時在此安頓之意。令他備受驚嚇。也使他日後更要極力維護政權，鞏固帝位。因此紹興和議不惜向金主稱臣，偈促於淮水以南之地。只要讓他能安穩保有這偏安之局，足矣！

建炎三年三月又發生苗劉之變，逼迫他交出政權，雖然事發月餘即已平息，從此對軍事將領極不信任，紹興和議之後要求交出三大將兵權即肇因於此。建炎四年金人扶植劉豫為「大齊」皇帝，目的即致力於消滅南宋，歷經八年未達目標，而於紹興七年被廢。偽齊的出現激發高宗危機意識，令他更加小心維護政權的生存發展。高宗飽嚐憂患，畢生追求「生存」與「求和」，委曲自己向金人卑顏求和，只為「生存」這個最基本的需求。曾自言「古之有國家而偪於危亡者，不過守與奔而已。」在強鄰壓境下只能採取守勢，守不住則逃。逃到最後回過頭來求和。道盡了內心的無奈與苦楚。

秦檜是忠實的求和代理人，因此在紹興和議完成後能獨相專權十七年，即使在秦檜死後，高宗仍堅持主和路線。和議之後高宗雖向金國稱臣，至少宋金兩國是和平的，既然威脅解除，對三大將的依賴降低，進一步解除軍權，分化其軍隊。此後二十年在秦檜專政下，朝廷日益沉淪腐敗。

好景不常，紹興三十年完顏亮大舉南侵，舉國震動，高宗停從部分大臣建議欲採退避之策，幸賴宰相陳康伯堅定抗金決心，甚至焚燒避敵詔令。而虞允文於采石磯一戰擊拜金軍，不久完顏亮被弒，危機解除。

由於秦檜獨相專權結黨營私，檜死後，高宗立即清除秦檜集團，至此方真正大權在握。檜黨貶謫，秦檜所排擠者一律重用。

高宗早年生活儉約，治國又頗能愛民恤民，曾下詔蠲放丁絹以紓解民力，似知民間疾苦。另外，理政頗懂愛才求才、廣納諍言之道。對於馭下很有一套，對大臣官僚施以不測恩威，領導統馭收放自若。

至於高宗對宰相之任免，除受當時之政局與客觀環境所迫之外，似乎也相當受到其個性及早年經歷的影響。如李綱是為借重聲望，號召臣民，穩定時局不得不爾。秦檜是為求和的代言人實際執行者。用杜充為寄望他能節制沿江諸將，充分達到防金效果，未料適得其反。因叛降而予高宗重大打擊。呂頤浩、張浚皆因消滅苗劉兵變有功。趙鼎、陳康伯俱為臣僚中之佼佼者，表現確實突出，後者又符合晚期反秦原則，而加以重用，紹興三十一年金兵大舉南侵時，的確扮演佐國良相、中流砥柱、力挽狂瀾的角色。

黃潛善、汪伯彥拜相則因係藩邸舊臣，朱勝非於苗劉兵變迴護有功而能三度拜相，范宗尹因溫言撫慰高宗脆弱的心靈而拜相，朱倬能迎合高宗心意而拜相。晚期反秦時期，沈該、湯思退、万俟卨雖均曾為檜黨，而其表現恰能碰對了時機，高宗不察，陰差陽錯。

總之，高宗用相好壞參半，他本人政績表現亦然，守成尚可，開創不足。和歷代開國君主相比，差矣！

第九章　宋孝宗與宰相

第一節　前言

宋孝宗（原名為伯琮，後改名眘（「慎」古字），在位二十七年，一一六二～一一八九）係宋太祖七世孫，由於高宗絕嗣，太宗後代悉數遭金人俘虜。因而得以高宗養子名義進宮，九歲開始接受教育，最後憑其堅忍的性格，高度的自制力，傑出的表現，終於打敗強勁對手伯玖（後改名璩），也打動高宗的心，立為繼承人，三十六歲即位，成為南宋第二代君主[726]。由於皇子期間受到儒學思想與為君之道的薰陶，即位之後，其性格作風、政治作為及言論思想，均有許多可稱之處，算得上是「賢明之君」，也是南宋朝諸帝表現最出色的一個，甚至比起北宋太祖、仁宗等人也不遑多讓。只是生不逢辰，在位時為盡孝思，處處遷就太上皇（高宗），而難以充分施展抱負。只能在高宗所形塑的框架下，作出有限度的努力。即位之初，起用張浚銳意北伐，湔雪前恥，無奈符離之戰鎩羽而歸，此後雖不輕言「恢復」，但迄未一刻或忘，從其諸多言行記錄中可知。

726 關於孝宗的繼位詳情，可參閱本書第七章〈宋孝宗的繼立與皇子教育〉。

孝宗在治國、處事、用人、任相各方面，都比高宗強得多。尤其用人部分遠較高宗理性。唯就整體觀察，仍有缺失與侷限。本文主軸即在探討孝宗的性格作風，及其統治期間如何用人任相。

第二節　孝宗性格與政治作為

孝宗即位係因受高宗青睞，方能闖過重重難關登上皇位，他的出身相當戲劇化。《朝野雜記》的〈壬午內禪記〉有生動、詳實的描述[727]。總括而言，他之能登基為帝，是拜高宗之賜，即位後對高宗及太后侍奉唯謹，唯恐有一點閃失，偏偏高宗的太上皇長達二十五年，幾乎涵蓋孝宗在位年數（孝宗在位二十七年）。高宗的個人意志透過孝宗來貫徹，而孝宗幾乎是高宗的宰相。故以「孝」名留青史。孝宗即位後對高宗「奉親之孝，極盡其意[728]」。卻長期生活在高宗的陰影之下[729]，為承歡膝下而必須委屈求全，事事遷就太上皇而自我壓抑，使他有志難伸。

孝宗皇子時期接受長達二十餘年的教育，歷經十餘位教授，其中不乏飽學之士，長期耳濡目染的結果，深知為君治國之道。故即位後，大體能恪遵賢君應遵應守的原則。

王德毅師在〈宋孝宗及其時代〉[730]一文中，列舉孝宗聖德與政績，摘要如下：

一、天資純孝：孝宗能善盡宮闈之歡，對高宗極盡孝道，古今帝王無出其右。

---

727 《朝野雜記》乙集，卷一。

728 《貴耳集》，卷上，頁六下。

729 參閱〈南宋政治初探～高宗陰影下的孝宗〉，頁二〇三～二三一。淳熙十四年十月乙亥高宗駕崩，翌年四月葬於永思陵。孝宗下詔：「朕昨降指揮，欲縗絰三年。」群臣屢請御殿易服，故以布素視事內殿，雖有俟過祔廟，勉從所請之。詔然稽諸禮典，心實未安，行之終制乃為近古，宜體至意，勿復有請。於是大臣乃不敢言。（參閱《宋史全文》，卷二七，頁二二〇三，淳熙十五年四月丙戌條。是時大臣多主張「易月之議」，孝宗獨排眾議。獨沈清臣上書贊成君主的決定。

730 王德毅著：〈宋孝宗及其時代〉，（《宋史研究集》，第十冊，台北，國立編譯館），頁二五二～二六四。

二、恭儉節用：勤政節用，愛民惜物，無絲毫貪欲無厭之心。

三、綜核名實、崇法務實：親民之官，慎加選任，嚴加督察。倡導務實作風，革除虛名。

四、仁民愛物：關心民瘼，恤災寬民，視民如傷。

上述四者，說明他確實是一位賢君。統治期間，堪稱南宋之盛世。南宋學者真德秀即稱讚：「乾道、淳熙間，有位於朝者，以餽及門為恥；受任於外者，以包苴入都為羞[731]。」孝宗關心民瘼，勤於政事，在位期間確實是南宋政治最為清明的時期。

孝宗對於臣下建言與批評頗能嘉納，他是一位頗為理性的君主，大致有容納建言與批評的雅量，較少情緒化的舉動，借用一個現代詞彙，他的EQ甚高。即使對臣子的建議不滿，也以說理方式加以辯駁。在中國歷代君王裡，能如孝宗之理性者甚少。他也是個求才若渴的君王[732]。因此造就了孝宗朝人才鼎盛的時代[733]。

孝宗本人則恭儉寡欲，生活極其樸素嚴謹。對此，《朝野雜記》記載極多[734]。其表現在南宋諸帝中絕無僅有[735]。

就孝宗的性格作風，以下列為諸端，逐項描述。

---

731 《宋史・真德秀傳》，卷四三七，頁一二九六一。

732 《朱子語類》，卷一二七，頁十五：「壽皇直是有志於天下，要用人，嘗歎自家不如個孫仲謀，能得許多人。」

733 宋・劉克莊：《後村大全集》，（《四部叢刊正編》，商務印書館），卷一〇四，〈陳丞相家所藏御書二〉，頁十六，有言：「臣恭惟隆興、乾道之盛，比于慶曆、元祐。」時人皆以孝宗朝與仁宗朝相比擬。

734 《朝野雜記》，甲集，卷一，〈孝宗恭儉〉條，頁五：淳熙中，上作翠寒堂於禁中，以日本國松為之。不施丹雘，其白如象齒。嘗召召趙丞相雄、王樞密準奏事堂下，古松數十，清風徐來。上曰：「……」上又指殿東橋曰：「……苑中臺殿皆太上時所為，朕居常以竹沓覆，太上來則撤去。」太上至宮，徘徊周覽，每興依然之歎，頗訝其不雅飾也。上恭儉勤政蓋如此。又如：同書，乙集，卷三，〈孝宗恭儉至貫朽〉條，頁十：孝宗恭儉寡欲，在位近三十年，內帑與南庫之入，專以奉兩宮，備水旱，其費不貲，然所積尚夥也。淳熙乙亥（六年）夏，中提領封樁庫所言抵四月中旬共管建錢五百三十萬貫，年深有斷爛之數，乞給費穿排。是時江上之積亦多，而內府之金至於貫朽而不可校，然尚未聞四方有橫賦也。紹熙以後，用度漸廣，權姦秉國，橫啟兵端，南被騷然耗矣。

735 雖有史料顯示高宗在位初時，日常生活亦相當樸素，但後期則極為奢華。成為太上皇時更喜好揮霍。且出現史料相互矛盾之處，前已言之。

一、人格作風

（一）自奉節儉心念百姓

乾道四年（一一六八）十月，汪應辰面對，讀箚子至畏天愛民。孝宗道：「朕日讀尚書，於畏天之心尤切[736]。」且取尚書中所載天事，編為兩圖，名之曰「敬天圖」朝夕觀覽。孝宗自奉節儉，曾自言：「朕未嘗妄用一毫，只為百姓。[737]」。「自奉節儉，未嘗妄用，只為百姓」是他為君以來的寫照。孝宗說：「朕於內帑，無毫髮妄用，苟利百姓則不惜也。」又說：「二十八日恰是議放稅時，朕之本心只欲連歲豐稔，物價低平，百姓家給人足，茲為上瑞[738]。」孝宗在與群臣對話屢屢提到百姓，可知他心心念念的，都是如何使百姓生活富足，不虞匱乏。他生活嚴謹，無他物欲，更不好聲色狗馬，公餘之暇惟有以讀書寫字自娛[739]。所謂「風行草偃」，影響所及，宮禁中亦不敢鋪張浪費。改變奢侈之風，先從自身做起，及於宮禁，再傳至貴近之家，最後普及於民間。

《宋史全文》載：

上云：「珠玉之屬，乃就用禁中舊物，所費不及五萬緡。」龔茂良等奏云：「若不因宣諭，無由得知支用如此不多。」上云：「朕安肯於此妄有所費。」上因宣諭「近來風俗如何？莫大假假奢侈否？」奏云：「輦轂之下，近以稍侈，皆由貴近之家倣效宮禁以故流傳民間。……彼若知聖意崇樸，亦必觀感而化。」上云：「若要革

736 《中興聖政》，卷四七，頁九，乾道四年十月辛卯條。
737 《中興聖政》，卷四七，頁五，孝宗日常生活相當嚴謹，無甚嗜好，惟以寫字自娛。參閱《中興聖政》，卷五〇，頁二；《宋史全文》，卷二五，頁一九七八，乾道七年正月癸未條；又同頁，己亥條，載：「朕近日朝夕觀覽，以自儆省。名之曰『敬天圖』」；亦參閱《中興聖政》卷五〇，頁二。
738 《宋史全文》，卷二六，頁二一〇四，淳熙七年正月甲寅條。
739 《中興聖政》，卷五〇，頁一，乾道七年正月癸未條。

弊，當自宮禁始。」……上喜云：「此事誠當始於宮禁。」茂良奏：「中宮又以儉德聞，何患不革？」上曰：「然。」[740]

皇后即「以儉德聞」，故孝宗稱許道：「家道如此，深以為喜」。

孝宗深知讀書的樂趣與好處，一則啟發智慧，二則鑑古知來。曾自言：「朕於機務之外，猶有暇時，只好讀書。唯讀書則開發智慮，物來能明，事至不惑。觀前古之興衰，考當時之得失，善者從之，不善者以為戒[741]。」某次宰臣趙雄上奏提及光州復置中渡榷場官一事，孝宗回應道：

御前自來不曾差人。在淮上買物如淮白北果之屬，毫髮不曾買，宮中並無。唯遇太上皇帝賜來則有之。向來劉度守盱眙，嘗獻淮白，卻而不受。近蒙太上皇賜得數尾，每進膳即食一小段，可食半月。記得元居實知盱眙軍初之任日，朕慮其在任，輒獻北物，再三戒敕令供責文狀，不得買物以獻。其狀留尚書省，卿等可取以觀之[742]。

這是孝宗所言，由此引文可知以下幾點：其一，孝宗稟性節儉，不好物欲；其二，公開宣示禁絕臣子獻物之陋習；其三，白淮應是高檔食物，得太上賞賜，視同珍品，每頓飯只吃一小段。此言除對事實的描述之外，還含有宣示之意。乾道七年（一一七一），一日孝宗與宰臣對話：「……朕以敵讎未復，日不皇暇，如宮中臺殿皆太上時為之，朕未嘗敢增益。太上到宮徘徊周覽，為之興嘆，頗訝其不雅飾也[743]。」淳熙六年（一一七九），封樁庫有見錢五百三十萬餘

740 《宋史全文》，卷二六，頁二〇四六，淳熙三年九月；又同卷，頁三九，同年十月己卯條，提及孝宗皇后平居即以節儉聞名，「天資恭儉，誠為盛德，且比見陛下齊家之效。」

741 前引書，卷二六，頁二一〇三，淳熙六年十二月辛亥條。

742 前引書，同卷，頁二〇八七～二〇八八，淳熙六年正月癸未條。

743 同註727。

貫，年深貫朽。趙雄奏：「陛下儉德冠古帝王，未嘗一毫妄取於民，而府庫充足。」孝宗自己也說：「朕不敢毫髮妄用，所以有此，以待緩急之用，實前此所無[744]。」孝宗貴為君主而懂得節省公帑，均以百姓為優先考慮。淳熙七年，孝宗再次強調自己不曾妄用內帑，且都用來上奉二親，下則犒勞軍隊。後苑所養如胡羊、鵪鶉之類禽畜亦不得妄殺[745]。孝宗是個能夠超脫迷信思想的務實皇帝，他說：「世以鳳凰、芝草、甘露、醴泉為佳瑞，是皆虛文。不若使年穀屢豐，公私給足，此真瑞也[746]。」他認為「祥瑞」的標準是能帶來風調雨順、五穀豐登，這是孝宗愛民，更是務實的表現。

孝宗終歲憂念百姓，擔心農民收成會受到旱澇影響，直到秋收以後，農事了畢才能放心。

（淳熙四年二月，一一七七）龔茂良等奏：「近日雨暘順序，物情熙熙，米價甚平，可以少寬聖念。」上（孝宗）曰：「朕終歲憂念百姓，自初布種以至收成，其間少有旱澇，未嘗不惕。然念之每歲常到十月以後，農事一切了畢方始放心[747]。」

他經常想法子為黎民百姓紓困。淳熙六年九月，孝宗宣布：

祖宗時取於民，止二稅而已。今有和買及經總制等錢，又有無額上供錢，既無名額，則是白取於民也。又立賞以誘之，使之多取於民，朕誠不忍也，可悉刪去[748]。

744 《宋史全文》，卷二六，頁二〇九二，淳熙六年五月甲子條。
745 前引書，同卷，頁二一一八，淳熙七年十一月壬申條。
746 前引書，卷二六，頁二〇六四，淳熙四年七月戊午條；另參閱《四朝名臣言行錄續集》，卷十四，頁二。
747 《中興聖政》，卷五五，頁五，淳熙四年二月丁亥條。
748 《宋史全文》，卷二六，頁二〇九八，淳熙六年九月丙寅條；孝宗所言「二稅」係指夏、秋二稅。

又，孝宗曾言：「前日覩卿（指漕臣沈度）所奏鹽事，已盡蠲十五萬緡以寬民力。」又說：「朕意欲使天下盡蠲無名之賦，悉還祖宗之舊以養兵之費，未能如朕志[749]。」諸多史料皆足以證明，孝宗時刻心念百姓是否富足？民力是否受到無名之賦的刻剝？

孝宗有民胞物與的胸懷，甚至及於馬匹。

（淳熙三年五月，一一七六）王淮進呈步軍司相度牧馬去處。上（孝宗）曰：前日牧馬官辭，朕戒以愛護馬當如愛護己身，饑飽勞佚各隨時調節，若己身所不能堪者，馬亦不能堪之。但馬不能言，告訴不得耳[750]。

身為皇帝而能「愛護馬當如愛護己身」，對於馬匹尚且懂得珍愛，可見不僅是賢君，亦是仁君。

（二）人性領導竭誠待下

孝宗的對待臣僚採用人性與溫情的方式，頗能設身處地為臣子著想，可謂深得領導術的箇中三昧。

（淳熙十一年三月，一一八四）太湖知縣趙傑之有言其不丁繼母憂者。上諭宰臣王淮曰：士大夫一被此名，終身不可贖，不須明言其罪，止降一官。上之忠厚如此[751]。

說明孝宗既維護孝道，又兼顧趙傑之的仕途生涯，故以「不須明言其罪，止降一官」的方式來處分。孝宗與臣子論事能充分溝通，即使遭受批評也不以為忤。

749 《中興聖政》，卷四七，頁一，乾道四年二月甲午條。
750 前引書，卷五四，頁一八；《宋史全文》，卷二六，頁二〇四四，淳熙三年五月癸亥條。
751 《續宋編年資治通鑑》，卷十，頁一二七；參閱《宋史全文》，卷二七，頁二一五五，淳熙十一年三月。

起居郎胡銓奏曰：（略）。銓又奏：「側聞道路之言，近日台諫論事，陛下謂為賣直。」上曰：「非也，朕近謂台諫論事，要當辨曲直，故近日與張闡說此語，非賣直也。」然非卿不聞此言。銓奏云：「臣事君猶子事父，若於君有隱，則子於父亦有隱，非忠孝也。」上曰：「卿言甚善[752]。」

胡銓之言甚為得體，不僅將君臣與父子兩者關係相互連結，抑且讓孝宗有自我辯解的機會，將輿論對君主不利的批評加以化解。最重要的是孝宗有接受批評的雅量，面對臣子批判不慍不火。文中提及張闡，據《宋史・張闡傳》載：「時數易臺諫，（張）闡力言之，請增廣諫員。」孝宗說：「臺諫好名，如某人但欲得直聲而去。」闡說：「唐德宗疑姜公輔為賣直，陸贄切諫，願陛下深以為鑑。」此段對話的時間在孝宗與胡銓對話之前。其後，孝宗與張闡論議時，孝宗又提起「賣直」之事，且說：「胡銓亦及此。朕非拒諫者，辨是非耳。」張闡於是說：「聖度當如天，奈何與臣下爭名。」孝宗答：「卿言是也[753]。」史稱張闡「論事無避」[754]，係北宋末進士，紹興議和之際，闡便力主「關中必爭之地」，素來直言無隱。對孝宗的口氣用語，如「奈何與臣下爭名」，更是毫不避諱，有點長輩責備晚輩的意味，而孝宗以君主之尊，而能坦然接受毫不動氣。張闡、胡銓並非特例。在許多文獻裡，孝宗面對臣子建言能夠虛心接納，而無專制君王驕橫跋扈的氣習，如此表現，必須具備寬廣開闊的胸襟氣度方能做到。又如面對陳俊卿嚴厲的指責時，仍能心平氣和的與之對話[755]。故朱熹亦說：「某嘗謂士大夫不能盡言於壽皇（即孝宗），真為自負，蓋壽皇儘受人言，未嘗有怒色，但不樂時止與人分疏辨析爾[756]。」朱熹的這番評論極為中肯。

752 《宋史全文》，卷二四，頁一八六八，隆興元年八月癸未條。
753 《宋史・張闡傳》，卷三八一，頁一一七四七；《朝野雜記》甲集，卷五，頁七亦載有此事，但最後幾句話略有出入，「忠簡曰：『陛下當受垢納污，若校曲直是非，便是拒諫。』上改容納之。」
754 《宋史・張闡傳》，卷三八一，頁一一七五三。
755 參閱拙著：〈正色立朝的賢相・陳俊卿〉（《通識研究集刊》，第二期，開南管理學院通識教育中心，九一年十二月），頁一五三～一五四。
756 《朱子語類》，卷一二七，頁一五。

孝宗處理李顯忠之事亦兼顧人性與教化兩個層面。

（淳熙六年，一一七九）六月戊戌，進呈臨安府勘到李顯忠諸子師說等無禮於繼母王氏，令其子師古行財傾陷異母兄弟等事。上曰：「師說兄弟呼母為侍婢，若可謂悖禮，其母多出財貨以傾之，豈為母之道耶？母子皆當抵重罪。朕念顯忠昔日歸朝頗著勞效。今歿未久不忍見其家門零落。朕欲來日批出悉赦其罪，聽其自新。庶幾仍有母子之情，自今專務協和，如或不悛，即寘典憲未晚[757]。」

孝宗如此人性化的處理方式用心良苦，不獨「可以保顯忠門戶，亦有補於風教[758]。」還可以「感激諸將忠義之心」。（趙雄用語）

關於對待臣子，孝宗的態度是：「朕每於臣下，未嘗有一毫輕侮之心，皆待以禮[759]。」身為高高在上的君主，能以禮待下，誠屬難得。魏徵的〈諫太宗十思疏〉中有「竭誠以待下……，則胡越為一體。……」、「念高危則思謙沖而自牧」，孝宗真正做到了。如此君主，不可多得。

所謂「待人待心」，乃為領導統馭最上乘的功夫。其先決條件厥為對屬下必須相當認識，否則僅是空談。而孝宗對若干大臣的個性便能充分了解。乾道七年二月，立恭王惇為皇太子。以王十朋、陳良翰為太子詹事，劉焞為國子司業兼太子侍讀。前此孝宗曾徵詢宰相虞允文的意見。虞允文乃推薦：劉焞、李彥穎、王十朋、陳良翰等人。而孝宗對此輩早有認識。

上曰：「焞有學問，彥穎有操履，兩人皆好。卿等更選取數人。」及進呈。上覽之曰：「王十朋、陳良翰此二人

757 《宋史全文》，卷二六，頁二〇九三～二〇九四，淳熙六年六月戊戌條。
758 《宋史全文》，卷二四，頁一八六八，隆興元年八月癸未條。
759 前引書，同卷，頁二一〇三，淳熙六年十二月辛亥條。

皆好。十朋舊為小學教授，性極疏快，但臨事堅執耳。」允文奏：「賓僚無他事，惟以文學議論為職，不嫌於堅執也。」上曰：「十朋、良翰誠為忠蹇，可並除詹事。」上又曰：「劉焞兼侍讀，李彥穎卻兼侍講，何也？」允文奏：「李彥穎既兼左諭德，以侍講無人，併令兼之。」上曰：「侍講可別選人。」乃命為司業兼侍讀[760]。

顯示孝宗任官極為慎重，對大臣知之甚深，對大臣的評論時顯示已成竹在胸，與宰相反覆討論後，方才定案。

（三）不任意破壞祖宗成法

淳熙二年，淮南轉運司進呈濠州鍾離、定縣巡檢耿成再任案。孝宗認為「祖宗成法，惟監司及沿邊郡守方許再任。耿成雖有勞效，已經再任，不欲以小官差遣壞祖宗成法。」且說：「國家承平二百年，法令明備，講若畫一，儻能守之，自足為治[761]。」張默係秀王夫人親堂姪，先是中使傳旨，欲授予添差監當，是否違反規定？按制度：「惟宗室戚里及歸正人方得添差。在法稱戚里者，謂三后四妃之家。」方得授予。孝宗云：「朕正不欲先自廢法，可勿行。」因此除國子監書庫官[762]。此二例均說明孝宗雖為君王，懂得遵守法制，而不濫用權力。另有一例，登仕郎張聞禮為太上皇后姪女夫婿，添差浙東安撫司幹辦公事。趙雄奏：「在法雖戚里文臣未經呈試，並不許陳乞添差。」孝宗答道：「豈可以戚里而廢公法，卿等理會得。是可留下文字，今後有似此等事，切須執奏[763]。」可知孝宗不因自己是皇帝而任意破壞法制，即使戚里亦不應享有特權。

遵守法制的積極作為便是編纂法令，俾便各級官吏遵行。孝宗的想法是：「朕欲將見行條法令敕，令所分門編類。

760 《中興聖政》，卷五〇，頁七。
761 《宋史全文》，卷二六，頁二〇三七，淳熙二年閏九月壬戌條。
762 《中興聖政》，卷五四，頁一八，淳熙二年五月癸亥條。
763 《宋史全文》，卷二六，頁二〇八八，淳熙六年正月甲申條。

如律與行統、敕令、格式及續降指揮，每事皆聚載於一處。開卷則盡見之，庶使胥吏不得舞文[764]。」宰相趙雄進一步解釋：「士大夫少有精於法者，臨時檢閱多為吏輩所欺。今若分門編類，則遇事悉見，吏不能欺。」故下詔：所將見行敕令、格式申明體仿吏部七司法條總類，隨事分門修纂，別為一書。若數事共條，即隨門釐入，仍冠以《淳熙條法事類》為名。（同前註）

（四）好以下棋作比喻

孝宗好以奕碁作比喻。孝宗在與張栻面對時，用下棋比喻治國。他說：「奕者舉棋不定，猶且不可，況謀國而無定規乎[765]？」以下是某次與宰執討論鹽政時的對話：

> 上諭宰執二廣鹽事當併為一司。王淮等奏：「外議又更一說，併司後恐廣西漕既不預鹽事，即無通融，錢物或至支吾不行。」上曰：「如此，亦須更商量。蓋天下事全在致思，思之須有策。窮則變，變則通。譬如奕碁，視之如無著，思之既久，著數自至[766]。」

文中透露，孝宗不只是好碁，更長於思考，並從下碁悟出處世哲理與治國之道。天下事全在「致思」，思則有對策，窮則變，變則通，往往在山窮水盡處，常有柳暗花明時。

又有一例。孝宗以射鐵簾提昇士氣一事，引發唐代大將輩出的感嘆，國朝與之相比，顯得人才凋零。此時宰相王淮等奏：「人才遇事乃見。但中外多事，用兵不已，亦豈是美事。」孝宗則回以：「事全在人區處。譬之奕碁，到窘迫處

764 前引書，同卷，頁二〇九〇，淳熙六年二月癸亥條。
765 《中興聖政》，卷四九，頁二；乾道六年六月丁卯條。
766 《宋史全文》，卷二七，頁二一七五，淳熙十二年八月丁巳條。

自別有轉身一路，只是思慮不佳[767]。」而此處又見孝宗以下棋打比喻。王淮原意只是要替孝宗緩頰，未料惹來一個軟釘子。方有開輪對，上奏三劄。其一申論荊襄要害，其二論天下國家，其三言國家經費，皆切中要旨，孝宗欣然聽納，稱善再三。且說：「朕於創業、中興、守文三事，皆身任之，守文粗可觀，其外二事不能無媿。朕之聽治不為不勞，然屑屑細務，每聞而厭之，惟樂大計所在耳。荊襄居天下中，有如弈棋，肥邊不如瘦腹[768]。」孝宗再度以下棋比喻國政。

二、政治作為

（一）留心政治招徠人才

孝宗即位之初便極留心朝政。早朝時間過短，難以盡興，便殿坐論，則可不受時間限制，這是求治若渴的表現。

（隆興二年冬十月，一一六四）詔：「朕每聽朝議政，頃刻之際，意有未盡。自今執政大臣或有奏陳，宜於申未間入對便殿，庶可坐論，得盡所聞，期躋于治[769]。」

乾道七年，孝宗又有類似宣諭，說法雖略有不同，其意則一。孝宗此舉不外乎欲多與大臣在寬裕的時間下詳論治道。

（二月）丁巳，上宣諭曰：「祖宗時數召近臣為賞花釣魚宴，朕亦欲暇日命卿等，射弓飲一兩盃。」虞允文等奏：「陛下昭示恩意，得瞻近威，從容獻納，亦臣等幸也。」上曰：「君臣不相親則情不通，早朝奏事止頃刻

767 前引書，同卷，頁二一八五；淳熙十三年二月癸酉條。
768 宋・孫應時撰：〈淮南西路轉運判官方公行狀〉，（《燭湖集》，《四庫全書珍本》四集，商務印書館，台北，民六二年）卷十一，頁一七～一九。
769 《宋史全文》，卷二四，頁一八九三；隆興二年十月乙亥條。

間，豈暇詳論治道，故思與卿等從容耳[770]。」

淳熙十年（一一八三），孝宗和宰執對話時，仍說：「朕欲天下事日往來胸中，未嘗釋也[771]。」他在上任二十年後對治國仍然毫不懈怠，時刻以治國為念。歷史上幾位雄才大略的君王，如漢武帝、唐玄宗者流，莫不是在後半生志得意滿驕奢淫逸，如孝宗貫徹始終者如鳳毛麟角，難能可貴。

孝宗對於言論切直之士念念不忘。某日詢問執政魏掞之何在，龔茂良回奏掞之已然物故。孝宗說：「其人直諒，方欲稍加擢用，不謂已死。朝廷不可無直諒之士。」接著孝宗又提到鄭鑑：「議論亦甚切直，觀其所言，似出於肝膽，非矯偽為之者[772]。」讀鄭鑑箚子之時，頗思念魏掞之，贈以宣教郎直祕閣。（同前註）而對鄭鑑所試館職策，孝宗評為：「議論切直甚可取」。「因問今合除何官？龔茂良等對曰：『前此學官召對，往往止除正字。』上曰：『可除校書郎，賞其盡言。』因曰：『策中之言，或是或非，大率剴切，不易。』」（同前註）孝宗對鄭鑑加以超擢的原因，一為策論剴切，頗為不易。一則可能是移情作用，想到魏掞之欲加重用之時，斯人已逝，故重用目前尚存之人。

孝宗雖廣招人才，但也不是隨便採用，先予以初步考核，再進行複試，以此作審慎選擇。

樞密院進呈畢。上曰：「陳良祐薦莊治應賢良，卿等見其詞業否？」王淮等奏：「已見之。」上因問鄭建德。上又曰：「李垕為文無氣慨，如蘇輔真是難得。今莊治可與試。」淮等奏：「試時莫亦須有三兩人？」上曰：「既

---

770 《中興聖政》，卷五〇，頁五；乾道七年二月丁巳條。

771 《宋史・施師點傳》，卷三八五，頁一一八三八。

772 《宋史全文》，卷二六，頁二〇四五，淳熙三年六月甲午條；《宋史・隱逸傳》，卷四五九，頁一三四六八：魏掞之任太學錄，數度上疏建言皆不報，曾慨歎「上恩深厚如此，而吾學不足以感悟聖意。」又對曾覿「累疏以諫，移疾杜門，遺書陳俊卿責其不能捄止，語甚切。」罷為台州教授。年五十八卒。鄭鑑，據宋・梁克家：《淳熙三山志》（《宋元地方志叢書》續編下，大化書局），卷三〇，頁六下，載：鄭鑑淳熙元年太學兩優釋褐，字自明，自興太學始，再見釋褐，授左承務郎國子正，召試除校書郎，遷著作郎，兼史院，官太子侍講，除著作郎權郎官，終宣郎，知台州。

降指揮，不限年月，亦不須限人數[773]。」

在孝宗觀念裡，人才分為君子之才與小人之才二種。和劉夙奏對，論「朝廷不當顓以才取人」的對話中，孝宗說明：「才有君子之才，有小人之才。小人而有才，虎而翼者也。人主之要在於辨邪正[774]。」招人才固然重要，人君對於人才的分辨能力也是不可缺的。這便是留正所謂的「察才之道」。（同前註）

（二）察納雅言

宋代言官包括御史臺與諫院，合稱臺諫，地位重要。孝宗以為舊設兩省言路之臣，所以「指陳政令得失」；則「正於未然之前」；臺諫「敕於已然之後」，故「天下事無不理」。於其詔令說道：「今任是官者，往往以封駁章疏太頻，憚於論列深未盡善。今後給舍臺諫凡封駁章疏之外，雖是事之至微，亦毋致忽，少有未當，更可隨時詳具奏聞，務正天下之事[775]。」

孝宗此詔指出現任臺諫給舍未能善盡言官職責是為憾事。孝宗曾廣徵建言，對臣僚諫言大都能從善如流。

> 內侍白劄籍名造器械并犒師，降旨發左藏、封樁諸庫錢，動億萬計。（李）彥穎疏歲中經費以進，因言：「虞允文建此庫以備邊，故曰『封樁』，陛下方有意恢復，苟用之不節，徒啟他日妄費，失封樁初意。」上矍然曰：「卿言是，朕失之矣。」自是絕不支[776]。

773 《宋史全文》，卷二七，頁二一七六；淳熙一二年八月丙寅條。
774 《中興聖政》，卷四七，頁八；乾道四年九月癸未條。
775 《中興聖政》，卷四八，頁九；乾道六年五月戊寅條。
776 《宋史・王淮傳》，卷三八六，頁一一八六六。

「矍然」是驚視之貌，從此二字推測孝宗的表情應是相當吃驚，在此情況下猶能當機立斷，聽從大臣意見，作出明智決定，顯見他的心胸開闊。

(三) 北伐中原矢志恢復

孝宗早在紹興三十一年（一一六一），立為太子後，金人犯邊時，便曾主動「請率師為前驅」[777]。顯示他無法坐視宋朝任由金朝欺凌。即位之初便矢志北伐中原，起用素來主戰的張浚，無奈符離之敗，令孝宗有志難伸，但對「恢復」一事從未忘懷。連所作詩詞都充滿了恢復的意圖。據《貴耳集》載：

> 壽皇未嘗忘中興之圖。有新秋雨霽詩云：「平生雄武心，覽鏡朱顏在，豈惜嘗憂勤，規恢須廣大。」曾作春賦有曰：「予將觀登臺之熙熙，包八荒之為家；穆然若東風之振槁，洒然若膏雨之萌芽；生生之德，無時不佳，又何羨乎炫目之芳華[778]。」

李心傳在《朝野雜記》裡，列舉孝宗五次校閱軍隊的行動，說明孝宗極為重視軍備。目的便是積極準備，有朝一日能湔雪前恥。

> 隆興二年（一一六四）五月，孝宗將閱武於近郊，既涓日矣，會雨作而止。乾道二年（一一六六）十一月，始幸白石校場，上登臺，親御甲冑，指授方略，令殿前馬步三司，合教為三陣，戈甲耀日，旌旗蔽野，師眾歡呼，坐作擊刺，無不中節。上大悅。四年十月，又大閱於茅灘，時冬日可愛，士民觀者如堵。權主管殿前司公事王逵，

---

777 《宋史・孝宗本紀》，卷三三，頁六一七。
778 《貴耳集》，卷上，頁四上。

因奉觴稱壽，上嘉獎之，加賜諸軍中，金四十鎰，錢十餘萬緡。淳熙四年（一一七七）十二月，又大閱於茅灘。十年（一一八三）十一月，又大龍山[779]。

據文中所言，孝宗實際舉行校閱是四次，分別在乾道二年、四年、淳熙四年、十年，隆興二年那次，由於天雨而作罷。校閱時且能「親御甲冑，指授方略」。同時他也留意軍政，對於軍情戰略頗為內行，分析重兵駐紮之要旨。如《宋史全文》記載：

（隆興二年八月）丁巳，淮西宣諭使王之望奏：「同諸將分定把截關隘，戰守屯泊去處。」上曰：「可分明箚下，王彥、王之望等雖地分各有所管，然兵不可太分，如要逐處控扼，使虜人不過，兵家無此理，卻要逐人回奏，須用持大兵於重害之地也。」又曰：「使諸將各認地分，則可。若有緩急，豈宜如此？將兵力分在數處。」湯思退等奏：「聖鑑如此，兵見機要[780]。」

平日若無留意軍政，不可能提出如此深入精闢的見解。王佐擒捕陳峒，皆出於孝宗宸筭。顯示他深諳軍情，方能作出正確指令[781]。

---

779 《朝野雜記》甲集，卷三，頁四八，〈大閱〉條；另《朝野雜記》乙集，卷四，頁四〇一～四〇三，〈乾道淳熙五大閱〉條，對孝宗親自校閱的情形描述較為詳細。

780 《宋史全文》，卷二四，頁一八八四，隆興二年八月丁巳條。

781 前引書，卷二六，頁二〇九二～二〇九三，淳熙六年五月丙戌條，記載有關王佐捕陳峒之事，云：趙雄等奏乞旌賞，因曰：「今日成功皆出宸筭。蓋王佐初時奏事已云束手無策，止日夜俟荊鄂大軍三千人至。陛下亟降宸翰，令將本路將兵禁軍義丁土豪，無慮四五千人，自足破賊。宸翰又云：『諸路養兵皆出民力，小寇不用蓄兵，何為卿為帥臣焉不知此？』王佐得此訓戒，方知驚懼，遂專用本路鄉兵等不復指準大軍，今日擒陳峒等皆鄉丁，非大軍也。宸翰所料明矣。非陛下明見萬里，則王佐成功必不如此之速。」

《朝野雜記》乙集「孝宗善馭將」條，言「孝宗天資英武，尤善馭將。」並以李顯忠、趙撙、邵宏淵等大將為例，說明孝宗「賞罰必行，號令明肅，繇是諸將咸服英斷矣[782]。」他不僅對大將如此，甚至對於中下層軍官也能相當了解與掌握。

（隆興二年五月）癸卯，進呈主管殿前司公事王琪奏神勇軍權統領官劉洪近已致仕，乞改差左軍統領王明填闕。上曰：「王明病目不可用。仍戒諭王琪近所差劉洪年老軟弱，今果死，止是主帥作人情。」湯思退退而嘆曰：「陛下留意軍政，下至偏裨皆知能否，真大有為之君也[783]。」

他即位之後矢志北伐，非但平日不忘習武，甚至要求「輔臣留意習射」。「淳熙元年（一一七四）九月，遂幸玉津園講燕射之禮，賜皇太子使相、侍從、正任御宴酒。三行樂作，上臨軒，有司進弓矢，上射中，太子進酒，率群臣再拜稱賀。次太子及環衛官蕭奪里懶射中，上再射復中的[784]。」孝宗此舉頗有隨時為北伐作準備的寓意，而他本人射箭一中再中亦非偶然，而是平時勤練的結果，同樣具有強烈的宣示意味。

淳熙六年（一一七九），孝宗強調：「朕不忘恢復者，欲混一四海，效唐太宗為府兵之制，國用既省，則科斂民間諸色錢物可悉蠲免上收之稅，以寬民力耳[785]。」在其觀念中，行府兵既能寬解民力，又可增強軍力，更能達成「混一四海」的目標。雖然孝宗北伐之志曾受重挫，而在遭到太上皇的警示後[786]，表面上絕口不提，但骨子裡不曾忘懷，曾說：

782 《朝野雜記》乙集，卷三，頁三八一，〈孝宗善馭將〉條。
783 《宋史全文》，卷二四，頁一八八三，隆興二年五月癸卯條。
784 《朝野雜記》甲集，卷三，頁四八，〈燕射〉條。
785 《宋史全文》，卷二六，頁二〇九八，淳熙六年九月丁卯條。
786 參閱宋・葉紹翁撰：《四朝聞見錄》乙集，（《叢書集成新編》第八四冊，台北，新文豐出版公司，民七四），頁四七〈孝宗恢復〉條：「上每侍光堯，必力陳恢復大計以取旨，光堯至曰：『大哥，俟老者百歲後，爾卻議之。』上自此不復敢言。」

「朕豈一日忘此仇哉！」[787]且欲仿傚唐朝採取府兵制，一則可遂行其宿志，一則又能節省經費，寬解民力。不過茲事體大，難以實現，恐怕在其心中又是一樁憾事吧！

虞允文、趙雄先後於乾道五年、淳熙五年拜相，即因兩人都主戰的緣故，孝宗要為北伐作準備。淳熙四年龔茂良罷執政，手疏恢復六事，孝宗大怒：「卿五年不說恢復，何故今日及此。」又說：「福建子不可信如此[788]。」所謂「恢復六事」乃指：「論恢復之具，……曰天意、曰人事、曰財賦、曰將帥，而所以用之者，曰謀，曰時。」加上龔茂良其他罪狀，遭責降英州安置。何以孝宗見其奏疏會勃然大怒，對其作出嚴厲處分[789]。即因孝宗恢復故土的企圖心至為強烈，見茂良平時反對恢復，去職前夕倒一反常態，極力主張恢復，顯然別有所圖。孝宗之怒正說明其恢復之意圖如何的熾烈。

陳俊卿曾針對孝宗好鞠戲，一再上疏力諫。其實孝宗愛鞠戲有其深意。

> 隆興初，孝宗銳志復古，戒燕安之鴆，躬御鞍馬，以習勞事，仿陶侃運甓之意，時召諸將擊鞠殿中，雖風雨亦張油帟，布沙除地。群臣以宗廟之重，不宜乘危，交章進諫，弗聽[790]。

乾道五年（一一六九），孝宗曾經因為射箭，以致弦斷傷眼。康復後，陳俊卿上疏進諫，大略謂孝宗勤於騎射，雖是為圖恢復，但關鍵在「任智謀之士，仗武猛之才，明賞罰，恢信義」，才是中原大業的正途。

787 《玉海》，卷五八，頁三八，〈淳熙四繫錄〉條：「（淳熙）三年，權禮部侍郎李燾進四繫錄，記女真契丹起滅，自紹聖迄宣和、靖康，凡二十卷。上曰：『朕豈可一日忘此虜哉！』」
788 《宋史・龔茂良傳》，卷三八五，頁一一八四五。
789 《宋史全文》，卷二六，頁二〇六六，淳熙四年七月；此時臣僚復論茂良四罪，言：茂良行丞相事，首尾三年，臣僚奏對有及備邊利害必遭譏罵，陛辭之日方有所論，凡數百言，此可誅一也。……有火上添油的作用。
790 宋・岳珂撰：《桯史》，（《叢書集成新編》第八七冊，新文豐文化公司，台北，民七四年）卷二，頁三，〈隆興按鞠條〉。

初，上御弧矢，有弦激之虞，以致目眚，至是康復。陳俊卿密疏曰：「（略）……陛下憂勤恭儉，清淨寡欲，凡前世英主所不能免者，一切屏絕，顧於騎射之末，猶有未能忘者，臣知陛下非有所樂乎。此蓋神武之略，志圖恢復，故俯而從事於此，以閱武備，激士氣耳。陛下誠能任智謀之士，以為腹心，仗武猛之才，以為爪牙，明賞罰以鼓士氣，恢信義以懷歸附。……尚何待區區馳射於百步之間哉[791]。」

周必大也曾提出類似諫言：

上日御毬場，必大曰：「固知陛下不忘閱武，然太祖二百年天下，屬在聖躬，願自愛。」上改容曰：「卿言甚忠，得非虞銜橛之變乎？正以讎恥未雪，不欲自逸爾[792]。」

雖然在此事後，必大便升官（兼侍讀，又改吏部侍郎，除翰林學士），大有嘉獎的意味。但孝宗意念堅定，必大之言並未聽進去。

乾道七年（一一七一）孝宗與輔臣對話，仍念念不忘恢復，並以用兵不及漢唐允為憾事。

（孝宗）又曰：「本朝家法遠過漢唐，惟用兵一事未及。朕以敵讎未復，日不皇暇。」……輔臣奏：「陛下不以萬乘為樂，而以中原為憂，早朝晏罷，焦勞如此，誠古帝王所不及[793]。」

此輔臣即虞允文，孝宗重用允文原因之一即為他素來主戰。「上（孝宗）嘗謂允文曰：『丙午之恥，當與丞相共雪

791 《中興聖政》，卷四七，頁十六；乾道五年六月戊戌條。
792 《宋史・周必大傳》，卷三九一，頁一一九六八。
793 《中興聖政》，卷五〇，頁一；乾道七年正月癸未條。

之。』……故允文許上以恢復。使蜀一歲，無進兵期，上賜密詔趣之，允文言軍需未備，上不樂[794]。」由此事即可知孝宗企圖恢復中原多麼心切。

三、言論思想

（一）好以漢唐為殷鑑

孝宗自幼在高宗的教導下熟讀《資治通鑑》，故常以歷史為殷鑑。與臣子對話，也不時以古人為例，凡事均好與漢唐相比。曾說：「本朝文物家法遠過漢唐，獨用兵差為不及[795]。」又於淳熙十一年六月，此時進呈王渥所奏「小路蠻擊虛狼之事」，說道：

> 國家兵威不及漢唐遠甚，所恃者其天乎？澶淵之役、辛巳之役匪天而何[796]？

語氣中充滿無奈，深知武力不如漢唐甚遠。又《宋史全文》載：

> 上曰：「聞射鐵簾，諸軍鼓躍奮勵，誠是作成士氣。」……癸酉，上曰：「射射鐵簾與轉官資，作多少士氣。」又曰：「朕觀唐世大將得人頗多，蓋緣內討方鎮，外有吐蕃、回紇，無時不用兵，所以人皆習熟。國朝仁厚不動兵革，餘三五十年，所以名將少[797]。」

794 《宋史・虞允文傳》，卷三八三，頁一一八〇〇；又見《朝野雜記》乙集，卷八，頁四四三。
795 《宋史全文》，卷二六，頁二〇四九，淳熙三年十月己卯條。
796 前引書，卷二七，頁二一五八，淳熙十一年六月甲子條。
797 《宋史全文》，卷二七，頁二一八五，淳熙一三年二月癸酉條。

孝宗話中雖然透著無奈，他分析唐代大將輩出的原因在於外患多。南宋初年自紹興和議簽訂後，大體上偃旗息鼓已有多年，因此人材凋零。雖替本朝找到原因，仍不免遺憾。甚至連過宮侍宴之類的事，都要與漢唐相較。

上諭輔臣曰：「前日奉上寶冊，太上聖意甚悅。翌日過宮侍宴，邦家非常之慶，漢唐所無也。」

又喜好評論漢唐君主，諸如：漢文帝、唐太宗、唐德宗、唐文宗等。

1. **論漢文帝**：孝宗曾說：「自唐虞而下，人君知道者少，唯漢文帝稍能知道，專務安靜所以致富庶。自文帝之外，人君非唯不知道，亦不知學[798]。」認為自唐虞以降，只有漢文帝能知「道」，這是極為推崇之詞，言下之意亦有些自喻的味道。

2. **論唐太宗**：孝宗不僅師法太宗，亦及於太宗名臣。

乾道三年（一一六七）三月，起居舍人洪邁、給事中王曮等上〈乾道同符正觀錄〉。序云：「臣等三月七日蒙宣召至選德殿，講論古今帝王之道。且曰：『唐三百年，惟太宗為可尚，齋心敬慕，每事取法，宜為朕采正觀時事。以今日觀之，摭其所近似，求所未至。』臣等曰：『太宗之治，固為可慕，然要者無出諫行言聽[799]。……』」

太宗時代的名臣魏徵、王珪亦是孝宗心儀的對象，希望臣子也能效法之：

798 《宋史全文》，卷二七，頁二一六八，淳熙一二年二月丁卯條。
799 閱《四朝聞見錄》乙集，頁四七〈孝宗恢復〉條。

（淳熙五年十一月，一一七八）上諭宰臣曰：「卿等皆朕親擢，凡是盡心當官而行，勿有所畏。朕既深知卿等，則讒毀之言，無自而入。朕觀魏徵、王珪之事，唐太宗凡有所言，亦未嘗每事皆從，彼皆終其身事太宗。卿等當以魏徵、王珪為法，不得輕為去就[800]。」

孝宗此言當是意有所指，要求大臣應當學習魏徵、王珪以服侍太宗為終身職志，切勿輕言去職。可是當論及太宗晚年時，孝宗一樣不客氣的批評：「人君富有天下，易得驕縱[801]。」隱約有些自我警惕的意味。淳熙六年，孝宗強調：「朕不忘恢復者，欲混一四海，效唐太宗為府兵之制。」前已言之。對此前代帝王，孝宗是相當欽佩的。

3. **論唐德宗**：淳熙九年（一一八二）四月某日，孝宗說道：「朕每見陸贄論（唐）德宗事，未嘗不寒心，正恐未免有德宗之失，卿等可各條具闕失來上。」又說：「德宗彊明，不肯推誠待下，雖更奉天離亂，終不悔悟。所以知其不振也[802]。」孝宗批評「德宗彊明，不肯推誠待下」，其對待臣下的態度是錯誤的，而其失敗的關鍵則不懂得「推誠待下」。在另一次談話中孝宗再論德宗：

唐德宗豈不知書，然所行不至。陸贄論諫諄複不已者，正欲德宗知而行之。如魏徵於太宗，則語言不甚諄複。且德宗禍亂此何時也。而與陸贄論事，皆是使中人傳旨，且事有是非，當面反覆詰難猶恐未盡，投機之會間不容髮，中人傳旨，差了多少事。朕每事以太宗為法，以德宗為戒[803]。

800 前引書，卷二六，頁二〇八五，淳熙五年十一月戊寅條。
801 《宋史全文》，卷二七，頁二一六八，淳熙十二年二月丁卯條。
802 《宋會要》，崇儒七之十五；亦見於《宋史全文》，卷二七下，頁二六，繫於淳熙一三年五月己卯條。按：《宋會要》繫於淳熙九年四月，兩者時間差異甚大。
803 《宋史全文》，卷二七，頁二一八六，淳熙十三年二月丙子條。

德宗與大臣陸贄論事時不願面對面，而由中使傳旨，在傳遞過程中，原意往往受到扭曲而失真。孝宗頗不以為然，故以之為戒。對前列所言德宗「不肯推誠待下」恰是一次具體的說明。同年三月，君臣之間又有一次討論德宗的對話，大臣蕭燧將德宗之愚與孝宗之賢作了鮮明的對照。末了孝宗的結論是：「德宗不明，不能壓服臣下，故當時藩鎮敢爾妄作。[804]」先前所說的「彊明」，只是自恃聰明，自以為是，實則根本「不明」，其領導是失敗的。

4. 論唐文宗：淳熙五年（一一七八）六月，孝宗與宰相史浩論政。孝宗云：「唐文宗有言：『去河北賊易，去朋黨難。』朕常嗤其言何至於此？朋黨本不難去，若人主灼知賢否，所在惟賢是進，不肖是退，弗問其他，則黨論自消[805]。」「漢唐末世，朋黨皆數十年不能解，以至禍亂。朕常嘆之其患盡在人君之無學，所以聽納之不明也。」(同前註)孝宗譏唐文宗「無學」，不知如何「進賢退不肖」，故而難以消弭朋黨。言下之意，對於自己的施政用人頗為自負，沒有唐文宗的缺點。

(二) 識人與用人

孝宗自有一套用人哲學，他心目中的理想宰相，應該是「須胸次大，乃能容物[806]。」宰相與執政關係，「當和而不同」[807]。宰執論政時各抒己見，主張可以不同，但相處應該和諧。理想的士大夫應該從讀書之中體悟「道」理，可惜當今士大夫「能文者多，知『道』者少，故平時讀書不見於用。」(同前註)

孝宗的「識人」論，由一段對話（淳熙六年九月，一一七九）可知。

---

804 參閱《宋會要》崇儒七之十六。

805 《宋史全文》，卷二六，頁二〇七八，淳熙五年五月庚子條；又《宋史・葉衡傳》，卷三八四，頁一一八二四，亦有類似記載，但有小異，有：「朕嘗笑之」之語。

806 前引書，卷二六，頁二〇三五，淳熙二年九月己亥條。

807 《宋史・周必大傳》，卷三九一，頁一一九六九。

進呈徐存劄子陳乞宮觀。上曰：「徐存胸中狹隘，不耐官職。向因輪對，嘗識其人，可與宮觀」。趙雄等奏曰：「陛下知人之明，過於堯舜。臣下凡一經奏對者，輒知其為人，以一字褒貶，無不曲盡。」上曰：「立功業，耐官職，須有才德福厚者能之。荀卿曰：『相形不如論心，論心不如擇術。』朕每於臣下觀其形以知其命，聽其言以察其心，相形、論心蓋兼用之[808]。」

孝宗每在臣子奏對之時，認真觀察臣子的言行舉止，「觀形知命，聽言察心」，使臣子在孝宗眼裡無所遁形，由此可見其知人、識人的透澈。「觀形知命，聽言察心」八字，便是孝宗的識人哲學。從孝宗的口中亦可知他是極為自負的。

（三）論為君之道

孝宗曾說：「自古人主讀書，少有知道，知之亦罕能行之。且如與人『不求備檢，身若不及』二句。人君豈不知，自是不能行[809]。」我們從此言可知，孝宗的自我期許極高，也正因如此，在他所定的高標準之下，自古以降的君主大多不合要求。他的標準便是「知道且能行道」。所謂「道」者，便是「為君之道」。歸納孝宗言行，大略可以得到下列四端：

1. **以自然循環喻治國**：孝宗用自然界四時循環來譬喻治國，順著自然循環施政治國，而不能違逆自然，否則便受其害，頗蘊含道家思想。他說：「大抵治體不可有所偏正，如四時春生秋殺，乃可以成歲功。若一於肅殺，則物有受其害者，亦猶獨治天下者文武並用，則為長久之術，不可專於一也[810]。」他強調「文武並用」不可偏廢才是長久之術，較之宋代開國以來「重文輕武」的國策高明。

2. **以中庸之道論賞罰**：孝宗認為賞罰應該洽當。他說：「矯枉而過直，則復歸於枉矣。故矯枉至於直可也，過於直

808 《宋史全文》，卷二六，頁二〇九八，淳熙六年九月庚申條。
809 《宋史全文》，卷二七，頁二一八六，淳熙十三年二月丙子條。
810 前引書，卷二六，頁二〇四九，淳熙三年十月己卯條。

不可也。猛本所以濟寬，然過於猛則不可；蓋過於猛則人無所措手足，濟寬而過於猛，猶矯枉而過其直也。惟立表亦然，所立正則影直，所立過中則影亦隨之[811]。」矯枉不可過正，至於直即可；濟寬以猛，但不可過猛。這是很簡單易懂的道理，孝宗用此謹守賞罰的分際，分寸拿捏適可而止，絕不能過度。他說：「朕守此甚久，一賞一罰決不使之至於過。」（同前註）宰相趙雄的解釋是：「執其兩端用其中於民，此舜事也。」此即儒家的「中庸之道」。觀孝宗對臣子的賞罰處分，確能得到印證。又進一步闡述心目中的「中道」，便是「適當」，適當乃合於中道。對待臣下以理性，而非以「喜怒好惡」。

中者，朕朝夕所常行，至官使人才，譬之置器。須置得適當，乃合於中，若置之失宜，則非中矣。朕之於臣下，初無喜怒好惡。（同前註）

孝宗所言符合儒家的「中庸之道」。故其賞罰乃「隨事而應，不得不賞罰耳，初無毫髮之私也。」（同前註）「賞、罰」是人主的「二柄」，使用得當可以充分發揮領導統御的效果，真正達到「以德服人」的境界。從一個專制君主的立場而言，孝宗無疑是位仁君，考其言行大體相合，他的確不會任意處罰大臣。他常守兩語：「愛而知其惡，憎而知其善。」「故雖平日所甚親信，茍有過失，必面戒之，而疎遠小臣，或有小善寸長，則稱奬不一。」（同前註）要之，選拔適當人才，放在適當位置，給予適時、適切的賞罰，這是合於中道的，用人的最高境界。

3. **擇人才為治道之急**：淳熙十一年（一一八四）十二月，孝宗論擇人，說道：

選擇人才，治道之急者。州郡若不得人，雖諄諄日降詔令亦是徒然。卿等今後每遇一闕須是遍選，終竟有得[812]。

811 前引書，卷二六，頁二一〇一，淳熙六年十一月戊寅條。
812 前引書，卷二七，頁二一六五，淳熙十一年十二月丁卯條。

為治之道，重在擇人，慎選官吏，而孝宗特別重視州郡官員的選拔。若是選得適當，則中央下達地方的政策便可貫徹執行，造福鄉里。因此格外需要慎選。在另一次與宰相王淮對話中，特別強調監司的重要並不亞於郡守：「天下全賴好監司，若得一好監司，則守令皆好。」孝宗接著說：「先擇監司為要，若郡守亦當選擇得尤好。卿等今後為朕除授監司須是留意[813]。」先得好監司，才會有好郡守，監司的選拔更須留意。因此他又說：「近日來郡守亦勝如已前，若是資序已到，其人不足以當監司郡守，則監司且作郡守，郡守且作通判，亦何害？」（同前註）要之，得到好的地方官，中央政策方能有效推動，否則一切都是枉然。

他對監司、郡守的重視，不僅口說，更有具體的作法，「孝宗新創選德殿於御座後，作金漆大屏，分畫諸道，各列監司、郡守為兩行，以黃簽標示，居官者職位、姓名，其背為華夷圖云[814]。」如此可以隨時留意各郡守、監司的作為，而地方上郡守、監司也不敢胡作非為了。還有一例：「進呈知州軍除目，上逐一問其人才如何。至劉知滁州，魏敏哲知濠州。上曰：『淮郡不可輕此二人，更契勘[815]。』」孝宗重視地方官的遴選，絕不只是說說而已。

4.談治道當取其大要：觀察孝宗言行思想，合於現代管理學理論要旨。從下列文字可知：

> 進呈司農寺已分委西倉糴事。上（孝宗）曰：「此等文字便可自剳下，凡指揮須教人信而畏，若是玩瀆何補於事？當取其大者、要者留意，至於小事，姑從闊略。如除授監司、太守，卿等須當反覆留意。」上又曰：「少降指揮，不唯事簡，又且人信，所謂一舉而兩得之[816]。」

治國應掌握重要大事，小事可以「闊略」。這也符合現代所謂「工作簡化」的原則。孝宗中的要務厥為「擇人才、正紀

---

813 九《宋史全文》，卷二七，頁二一六八，淳熙十二年二月丁卯條。
814 《朝野雜記》甲集，卷五，頁六。
815 《宋史全文》，卷二七，頁二一六五，淳熙十一年十二月丁卯條。
816 《宋史全文》，卷二七，頁二一九〇，淳熙十三年十一月甲寅條。

綱、明賞罰」。其餘之事，則「不須多降指揮，徒見繁碎[817]」。但若為「除授監司、太守」，便是大事，「須當反覆留意」了。然而即使孝宗賢能聖明如此，但在施政用人方面，仍有缺失，茲論其犖犖大者。

四、施政用人之缺失

（一）賞罰不明之失

茲舉一例：

（隆興二年，一一六四）先是，（湯）思退與王之望堅主和議，罷張浚兵柄，（胡）銓爭之尤力，於是大臣皆不悅。遂命銓以本職措置浙西、淮東海道。命下即趣行。時金寇將西，淮東郡邑皆望風退避，高郵守陳敏拒之謝陽湖，而大將李寶駐師江陰不肯援敏，銓檄寶出師，寶先取密詔為自安計。銓劾奏曰：「臣受詔令范榮備淮，李寶備江，今寶逗留，視敏弗救，若謝陽失守，大勢去矣。」寶懼，與敏犄角退敵兵，時大雪河凍，銓親持鐵椎冰，士皆奮發。銓與尹穡同出使，穡使浙東，置家於安。銓使江淮，蓋受敵之地，攜帑北行。言者併指為罪，與穡俱罷[818]。

胡銓搏命演出，尹穡貪生怕死，兩人的功過表現差距如此之大，卻同遭罷黜，孝宗顯然犯了賞罰不明之失。

淳熙中，王抃兼樞密都承旨，建議以殿、步二司軍多虛籍，請各募三千人。殿司因而捕捉市人充軍，號呼滿道，軍士乘機掠民財物。孝宗卻只歸罪於殿前指揮使王友直，反而命抃權殿前司事[819]。此又是一個賞罰不公的例子。

---

817 前引書，同頁，甲寅條。
818 《宋史全文》，卷二四，頁一八九二。
819 參閱《宋史・王抃傳》，卷四七〇，頁一三六九四。

（二）信任重用近習之臣

孝宗重用近習，雖滿朝文武曾為此紛紛上奏大加撻伐，孝宗仍執迷不悟，幾位近臣雖曾因此暫時遭到黜陟，卻長期受到孝宗眷顧[820]。淳熙五年（一一七八）九月，曾覿以使相領京祠，王抃知閤門事・樞密都承旨，甘昪為入內押班，三人相與盤結，士大夫無恥者爭附[821]。

《宋史全文》引〈大事記〉：

曾覿、龍大淵、王抃、甘昪四人，憑恃恩寵，招權納賄，然四凶之寡，不能以勝元凱之眾，故曾覿、龍大淵之始用事，雖劉度、張震、胡沂、周必大、金安節，諸公爭之而未勝，而終以陳應求一言而去。……曾覿復以俊卿一言而去，王抃以趙汝愚一言而去，甘昪以朱熹一言而去。於此見孝宗之英明，塵翳終不能以宰太清也。於此見乾、淳君子之多，稂秀終不能以害嘉禾也[822]。

留正對孝宗之評論過譽了。雖然最後「四凶」先後被逐，終究是曾經受到孝宗重用，「憑恃恩寵，招權納賄」之事實已造成對朝廷的傷害，其中固然有來自於太上皇的壓力，但需要眾臣一再上疏論劾，才遭罷黜，這是孝宗用人、識人方面的瑕疵。乾道六年（一一七〇）陳俊卿罷左相，去職之前，曾有一段與孝宗的對話。

---

820 關於曾覿、龍大淵之受寵，及遭受朝臣批評，《朝野雜記》乙集，卷六，頁七～八，〈曾覿〉條有詳述，諫議大夫劉度首先發難，論曾、龍二人，孝宗非但未予接納，反將二人升職。之後中書舍人張震、殿中侍御史胡沂、給事中金安節、周必大、參政張燾、侍御史周操、王十朋、右正言龔茂良、著作郎劉夙相繼上章彈劾，均無效果。雖說近臣之重用背後實有高宗的影子，故《矩山存稿》有孝宗曾感嘆「為家老子，誤我不少」之語。但若將孝宗長期重用近臣的責任，完全推給高宗，恐怕難以令人信服。參閱〈正色立朝的賢相・陳俊卿〉，頁一二八、一五〇。

821 《宋史全文》，卷二六，頁二〇八二，淳熙五年九月壬申條；《宋史・甘昪傳》，卷四六九，頁一三六七三。

822 前引書，同卷，頁二〇八三，淳熙五年九月壬申條，引〈大事記〉。

俊卿曰：「前此陛下出（曾）覿及（龍）大淵，中外無不嘆仰盛德，今外間竊議以謂覿必復來，願陛下捐私恩，以伸公議。」上稱善久之。俊卿既去，覿復召還。遂建節旄，歷使相以躋保、傅，而士大夫莫有敢言者矣[823]。

對於陳俊卿臨去職之前，再三叮嚀的凱切言詞，孝宗僅以表面回應「稱善久之」。但回過頭來卻予近臣加官進爵，甚至躋身保、傅的待遇，孝宗這種表面敷衍實則陽奉陰違的作法，恐令真正有心為國的臣子感到遺憾與失望吧！這不應都歸咎於高宗的壓力，孝宗亦須負責。

任用近臣的結果，除了這些受寵近臣招權納賄外，還造成「御前多行白箚子，率用左右私人齎送[824]。」其影響是「或失時機，即便施行，則真偽不分，豈不誤事？況祇稟文字，只付差來人，或令回申元承受處到之與否，不可得知，此於事體尤為非便。（陳俊卿言）」（同前註）君主威信乃至朝政的正常運作，亦大受影響。又如劉珙在淳熙五年病重時遺表中所言：

今以腹心耳目寄此曹，故士大夫倚之以媒其身，將帥倚之以饑其軍，牧守倚之以賊其民，朝綱（疑漏字）以紊士氣，以索民心，以離咎皆在，是願亟加以擯退，以幸天下[825]。

其次，還有一現象，「廷臣多以中批斥去」，「臣下有過，宜顯逐之，使中外知獲罪之由以為戒。今譖毀潛行，斥命中出，在廷莫測其故，將恐陰邪得伸，善類喪氣，非盛世事也。（李彥穎於淳熙初年之言）[826]」若以今日用語便是「黑箱作業」，孝宗任用近臣掌握人事，嚴重打擊朝臣士氣。陳俊卿上奏時為淳熙五年（一一七八）九月，孝宗當即有所醒

823 《宋史・李彥穎傳》，卷三八六，頁一一八六六。
824 《宋史全文》，卷二六，頁二〇八七，淳熙五年十二月。
825 《宋史全文》，卷二六，頁二〇八三，淳熙五年九月壬申條，引〈大事記〉。
826 《中興聖政》卷，四八，頁十；乾道六年五月。

悟，便降手札，「獎諭愧謝之言」[827]，而劉珙於同年十二月上遺表時，仍然提到近習之事，顯然孝宗只是敷衍俊卿，事實並未改變。

淳熙七年（一一八〇）四月，朱熹時任知南康軍亦上疏亟論重用近臣之不當，言辭極為激切：

今宰相、臺省、師傅、賓友、諫諍之臣，皆失其職，而陛下所與親密謀議者，不過一、二近習之臣。此一、二小臣者，上則蠱惑陛下之心志，使陛下不信先王之大道，而說於功利之卑說，不樂莊士之讜言，而安於私褻之鄙態。下則招集天下士大夫之嗜利無恥者，文武彙分，各入其門，所喜則陰為引援，擢寘清顯；所惡則密行訾毀，公肆擠排，交通貨賄。則所盜者皆陛下之財；命卿置將，則所竊者皆陛下之柄。陛下所謂宰相、師傅、賓友、諫諍之臣，或反出入其門牆，承望其風旨。其幸能自立者，亦不過齷齪自守，而未嘗敢一言以斥之。其甚畏公議者，乃略能驚逐其黨徒之一二，既不能深有所傷，而終亦不敢明言以擣其囊橐窟穴之所在，勢成威立，中外靡然，向之使陛下之號令、黜陟，不復出於朝廷，而出於此一二人之門，名為陛下之獨斷，而實此一二人者陰執其柄。蓋其所壞，非獨壞陛下之紀綱，乃併與陛下所以立紀綱者而壞之。則民又安可得而恤，財又安可得而理，軍政何自而復，宗廟之讎又何時而可雪邪[828]？

近臣之重用，君主之權威被侵奪，朝廷綱紀亦漸次腐壞，整個朝廷逐漸受到侵蝕，影響之大，不容小覷。儘管朱熹之言如此慷慨激昂，孝宗並未因此停止重用近臣。故淳熙八年（一一八一）朱熹入對，復論近習：「士大夫之進退有時，而近習之從容無間。」「近習便嬖側媚之態」，「足以蠱心志」[829]而孝宗依然故我。

雖曰重用近習，頗受高宗影響，然孝宗本人不能辭其咎。試看：

827 《宋史全文》，卷二六，頁二〇八三，淳熙五年九月壬申條，引〈大事記〉。
828 《宋史全文》，卷二六，頁二一一〇，淳熙七年四月癸卯條；《勉齋集》，卷三六，〈朱子行狀〉，頁九～十。
829 前引書，卷二七上，頁十一，淳熙八年十一月；《勉齋集》，卷三六，〈朱子行狀〉，頁十一。

時（王）抃與曾覿、甘昪相結，恃恩專恣，其門如市。著作郎胡晉臣嘗論近習怙權，帝令執政趙雄詢其人，雄憚抃等，乃令晉臣捨抃等，指其位卑者數人以對，晉臣竟外補。校書郎鄭鑑、宗正丞袁樞因轉對，數為帝言之，帝猶未之覺也[830]。

吏部侍郎趙汝愚甚至上疏說：「今將帥之權盡歸王抃矣。」（同前註）平日遇事明敏的孝宗皇帝，為何碰到「近習」便遲鈍了呢？雖然（甘）昪乃「德壽宮所薦，謂有才耳。」（《宋史・甘昪傳》），如孝宗能適時知奸，總能想辦法加以處置，故知只是託辭而已。

知閤門事張說除簽書樞密院事，（張）栻草疏極諫不可，且上朝堂，質問宰相虞允文：「宦官執政自京、黼始，近習執政，自相公始。」允文慚憤不堪。栻又奏：「文武誠不可偏，然今欲右武以均二柄，而所用乃得如此之人，非惟不足以服文吏之心，正恐反激武臣之怒。」

孝宗感悟，張說的人事令方才打消。然而宰相陰附張說，明年出栻知袁州，重申張說前命[831]。

---

830 《宋史・王抃傳》，卷四七〇，頁一三六九四；另《宋史・甘昪傳》，卷四六九，頁一三六七三，也說：「時曾覿以使弼領京祠，王抃以知閤門兼樞密都承旨，昪為入內押班，相與盤結，士大夫無恥者爭附之。」

831 《宋史・張栻傳》，卷四二九，頁一二七七三；亦見《中興聖政》，卷五〇，頁八；據《宋史・張說傳》，卷四七〇，頁一三六九二，載：「（乾道）八年二月，（說）復自安遠軍節度使提舉萬壽觀，簽書樞密院事。」又《宋史・宰輔表》，卷二一三，頁五五七九，顯示：張說於乾道九年正月同知樞密院事，同年十月知樞密院事，至淳熙元年七月罷，實任執政一年半。（按：《宋史・宰輔表》漏列張說復簽書樞密院事時間「乾道八年二月」。）張說非但未因群臣攻擊而下檯，反而於次年復拜簽書，並節節高昇。「中外諠譁，說竟以謫死」二句，過分簡略，容易讓人誤解。據《宋史・張說傳》，卷四七〇，頁一三六九三：張說罷職係因孝宗「廉知說欺罔數事，命侍御史范仲芑究之」，而罷為太尉。諫官湯邦彥「又劾其姦贓，乃降為明州觀察使，責居撫州。」七年，卒于湖州。

乾道八年（一一七二）二月，張說再除簽書樞密院，給事中莫濟封還錄黃，周必大上奏：「昨舉朝以為不可，陛下亦自知其誤而止之矣。曾未周歲，此命復出。貴戚預政，公私兩失，臣不敢具草。」孝宗批道：「王曮疾速譔入。濟、必大予宮觀，日下出國門。」於是濟除溫州，必大知建寧府[832]。孝宗並未因群臣反對而改變其初衷。

（三）不能容忍諍言之例

雖然孝宗頗有接受臣子批評與建議的雅量，可是從史料中卻也發現些許反面的例證。高宗未葬，翰林學士洪邁不等集議，配饗獨以呂頤浩等姓名上奏。（楊）萬里上疏力詆，主張張浚當預，且批評洪邁此舉無異指鹿為馬。孝宗覽疏不悅，說：「萬里以朕為何如主！」於是以直祕閣出知筠州[833]。淳熙七年夏，大旱，孝宗下詔求直言，朱熹應詔上封事，是為「庚子封事」，計三千餘言，其中提到：

天下之務莫大於恤民，恤民之本，在人君正心術以立紀綱。……今宰相、臺省、師傅、賓友、諫諍之臣皆失其職，而陛下所與親密謀議者，不過一二近習之臣。上以蠱惑陛下之心志。……下則招集天下士大夫之嗜利無恥者，文武彙分各入其門。所喜則陰為引援，……所惡則密行訾毀，……所盜者皆陛下之財，……所竊者皆陛下之柄。……名為陛下獨斷，而實此一二人者陰執其柄。」且云：「莫大之禍，必至之憂，近在朝夕，而陛下獨未之知。」上讀之，大怒曰：「是以我為亡也[834]。」

據《朝野雜記》記載：「上（孝宗）每與大臣言之，輒動容變色。丞相因從容言于上曰：『欺世盜名，陛下惡之是也。雖然，上疾之愈甚，則下譽之愈眾。以天子之貴，而切切焉反與之角，若惟恐不能勝者，無乃適所以高之乎！不若因

832 《宋史・周必大傳》，卷三九一，頁一一九六七。
833 《宋史・楊萬里傳》，卷四三三，頁一二八六八。
834 《宋史・朱熹傳》，卷四二九，頁一二七五三～一二七五四。

其長而用之，彼漸當事任，則能否自露，謬偽自乖，虛名敗矣！何必仰勞聖慮，若擯而不用，則徒令以不遇藉口耳。』上以為然[835]。」孝宗每與大臣對話動輒色變，似與許多文獻所顯示的寬容大度，察納雅言頗有出入，還須宰相趙雄盡心紓解，方使孝宗心頭塊壘釋然。以上數例，都說明孝宗其實也有無法容納臣子諍言的時候，他同樣會發怒，會受自己的情緒左右，而處分官員。以張說再除簽書樞密院事之例即可知，前已言之。莫濟、周必大具遭外放貶官。必大之言，代表多數朝臣意見，孝宗竟不顧輿論反對，一意孤行，且立即將兩臣遣出國門。還有一事，亦見孝宗有時氣量並不大。

公（汪應辰）以忠言直道，受知壽皇。自蜀還，為天官兼學士，嚮柄用矣。近習多不悅之，朝夕伺間。一日內宿，召對。天顏甚喜，曰：「欲與卿款語。」方命坐賜茶。汪奏：「臣適有白事。上欣然問何事？」時德壽宮建房廊於市廛，董役者不識事體，凡門闔輒題德壽宮字，下至委巷廁溷皆然。汪以為非所以示四方，袖出箚子極言之。且：「陛下方以下養，有司無狀褻慢如此，下後世，將以陛下為薄於奉親，而使之規規然營間架之利，為聖孝之累不小。」上事德壽謹，汪言頗過激，聞之變色曰：「朕雖不孝，殆未至是。」汪曰：「臣愛陛下至切，不欲使陛下負此名，故及此。」上終不懌。奏畢請退，上領之，不復賜坐，自是眷顧頗衰。會德壽宮市蜀燈籠錦，詔求之不獲。他日，上詣宮言其故，太上曰：「比已得之。」上問所從來。曰：「汪應辰家物也。」上還，即詔應辰與郡。蓋近習揣上意，因事中傷一作之。君臣之際難矣[836]！

從上文可得以下幾點：

一、汪應辰所奏，出於一片赤忠善意，孝宗非但不能體會，反生誤解，完全無法接受。顯示孝宗對於諍言的接納是有選擇性的。不僅應辰所受眷顧從此不再，且孝宗對於此事耿耿在心，他日應辰復遭近習中傷，前後二事併發，因而補外。

835　《朝野雜記》，乙集，卷八，頁四四六，〈晦庵先生非素隱〉條。
836　《齊東野語》，卷一，頁十一，〈汪端明〉條。

二、近習小人，一旦得罪，便想盡辦法報復，應辰便是受害者，如此之例應不算少，對於朝政頗有不良影響。

三、「德壽宮市蜀燈籠錦」一事，宋史載為「水銀」，兩者頗有出入。（參閱《宋史・汪應辰傳》）

或者，孝宗對臣僚諫言的態度，應該放在整個南宋史裡去看，孝宗在南宋諸帝之中的表現算是最好的一個。處理朝臣的言論問題，他的作法雖已較其他皇帝開明得多，但基本上並未超脫宋代君主的一貫作風。劉子健先生在〈南宋君主和言官〉一文便提到周必大雖受孝宗賞識，仍舉出二例，因言事而離開中央。一是隆興元年（一一六三）攻擊近習曾覿、龍大淵，無效而去。一是乾道八年（一一七二）又因反對外戚張說，稱疾而歸[837]。

再舉一個孝宗因小事動怒，而將官員貶謫之例。

壽皇議遣湯鵬舉使虜。沈詹事樞在同列間發一語，操吳音曰：「官家好獃。」此語遂達于上。大怒，差四從官審責沈，曾與不曾有此語。對云：「臣有此語。」即日謫筠州[838]。

孝宗的整體表現，贏得宋史「聰明英毅」的美譽，然其用人施政上仍有不少缺失。比如楊萬里於乾道初作〈千慮策〉[839]，上奏朝廷。便直率的批評朝廷腐敗無能，並提出一套振興國家的方針。他大膽批評孝宗經符離之敗後，（一）他提到：「前日之勇一變而為怯，前日之銳一變而為鈍」。把孝宗在位前後作比較，以往的勇被怯所取代，以往的銳也被消磨變鈍了。（二）其次尖銳批評朝廷的對金之策略「蓋亦不出於『應』而已」，應就是消極應付，他主張「守而取」，就是要牢固防守的前提下，待機進取。（三）提醒孝宗要注意愛護人才，皇帝左右的讒人設計「千機百阱」來

---

837 劉子健著：〈南宋君主和言官〉（收在《兩宋史研究彙編》，聯經出版社，台北，民七六年），頁十七；文中引周必大《周益國文忠公集》，卷首，（一八四八版）。

838 《貴耳集》，卷上，頁八下。

839 宋・楊萬里撰：《誠齋集》（四部叢刊本，第五五冊），卷八八～九〇〈千慮策〉；分為君道、國勢、治原、人才、論相、論將、論兵、馭吏、選法、刑法、冗官、民政等三十六篇。

坑陷人才，而「為人主者奈何恬而不察，察而不懮耶？此臣所以流涕而深言之。」（四）揭露中下階層官吏種種惡劣行徑，以各種苛稅名目壓榨人民，「民何以堪？」因此人民「怒而不泄者，惟無發也，一發則必極於大亂而不可止。」（五）他竭力主張裁減冗官、取消祠官、嚴懲贓吏、改革選法。

楊萬里特別注意現實政治制度中的弊病，上自孝宗，下至將相官吏都遭到有力的揭露和批評[840]。淳熙十四年（一一八七）楊萬里任祕書少監，七月孝宗因乾旱下詔求言，楊即上疏對皇帝聚斂殘民、縱容內監、剛愎拒諫、賞罰不公等闕政，提出直率批評，還舉許多例子。在〈旱暵應詔上疏〉中道：

> 小民絲粟十百之逋，官捕而笞之，繫之，鞭血流地，陛下不得而見也，號呼澈天，陛下不得而聞也，然則財之在官者豈可妄用哉？如往歲之雪寒，如邇日之火災，陛下皆發帑藏以賜軍民，誰不悅服者？至於史浩之賜金，至以千計焉，夏侯恪之賜錢以買宅至以萬計焉，途之人皆曰：「此民之膏血也，是二人者何功而得此也[841]？」

萬里赤裸裸的道出許多地方實施猛於虎的苛政，而朝廷不察。賞賜大臣動輒巨萬，而與先前標榜的尊重體制又有相互矛盾之處了。

其最關鍵的因素之一，即為受制於高宗，孝宗雖然貴為一國之尊，但在位二十七年中，大部分時間卻籠罩在高宗的陰影之下。在許多方面只是執行與貫徹高宗之旨意。柳立言〈南宋政治初探──高宗陰影下的孝宗〉一文[842]，論述甚詳，不必贅敘。再者，孝宗惑於少數奸佞之臣，而墮入識人不明的缺失中，實為德政中的瑕疵。曾覿、龍大淵、王抃、甘昇即在孝宗朝掀起軒然大波，在朝廷中形成正邪兩派對抗的政潮，而陳俊卿對打擊不肖份子不餘遺力。雖孝宗有時聽從，但大部分時間卻對奸佞之徒，仍加以重用信任，親痛仇快。何以孝宗對於近臣之任用卻拿不出平日的賢明？有一個

840 參閱周啟成著：《楊萬里和誠齋體》（萬卷樓圖書公司，民八二年四月初版），頁三〇～三三。
841 《誠齋集》，卷六二，頁二〇。
842 〈南宋政治初探～高宗陰影下的孝宗〉，頁二〇三～二五一。

訊息應可提供線索。據《矩山存稿》載：

> 昔孝宗皇帝於龍大淵、曾覿之始逐也，謂陳俊卿曰：「卿言甚忠，當為卿逐之。」俊卿歸，未及門，已有旨黜二人於外。此陛下前日事也。及大淵既復，曾覿再還，又復竊弄。孝宗覺之，謂左右曰：「為家老誤我不少[843]。」

此言透露出孝宗重用兩位近臣，其背後即有高宗撐腰。孝宗並非昏聵，只是礙於高宗不得不耳！不過只是原因之一，其另一因素是欲專權而獨斷行事[844]，並影響到用人任相。《宋史・徐誼傳》載：

> 孝宗臨御久，事皆上決，執政惟奉旨而行，群下多恐懼顧望[845]。

徐誼針對孝宗的行事進諫：「若是則人主日聖，人臣日愚，陛下誰與共功名乎？」……上（孝宗）遽改容曰：「卿可謂不以官自惰矣。」（同前註）孝宗雖然當下改容，但行事並未改變，作風依舊。

孝宗好攬權，有鑑於高宗朝秦檜長期掌權，因此絕不讓臣子成為權臣。因此利用近習牽制朝臣。朝臣中與其對抗者有之，陰附其勢者有之。名相如虞允文、梁克家即屬於後者[846]。

綜觀孝宗在位前十年之得失，蔡幼學的對策可見其梗概。其略曰：

843 宋・徐經孫：《矩山存稿》，（《文淵閣四庫全書》集部一二〇冊，台北，商務印書館，民國七二年），卷一，〈㔁董宋臣疏〉，頁三一。
844 孝宗的作風「獨斷行事」參閱何忠禮：〈南宋孝宗朝的政治生態與周必大的政治活動〉《井岡山大學學報》，三六卷二期，二〇一五年三月。
845 《宋史・徐誼傳》，卷三九七，頁一二〇八三。
846 《宋史・蔡幼學傳》卷四三四，頁一二八九六：「是時外戚張說用事，宰相虞允文、梁克家皆陰附之。」

陛下資雖聰明而所存未大，志雖高遠而所趨未正，治雖精勤而大原不立。即位之始，冀太平旦暮至。奈何今十年，風俗日壞，將難扶持，紀綱日亂，將難整齊；人心益搖，將難收拾；吏慢兵驕，財匱民困，將難正救（同前註）。」

此時近習張說用事，幼學之論也許略為嚴苛，但與事實差距不大。幼學復以漢武帝重大司馬大將軍而輕宰相，來比喻孝宗重近習輕宰相，為此孝宗頗為「不懌」（同前註）。

朱子評論亦類此說：「壽皇合下，若有一人夾持定，十五六年做多少事[847]。」朱熹在其〈戊申延和奏札〉其五，對孝宗的批評則毫不留情：

臣竊惟陛下以大有為之資，奮大有為之志，即位之初，慷慨發憤，恭儉勤勞，務以內修政事、外攘夷狄、汎掃陵廟、恢復土疆為己任，如是者二十七年于茲矣。而因循荏苒，日失歲亡，了無尺寸之效可以仰酬聖志，下慰人望。……為善而不能充其量，除惡而不能去其根。……故所以體貌大臣非不厚，而便嬖側媚之私，顧得以深被腹心之寄；所以寤寐豪英者非不切，而柔邪庸繆之輩，顧得以久竊廊廟之權；非不樂聞天下之公議正論，而亦有時而不容；非不欲聖天下之讒說殄行，而亦未免於誤聽[848]。……

朱熹之評論有時雖過於激切，然此言大體是符合實情的。許多史料顯示孝宗善於察納雅言，實則並不如表面上的寬容豁達，有時會為一點小事勃然大怒而黜陟大臣，如葉衡罷相即為一例（前已言之矣）。

847 《朱子語類》卷一二七，頁十五。
848 宋・朱熹：《朱熹集》（四川教育出版社，一九九六年，點校本）卷十四，頁五三八～五四二。《貴耳集》，卷下，頁三。

第三節　任人與用相

孝宗對於大臣的任用非常重視，也極用心。有一段史料足以說明：

孝皇一日宣押王丞相、趙丞相、施元樞、周大參幸一燕坐咨訪政事，駕方御坐，見御案上有一黃綾冊。上忽駕興，二相不敢近看。獨周大參略開一看，不覺吐舌，復掩冊如初。移時上來，遽問：卿等不曾看此冊否？皆以不敢對。來日，周大參入堂，首與二相言：此冊即是前宰執所進臺諫姓名，見今宰執所擬者皆在焉。孝皇聖斷不可測度，前相既去，後相既拜，卻除前相進擬臺諫。後相雖有進擬，慮其立黨，不除。恐臺諫奉承後相風旨以攻前相，所以存進退大臣之體。今則不然，一相去，臺諫以黨去，一相拜，臺諫以黨進。況自嘉定副封之靡，前帝宏規廢矣[849]。

說明孝宗用人以及駕馭大臣用心之深，手腕之高，孝宗朝之能成就南宋的全盛時期，絕非偶然。宰臣無法操縱言官，而言官卻能充分監督宰執施政，宰執必須戰戰兢兢，稍有過失，言官立時彈劾，朋黨不易產生，權相更不易形成。

再者高、孝二帝對科舉選拔人才之重視，由下文可見：

高宗、孝宗在御，每三年大比，下詔先一日，奉詔露天默禱曰：朝廷用人別無他路，止有科舉，願天生幾個好人來輔助國家。及進殿試策題，臨軒唱名，必三日前精禱于天。所以紹興、淳熙文人才士彬彬在朝，此二祖祈天之

849 宋・張端義：《貴耳集》，（上海古籍出版社，二〇〇一年十二月，《宋元筆記小說大觀》）卷下，頁三。

效如此[850]。

大考前後君王要向天祈禱，如以今日角度觀之，似乎過於迷信。但傳統君王如此作為，儘管向天祈禱不見得發生作用，足以向人民宣示，帝王對於科舉取士選拔人才的重視。

縱觀孝宗朝之任相，大體可歸納幾項原則：一、前期重用主戰派；二、命相多不以次；三、命相不久任。

孝宗即位之初，大有氣吞山河、混一宇內之志。因此多用主戰派為相，以遂行其雄心壯志。史書論孝宗：「未嘗一日而忘中原也，是以二十八年之間，練軍實，除戎器，選將帥，厲士卒，所以為武備者，無所不講[851]。」故即位之初宰相人選便以主戰者為重，如張浚即是。惜符離北伐損失慘重，此後宰相中仍有虞允文、趙雄、蔣芾等人，均因主戰而登相位。

如虞允文，紹興三十一年即以采石磯一役擊退完顏亮的金兵而聞名，此後他一直堅持主戰。曾於隆興元年（一一六四）入對，言：「今日有八可戰。上問及棄地，允文以笏畫地，陳其利害[852]。」又如趙雄亦於孝宗廷前極言恢復，孝宗大喜曰：「功名與卿共之。」，「雄請復置恢復局，日夜講磨條具，合上意[853]。」再如蔣芾，其拜相的因素之一即為「始以言邊事結上知，不十年間致相位，終以不能任兵事受責[854]。」蔣芾曾採酌眾論，並參已見撰成「籌邊志」，而博得孝宗重用，不十年而致相位。卻在其後關鍵時刻，以天時人事未至，忤逆孝宗心意，而遭罷相（同前註）。蔣芾頗有刻意以主戰迎合孝宗，藉以謀得重用之嫌。

850 《貴耳集》，卷下，頁四。
851 宋・章如愚：《群書考索》（京都，中文出版社，一九八二年），後集，卷四二，頁十八。
852 《宋史・虞允文傳》，卷三八三，頁一一七九六。
853 《宋史・趙雄傳》，卷三九六，頁一二〇七三。
854 《宋史・蔣芾傳》，卷三八四，頁一一八一九。

孝宗統治前期，任相多不次拔擢。：《朝野雜記》乙集，〈命相多不以次〉條即可知[855]。故史浩、洪适、魏杞、葉顒均迅速拔擢，但任期亦短，除史浩曾再相而外，洪适、魏杞、葉顒皆任用一年即罷，且不復召。

孝宗淳熙十五年五月（一一八八），敕令所刪定官沈清臣嚴厲批評孝宗的用人方式，其抨擊的重點即反映了孝宗用相的不按規矩。照其意思，孝宗所任用的宰相不拘一格，取之於故老重臣、潛藩舊傳、詞臣翰墨、時望名流、刑法能吏、刀筆計臣、雅重詭異、行實自將、跅□誕慢、謹畏柔懦、狡猾俗吏、勾稽小材、奸豪譎詐等[856]。在沈清臣的邏輯裡，孝宗的任相簡直一無是處，因此孝宗聽聞清臣之言極其惱火。

與「命相多不以次」互為表裡的用人原則，厥為「不久相」，且看呂中對孝宗任用宰相的評論可得梗概：

相位之所以屢易者，蓋懲秦檜專權之弊也。然二十八年命相十有七人，洪文惠（适）三閱月而罷，張魏公（浚）、蔣子禮（芾）皆四閱月，葉夢錫（衡）十閱月，湯岐公（思退）、葉正簡（顒）、魏文節（杞）皆不踰年，陳魏公（俊卿）一年七閱月，趙魏公（雄）二年九閱月，惟虞雍公（允文）滿三年，而王魯公（淮）六年九閱月，此其最久也。若周益公（必大）爰立二年，留衡公（正）爰立踰月，則同值內禪矣。此外再入，陳魯公（康伯）事上凡一年九閱月，史部王曾魯公（懷）各不踰年，惟梁鄭公（克家）再相僅五年，以久病而罷，此其最久也[857]。

說穿了，不久相仍是因孝宗雅不欲大臣專權，為能親攬朝綱，故易相頻繁。

855 《朝野雜記》乙集，卷九，頁一。
856 《宋史全文》，卷二七，頁四五。
857 《續宋編年資治通鑑》，卷十，頁一三一；又，元・陳櫟：《歷代通略》《文淵閣四庫全書》（台北，商務印書館，民國七二年），卷四，頁二一，對孝宗任相的批評，亦相去不遠：「孝宗二十八年，命相凡十七人。或三、四月、一、二年而罷。其中虞允文僅三年，梁克家五年，王淮六年，亦無足云者。使得真相而久任之，乾、淳事業當不止如今所觀焉。」《宋史・林栗傳》卷三九四，頁一二〇二七亦載：「孝宗懲創紹興權臣之弊，躬攬權綱，不以責任臣下。」

早在乾道二年九月（一一六六）就有大臣莫濟（時任司農少卿）上奏孝宗：「為治在於任人，任人在於責實，任人而不能久，則賢而能者無以見其長，惡而不肖者得以逃其罪，雖有責實之政，將安所施。今輔政大臣，或數月而罷，寺監丞簿郎曹卿監不逾歲而輒遷；恐進退人才似乎稍驟也[858]。」莫濟上奏距孝宗即位不過兩年有餘，已有此語。反映孝宗對人事的調動幅度甚大，範圍極廣，舉凡朝廷上下各機構均有所更張，而不限於宰相。進一步顯示孝宗的舉動用意無他，掌權而已。因此孝宗對此奏的反應，雖表面接受，還下詔：「所論至當，凡百執事，各勤乃職，期底於治。」並說：「用人不當求備，知禮者必不知樂，知樂者必不知刑，若得其人，不當數易，宜久任以責成功[859]。」話說的漂亮，卻是口惠而實不至。縱觀孝宗的用人，依然固我，始終如一。

孝宗用人雖以才德為重，但不久任。由上頁附表可知他用人的大致趨勢。孝宗在位前期（隆興、乾道及淳熙前半期）和後期用相差異頗大。此與孝宗即位之初有鑑於秦檜任事太久，專權跋扈，故要牢牢掌握權力，不讓旁人有可乘之機，以免再度出現權相。但統治既久，298-2權位已固；另方面北伐無望，志氣消磨，加之年事已高，早年銳氣盡

宋孝宗朝宰相拜宰執任期分期表（宰相、執政任期相加）

一年以下	一～二年	二～三年	三～五年	五～八年	八年以上	總計
洪适（十一月）	史浩（一年六月） 魏杞（一年八月） 葉衡（一年五月）	葉顒（二年三月） 蔣芾（二年四月） 曾懷（二年八月）	陳俊卿（三年七月）	湯思退（六年十月） 陳康伯（六年七月） 虞允文（六年四月） 趙雄（五年一月）	張浚（九年六月） 梁克家（八年十月） 王淮（十二年八月） 周必大（九年）	

註：一、表列宰相中，湯思退、陳康伯、張浚三人，跨高宗、孝宗兩朝。
二、任期八年以上者除張浚（係跨高、孝兩朝）在孝宗前期外，梁克家、王淮、周必大均為淳熙年間之宰相。周必大宰相任期不長，係因孝宗退位，光宗上台方將之罷相。
三、留正雖於孝宗卸任前拜相，而主要任期在光宗朝，故未列入。
此表顯示孝宗朝多數宰相任期甚短。

858 《宋史全文》卷二四，頁三三。
859 《宋史全文》卷二四，乾道三年二月乙亥，頁三七。

失，得過且過，因此用相便不再堅持過去「不久相」的原則，而出現任期較長的宰相。諸如：梁克家[860]、王淮[861]、周必大[862]等。由此觀之，葉、魏二人屬於孝宗在位的前期，他們任期不長，也就不足為奇了。

此外，用人原則之一，厥為「用人輒疑，疑人照用」[863]孝宗為能確實掌權，重用近習以牽制大臣，儘管朝臣對於近習有諸多不滿，彈劾之章前仆後繼，孝宗卻照用不誤。

孝宗所任宰相雖然均為一時之選，但上任後動輒得咎而去職者眾，因此任期多半不長。周必大與金安節曾上奏：「陛下於政府侍從，欲罷則罷，欲貶則貶，獨於二人（指近習）委曲遷就，恐人言紛紛未止也[864]。」孝宗卻無動於衷。王質亦批評孝宗：「陛下即位以來，慨然起乘時有為之志，而陳康伯、葉義問、汪澈在廷，陛下皆不以為才，於是先逐義問，次逐澈，獨徘徊康伯，難於進退，陛下意終鄙之，遂決意用史浩，而浩亦不稱陛下意，於是決用張浚，而浚又無成，於是決用湯思退[865]。」近習遭朝臣唾棄、不恥，而孝宗照用不疑，言者諄諄，聽者杳杳。孝宗長期重用近臣，藉以牽制宰相，堅持不讓臣下抓權，竟致於此。

孝宗有一個頗具創意的作法，便是藉「缺相」達到專權的目的。統計南宋朝曾有十六次缺相，時間從十一日到二年六個月不等，總計六年又五個月，而孝宗朝的缺相時間最長，為四年二月有餘，僅孝宗一朝便占南宋朝總數三分之二的時間[866]。孝宗淳熙二年（一一七五）九月，葉衡罷相後，「龔茂良行相事近三年，亦創見也[867]。」此為兩宋三百二十年之中缺相時間最長，也是孝宗攬權的方法之一，沒有宰相，皇帝更可以明正言順地抓權，由執政代行相職，階層低了一

860 梁克家執政期間為乾道五年二月至八年二月；首次相任為乾道八年二月至九年十月；第二次任期，淳熙九年九月～一三年十一月。

861 王淮執政期間為淳熙二年閏九月～淳熙八年八月；拜相為淳熙八年八月～十五年五月。

862 周必大執政期間為淳熙七年五月～一四年二月；宰相為淳熙一四年二月～十六年五月。

863 《南宋宰相群體之研究》，頁四一～四二。

864 《宋史・周必大傳》，卷三九一，頁一一九六六。

865 《宋史・王質傳》，卷三九五，頁一二〇五五。

866 參閱《南宋宰相群體之研究》，頁一二一。

867 《宋史・職官志》卷一六一，頁三七七五，按：精算後，實際時間為二年六月十一日。

級，當然更不可能專權。

孝宗不讓臣下專權，表面上廣開言路、察納雅言，實則不然，尤其是宰相所建議的事情。周葵就曾批評過：「自（指孝宗）預政以來，每與宰相論事，有以為然而從者，有不得已強從者，有絕不肯從者，十常四五。洎至榻前，陛下又或不然，大率十事之中，不從者七八[868]。」由此觀之，孝宗行事表裡不一，即使聽從了宰相的建議，到頭來多數還是依然故我，仍然遵從他自己的意思，獨斷獨行。

第四節　結語

宋孝宗原本只是太祖七世子孫，由於高宗無後，得以高宗養子名義進宮，最終繼立成為南宋第二位君王。皇子時期接受長達二十餘年的教育，歷經十餘位教授，其中不乏博學多聞、經世濟民之士，長期耳濡目染，深知為君治國之道。即位後積極憤發、勵精圖治，極有作為。但一則受制於高宗太上皇的約束，二則其本身性格使然，所以雖然號稱南宋朝最有作為的君主，就整體觀察而言卻成就有限。

本文主要探討孝宗性格和政治作為，以及任人與用相兩個面向。

孝宗在人格作風方面，自奉節儉生活嚴謹，閒暇時惟有讀書寫字，日常衣食均極樸素，而時刻心念百姓，經常關心農民歲末收成，仁民愛物，從許多文獻中均可看到這一點。對臣子以人性及柔性馭下，設身處地為臣子著想。君臣論事充分溝通，能以誠心待下，且有遭受批評的雅量，不過有時也會與官員們「辨是非，論曲直」。

孝宗懂得尊重制度，不會任意破壞祖宗成法，即使是他的姻親也不應享有特權。他曾說：「豈可以戚里而廢公法」。為使百官有法規可以依循，要求臣子編纂《淳熙條法事類》。

868 《宋史・周葵傳》卷三八五，頁一一八三六。

孝宗喜歡下棋，且從奕碁之中悟出治國之道。他與官員談論時勢時，好以下棋作比喻。他說：「奕者舉棋不定，猶且不可，況謀國而無定規乎？」治理國事在於「致思」，思則有對策，窮則變，變則通，下棋即是如此。而往往在山窮水盡之時，「到窘迫處自別有轉身一路」（孝宗用語）一轉身便常有柳暗花明之時。

在政治作為方面，他對治國極為用心，時刻留心朝政，求治、求才若渴。他喜歡與朝臣談論大事，早朝結束後仍在便殿坐論，可不受時間限制，能充分討論，「得盡所聞，期躋于治。」對於言論切直之士念念不忘，如執政魏掞之即為一例，欲大用之，可惜詢問之時已然物故。對策論剴切的鄭鑑，則加以超擢。他廣招人才，審慎考核之後再予以任用。招攬人才固然重要，而人主分辨「君子才、小人才」的能力更為重要，此即所謂「察才之道」。他曾廣徵建言，且對臣僚建言大都能從善如流，如實接受，而作出明智的決定。

孝宗即位之初便矢志北伐中原，卻遭致符離之敗，打擊頗重。然並未因此灰心喪志，仍然充滿鬥志，從未忘記初衷，連其所作詩詞皆瀰漫著恢復的意圖。他更積極準備北伐，曾四次大規模校閱軍隊，校閱時且能「親御甲冑，指授方略」。同時他也留意軍政，對於軍情戰略頗為內行，分析重兵駐紮之要旨。顯示他平時即留心於軍政，也足以證明他不是紙上談兵，而是落實於具體的行動中。

《朝野雜記》指出孝宗善於馭將，不僅對大將，連中下層軍官也能相當掌握，「賞罰必行，號令明肅」。他平日不忘習武，也要求輔臣留意習射，且曾在玉津園講燕射之禮，以示隨時作北伐的準備。甚至想仿傚唐代實行府兵制，一則能遂行其一統江山的宿志，一則節省公帑，寬解民力。孝宗好鞠球愛射箭，曾因弦斷傷眼，陳俊卿上疏力諫，周必大也提出諫言。在與輔臣對話中，念念不忘恢復，並以用兵不及漢唐為憾事。

在言論思想方面，他自幼在高宗教導下熟讀《資治通鑑》，故常以漢唐為殷鑑。他最遺憾的是國家兵威不及漢唐甚遠，根據他的分析唐代大將輩出是因外患多，而本朝則自紹興和議後，偃旗息鼓，因此人材凋零。

他喜好評論漢唐君主，諸如：漢文帝、唐太宗、唐德宗、唐文宗等。他推崇漢文帝能知「道」。又欽佩並師法唐太宗的「諫行言聽」。提及唐德宗時則頗多微詞，批評他「德宗彊明，不肯推誠待下」，德宗不明，不能壓服臣下」，「故當時藩鎮敢爾妄作。」，故以德宗為戒。對於唐文宗「去河北賊易，去朋黨難。」之嘆，則是嗤之以鼻，故譏其

「無學」，不知如何「進賢退不肖」，故而難以消弭朋黨。言下之意，對於自己「識人與用人」方面相當自負。他對於荀子所說：「相形不如論心，論心不如擇術。」頗為受用，而吸取其中精髓，運用在觀察臣子之上。他說：「朕每於臣下觀其形以知其命，聽其言以察其心，相形、論心蓋兼用之。」由實際經驗與體會凝練出「觀形知命，聽言察心」的八字心法，這便是他的識人哲學。

至於「為君之道」，更有心得。大致可歸納為四端：以自然循環喻治國，以中庸之道論賞罰，擇人才為治道之急，談治道當取其大要。

從上所述，孝宗似乎是個聖君。但人非聖賢，孝宗亦然。在用人施政上還是有些缺失。

一、賞罰不明之失：尹穡有過，胡銓有功，卻同遭罷職。王抃下令捕捉市人充軍，王友直只負責執行，而王抃升官，王友直卻得扛罪。

二、重用近習之臣：孝宗利用近習牽制大臣，便於攬權。卻使曾覿、龍大淵、王抃、甘昪四人，憑恃恩寵，招權納賄，敗壞朝政，中傷大臣，侵奪君權。官員彈劾之章前仆後繼，孝宗卻執迷不悟，一意孤行，此為孝宗掌政瑕疵之尤，雖說背後有高宗的影子，孝宗仍難以辭其咎。

三、不能容忍諍言：孝宗雖曰能察納雅言，但亦有反面之例。文獻載孝宗：「每與大臣言之，輒動容變色。」說明孝宗氣量有限，當孝宗不懌時，近臣又從中挑撥，則大臣或貶官、或外調、或罷黜。楊萬里、周必大、莫濟、汪應辰、葉衡等，均曾遭遇此類情況。

在任人與用相方面，孝宗在用人以及駕馭大臣上，用心極深，手腕極高。為防止產生權相，「一相去，臺諫以黨去，一相拜，臺諫以黨進。」如此則宰臣無法操縱言官，而言官卻能充分監督宰執施政。

歸納孝宗用相的原則有三：一、前期重用主戰派；二、命相多不以次；三、命相不久任。孝宗即位之初起用主戰派，為遂行其北伐之志。如：張浚、虞允文、趙雄、蔣芾等人，均因主戰而登相位。其次，孝宗任相多不拘一格、不次拔擢，故史浩、洪适、魏杞、葉顒均迅速拔擢，但任期亦短，除史浩曾再相而外，洪适、魏杞、葉顒皆任用一年即罷，且不復召。而任用宰相的另一原則卻是「任期短暫」。易相頻繁的用意是欲親攬朝綱，不欲宰相專權。雖然莫濟曾進諫

「任人而不能久，則賢而能者無以見其長，惡而不肖者得以逃其罪。」孝宗雖表面嘉許，卻並不接受。直到晚期孝宗年事已高銳氣盡失，所用宰相任期較長，如梁克家、王淮者流。

此外孝宗還有一個原則是「用人輒疑，疑人照用」，何以言之？孝宗所任宰相雖然均為一時之選，但上任後動輒得咎而去職者眾，因此任期多半不長。卻重用近習以牽制大臣，儘管朝臣彈劾之章多如牛毛，孝宗卻照用不疑。另有一個創意的作法即為藉「缺相」專權。孝宗朝的缺相時間在南宋朝中最長，為四年二月有餘，而龔茂良以執政身分行相事長達三年之久。故史書有「創見」之譏。

綜上所述，宋孝宗確實是個胸懷大志且又有實際作為的君主，企圖富國強兵、北伐雪恥，雖為南宋諸帝中表現最佳者，可惜時不我與，一則受制於本身性格，一則被太上皇約束，而成就有限。

第十章　南宋宰相的軍事才略與軍事績效

第一節　前言

南宋一百五十二年間，共任用六十五位宰相[869]。其中許多宰相於拜相前（甚至以高度軍事才幹為進階的重要因素），或於拜相後，在軍事上表現極為傑出，或長期擔任地方軍政大員，也因此受到皇帝青睞。也有雖掌兵柄，朝廷寄予國家興亡之重任，而卻怠忽職守，甚至背叛降敵者。無論正反均對南宋政局造成影響，故不能不加重視。本文即以南宋宰相的軍事才略及軍事績效為主題加以分析探討。

本文所指「軍事才略」，舉凡與軍事有關的思想能力，或直接指揮軍隊作戰，或間接提供軍事策略與建議，或軍事思想與著作，只要對軍事方面產生影響者均屬之。「軍事績效」者，凡收復國土，弭平盜匪兵變、少數民族變亂，抗金抗蒙等舉措均是。然亦偶有發生負面影響者，諸如：北伐失敗、抗蒙不力、投降敵陣等亦包含之。

宰相軍事才略的展現，時間上不分拜相前、相任內或是罷相之後。

869 參閱：《南宋宰相群體之研究》，頁十一。

而本文所謂軍事才略包含三種類型：

一、實際在戰場上指揮軍隊與敵軍作戰，績效卓著者。

二、雖未上過戰場仍嫻熟軍務，其思想或實際推展軍事建設方面頗有見地與建樹者，或推動軍事變革，影響軍政，無論好壞功過者。

三、提出軍事戰略，指導戰場指揮官使能克敵制勝；或節制諸將而領導無方致潰敗者。

本文即以上述三種類型加以探索。

第二節　南宋宰相之軍事才略

一、實際指揮軍隊作戰之類

（一）李綱

靖康元年（一一二六）北宋亡國前夕，金將斡离不率軍渡河，徽宗東幸，宰執紛紛議請欽宗暫避敵鋒。唯李綱獨排眾議，主張堅守開封，欽宗命為東京留守，綱痛陳不可輕言離棄開封城的理由，且言「陛下奈何輕舉以蹈明皇之覆轍乎？」[870]令欽宗左右為難，其後復改變主意，命綱為親征行營使，以便宜從事。綱治守戰之具，不數日完成。敵兵攻城，綱親身督戰，招募壯士縋城而下，斬酋長十餘人，殺其眾數千人。金人知有防備，乃退。雖然只是暫行撤走，至少退卻金人，為己方爭取更多時間。可惜此時李綱地位不高，眾意難敵，欽宗優柔寡斷怯敵畏敵，未能掌握求勝時機，自斷生路。

870 《宋史・李綱傳》，卷三五八，頁一一二四一。

（二）杜充

建炎二年（一一二八）七月，宗澤去世，朝廷命杜充為開封尹、東京留守，代替宗澤鎮撫軍民盡瘁國事。此職即前線指揮官。杜充非但不能克盡職守，反背道而馳。史稱：「充不善撫馭，專務誅殺」，「酷而無謀，士心不附，諸將多不安之。」[871]原先宗澤所傾心結納的兩河豪傑都不為所用，如王善、楊進之徒再度叛去，使其多年來所辛苦經營的抗金基業化為烏有[872]。「無遠圖，由是河北諸屯皆散，而城下兵復去為盜，掠西南州縣，數歲不能止[873]。」杜充倒行逆施將原本的助力變為阻力，增加敵人，製造混亂，影響極大。

（三）呂頤浩

建炎年間，黃潛善、汪伯彥二相措置失當，揚州失守，高宗乘小舟倉皇渡江。頤浩臨危受命，先於二月初四日詔除資政殿大學士充江浙制置使兼知鎮江府[874]，一日復拜同簽書樞密院事、江淮兩浙制置使[875]，至此受到重用。頤浩有數次帶兵的紀錄。

1.呂率軍隊抵達鎮江府屯兵瓜州渡，與金兵對峙，不久之後收復揚州[876]。

2.建炎三年三月，苗劉之變，頤浩再度領兵勤王。據《要錄》載，「三月十六日呂頤浩以勤王兵發江寧。……躬擐甲冑，據鞍執鞭示眾，士皆感勵[877]。」「二十四日，呂頤浩軍行至平江之北。先是頤浩以所部萬人發江寧府，道

871 《要錄》，卷十八，頁五。
872 《要錄》，卷十六，頁十三；卷十七，頁十二。
873 《要錄》，卷十九，頁六。
874 《宋會要》，職官四〇之一。
875 《要錄》，卷二〇。
876 參閱徐永輝〈南宋初期宰相評介之一～呂頤浩〉，《宋史研究集》第三四輯，蘭臺出版社，二〇〇四年七月，頁六。
877 《要錄》，同註七。

募得三千人與俱至平江之北四十五里，張浚乘輕舟迓之，……」至四月呂頤浩引兵入城。親自帶兵發動反苗劉之變。由於呂、張迅速反擊，使政變僅個把月即落幕，而未造成更嚴重的傷害。

3.建炎四年六月，命為建康府路安撫大使兼知池州[878]，自此在地方官任內數次帶兵平亂，其中有斬獲亦有失利。茲列於后：

（1）李成遣馬進圍江州。頤浩駐軍鄱陽，會楊惟忠兵，請與俱趨南康，遣（巨）師古救江州。賊眾鏖戰，頤浩、惟忠失利，師古敗奔洪州[879]。此失利之例。

（2）招降趙延壽于分寧，得其精銳五千，分隸諸將[880]。

（3）張琪有眾五萬自徽犯饒州。頤浩自左蠡班師，帳下兵不滿萬人，郡人皇駭。頤浩命其部將列陣以待，大破之。（同前註）此次即使不是呂直接上場殺敵，仍由他督軍指揮，且「自畫陣圖」給諸將，方能大破敵軍[881]。

（四）張浚

綜觀其仕宦生涯，於軍旅方面頗見才略[882]。

建炎三年三月，爆發苗劉兵變，張浚時任禮部侍郎兼御營使司參贊軍事節制平江府秀州軍馬，聞變率先倡議並與呂

878 《宋史・高宗本紀》二六頁，頁四七九。

879 《宋史・呂頤浩傳》卷三六二，頁一一三二二。

880 同前註。

881 參閱《要錄》，卷四六，頁八二六。頤浩不論直接率軍作戰，或是居中策應，運籌帷幄均有過人才略。

882 張浚先後調任褒城令、熙河路察訪司幹辦公事，開始接觸軍務。參閱朱熹：〈張浚行狀〉，《朱文公文集》四部叢刊初編本，頁一六六七～一六六八：「熙河路察訪司幹辦公事，到官，徧行邊壘覽觀山川形勢。時猶有舊戍守將，公悉召與握手、飲酒，問以祖宗以來守邊舊法，及軍陣方略之宜，盡得其實。故公起自疎遠，一旦當樞任筦之，悉通知邊事本末蓋自此始也。」可知張浚並非天生，而是下過功夫留心軍略實務。亦顯示其率軍、領將均有高明手腕。

頤浩舉兵勤王，以防江為名義，致書呂頤浩、劉光世共同討賊[883]。會師平江合力勤王[884]。苗劉軍隊與勤王軍戰於臨平，苗劉失利遁走[885]。論其成功關鍵即為張浚主導勤王造成苗劉兵變的迅速失敗。張浚居功厥偉[886]。

（五）虞允文

紹興三十一年（一一六一）九月，完顏亮大舉南下，南宋舉朝震動。斯時，劉錡鎮守淮東，王權鎮守淮西，竟棄廬州而走，劉錡亦返揚州。完顏亮率大軍親臨采石，虞允文授命參謀軍事。至采石，盡是王權撤走後遺留的殘兵敗將，「三五星散，解鞍東甲坐道旁[887]。」允文立即召集將士勉以「金帛、告命皆在此，待有功。」一席話激勵士氣。宋金雙方兵馬實力懸殊，敵兵有四十萬，宋軍才一萬八千。虞允文分部諸將列陣分戈船衝敵陣，又用紙裹石灰硫磺作霹靂礟[888]，投擲水中，煙霧大作，敵軍人馬紛紛落水，船隻皆沉，金兵半死半戰，金主亮逃至瓜州。不久即為部下所殺。對南宋的威脅頓時解除。李心傳的《建炎以來朝野雜記》將此役列為「中興十三處戰功」之一，可見其重要性[889]。對此，大將劉錡見到虞允文握手稱賀，並說：「朝廷養兵三十年，一技不施，而大功乃出一儒生，我輩愧死矣[890]。」虞允文區區文官，竟能立下如此大功，可見其武略了。

883 〈張浚行狀〉上，頁一六六九～一六七〇；亦見《要錄》，卷二一，頁十三下～十七下。
884 《宋史‧高宗本紀》卷二五，頁四六三；亦見《要錄》，卷二一，頁二三下～三〇上。
885 《要錄》，卷二二，頁一上～五上。
886 參考蔡哲修：《張浚的政治生涯》，東海大學歷史學研究所碩士論文，一九八九年，頁一上～五上。
887 《宋史‧虞允文傳》，卷三八三，頁一一七九二。
888 參閱柳定生〈張浚與虞允文〉，《宋遼金元史論集》第一輯，漢學研究室，一九七七年十二月，頁四〇三。
889 《建炎以來朝野雜記》甲集，卷十九，〈邊防一～十三處戰功〉。
890 見明：陳邦瞻：《宋史紀事本末》，華世出版社，一九七六年十二月，卷七四，〈金亮南侵〉，頁六一〇。

（六）趙葵

趙葵是南宋宰相中唯一出身軍旅者，從小隨父趙方出征屢立戰功。理宗紹定二年（一二二九）葵知滁州。早在李全[891]向南宋獻俘輸誠，朝廷授以節鉞之時，趙葵以其敏銳的眼光已預告李全必叛。上書丞相史彌遠曰：「此賊若止於得粟，尚不宜使輕至內地，況包藏禍心，不止告糴。……所謂延盜入室，恐畿內有不可勝諱之憂[892]。」史彌遠並未採納。在鄭清之、袁韶勸說下理宗方答應討伐。任命趙善湘為江南制置大使，趙范知揚州，趙葵知滁州、淮東提點刑獄節制軍馬[893]。當朝廷已下詔討李全，而仍有「內圖戰守，外用調停」之說[894]，趙范、趙葵兄弟率軍入據揚州，李全計謀雖多，也曾擊敗宋軍由襄陽入援的萬人於真州，李全部隊久攻揚州不下，轉而「悉眾及驅鄉農合數十萬列砦圍三城，制司總所糧援俱絕[895]。」李全率軍與宋軍多次交鋒，戰況慘烈，宋軍採用各個擊破的戰術，使李全疲於奔命。紹定四年（一二三一）正月，李全攻至新塘，因坐騎意外陷進泥淖，被宋軍亂槍刺死，群卒碎其屍，分其鞍馬器甲[896]。全妻楊妙真渡淮退至漣水，餘眾或投降或被滅。如此變亂，端賴趙氏兄弟方能困住李全進而加以擒殺，化解危機，否則真不知伊於胡底。

（七）李庭芝

李庭芝於開慶元年（一二五九），主管兩淮制置司事時，破李壇兵，殺壇將厲元帥，夷南城。次年，再敗壇於喬

891 南宋理宗朝爆發李全之亂，李全原本是山東忠義軍領袖，利用宋金蒙三國之間的矛盾，假宋以疑蒙古，以蒙古要脅宋廷，挾持兩端，以取厚利，擴大自己的勢力，先後叛金、叛宋、投蒙。（黃寬重，〈經濟利益與政治抉擇～～宋、金、蒙政局變動下的李全、李壇父子〉，黃寬重：《南宋地方武力～地方軍與民間武力的探討》，台北，東大圖書公司，二〇〇二年三月，頁三〇五。

892 《宋史・趙葵傳》，卷四一七，頁一二五〇〇。

893 《宋史・李全傳下》，卷四七七，頁一三八四二。

894 同卷，頁一三八四四。

895 同卷，頁一三八四六。

896 同卷，頁一三八四八。

村，破東海、石圃等城。又明年，壇降，徙三城民於通、泰之間。又破蘄縣，殺守將[897]。德祐元年（一二七五），賈似道兵潰於蕪湖，沿將諸郡或降或遁，無一能守。獨庭芝率所部郡縣城守。先後有李虎、張俊等招降均遭庭芝誅殺，以示抗蒙決心。蒙軍入臨安，南宋降，謝太后詔諭，不從，猶死守揚州，至朱煥以揚州城降蒙，庭芝被執殉國[898]。

（八）文天祥

文天祥年二十舉進士第一。數為權臣所沮。據載，曾數次親帥軍隊。德祐初，天祥應詔勤王，發郡中豪傑、溪峒蠻，有眾萬人。八月，提兵至臨安，除知平江府。惜朝臣以丞相陳宜中未還朝為由阻其出兵[899]。同年十月，天祥入平江遣其將援常，至虞橋，遇蒙古軍，績。景炎間，文天祥率軍攻入江西贛南。在雩都（今江西南部）大敗元軍，攻取興國，進圍贛州，但元軍主力進攻興國，文天祥不敵率軍北撤。收殘兵奔循州，祥興元年（一二七八）十一月於五嶺坡被執。一代民族英雄，其抗元生涯至此告終。

二、軍事思想或建設方面頗有建樹之類

（一）李綱

李綱於北宋末年靖康元年（一一二六）四月金兵第一次包圍時，即提出在河北設立藩鎮，作為皇室屏障。此事雖在北宋，超過本文討論的時間範圍，只為突顯李綱的軍事眼光。他說：

897 《宋史・李庭芝傳》，卷四二一，頁一二六〇〇。

898 同前卷，頁一二六〇一～一二六〇二。又據《錢塘遺事》，卷八，頁十三：「丙子，五月，廣王登極，除李庭芝為右相。六月，庭芝棄揚州，引兵至泰州，欲航海至福州。大兵追及之，庭芝凡戰數合，大敗，遭擒。宋都歹元帥斬庭芝于軍前。」

899 《宋史・文天祥傳》，卷四一八，頁一二五三五。

為今之計，莫若以太原、真定、中山、河間，建為藩鎮，擇帥付之，許之世襲，收租賦以養將士，習戰陣相為唇齒，以捍金人，可無深入之患[900]。

處於宋朝強幹弱枝的政治環境下，竟敢出此言論，說明李綱極有膽識，卻也非常冒險，但此時國家處於生死存亡之際，他已不計毀譽。在金兵再次南下之時，宋廷命范訥為河北河東路宣撫使[901]，許以便宜行事，給予較大權力。可惜尚未見到實效，開封已然淪陷[902]。

建炎元年（一一二七）六月，李綱拜相，立刻提出「十議」，其中之一即為「建藩鎮於河北、河東之地[903]。」具體作法是「於沿河、沿江、沿淮置帥府、要郡、次要郡，帥府帶安撫使，節制一路，即唐節度使之兵也，……朝廷減上供金穀，使之養兵，寬法制而假之權，將佐僚屬聽其辟置[904]。」在朝臣相繼建議之下，李綱身為宰相乃積極推動此政策。於河北成立招撫司，河東成立經制司，分別由張所、傅亮擔任河北招撫使及河東經制副使，並以宗澤為東京留守，展開號召兩河忠義之士的工作[905]。遺憾的是黃潛善、汪伯彥橫加阻撓，使這項工作功敗垂成[906]。李綱主戰的基本觀念是「能戰而後可守，能守而後可和」。要建立積極的對外形勢，以圖中興[907]。國家具備軍事能力，方有籌碼談及其他，否則處處挨打受制於敵方而已。不幸李綱遭時不遇，所侍奉的只是個政治、軍事俱無遠見謀略的庸主，使他滿腔熱血抱負難以

900 宋・李綱：《梁谿集》，漢華出版公司影印本，一九七〇年四月初版，卷四六，〈備邊禦敵八事〉，頁二下～三上。
901 《會編》，卷五八，頁二，靖康元年十月十八日條。
902 參閱〈宋廷對民間自衛武力的利用和控制～～以鎮撫使為例〉，《南宋地方武力～～地方軍與民間自衛武力的探討》，頁一四三。
903 《梁谿集》，卷五八，〈議國是〉，頁四下。
904 《梁谿集》，卷六一，頁九下～十上。
905 鄧廣銘，〈南宋對金戰爭中的幾個問題〉，《歷史研究》，北京，中國社會科學雜誌社，一九六三年第二期，頁二二。
906 參閱〈宋廷對民間自衛武力的利用和控制～～以鎮撫使為例〉，頁一四九。
907 參閱《梁谿集》，卷五八，〈議國是〉，頁一上～六下。

施展，最後化為烏有。

（二）范宗尹

紹興四年五月，呂頤浩罷相由范宗尹代理，其時諸盜據有州縣，朝廷力不能制。宗尹於是建言：「太祖收藩鎮之權，天下無事百五十年，可謂良法。然國家多難，四方帥守單寡，束手環視，此法之弊。今當稍復藩鎮之法，裂河南、江北數十州之地，付以兵權，俾蕃王室。較之棄地夷狄，豈不相遠[908]？」高宗從其言，因此而真除宰相[909]。

據湯文博、彭忠德所著〈南宋襄陽宰相范宗尹考論〉的說法，上述建言只是范宗尹受到高宗青睞乃至於擢為宰相的原因之一[910]。據《宋會要》載：

> 宰臣范宗尹等言聚議分鎮事宜。諸鎮帥臣乞以鎮撫使為名，欲將京畿、湖北、淮南、京東、京西州軍並分為鎮，其陝西、四川、江南、兩浙、湖南、福建二廣路並仍舊制。諸鎮除茶鹽之利，國家大計所系，所入並歸朝廷，……所管內州軍並聽節制，遇軍與許以便宜從事。其帥臣不因朝廷召擢，更不除代，如能捍禦外寇，顯立大功，當議特許世襲[911]。

908 《宋史・范宗尹傳》，卷三六二，頁一一三二五。

909 此為《宋史・范宗尹傳》的說法，此可列為拜相近因。另據《編年錄》，卷十四，頁三九的說法，「初，上（高宗）之在建康也，御史中丞范宗尹言：陛下駐蹕維揚，敵騎遽至，僅能匹馬渡江，至錢塘未閱月而苗劉之變生於肘腋。此皆禍之大者，天意未回，宜隱忍順受，設若敵騎深入，陛下姑引而避之，以弱為強，孰曰不可？至是以宗尹為參知政事，執政半年，至四年五月拜相。」此時正值高宗建國以來最低潮，高宗對於這番話心生感懷，於是加官進爵以報，執政、宰相一路順暢。參閱《南宋宰相群體之研究》，頁五九、六〇。可視為拜相之遠因。

910 參閱湯文博、彭忠德：〈南宋襄陽宰相范宗尹考論〉，《湖北文理學院學報》，三五卷一期，湖北，武漢，湖北大學歷史文化學院，二〇一四年一月，頁十九。

911 《宋會要》，職官四二之七四。另據《要錄》，卷三三，頁二，建炎四年五月甲辰，范宗尹向高宗建議：「昔太祖受命，收藩鎮之權，天下無事百有五十年，可謂良法。然國家多難，四方帥守單寡，束手而莫知所出，此法之弊也。今日救弊之道，當稍

宋人在河南、江北地區局部恢復藩鎮，和防江策略同時並行，目的要在江北建立緩衝地區，以減輕來自金人的壓力。且將可利用的盜賊藉著「鎮撫使」的名號，可以達成外抗強敵、內禦叛逆的目的[912]。

（三）呂頤浩

呂頤浩北伐主張：紹興二年三月，於呂頤浩二度為相期間，採桑仲之策提出北伐之議。據《要錄》載：

> 桑仲之未死也，遣鎮撫司書寫機宜文字、左承事郎譚志來告以願宣力取京師，乞朝廷出兵淮南以為聲援。呂頤浩信之，始大議出師，以仲兼神武左副軍統制[913]。

高宗此時對呂頤浩相當信任，接受北伐的意見。並於四月二十七日命頤浩都督江淮荊浙諸軍事[914]，以實際行動顯示北伐決心。「五月癸亥，呂頤浩出師，以神武後軍及御前忠銳將崔增、趙延壽二軍從行，百官班送[915]。」但當部隊行至常州，趙延壽竟然叛於呂城鎮，雖為劉光世弭平，而頤浩受到連累，稱疾不進[916]。又聞桑仲已死，因而引疾求罷，高宗命其赴行在奏事[917]。北伐之舉功敗垂成[918]。

復藩鎮之法，亦不盡行之天下，且裂江北數十州為之，少與之地，而專付以權，擇人久任，以屏王室。」

912 參閱〈宋廷對民間自衛武力的利用和控制〜以鎮撫使為例〉，頁一五三。

913 《要錄》卷五二，頁十二。

914 《宋史・高宗本紀》卷四七頁。

915 《要錄》卷五四，頁三。

916 《要錄》卷五四，頁八。

917 《要錄》卷五五，頁九；《會編》卷一五一，將呂頤浩班師繫於紹興二年七月。

918 據徐永輝的意見，呂頤浩之冒然出兵可能與再相時內政外交上沒有多大建樹有關。偏於此時出現勁敵秦檜，而秦檜主和，將使頤浩邊緣化，如於此時採主動攻擊，可以奪得宋金關係政策面的主導權。參閱〈南宋初期宰相評介之一——呂頤浩〉，頁十五〜十

（四）陳俊卿

紹興三十一年（一一六一）六月，陳俊卿除權兵部侍郎，適逢金主亮大舉侵宋，俊卿受詔奉命整訓淮西水軍[919]，接著交由李寶指揮與金軍對抗，不久便出現「膠西之役」大捷[920]。李寶之能成就膠西之捷，其基礎即在於俊卿整頓過的浙西水軍具備高度戰力。可見俊卿擁有傑出的軍事才幹。其後陳俊卿又勸高宗駐蹕建康，可以「號令諸將，指授方略」，高宗原則同意，然不久完顏亮遭屬下所殺，危機就此解除。

當完顏亮大軍南下之際，南宋震恐舉棋不定，和戰兩派各持己見。俊卿上疏論抗金之策有三：

> 上策，以重兵相持，而另遣輕騎分出間道迂迴包抄，以擣其虛。
> 中策，嚴加守備，築營屯田，展現久駐之姿，迫金退兵和談。
> 下策，若受淺謀之士蠱惑，自行撤兵，此為無策。大勢去矣[921]！

隆興元年（一一六三），陳俊卿參與張浚的北伐行動，他雖也主戰，但並不贊成張浚躁進，「張浚初謀大舉北伐，俊卿以為未可。」因此他提出「不若養威觀釁，俟萬全而後動[922]。」張浚本欲遵從，卻收到來自敵方情報說「虜多聚糧

六。由此面向觀察頗為合理。

919 《要錄》，卷一九三，頁二一。

920 （《宋史・陳俊卿傳》，卷三八三，頁一一七八四；《朱子文集》，卷九六，〈正獻陳公行狀〉，頁四六八三；《四朝名臣言行錄別集》，卷一二，頁一六九八，對於膠西之戰過程均有詳細記載。另《會編》，炎興下帙一三七，丁四二三—四二五，高宗對於李寶擊敗金軍，喜出望外大肆表揚，稱李寶為「第一功」。三軍大學編著：《中國歷代戰爭史》第十二冊，頁三二五，將此役譽為「為南宋存亡之關鍵」，雖有溢美之嫌，至少反映此戰役的重要性。

921 《朱子文集》，卷九六，〈正獻陳公行狀〉，頁四六八三。

922 《齊東野語》，卷二，頁十；《宋史・陳俊卿傳》，卷三八三，頁一一七八四。

邊邑」，贊成主動出擊者眾，使張浚改變主意。若聽從陳俊卿的意見，待機而動，應不致發生符離之戰兵敗如山倒的後果。可見俊卿在軍事方面的見識，非但較為理性而且高明。

陳俊卿於乾道八年（一一七二）八月罷相，出知福州兼福建路安撫使。至福州，「政尚寬簡，嚴於治盜。」時定海水賊倪郎入侵福建、廣東，俊卿命統領官鄭慶「授以方略，晝夜窮追，悉予擒捕，遂清[923]。」俊卿雖非在第一線作戰，但面授方略，讓戰場統帥戰勝敵軍，證明俊卿是長於軍事的。

（五）葉衡

葉衡於軍政方面頗有長才。乾道年間，任樞密都承旨時曾上奏馬政之弊，建議統制一員各領馬若干匹，歲終計其數為殿最。馬政是軍政中極重要的一環。有言「江淮兵籍偽濫」，孝宗下詔命衡「按視，賜以袍帶、鞍馬、弓矢，且命衡措置民兵，咸稱得治兵之要[924]。」孝宗即位後念念不忘北伐，特別重視兵事。因葉衡於治兵方面傑出的表現，孝宗特別於校閱武士時，「召衡預觀，賜酒，灑宸翰賜之。」（同前註）給予特殊的待遇，這是孝宗對於葉衡提出極為優良建議，所給予的特殊榮寵。

乾道九年（一一七三）葉衡於知荊州府任內，興國軍一帶茶寇為害頗烈。他建議朝廷派水軍定期巡邏長江，其辦法是「乞自今令江、鄂州襄陽并逮屯駐水軍，各差一、二百人於所管界內，往來江中巡邏，仍令主帥擇將官一員部轄，率以四月下江，至九月水落歸軍[925]。」（不過茶寇並未因此而消聲匿跡。）

淳熙二年（一一七五）更大規模的茶蔻賴文政領導四百餘名茶商，作亂於兩湖交界的常德府、岳州一帶。地方官或截堵、或招安，竟無法勦平數百名茶寇[926]。葉衡此時為右丞相，他提出任命辛棄疾為江西提刑的建議，用以「節制諸

923 《朱子文集》，卷九六，〈正獻陳公行狀〉，頁四七〇五。
924 《宋史・葉衡傳》，卷三八四，頁一一八二三。
925 《宋會要輯稿》，兵，一三〜二九〜三〇。
926 參閱黃寬重：〈茶商武力的發展與演變〉《南宋地方武力〜地方軍與民間自衛武力的探討》，頁二五五。

軍，專意督捕茶寇[927]。」

（六）周必大

孝宗朝的宰相周必大擔任執政時間長達六年九個月，為南宋朝宰相中任執政時間最長的[928]。自淳熙七年（一一八〇）五月任參知政事，九年（一一八二）六月知樞密院事，十一年（一一八四）六月樞密使，至十四年（一一八七）二月升任右丞相為止。顯示孝宗對之信任有加。拜樞密使，孝宗曾讚揚他「若有邊事，宣撫使惟卿可，他人不能也。」據《宋史》載：「宣撫使，不常置，掌宣布威靈、撫綏邊境及統護將帥、督視軍旅之事，以二府大臣充[929]。」宣撫使在地方可謂實際掌握軍事權的將領。孝宗在南宋朝諸帝中最為精明強幹，會如此稱讚周必大，係因他在軍事才幹的表現使然。

周必大於樞密使任內頒行「諸軍升差籍」、「諸軍試點法」，從各軍隊抽點一、二支部隊之各級將校，查核能否勝任其職，有否徇私舞弊。此法一出，「主帥悚激，無敢容私[930]。」「諸軍試點法」實行後立生效果，必大曾親至地方檢閱部隊，甚至有「池州李忠孝自言正將二人不能開弓，乞罷軍。」孝宗不禁稱讚「此樞使措置之效也。」（同前註）

（七）蔣芾

某日，因進呈邊報，孝宗顧蔣芾曰：「將來都督非卿不可。」都督亦為地方軍政大員，顯示孝宗稱讚蔣芾軍事上頗有見地。其次，乾道三年（一一六七）十二月，蔣芾於參知政事任內，採眾論參酌已見，進《乾道籌邊圖志》，次年即晉升右僕射、同中書門下平章事兼樞密使。孝宗有密旨欲大舉北伐，手詔廷臣議，部分大臣主和，部分主張恢復，孝宗

---

927 鄧廣銘，《辛稼軒年譜》，頁四三。
928 參閱：《南宋宰相群體之研究》，頁三九；《宋史・周必大傳》，卷三九一，頁一一九六八。
929 《宋史・職官志》，卷一六二，頁三九五七。
930 《宋史・周必大傳》，卷三九一，頁一一九七〇；《攻媿集》，卷九四，頁一三〇六。

表面上令蔣芾決定，實際上早有定見。芾上奏竟說：「天時人事未至。」此言違背孝宗心意。立即罷相[931]。（此時宋朝國力未競，蔣芾了解真相道出實情，並未曲意承君上之意，卻步此下場。）

（八）虞允文

乾道九年（一一七三）虞允文於宰職卸任後調四川宣撫使，「至蜀，大軍月給米一石五斗，不足贍其家。允文捐宣司錢三十萬易米，計口增給。立戶馬七條，括民馬，奏選良家子以儲戰用[932]。」允文在四川仍有積極作為貢獻良多。

允文於宰相任內曾整頓軍隊裁汰老弱，淳熙五年（一一七八，允文已去世四年），孝宗親臨白石校場大閱，見軍皆少壯，謂輔臣曰：「虞允文行沙汰之効也[933]。」

（九）韓侂冑

寧宗受禪，韓侂冑自以為有功，趙汝愚卻未予加官進爵，於是動員黨徒排擠趙汝愚。當權後又為整肅異己，發動慶元黨禁，設偽學之禁，貶謫朱熹等五十九人[934]。為鞏固自身的權勢和地位亟謀對金用兵，來洗刷對金不競的恥辱，締造輝煌戰果[935]，乘金內部敗象日顯、蒙古崛起之際，積極布置北伐。並招納宋金邊境上的漢人叛金，並縱盜掠劫金境，刺探金情。連串小勝利使韓侂冑志得意滿，於是發動北伐，此時華北及山東一帶的漢人在宋廷鼓勵下，相繼掀起叛金的活動。然而北伐軍屢遭敗績，最後被迫殺韓侂冑向金求和，嘉定元年（一二〇八），宋金正式締結和約[936]。

---

931 《宋史・蔣芾傳》，卷三八四，頁一一八一九～一一八二〇。
932 《宋史・虞允文傳》卷三八三，頁一一七九九。
933 同卷，頁一一八〇一。
934 （《朝野雜記》甲集卷六，〈學黨五十九人姓名〉，頁一三九～一四〇。
935 黃俊彥：《韓侂冑與南宋中期的政局變動》，國立師範大學歷史研究所碩士論文，一九七六年七月，頁一八五。
936 《南宋地方武力～地方軍與民間自衛武力力的探討》，頁二七七。

「開禧北伐」的政治目的大於軍事動機，對南宋政局的影響與衝擊極其深遠。因此本文也將此役納入討論。北伐本身並無對錯，且為南宋建國以來的國家目標。錯在韓動機不正、準備不足、國力不逮、時機不對，結果一敗塗地，身敗名裂。

（十）鄭清之

端平元年（一二三四）六月，鄭清之時任宰相，對於趙范、趙葵兄弟趁機收復三京的建議，頗為贊成。八月，以趙范、趙葵、全子才為帥，以汴京、洛陽為奪取目標，卻遭敗績。史稱「端平入洛」，此次軍事行動開啟宋蒙之間的戰端，其影響不為不大。而鄭清之既身為宰相擁有同意權，當然須負成敗之責。

其次，湖北茶商軍成立於嘉定十三年至十七年（一二二〇～一二二四）之間，係在宰相鄭清之的授意下，由時任湖廣總領的何炳下令召募而創立。《宋史・鄭清之傳》載：

> 湖北茶商群聚暴橫，（鄭）清之白總領何炳曰：「此輩精悍，宜籍為兵，緩急可用。」炳亟下召募之令，趨者雲集，號曰「茶商軍」，後多賴其用[937]。

（十一）吳潛

吳潛在拜相前及任相期間擔任過一連串的軍職。紹定四年（一二三一）太府卿兼權沿江制置、知建康府、江東安撫留守。端平元年（一二三四）改權兵部侍郎。同年又改知慶元府兼沿海制置使，改知平江府。淳祐四年（一二四四）權兵部尚書、浙西制置使。淳祐七年（一二四七）七月，端明殿學士、知福州、福建安撫使[938]。淳祐九年（一二四九），

---

937 《宋史・鄭清之傳》卷四一四，頁一二四一九；參考雷家聖：《聚斂謀國～南宋總領所研究》，臺北，萬卷樓圖書公司，二〇一三年四月。

938 參閱《宋史・吳潛傳》卷四一八，頁一二五一六、一二五一七、一二五一八；《南宋制撫年表》，卷下，頁五三七，繫於淳祐八年。

知紹興、浙東安撫使。十二月，同知樞密院事兼參知政事。淳祐十年五月（一二五〇），資政殿學士，帥沿江。淳祐十一年（一二五一）十一月，右丞相兼樞密使[939]。

當吳潛任職太府少卿、淮西總領時，曾經提醒過執政，「論用兵復河南不可輕易，以為金人既滅，與北為鄰，法當以和為形，以守為實，以戰為應。自荊襄首納空城，合兵攻蔡，兵事一開，調度寖廣，百姓狼狽，死傷枕藉，使生靈肝腦塗地。」他早已預言不可冒然出兵，和是表象，守為務實，當戰不能免時，則勇於應戰，方為上策。但當政者無法接受他的建議，仍照原訂計畫興師入洛，落得潰敗失亡不貲，吳潛之言應驗[940]。可知他是有遠見的。

在知建康府、江東安撫留守任內時，上疏論保蜀之方，護襄之策，防江之算，備海之宜，進取有甚難者三事。上述所言皆說明他在軍事方面有高超的見解。端平三年（一二三六）吳潛曾奏請救援襄陽，他說：「襄事危則和有兆，和成則國事去矣。」極力主張救襄抗蒙，反對和議。

開慶元年（一二五九），蒙軍分三路進攻南宋，吳潛為左丞相在中央調度兵馬抵抗蒙古入侵。賈似道時任右相，奉命督師援救鄂州，吳潛要求賈似道移師鎮江北方要衝黃州（湖北黃岡），並調撥所部曹世雄的部隊歸在建康之沿江置制司。這兩道命令的用意，均為防止蒙軍繞過鄂州順江而東，以取浙江。呂文德派孫虎臣護送賈似道前往黃州，途遇蒙軍，似道極為驚恐，幸而孫虎臣戰勝蒙軍，使似道順利到達黃州。至此似道牽怒吳潛，認定吳潛此舉是想置似道於死地。因此對吳潛懷恨在心，伺機報復，此後便陷害吳潛不遺餘力[941]。

（十二）董槐

董槐是南宋晚期的賢相。拜相前所任軍職有：嘉祐四年（一二四〇），進直華文閣、知潭州、主管湖南安撫司公

939 《宋史》，卷二一四，頁五六三〇。
940 《宋史》，卷四一八，頁一二五一六。
941 《宋史紀事本末》，卷一〇二，〈蒙古南侵〉，頁八七六。

事。「方三邊急於守禦，督府日夜徵發，民且困，槐為畫策應之，令民不傷而軍須亦不匱[942]。」淳祐二年（一二四二）進直龍圖閣、沿江制置副使兼知江州、主管江西安撫司公事。淳祐四年（一二四三）進集英殿修撰、沿江制置使、江東安撫使兼知建康府兼行宮留守。當地軍政廢弛。「乃為賞三等以教射，春秋教肄士卒坐作進退擊刺之技，歲餘盡為精兵[943]。」無論在湖南或江西均見董槐長於軍事，精於訓練，展現軍事方面的才幹。

（十三）賈似道

賈似道拜相前後曾多次擔任地方軍政長官。淳祐五年（一二四五），以寶章閣直學士為沿江制置副使、知江州兼江西路安撫使[944]。六年，九月戊辰，（代孟珙）為敷文閣直學士、荊（京）湖制置使、知江陵府兼夔路策應使[945]。淳祐九年（一二四九）三月癸未，進寶文閣學士、京湖安撫制置大使[946]。淳祐十年（一二五〇），兩淮制置大使兼淮東西安撫使、知揚州[947]。寶祐五年（一二五七）正月，知樞密院事。寶祐六年（一二五七）四月，樞密使[948]。可知似道在地方與中央擔任軍職超過十年，理應於軍事上有所作為。開慶初，似道自漢陽督師，僅派宋京向蒙古人求和稱臣，輸歲幣。當蒙兵因憲宗蒙哥之死而撤軍，似道卻虛報所謂「鄂州大捷」向皇帝邀功。吳潛將似道軍隊調往黃州，似道卻以為潛欲殺己，此後即伺機謀害吳潛，直到潛斃命為止。似道又向不附己的諸將曹世雄、向士璧開刀，「以覈諸兵費，世雄、士璧皆坐侵盗官錢貶遠州[949]。」似道此舉等於自壞武功，完全置國家安危於不顧。另高達雖屢立戰功，似道卻「每言於帝欲

942 《宋史・董槐傳》卷，四一四，頁一二四二九。
943 同卷，頁一二四三〇。
944 《宋史・賈似道傳》，卷四七四，頁一三七八〇。
945 《宋史・理宗本紀》，卷四三，頁八三五
946 《南宋制撫年表》，卷上，頁五〇〇。
947 《宋史・宰輔表》，卷二一四，頁五六二九。
948 《宋史・本紀》五六三六～五六三七；《宋史・賈似道傳》，卷四七四，頁一三七八〇）載「改兩淮宣撫大使。」
949 《宋史・賈似道傳》，頁一三七八一。

誅達。」其原因僅是「（達）恃其武勇，殊易似道。」（同前註）呂文德諂媚似道，論功以文德第一，打擊士氣莫此為甚。其惡行罄竹難書。文天祥對賈似道的評語可為代表：「似道之罪孽，似道喪邦之政不一而足，其羈敵使，開邊釁則兵連禍結之始也。哀哉[950]！」其政治作為並非本文主題，而單就軍事方面的影響（羈敵使，開邊釁，兵連禍結。）即為南宋亡國的關鍵。

（十四）李庭芝

李庭芝為南宋末期宰相。開慶年間，命庭芝主管兩淮制置司事。咸淳五年以京湖制置大使督師援襄陽。

根據《宋史・李庭芝傳》所載，軍事方面的事蹟如下：

1. 嘉熙末，孟珙命庭芝權建始縣。庭芝訓農治兵，選壯士雜官軍教之。期年，民街之戰守，善馳逐，無事則植戈而耕，兵至則悉出而戰。致有閫帥起而效尤者。
2. 於揚州城內招募汴南流民二萬人，以充實城防，詔命為「武鋭軍」。論其作為，替南宋增加不少國防力量。

（十五）文天祥

德祐元年八月，朝廷岌岌可危，天祥上疏：「今宜分境內為四鎮，建都統御於其中。以廣西益湖南而建閫於長沙；以廣東益江西而建閫於隆興；以福建益江東而建閫於番陽；以淮西益淮東而建閫於揚州。責長沙取鄂，隆興取蘄、黃，番陽取江東，揚州取兩淮，地大力眾，乃足以抗敵。約日齊奮，有進無退，日夜以圖之，彼備多力分，疲於奔命，而吾民之豪傑者又伺間出於其中，如此則敵不難卻也[951]。」時議以天祥所論闊遠，書奏不報。天祥具有整體戰略布局的眼光以對抗蒙古，卻完全不被接受，時議以為迂闊。所謂「時議」者實際上就事當朝宰相陳宜中、留夢炎等人[952]。小人當

---

950 《文山先生全集》，卷十六，〈杜詩集〉「誤國權臣第三」。
951 陳桱：《通鑑續編》卷二四，《文淵閣四庫全書》，商務印書館，一九八三年；《宋史・文天祥傳》，卷四一八。
952 參考李華瑞：〈文天祥與南宋末年宰執之關係考〉，《宋代文化研究》，第十七輯，頁四〇六之研究。

道，致使賢臣遭到排擠，有裨益於抗蒙之建議卻遭擱置。

（十六）陸秀夫

陸秀夫與張世傑等人於德祐二年（一二七六）立益王昰於福州，秀夫端明殿學士、簽書樞密院事。陳宜中以秀夫「久在兵間，知軍務，每事訪始行，秀夫亦悉心贊之，無不自盡[953]。」秀夫實際並未帶兵，何以「久在兵間，知軍務」？推測秀夫於咸淳十年李庭芝任淮東制置使，擢為參議官，接觸過軍務因此較為熟稔。其後因與陳宜中議論不合，在宜中授意下遭言者劾罷。益王殂復立衛王帝昺，以左丞相與張世傑同秉政，世傑駐軍　山，秀夫外籌軍旅，內調工役。（同前註）是知，在宋末危殆倥偬之際，人才散亡，而秀夫雖以一介文士，因熟悉軍旅，故而擔起軍務。

三、戰略指導或節制將領之類

（一）杜充

建炎三年（一一二九）七月，杜充拜尚書右僕射、同平章事、御營使，授命為「江淮宣撫使、留守建康，使盡護諸將[954]。」命劉光世、韓世忠、王□等長江沿岸諸將悉歸充節制[955]。朝廷認為杜充「有威望可屬大事」，呂頤浩、張浚皆加以推薦，而有此任命。寄望杜充因行事嚴酷，較能掌控、節制沿江諸將。故杜充可謂「將上之將」。此時朝廷寄以重任，他卻以叛國終了，非但影響國家安危至鉅，且招徠一世臭名。

953 《宋史・陸秀夫傳》，卷四五一，頁一三二七六。
954 《宋史・杜充傳》，卷四七五，頁一三八〇九。
955 《宋史・楊邦乂傳》卷四四七，頁一三一九五；亦參閱拙著《南宋宰相群體之研究》，頁五五。

（二）張浚

1.經營川陝：建炎三年（一一二九）七月高宗任命張浚為川陝宣撫處置使經營關陝，置幕府於秦州（今陝西南鄭），藉以牽制金兵主力，減輕金軍對東南地區的壓力。其麾下吳璘、吳玠、曲端、劉子羽、趙開俱為一時之選。時完顏兀朮率軍至陝西，浚調集劉錡、趙哲、吳玠、劉錫、孫渥統率五路騎兵六萬、步兵十二萬，前進至富平。劉子羽、吳玠均力言地勢不利，勸其不可如此。張浚卻一意孤行，為了急於立功而未有充分準備[956]。趙哲一軍不戰而走，導至全軍潰敗，死十餘萬人。張浚只能退保秦州。關隴六路，秦鳳、環慶、涇原、鄜延、熙河、河東，皆為金人所有。影響至鉅。

富平之戰雖敗，張浚仍以川陝宣撫處置使的身分為經營川陝主持軍務的最高軍政長官，此後數年金人集中全力爭奪川陝地區，因而接連爆發和尚原、饒風關、仙人關三次戰役。張浚在此積極整頓軍政，重新部署邊防，任命吳玠為宣撫司都統制，率領諸將抗金。張浚以川陝軍隊獨力捍衛疆土，不僅牽制強大的金軍，在川陝爭奪戰中連挫強敵，破壞金人由川陝進圖東南的計畫，使朝廷降低後顧之憂，張浚在這四年（紹興元年至紹興四年，一一三一～一一三四）功不可沒。雖然朝臣對於張浚頗有批評，或言宣撫處置司的組織、權限及統轄範圍過於龐大，甚至還有大臣認為委之太專，恐有尾大不掉之虞。而此時高宗極力支持張浚並稱讚：「措置陝西極有條理，薦人用士持心向公[957]。」

2.北伐之議：孝宗即位後銳意北伐，立即起用張浚，除少傅、江淮東西路宣撫使，進封魏國公。金朝方面也對南宋採取強硬態度。隆興元年正月（一一六三）命張浚為樞密使、都督江淮軍馬。五月初，在張浚主持下積極部署，命李顯忠、邵宏淵率軍六萬，分兵渡淮北上，李顯忠先下靈璧，邵宏淵目標虹縣，兩將滋生嫌隙，導至符離（安

956 參考黎傑：《宋史》（台北，九思出版公司，民國六七年），頁一二四之意見。
957 《要錄》卷三二，頁六上；並參閱《張浚的政治生涯》，頁五八～五九、六三。

徽宿縣）宋軍大敗，軍資器械損失殆盡。符離之潰使主戰派自此嚴重受挫，主和乘勢抬頭。孝宗也從積極轉趨保守[958]。平心而論，李、邵二將彼此若無嫌隙，全力合作，則北伐未必失敗，甚至成功的可能性頗大，進而可以攻城略地。果真如此張浚的歷史評價，以及此後的政局發展又會是另番局面了。張浚之誤，錯在用人失當。

（三）陳康伯

紹興三十一年（一一六一）九月，金主完顏亮親率大軍揮師南下，號稱百萬，帳相望，鉦鼓之聲不絕。十一月金主率大軍臨采石。大敵當前，朝論洶洶。宋朝內部出現各種避敵的聲音。陳康伯時任宰相，一方面極力勸阻避敵之策，一方面堅定高宗抗金決心，穩定政局，甚至火焚高宗避敵之詔[959]。此時進攻守之計，命成閔出戍，以汪澈宣諭荊襄、節制軍馬，葉義問督視江淮軍馬，使禦敵政策變成具體措施。其定計是攻討，不再示弱。

> 康伯復進攻討之計。即命侍衛馬軍司成閔出戍，以御史中丞汪澈等宣諭荊襄、節制軍馬，知樞密院葉義問督視江淮軍馬，而禦敵之計始決矣[960]！

又《宋名臣言行錄別集》云：

> 皆公（指陳康伯）指授方略，分據要害之地。虜臨江，朝論洶洶，雖同列間，有遺家屬先去，公屹然不動，氣貌

958 參閱《金史・紇石烈志寧傳》，卷八七，頁一九三一～一九三二；華山：〈從采石之戰到隆興和議〉，《宋史論集》，齊魯書社，濟南，一九八二年十一月，頁二二九～二三一。
959 參閱拙著〈陳康伯與南宋初期政局〉，頁十二。
960 《編年錄》，卷十六，頁一一三九～一一四〇。

自如，遽書警奏，緣手裁決。一時言兵事者，皆得盡展底蘊，擇其長而用之，人恃以安[961]。

康伯於此時展現臨陣不亂，指揮若定的長才，使「遽書警奏，緣手裁決」，使各大臣均能發揮所長。朝廷在他主持之下，戰守方略得以執行，局勢方能穩定下來。雖未親臨前線帶兵作戰，能夠居於中央「指授方略，分據要害之地」，若陳康伯無軍事才略，絕無可能做到，而南宋朝廷在采石之役尚未進行之前，早已自亂陣腳，潰不成軍，而金只要進行善後收拾殘局即已征服南宋了。

（四）周必大

孝宗時期的茶寇亂事，以賴文政之亂最大，朝廷為之震動。此亂事之所以能長期活躍在鄂、湘、贛、粵四路，主因熟悉地理環境又得到當地百姓的協助，並慣用游擊戰，而使正規軍一籌莫展。這些百姓由於受到茶法茶毒，他們寧願幫助茶寇，告以官軍動向，命軍隊勦滅不易。於是周必大提出建議：

1.由皇甫倜指揮正規軍扼守江西、湖南之主要道路，使茶寇不能進占州縣城。

2.由辛棄疾組訓當地民兵，負責平亂工作[962]。

辛棄疾將當地鄉兵、弓手等加以整訓後派至各陣地，另方面調動熟悉地形者入山搜索，果然奏效弭平亂事。必大所提策略頗有貢獻[963]。

（五）留正

乾道初，羌酋奴兒結越大渡河，據安靜砦，侵漢地幾百里。留正密授諸將方略，擒奴兒結以歸，盡俘其黨，羌

961 《宋名臣言行錄別集》，卷二，頁三。
962 周必大，《文忠集》，卷一三八，〈論平茶賊利害〉，頁一下。
963 參閱〈茶商武力的發展與演變〉，頁二五六～二五八。

平[964]。留正雖非第一線指揮官在前線作戰，但能「密授諸將方略」，足見其頗具軍事才略。

（六）趙汝愚

青羌首腦奴兒結為患邊塞十餘年，淳熙十二年正月，留正為四川制置使時曾以用計擒殺之，「盡殲其黨」。後趙汝愚繼任四川安撫制置使兼知成都府。次年，奴兒結之弟三開入寇，由於趙汝愚分兵嚴守各險要之處以待，三開攻不下。汝愚用重金懸賞離間群蠻的策略，使三開受到孤立，憂奮而死。青羌之亂就此平定，黎州邊患平息，以功加龍圖閣直學士[965]。汝愚善於運用策略，採取雙管齊下，一方面令諸將嚴守耀道，另方面離間群蠻，以此削弱敵方實力，可見汝愚富於謀略。

（七）史嵩之

史嵩之是權相史彌遠的侄子，頗具軍事才略。早在紹定四年（一二三一）遷大理少卿兼京西、湖北制置副使。此時已兼有軍職。次年，軍職進一步提升，擢為京湖安撫制置使兼知襄陽府，賜便宜指揮[966]。端平元年（一二三四），以華文閣直學士知龍興府兼江西安撫使[967]。同年，遷寶章閣學士、淮西制置使兼沿江制置副使兼知鄂州。兼湖廣總領兼淮西安撫使。九月，罷京湖安撫制置使兼知襄陽府[968]。嘉熙元年（一二三七），華文閣學士、京西、荊湖安撫制置使，依舊沿江制置副使兼節制光、黃、蘄、舒[969]。拜參知政事，督視京西、荊湖南北、江西路軍馬，鄂州置司，兼督視淮南西路

964 《宋史・留正傳》，卷三九一，頁一一九七三。
965 《宋史・蠻夷傳》，卷四九六，頁一四二三七。
966 《宋史・理宗本紀》，卷四〇，頁八〇〇。
967 《宋史・史嵩之傳》，卷四一四，頁一二四二四。
968 《南宋制撫年表》，卷上，頁五一二。
969 《宋史・史嵩之傳》卷四一四，頁一二四二四。

軍馬，兼督視光、蘄、黃、夔、施州軍馬[970]。可知史嵩之長年在地方擔任軍職，連次年拜右丞相兼樞密使，仍在地方兼都督兩淮四川京西湖北軍馬，兼督江西、湖南軍馬，改都督江、淮、京、湖、四川軍馬[971]。計算嵩之任地方閫帥時間超過六年。顯示他頗有軍事才略。據《宋史・史嵩之傳》所載，大致整理軍功如下：

一、端平元年，破蔡滅金，獻俘上露布，降詔獎諭。

二、漢陽受攻，嵩之帥師發江陵，奏誅張可大，竄盧普、李士達，以其棄城也。二年，黃州圍解。

三、十一月，復光州。十二月，復滁州。

四、收復信陽，以督府米拯淮民之饑。六月，復襄陽，嵩之言：「襄陽雖復，未易守。」自是邊境多以捷聞，降詔獎諭。

除〈史嵩之傳〉中所載其功績之外，端平元年（一二三四）鄭清之當國啟動宋師入洛，朝廷氣氛傾向北伐之際，獨嵩之「力陳非計，疏為六條上之。」並奏言：「臣熟慮根本，周思利害，甘受遲鈍之譏，思出萬全之計[972]。」不惟展現其道德勇氣，同時也顯示嵩之對當時整體戰略確有獨到之處，不能不說他有過人之處。宰相鄭清之甚至警告嵩之不要提出異議，事實證明在兵敗之後，理宗也後悔不用史嵩之的建言。

然據方回論嵩之：「自督（府）入相，蜀襄淮隳城喪師，死於戰者數十百萬人。小捷則於上前張皇誇大。挾以要君，謂邊事非我莫能當也[973]。……」他虛報邊功以要寵，因此任職期間究竟有多少軍功，《宋史・史嵩之傳》所載究竟有多少是事實卻又令人質疑了。

---

970 《宋史・史嵩之傳》卷四一四，頁一二四二五。

971 《宋史・理宗本紀》卷四二，頁八一八；卷二一四，頁五六一八；卷四一四，頁一二四二五。

972 《宋史・史嵩之傳》卷四一四，頁一二四二三、一二四二四。

973 〈左史呂公家傳〉，見呂午：《左史諫草》，《四庫全書本》附錄。

第三節　南宋宰相擔任的軍職

所謂「軍職」，係廣泛的意義。含樞密院各級長、貳之職，及地方上安撫使、制置使、宣撫使等均屬之，無論專職、兼任。擔任軍職與軍事政績或軍事上的表現雖無直接關連，但若有軍職在身，較易於發揮軍事才幹。

南宋朝宰相在其仕宦歷程中（含拜相任內及其前後），曾擔任過軍職的比例相當高，換言之，曾任軍職情況極為普遍。經過統計南宋六十五位宰相未曾擔任過軍職或不曾涉及軍事者僅沈該、万俟卨、朱倬、曾懷、韓侂冑五人，其中四人集中於高、孝二朝，僅韓侂冑一人在寧宗朝。然而任軍職者並不盡然在軍事方面有所建樹或是貢獻。

第四節　結語

南宋從建國到覆滅，始終處在北方強敵的威脅下，前有女真，後有蒙古。因此，這個政權的國防軍事更形重要，故而具有軍事才略的宰相應運而生。

宰相軍事才華的展現，或直接指揮軍隊，或提出軍事思想、建設、改革，也有於後方提出戰略，指導前線指揮官克敵致勝，亦有運籌無能、調度無方，戰場失利，甚至臨陣投降者。無論勝負，均對南宋政局造成影響。

直接指揮軍隊作戰方面。李綱於北宋末女真圍攻開封之際，親身督戰。呂頤浩於苗劉之變率軍勤王，在地方官任內對抗李成變亂，大破張琪之亂。張浚於苗劉之變迅速出兵加以弭平。虞允文於完顏亮大舉南侵之時，在采石一役適時瓦解金人攻勢，解除危機。趙葵出身步伍，其參戰紀錄甚多，尤以平定李全之亂為最。李庭芝於宋末極力對抗蒙古，壯烈成仁。文天祥率軍抗蒙，明知不可而為之，傳誦千古。

在軍事思想與建設方面。李綱於北宋末率先提出建藩鎮抗金，其軍事眼光獨到。拜相後提出「十議」，其一即為「建藩鎮於河北、河東之地」以禦女真，然不為高宗接受。其「能戰而能守，能守而能和」的思想極具前瞻性，卻不容於朝廷。范宗尹為相，實現「復藩鎮之法」，設置鎮撫使，惟施行時間甚短，不易見諸成效。呂頤浩曾提北伐之議，且獲高宗採納，因受趙延壽叛變牽連，而功敗垂成。陳俊卿當政有為有守，整訓淮西水軍而有李寶的「膠西大捷」，於完顏亮南犯之時提出「抗金三策」。張浚急於北伐，俊卿主張「養威觀釁，俟萬全而後動」，惜張浚不能聽從，因而發生「符離之敗」。孝宗曾命葉衡於拜相前措置民兵，「咸稱得治兵之要」，而於校閱兵時給予特殊榮寵。周必大於樞密使任內展現過人長才，孝宗即曾加讚揚，對其表現高度肯定。必大認為國家以農為本最好息兵，但與金對峙，難以避戰。因此「內修政事外攘夷狄」為當務之急。「選將」應先儲備人材，並應「久任」。「邊將」要選優秀將領，敵我之間鬥智更重於鬥力，「練兵」在精不在多，辨法是實地考察。曾頒行「諸軍升差籍」、「諸軍試點法」，實行後立生效果。蔣芾曾採眾論並參己見，進《乾道籌邊圖志》，孝宗稱其「都督非卿不可」，顯現軍事才幹。虞允文相任內整頓軍隊裁汰老弱，頗見其效。罷相後調任四川宣撫使貢獻亦多。韓侂冑為求鞏固權勢地位，不顧反對執意北伐，名裂身死。鄭清之當政欲復三京，倉促入洛，開啟宋蒙戰端，兵連禍結，極為不智。任內招募「茶商軍」，後多賴其用。吳潛於端平用兵之時，早已預言不可冒然行事，應當「以和為形，以守為實，以戰為應」，惜其遠見不被採納。董槐為地方闆帥，改革軍政，教士卒進退擊刺之技，歲餘盡為精兵。賈似道在地方多年，欺上瞞下虛報軍功，炮製「鄂州大捷」，吳潛將其調往黃州禦敵，卻以為潛要害己，謀潛致死方已。文天祥謂似道「羈敵使，開邊釁，兵連禍結」，成為南宋亡國的關鍵。李庭芝權建始縣，訓農治兵，成效卓著。又於揚州招募「武衛軍」，其軍事才幹顯著。文天祥面對危局建議將流亡政權分為四鎮，分別由廣西、廣東、福建、淮西集中火力，攻取鄂州、蘄、黃、江東、兩淮，果能實現大局尚有可為。惟陳宜中、留夢炎等宰相未能接受，無人有此整體戰略眼光而遭拒。

戰略指導或節制將領方面。建炎三年杜充授命節制長江沿岸諸將，最後卻叛國投敵。建康失守，迫使高宗避敵海上，影響至鉅。張浚經營川陝有功有過，趙哲不戰而走導致富平戰敗，關隴六路失守，影響不為不大。但在此後四年積極爭奪川陝地區，整頓軍政，重新部署邊防，連挫強敵，降低邊區的後顧之憂，功勞不小。孝宗隆興元年起用張浚大舉北伐，卻因李顯忠、邵宏淵兩人內鬨遭致符離之敗，主戰派嚴重挫敗，孝宗也自此從積極進取轉趨保守。陳康伯於完顏亮傾巢南犯之際，如磐石般中流砥柱，穩定局勢，彼時南宋出現各種避敵之聲，高宗早已有南遷打算，而康伯力挽狂瀾，火焚避敵詔令，堅定高宗抗金決心，同時指授方略令各將分據要地。而後才有虞允文采石之役，扭轉時局。若非康伯，南宋恐早已自行瓦解。周必大當政，鄂、湘、贛、粵四路有賴文政茶寇之亂，必大乃以皇甫倜、辛棄疾分兵進擊，弭平亂事。留正亦能「密授諸將方略」，平定為患邊塞十餘年的羌酋，用計擒殺之。奴兒結三弟三開起而入寇，趙汝愚一面分兵嚴守，一面離間群蠻，雙管齊下，使三開憂憤而死。史嵩之長年在地方任閫帥，破蔡滅金，先解廬州、黃州之圍，又收復光州、滁州、信陽，救淮饑民，又復襄陽。功勳卓著。然方回論嵩之「小捷則張皇誇大」，又「挾以要君」推諉塞責，則《宋史》所載應打折扣了。

南宋宰相不曾擔任過軍職者僅沈該、万俟卨、朱倬、曾懷、韓侂胄五人而已。擔任軍職雖不盡然會有表現，但有軍職在身，較易發揮長才抱負，仔細檢視本文前述即可知。

總之，南宋朝廷所處環境特殊，北方強鄰虎視，與南宋國祚相終始。尤其需要具有軍事謀略的大臣，在邊防、在地方，或抗金、或抗蒙，或收復國土，或平定變亂，施展所長，嶄露頭角，或化險為夷，或轉危為安。但亦有宰相處置失當，使南宋蒙受損失，喪失疆土，甚至有克敵無方而陣前降敵之例，進而影響局勢至深。

徵引書目

傳統文獻部分

一、元・脫脫：《宋史》，台北：鼎文書局，民國六十七年。
二、元・脫脫：《金史》，台北：鼎文書局，民國六十七年。
三、宋・李心傳：《建炎以來繫年要錄》，台北：中文出版社，民國七十二年。
四、宋・徐自明：《宋宰輔編年錄》，《宋史資料萃編》第二輯，台北：文海出版社，民國五十八年。
五、清・徐松：《宋會要輯稿》，台北：新文豐出版公司，民國六十五年。
六、宋・李心傳：《建炎以來朝野雜記》，台北：文海出版社，民國五十六年。
七、宋・徐夢莘：《三朝北盟會編》，台北：大化書局，民國六十七年。
八、宋・李幼武：《宋名臣言行錄別集》，《文淵閣四庫全書》台北：商務印書館，民國七十二年
九、宋・李幼武：《四朝名臣言行別錄》，《宋史資料萃編》第一輯，台北：文海出版社，民國五十六年。
十、不著撰人：《四朝名臣言行錄續集》，（宋末刊本，故宮圖書文獻館微片）。
十一、不著撰人：《宋史全文續資治通鑑》，《宋史資料萃編》第二輯，台北：文海出版社，民國五十八年。

十二、宋・劉時舉：《續宋編年資治通鑑》，《文淵閣四庫全書》台北：商務印書館，民國七十二年。
十三、不著撰人：《皇宋中興兩朝聖政》，《宋史資料萃編》第一輯，台北，文海出版社，民國五十六年。
十四、宋・王應麟：《困學紀聞》，台北，商務印書館，民國五十七年。
十五、宋・章如愚：《群書考索》（京都，中文出版社，一九八二年）。
十六、元・馬端臨：《文獻通考》（台北，新興書局，民國五二年），卷五四，頁四九三。
十七、宋・黎德靖編：《朱子語類》，正中書局，台北，民國七十一年。
十八、宋・葉紹翁撰：《四朝聞見錄》乙集，《叢書集成新編》第八十四冊，新文豐出版公司，台北，民七十四年。
十九、宋・王應麟撰：《玉海》，至元三年慶元路儒學刊本，華文書局發行，民國五十三年。
二〇、宋・岳珂撰：《桯史》，《叢書集成新編》，第八十七冊，新文豐文化公司，台北，民國七十四年。
二一、宋・周密撰：《齊東野語》，《叢書集成新編》，第八四冊，新文豐文化公司，台北，民國七十四年。
二二、宋・王明清：《揮麈錄》，台北，藝文印書館，民國五十四年。
二三、宋・岳珂：《金佗粹編》，浙江書局，四庫全書本。
二四、宋・楊萬里撰：《淳熙薦士錄》，《函海》，第八函，仿萬卷樓原本，宏業書局。
二五、宋・陸游撰：《避暑漫抄》，《叢書集成》新編八十六冊，新文豐出版公司。
二六、宋・史浩撰：《鄮峰真隱漫錄》，《文淵閣四庫全書》，台北，商務印書館，民國七十二年。
二七、宋・羅大經撰：《鶴林玉露》，宋元人說部叢書本，一九八〇年中文出版影印。
二八、宋・李心傳編：《道命錄》，《叢書集成新編》，第一百冊，新文豐出版公司，台北，民國七十四年。
二九、宋・陳騤編：《南宋館閣錄》、《南宋館閣續錄》，台北，《四庫全書珍本》別集，商務印書館。
三〇、宋・張端義：《貴耳集》，上海古籍出版社，二〇〇一年十二月，《宋元筆記小說大觀》。
三一、元・陳櫟：《歷代通略》《文淵閣四庫全書》，台北，商務印書館，民國七十二年。
三二、元・劉一清：《錢塘遺事》，台北，新文豐出版公司，一九八九年。

三三、敕撰：《元豐官制不分卷》（《宋史資料萃編》第四輯，台北，文海出版社，民國七〇年。
三四、宋・何異撰：《宋中興百官題名》（《叢書集成續編》V.二五四，台北，新文豐出版公司，民國七十七年。
三五、宋・宇文懋昭：《大金國志》，《文淵閣四庫全書》，史部第一四一冊，台北，商務印書館，民國七十二年
三六、宋・王明清撰：《揮麈錄餘話》，《四部叢刊續編》，台北，商務印書館。
三七、宋・李俊甫輯：《莆陽比事》，宛委別藏本，《叢書集成》三編。
三八、宋・談鑰纂：《嘉泰吳興志》，台北，中國地志研究會，民國六十七年，宋元地方志叢書。
三九、宋・周淙撰：《乾道臨安志》，台北，中國地志研究會，民國六十七年，宋元地方志叢書。
四〇、宋・潛說友撰：《咸淳臨安志》，台北，中國地志研究會，民國六十七年，宋元地方志叢書。
四一、宋・梁克家纂修：《淳熙三山志》，《宋元地方志叢書》續編下，大化書局，台北。
四二、元・潛說友撰：《咸淳臨安志》，《四庫全書珍本》十一集，商務印書館，台北，一九八一。
四三、宋・周應合撰：《景定建康志》，《叢書集成新編》，V.八十，台北，新文豐出版公司，民國七十四年。
四四、宋・羅濬等撰：《寶慶四明志》，台北，中國地志研究會，《宋元地方志叢》。
四五、元・張鉉撰：《至大金陵新志》，《叢書集成新編》，V.八十，台北，新文豐出版公司，民國七十四年。
四六、明・程政敏編：《新安文獻志》，明弘治十年原刊本。
四七、清・陸心源輯：《嘉泰吳興志》，《宋元地方志叢書》本，宋元地方志叢書。
四八、宋・陳康伯：《陳文正公文集》，江西省圖書館藏清康熙二十九年刻本，收入《四庫全書存目叢書》，第十五冊，台北：莊嚴文化事業公司
四九、宋・李綱：《梁谿集》，漢華出版公司影印本，一九七十年四月。
五〇、宋・朱熹：《朱子文集》，德富文教基金會出版，二〇〇〇年。
五一、宋・周必大：《周益公奏議》，台北，新文豐出版公司，《叢書集成》三編，一九八九年。
五二、宋・文天祥：《文山先生全集》，北京市：線裝書局，二〇〇四年。

五三、宋·呂午：《左史諫草：左史呂公家傳》，《文淵閣四庫全書》，台北，商務印書館，一九八三年。
五四、宋·洪适撰：《盤洲文集》，四部叢刊本。
五五、宋·汪應辰：《文定集》，《文淵閣四庫全書》，集部第七十七冊，台北：商務印書館，民國七十二年
五六、宋·陳宓撰：《復齋先生陳公文集》，嘉靜堂文庫所藏寫本，日本京都大學圖書館藏影本。
五七、宋·魏了翁撰：《鶴山大全集》，四部叢刊本，商務印書館。
五八、宋·真德秀撰：《西山先生真文忠公文集》，四部叢刊本。
五九、宋·汪應辰撰：《文定集》，《文淵閣四庫全書》，集部七十七冊，台北，商務印書館，民國七十二年。
六〇、宋·楊萬里：《誠齊集》，台北，台灣商務印書館，民國六十四年，台三版，《四部叢刊》。
六一、宋·林光朝：《艾軒集》，北京市，線裝書局，二〇〇四年。
六二、宋·樓鑰：《攻媿集》，台北，台灣商務印書館，民國六十四年，台三版，《四部叢刊》。
六三、宋·孫應時撰：《燭湖集》，《四庫全書珍本》四集，商務印書館，台北，民六十二年
六四、宋·周必大撰：《平園續稿》（《叢書集成三編》，V. 四七，台北，新文豐出版公司，民國八五年）
六五、宋·葉適撰：《水心集》，《四部備要》，V. 五〇九，臺灣中華書局，民國五十四年。
六六、宋·朱熹撰：《朱文公文集》，四部叢刊本，台北，商務印書館，民國六十四年。
六七、宋·王蘋撰，明·王觀編：《王著作集》，《叢書集成續編》，台北，新文豐出版公司，民國七十七年。
六八、宋·王十朋著，梅溪重刊委員會編：《王十朋全集》，上海古籍出版社，一九九八年。
六九、宋·周麟之撰：《海陵集》，《文淵閣四庫全書》，集部第八十一冊，台北，商務印書館，民國七十二年。
七〇、宋·黃幹撰：《勉齋集》，《四庫全書珍本》二集，商務印書館，台北，民國六〇年。
七一、陳俊民校訂：《朱子文集》，德富文教基金會出版，二〇〇〇年。
七二、宋·韓元吉：《南澗甲乙稿》，《叢書集成新編》，第六十三冊，新文豐出版公司，台北，民國七十四年
七三、宋·劉克莊撰：《後村大全集》，《四部叢刊》本，台北，商務印書館。

七四、元・畢沅：《續資治通鑑》，台北，世界書局，民國五十一年。
七五、明・尹直輯：《南宋名臣言行錄》，明弘治間刊本。
七六、明・姚廣孝等：《永樂大典》，台北：世界書局，民國五十一年。
七七、明・陳邦瞻纂輯：《宋史紀事本末》，台北，華世出版社，民國六十五年。
七八、清・王夫之撰：《宋論》，台北，三人行出版社，民國六十三年。
七九、清・萬斯同：《宋大臣年表》「台灣開明書店，《廿五史補編》，民國四十八年。
八〇、清・永瑢等撰：《歷代職官表》，台北，商務印書館，民國五十五年。
八一、陸心源輯：《宋史翼》，鼎文書局，台北，民六十七年
八二、清・王梓材、馮雲濠同輯：《宋元學案補遺》，張壽鏞校補，四明叢書本，國防研究院印。
八三、宋・徐自明：《宋宰輔編年錄校補》（王瑞來校補），北京：中華書局，一九八六年

今人專書與論文部分

專書部分

八四、寺地遵：《南宋初期政治史研究》，劉貞靜、李今芸譯，台北，稻禾出版社，民國八十四年。
八五、陶晉生：《金海陵帝的伐宋與采石戰役的考實》，國立台灣大學文史叢刊五，民國五十四年再版。
八六、蔣義斌：《史浩研究：兼論南宋孝宗朝的政局與學術》，中國文化大學史學研究所碩士論文，民國六十九年。
八七、蔡哲修：《張浚的政治生涯》，東海大學歷史學研究所碩士論文，民國七十八年。
八八、劉子健：《兩宋史研究彙編》，台北：聯經出版社，民國七十六年。
八九、《宋史研究集》，第十、十四、十九輯，國立編譯館中華叢書編審委員會。
九〇、劉伯驥著：《宋代政教史》，中華書局，民國六〇年。

九一、張峻榮著：《南宋高宗偏安江左原因之探討》，文史哲出版社，民國七十六年。
九二、禚夢庵著：《宋代人物與風氣》，台北，商務印書館，民國六十三年。
九三、李漢魂編：《宋岳武穆公飛年譜》，台北，商務印書館，民國六十九年。
九四、林正秋著：《南宋都城臨安》，浙江，西泠出版社，一九八五年。
九五、楊樹藩：《中國文官制度史》著作兼發行，民國六十五年。
九六、王世宗：《南宋高宗朝變亂之研究》，台灣大學歷史研究所碩士論文，民國七十六年。
九七、徐秉愉：《宋高宗對金政策》，台灣大學歷史研究所碩士論文，民國七十六年。
九八、石文濟：《南宋中興四鎮》，中國文化大學史學研究所博士論文，民國六十三。
九九、陳登原：《國史舊聞》，明文書局，台北，民七十三年。
一〇〇、黃俊彥著：《韓侂胄及與南宋中期的政局》，師大史學研究所碩士論文，民六十五年。
一〇一、蔣義斌著：《史浩與南宋前期的政局》，文化大學史研所碩士論文，民六十九年
一〇二、余英時著：《朱熹的歷史世界》，允晨文化出版，台北，民九十二年
一〇三、周啟成著：《楊萬里和誠齋體》，萬卷樓圖書公司，民八十二年四月初版。
一〇四、三軍大學編著：《中國歷代戰爭史》第十二冊，台北，黎明文化出版，一九八五年。
一〇五、鄧廣銘：《辛稼軒年譜》，上海市，上海古籍出版，新華發行，一九九七年。
一〇六、雷家聖：《聚斂謀國：南宋總領所研究》，臺北，萬卷樓圖書公司，二〇一三年四月初版。
一〇七、吳廷燮撰：《南宋制撫年表》，北京，中華書局，一九八四年。
一〇八、黎傑：《宋史》，台北，九思出版公司，一九七八年。
一〇九、王明：《南宋宰相群體之研究》台北，花木蘭出版社，二〇一四年三月。

論文部分

一一〇、羅國威：〈陳康伯年譜〉，《宋代文化研究》，第三輯，四川大學宋代文化研究資料中心編。
一一一、金中樞：〈宋代三省長官廢置之研究〉，宋史研究集第十七集。
一一二、遲景德：〈宋高宗與金講和始末〉，宋史研究集第十七集。
一一三、劉子健：〈背海立國與半壁山河的長期穩定〉，收在《兩宋史研究彙編》，台北，聯經出版事業公司，民國七十六年。
一一四、林瑞翰：〈紹興十二年以前南宋國情之研究〉，宋史研究集第一集。
一一五、陳樂素：〈讀宋史魏杞傳〉（廣州，廣東人民出版社，二〇一二年）《陳樂素史學文存》，原載浙江學報二卷一期，民國三十七年三月。
一一六、魏頌唐編：〈魏文節公事略〉（北京市，線裝書局，二〇〇三年）《中華歷史人物別傳集》，民國二十五年排印版。
一一七、何忠禮：〈南宋孝宗朝的政治生態與周必大的政治活動〉《井岡山大學學報》，三十六卷二期，二〇一五年三月。
一一八、王德毅師著：〈宋孝宗及其時代〉，《宋史研究集》，第十輯，國立編譯館，台北，民六十一年。
一一九、柳立言著：〈南宋政治初探：高宗陰影下的孝宗〉，《宋史研究集》，第十九輯，台北，國立編譯館，民七十八年十二月。
一二〇、黃寬重：〈經濟利益與政治抉擇：宋、金、蒙政局變動下的李全、李璮父子〉，《南宋地方武力：地方軍與民間武力的探討》，頁三〇五。
一二一、黃寬重：〈宋廷對民間自衛武力的利用和控制：以鎮撫使為例〉，《南宋地方武力：地方軍與民間自衛武力的探討》，台北，東大圖書公司，二〇〇二年三月。

一二二、黃寬重：〈茶商武力的發展與演變〉，《南宋地方武力：地方軍與民間自衛武力的探討》。
一二三、鄧廣銘：〈南宋對金戰爭中的幾個問題〉，《歷史研究》，北京，科學出版社。
一二四、湯文博、彭忠德：〈南宋襄陽宰相范宗尹考論〉，《湖北文理學院學報》，三五卷一期，湖北，武漢，湖北大學歷史文化學院，二一〇四年一月。
一二五、華山：〈從采石之戰到隆興和議〉（《宋史論集》，齊魯書社，濟南，一九八二年十一月初版。
一二六、李華瑞：〈文天祥與南宋末年宰執之關係考〉，《宋代文化研究》，第十七輯，四川大學出版社，一九九一年。
一二七、《中國歷代戰爭史》，三軍大學編著，台北，黎明文化事業公司，民國六十九年修訂再版
一二八、王德毅：〈補宋史周麟之傳：兼論宋史中的缺傳〉，《宋史研究集》，第十四輯，國立編譯館中華叢書編審委員會，民國七十二年。
一二九、柳立言：〈南宋政治初探：高宗陰影下的孝宗〉，《宋史研究集》，十九輯，國立編譯館中華叢書編審委員會，民國七十八年。
一三〇、黃寬重：〈略論南宋時代的歸正人〉，《南宋史研究集》，台北：新文豐出版公司，民國七十四年。

實踐大學數位出版合作系列
史地傳記類　PC0746　讀歷史80

南宋前期君主‧宰相與政局

作　　者／王　明
統籌策劃／葉立誠
文字編輯／王雯珊
責任編輯／杜國維
圖文排版／楊家齊
封面設計／楊廣榕

發 行 人／宋政坤
法律顧問／毛國樑　律師
出版發行／秀威資訊科技股份有限公司
114台北市內湖區瑞光路76巷65號1樓
電話：+886-2-2796-3638　傳真：+886-2-2796-1377
http://www.showwe.com.tw
劃撥帳號／19563868　戶名：秀威資訊科技股份有限公司
讀者服務信箱：service@showwe.com.tw
展售門市／國家書店（松江門市）
104台北市中山區松江路209號1樓
電話：+886-2-2518-0207　傳真：+886-2-2518-0778
網路訂購／秀威網路書店：https://store.showwe.tw
國家網路書店：https://www.govbooks.com.tw

2018年6月　BOD一版
定價：540元

國家圖書館出版品預行編目

南宋前期君主.宰相與政局 / 王明著. -- 一版. --
臺北市 : 秀威資訊科技, 2018.06
面； 公分. -- (史地傳記類 ; PC0746)(讀歷史 ; 80)(實踐大學數位出版合作系列)
BOD版
ISBN 978-986-326-581-8(平裝)

1. 南宋史 2. 宰相制度

625.2 107011343

讀者回函卡

感謝您購買本書，為提升服務品質，請填妥以下資料，將讀者回函卡直接寄回或傳真本公司，收到您的寶貴意見後，我們會收藏記錄及檢討，謝謝！

如您需要了解本公司最新出版書目、購書優惠或企劃活動，歡迎您上網查詢或下載相關資料：http:// www.showwe.com.tw

您購買的書名：______________________________

出生日期：________年________月________日

學歷：□高中（含）以下　□大專　□研究所（含）以上

職業：□製造業　□金融業　□資訊業　□軍警　□傳播業　□自由業

□服務業　□公務員　□教職　□學生　□家管　□其它_____

購書地點：□網路書店　□實體書店　□書展　□郵購　□贈閱　□其他

您從何得知本書的消息？

□網路書店　□實體書店　□網路搜尋　□電子報　□書訊　□雜誌

□傳播媒體　□親友推薦　□網站推薦　□部落格　□其他__________

您對本書的評價：（請填代號　1.非常滿意　2.滿意　3.尚可　4.再改進）

封面設計____　版面編排____　內容____　文／譯筆____　價格____

讀完書後您覺得：

□很有收穫　□有收穫　□收穫不多　□沒收穫

對我們的建議：______________________________

請貼
郵票

11466
台北市內湖區瑞光路 76 巷 65 號 1 樓

秀威資訊科技股份有限公司 收

BOD 數位出版事業部

（請沿線對折寄回，謝謝！）

姓　　名：____________　年齡：______　性別：□女　□男

郵遞區號：□□□□□

地　　址：________________________

聯絡電話：(日)____________　(夜)____________

E-mail：________________________